U0903583

中国法学会研究会支持计划
最高人民法院审判理论研究会主持

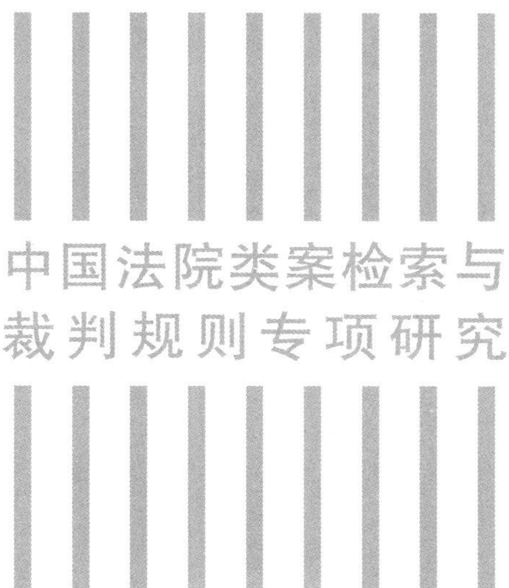

食品药品纠纷案件裁判规则（一）

韩德强　主编

最高人民法院审判理论研究会
类案同判专项研究首席专家组组长
曹士兵

首席专家组成员（以姓氏笔画为序）：

丁文严　王保森　王　锐　王毓莹　牛　凯　代秋影
包献荣　刘俊海　李玉萍　李　明　杨　奕　吴光荣
沈红雨　宋建宝　张勇健　陈　敏　范明志　胡田野
钟　莉　俞秋玮　姜俊禄　唐亚南　曹守晔　韩德强
黎章辉

食品药品纠纷案件裁判规则（一）

主　编：韩德强
副主编：李　薇　王永强
专家组（以姓氏笔画为序）：
卜　素　冉　超　余翠兰　张　婵　程红霞
熊　刚

中国法院类案检索与裁判规则专项研究说明

最高人民法院“五五改革纲要”提出“完善类案和新类型案件强制检索报告工作机制”,周强首席大法官提出法官办案应当进行案件检索。为配合司法体制综合配套改革,落实周强首席大法官的指示要求,循序推进人民法院类案同判工作,中国应用法学研究所组织了最高人民法院审判理论研究会及其下设18个专业委员会的力量,开展中国法院类案索引与类判规则专项研究,并循序推出类案索引和裁判规则研究成果。

最高人民法院审判理论研究会及其分会的研究力量主要有最高人民法院法官和地方各级人民法院法官、国家法官学院和大专院校专家教授、国家部委与相关行业的专业人士,这些研究力量具有广泛的代表性,构成了专项研究力量的主体。与此同时,为体现法为公器,应当为全社会所认识,并利用优秀的社会专业人士贡献智慧力量,专项研究中也有律师、企业法务参加,为专项研究提供经验与智慧,并参与和见证法律适用的过程。以上研究力量按照专业特长组成若干研究团队开展专项研究,坚持同行同专业同平台研究的基本原则。

专项研究团队借助大数据检索平台,形成同类案件大数据报告,为使用者提供同类案件裁判全景;从检索到的海量类案中,挑选可索引的、优秀的例案,为使用者提供法律适用参考,增加裁判信心,提高裁判公信;从例案中提炼出同类案件的裁判规则,分析裁判规则提要,提供给使用者参考。从司法改革追求的目标看,此项工作能够帮助法官从浩如烟海的同类案件中便捷找到裁判思路清晰、裁判法理透彻的好判决(即例案),帮助法官直接参考,从这些好判决中提炼、固化裁判规则。如此,方能帮助法官在繁忙工作中实现类案同判。法院类案索引与类判规则专项研究,致力于统一法律适用,实现法院依法独立行使审判权与法官依法独立行使裁判权的统一。这也正是应用法学研究的应有之义。

专项研究的成果体现为电子数据和出版物(每年视法律适用的发展增减),内容庞大,需要大量优秀专业人力长期投入。有关法院裁判案件与裁判内容检索的人工智能并不复杂,算法也比较简单,关键在于"人工",在于要组织投入大量优秀的"人工"建设优质的检索内容。专项研究团队中的专家学者将自己宝贵的时间、智力投入到"人工"建设优质内容的工作中,不仅需要为统一我国法律适用、提升裁判公信力作出贡献的情怀,还需要强烈的历史感、责任感,具备科学的体系思维和强大的理性能力。此次专项研究持续得越久,越能向社会传达更加成熟的司法理性,社会也越能感受到蕴含在优质司法中的理性力量。

愿我们砥砺前行。

曹士兵

二〇一九年五月十六日

前　言

类案检索作为司法改革大背景下确立的审判辅助办案机制，一方面能成为法官们办理案件时节约时间、提高效率的重要工具；另一方面在规范法律适用、统一裁判尺度、建立司法确信方面具有更深远的意义。然而，类案检索机制由于受主客观因素的制约，未能最大化发挥作用。客观上，大数据平台案例库的完整性、多样性以及检索技术的精准性、科学性，决定了类案检索机制运用的深度。主观上，法官们是否接受和熟练掌握检索技术，决定了类案检索机制运用的广度。

最高人民法院审判理论研究会开展的类案检索与裁判规则专项研究是类案检索机制目前所面临制约下的一种积极探索。本书由最高人民法院中国应用法学研究所刑事行政审判研究部主任韩德强研究员担任主编，武汉市洪山区人民法院党组副书记、副院长、二级高级法官李薇和中南财经政法大学律师与公证学院执行院长王永强教授担任副主编，并邀请法官、高校教师和律师共同组成专家组。专家组成员根据专项研究的要求，对本次工作展开了全面的部署。首先，反复研究某类案件，归纳案件核心特征，制定符合规律的检索标签；其次，依托于大数据检索平台，在海量案例中筛选出符合条件的同类案例，生成同类案例大数据报告，一览同类案件裁判全景，并梳理裁判中可能存在的争议；再次，在同类案例中，通过案例的层级、效力、说理是否透彻进一步筛选，挑选可以作为索引的优秀案例；最后，在前述案例中提炼出同类案件的裁判规则，并广泛征求意见，再三修改精炼，以期给读者带来参考的意义。我们希望，通过尝试，一方面，建立起法律适用上的共识、消除主观性、地域性等因素造成的分歧，最大化节约司法裁判成本；另一方面，提高类案检索机制的便捷性，减轻法官们对运用类案检索机制的心理障碍，让我们在审判工作中充分感受到科技发展的红利。

专家组成员为了达成前述目标,付出了大量的心血,也遇到了前所未有的挑战。在借助大数据平台及使用科技手段方面,既需要加强与大数据公司的沟通,构建更加便捷、科学的检索工具,又需要提高自己运用科技的能力;在对案例进行深度加工方面,需要我们在案例的筛选、编辑以及裁判规则的提炼上加大投入,提高研究成果的质量。面对挑战,我们毫不退缩,以极大的热情投入工作,付出全部努力。当然,目前此项工作起步不久,我们的工作也可能存在一定的疏漏,研究成果也存在不足,希望广大读者们能够给予批评,并不吝提出宝贵的建议,帮助我们下一步工作的高效开展,帮助我们做更为深入的研究。

凡　　例

一、法律、行政法规

1.《中华人民共和国行政诉讼法》(1989 年 4 月 4 日通过,2014 年 11 月 1 日第一次修正,2017 年 6 月 27 日第二次修正),简称《行政诉讼法》

2.《中华人民共和国食品安全法》(2009 年 2 月 28 日通过,2015 年 4 月 24 日修订,2018 年 12 月 29 日修正),简称《食品安全法》

3.《中华人民共和国药品管理法》(1984 年 9 月 20 日通过,2001 年 2 月 28 日第一次修订,2013 年 12 月 28 日第一次修正,2015 年 4 月 24 日第二次修正,2019 年 8 月 26 日第二次修订),简称《药品管理法》

4.《中华人民共和国行政复议法》(1999 年 4 月 29 日通过,2009 年 8 月 27 日第一次修正,2017 年 9 月 1 日第二次修正),简称《行政复议法》

5.《中华人民共和国行政处罚法》(1996 年 3 月 17 日通过,2009 年 8 月 27 日第一次修正,2017 年 9 月 1 日第二次修正),简称《行政处罚法》

6.《中华人民共和国国家赔偿法》(1994 年 5 月 12 日通过,2010 年 4 月 29 日第一次修正,2012 年 10 月 26 日第二次修正),简称《国家赔偿法》

7.《中华人民共和国消费者权益保护法》(1993 年 10 月 31 日通过,2009 年 8 月 27 日第一次修正,2013 年 10 月 25 日第二次修正),简称《消费者权益保护法》

8.《中华人民共和国食品安全法实施条例》(2009 年 7 月 20 日通过,2016 年 2 月 6 日第一次修订,2019 年 3 月 26 日第二次修订),简称《食品安全法实施条例》

9.《中华人民共和国政府信息公开条例》(2007 年 4 月 5 日通过,2019 年 4 月 3 日修订),简称《政府信息公开条例》

10.《中华人民共和国标准化法》(1988 年 12 月 29 日通过,2017 年 11 月 4 日修订,自 2018 年 1 月 1 日起施行),简称《标准化法》

11.《中华人民共和国刑法》(1979 年 7 月 1 日通过,1997 年 3 月 14 日修订,

1998 年 12 月 29 日《全国人民代表大会常务委员会关于惩治骗购外汇、逃汇和非法买卖外汇犯罪的决定》、1999 年 12 月 25 日《中华人民共和国刑法修正案》、2001 年 8 月 31 日《中华人民共和国刑法修正案(二)》、2001 年 12 月 29 日《中华人民共和国刑法修正案(三)》、2002 年 12 月 28 日《中华人民共和国刑法修正案(四)》、2005 年 2 月 28 日《中华人民共和国刑法修正案(五)》、2006 年 6 月 29 日《中华人民共和国刑法修正案(六)》、2009 年 2 月 28 日《中华人民共和国刑法修正案(七)》、2009 年 8 月 27 日《全国人民代表大会常务委员会关于修改部分法律的决定》、2011 年 2 月 25 日《中华人民共和国刑法修正案(八)》、2015 年 8 月 29 日《中华人民共和国刑法修正案(九)》、2017 年 11 月 4 日《中华人民共和国刑法修正案(十)》修正),简称《刑法》

12.《中华人民共和国道路交通安全法》(2003 年 10 月 28 日通过,2007 年 12 月 29 日第一次修正,2011 年 4 月 22 日第二次修正),简称《道路交通安全法》

13.《中华人民共和国消防法》(1998 年 4 月 29 日通过,2008 年 10 月 28 日修订,2019 年 4 月 23 日修正),简称《消防法》

14.《中华人民共和国公司法》(1993 年 12 月 29 日通过,1999 年 12 月 25 日第一次修正,2004 年 8 月 28 日第二次修正,2005 年 10 月 27 日修订,2013 年 12 月 28 日第三次修正,2018 年 10 月 26 日第四次修正),简称《公司法》

15.《中华人民共和国农产品质量安全法》(2006 年 4 月 29 日通过,2018 年 10 月 26 日修正),简称《农产品质量安全法》

16.《中华人民共和国治安管理处罚法》(2005 年 8 月 28 日通过,2012 年 10 月 26 日修正),简称《治安管理处罚法》

17.《中华人民共和国进出口商品检验法》(1989 年 2 月 21 日通过,2002 年 4 月 28 日第一次修正,2013 年 6 月 29 日第二次修正,2018 年 4 月 27 日第三次修正,2018 年 12 月 29 日第四次修正),简称《进出口商品检验法》

18.《中华人民共和国食品安全法实施条例》(2009 年 7 月 20 日公布,2016 年 2 月 6 日修订,2019 年 3 月 26 日修订通过),简称《食品安全法实施条例》

19.《行政执法机关移送涉嫌犯罪案件的规定》(2001 年 7 月 9 日公布并施行,2020 年 8 月 7 日修订)

二、行政规章

1.《市场监督管理行政处罚程序暂行规定》(2018 年 12 月 21 日通过,2019 年

4 月 1 日起施行)

2.《市场监督管理投诉举报处理暂行办法》(2019 年 11 月 26 日通过,2020 年 1 月 1 日起旅行)

3.《食品药品投诉举报管理办法》(2015 年 12 月 22 日通过,2016 年 3 月 1 日起施行,2020 年 1 月 1 日废止)

4.《食品药品行政处罚程序规定》(2014 年 3 月 14 日通过,2014 年 6 月 1 日起施行,2019 年 4 月 1 日废止)

5.《进出口食品安全管理办法》(2011 年 9 月 13 日公布,2012 年 3 月 1 日起施行,2016 年 10 月 18 日第一次修正,2018 年 11 月 23 日第二次修正)

6.《药品经营质量管理规范》(2000 年 4 月 30 日通过,2012 年 11 月 6 日第一次修订,2015 年 5 月 18 日第二次修订,2016 年 6 月 30 日修正)

7.《食品生产许可管理办法》(2019 年 12 月 23 日通过,2020 年 3 月 1 日起施行)

8.《公安机关办理行政案件程序规定》(2012 年 12 月 19 日通过,2014 年 6 月 29 日第一次修正,2018 年 11 月 25 日第二次修正)

三、司法解释

1. 最高人民法院《关于适用〈中华人民共和国行政诉讼法〉若干问题的解释》(法释〔2015〕9 号,2015 年 5 月 1 日起施行,2018 年 2 月 8 日废止),简称《行政诉讼法若干问题的解释》

2. 最高人民法院《关于适用〈中华人民共和国行政诉讼法〉的解释》(法释〔2018〕1 号,2018 年 2 月 8 日起施行),简称《行政诉讼法解释》

3. 最高人民法院、最高人民检察院《关于办理危害药品安全刑事案件适用法律若干问题的解释》(法释〔2014〕14 号,2014 年 3 月 17 日通过,2014 年 12 月 1 日起施行),简称《关于办理危害药品安全刑事案件适用法律若干问题的解释》

4. 最高人民法院《关于审理政府信息公开行政案件若干问题的规定》(法释〔2011〕17 号,2010 年 12 月 13 日通过,2011 年 8 月 13 日起施行),简称《关于审理政府信息公开行政案件若干问题的规定》

5. 最高人民法院《关于审理行政许可案件若干问题的规定》(法释〔2009〕20 号,2009 年 11 月 9 日通过,2010 年 1 月 4 日起施行),简称《关于审理行政许可案件若干问题的规定》

6. 最高人民法院《关于行政诉讼证据若干问题的规定》(法释〔2002〕21 号,2002 年 6 月 4 日通过,2002 年 10 月 1 日起施行),简称《行政诉讼证据若干问题的规定》

四、其他规范性文件

1.《食品药品违法行为举报奖励办法》(食药监稽〔2017〕67 号,2017 年 8 月 9 日起施行)

2.《食品药品行政执法与刑事司法衔接工作办法》(食药监稽〔2015〕271 号,2015 年 12 月 22 日起施行)

目　录

食品药品纠纷案件裁判规则第 1 条：
食品药品监管部门作出的告知投诉、举报事项处理结果的回复、告知函，不属于行政诉讼受案范围

〔**规则描述**〕：食品药品监管部门对于投诉、举报人的投诉、举报，一般会在调查核实后，将其对被举报单位的监督检查、责令整改等针对投诉、举报事项的处理结果以回复、告知函等书面形式告知投诉、举报人。对于这种回复、告知函，属于食品药品监管部门对客观事实的记载与陈述，并未直接设定投诉、举报人的权利义务，未对投诉、举报人的权利义务产生实际影响，不属于行政诉讼的受案范围。司法实践中对前述问题往往存在认识不清的现象，而实际上对该问题只需把握对当事人权利义务产生实际影响这个核心要件就能得出正确的判断。

一、类案检索大数据报告

截至 2019 年 12 月 31 日，以“食品药品安全”“权利义务”“受案范围”“不产生实际影响”为关键词，通过 Alpha 案例库、法信平台、北大法宝、中国裁判文书网共检索到类案 106 件。经过筛选与本规则相关的案例，剔除同一个案件因多次审判程序的重复裁判文书，实际共有 71 件案件。整体情况如下：

如图 1－1 所示，从案件地域分布来看，涉案数最多的为广东省，共 21 件。

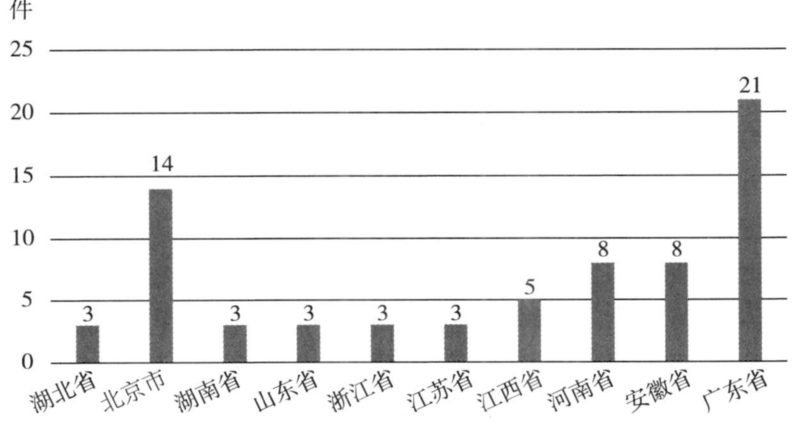

图 1－1　案件主要地域分布情况

如图 1-2 所示,从案件结案年份分布来看,最多的年份为 2017 年,共有 26 件。

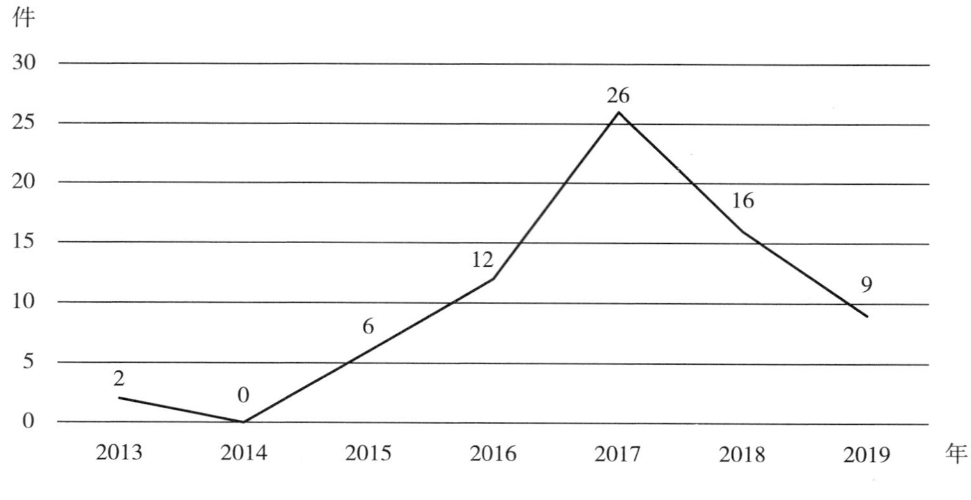

图 1-2 案件结案年份分布情况

如图 1-3 所示,从案件案由分类情况来看,涉及行政受理的 1 件,行政撤销的 3 件,行政征收的 3 件,政府信息公开的 6 件,不履行法定职责的 8 件,行政处罚的 11 件,行政其他的 15 件,行政复议的 24 件。

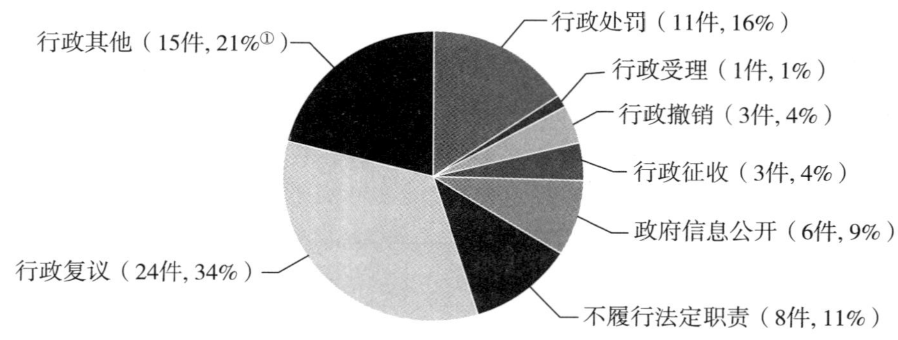

图 1-3 案件案由分类情况

如图 1-4 所示,从案件裁判结果来看,1 件裁定再审,1 件判决撤销并责令重做,2 件判决确认违法,4 件撤销原裁定,指令原法院继续审理,4 件不予立案,13 件驳回原告诉讼请求,20 件驳回上诉,26 件驳回起诉。

① 本书中百分比统一保留到个位。全书同,下文中不再特别说明。

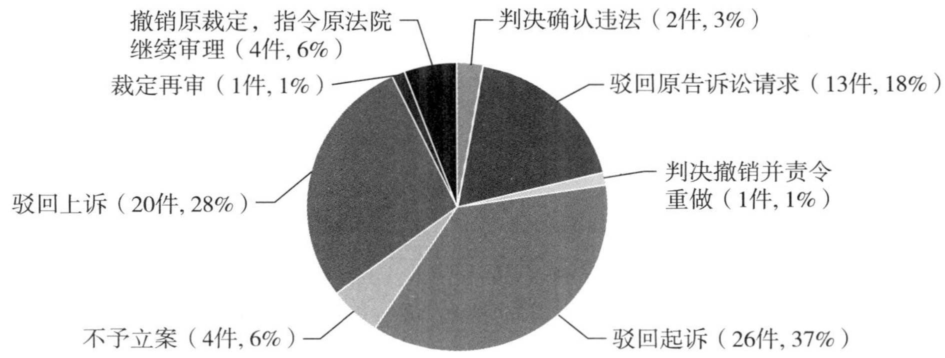

图 1-4 案件裁判结果分布

上述案例，有的从正面印证了本规则，即未给当事人设定权利义务的回复、告知函，不属于法院受案范围；有的从反面印证了本规则，即给当事人设定了权利义务的回复、告知函，属于法院的受案范围。

二、可供参考的例案①

例案一 | 崔某洋、宿州市埇桥区食品药品监督管理局食品药品安全行政管理（食品、药品）案

【法院】

安徽省宿州市中级人民法院

【案号】

(2017)皖 13 行终 100 号

【当事人】

上诉人（原审原告）：崔某洋

被上诉人（原审被告）：宿州市埇桥区食品药品监督管理局

法定代表人：张某某，局长

【基本案情】

2016 年 8 月 29 日，埇桥区食品药品监督管理局（以下简称埇桥区食药监局）向崔某洋出具《宿州市埇桥区食品药品监督管理局免于处罚告知函》，针对崔某洋

① 例案中引用的法律法规等规范性文件，涉及的地名、机构名称、机关名称等均以裁判文书生效时为准。全书同。

向该局举报宿州市埇桥区天润发购物广场祁县店(以下简称天润发祁县店)销售食品不符合《食品安全法》要求一事,将处理结果书面告知崔某洋。

一审法院查明,崔某洋于2016年5月28日向埇桥区食药监局举报天润发祁县店销售的香百氏胡辣汤不符合《食品安全法》要求,举扠要求为,(1)责令被举报人立即召回不符合食品安全的食品;(2)依据《食品安全法》(2015年)第34条及第35条之规定,对被举报人违法行为定性,依据《食品安全法》(2015年)第124条之规定予以最高处罚;(3)责令被举报人依法向举报人承担民事赔偿责任;(4)依据《安徽省食品安全违法行为举报奖励暂行办法》之规定,对举报人予以最高奖励;(5)将处理结果(含行政处罚决定书及产品召回情况汇总)书面反馈给举报人。埇桥区食药监局接到崔某洋的举报材料后,于2016年6月7日立案受理,并派员调查。埇桥区食药监局的执法人员对天润发祁县店的经营场所进行了现场检查、询问,并调取了该店的营业执照、食品经营许可证、供货单位营业执照、供货单等。经查,埇桥区食药监局认为天润发祁县店经营过崔某洋举报的食品,但已销售完毕,该店能够提供供货单位的营业执照和供货单等,履行了进货查验义务,并且在采购时不知道所进的食品不符合食品安全标准,且能说明其进货来源,依据《食品安全法》(2015年)第136条的规定,决定免予处罚。埇桥区食药监局于2016年8月29日向崔某洋出具告知函,告知崔某洋,该局已对崔某洋举报单位开展监督检查,被举报单位已履行《食品安全法》(2015年)第136条规定之义务,符合该法条规定情形,决定免予处罚;其销售的产品已下架并被召回;该局已将涉嫌食品违法生产线索移送至产品标称生产单位所在地监管部门。崔某洋不服,提起诉讼,请求撤销埇桥区食药监局于2016年8月29日向崔某洋出具的告知函。

一审法院经审理认为,埇桥区食药监局作为县级食品药品监督管理部门,对当事人申诉举报的违法行为依法查处是其法定职责。《食品安全法》(2015年)第136条规定,食品经营者履行了本法规定的进货查验等义务,有充分证据证明其不知道所采购的食品不符合食品安全标准,并能如实说明其进货来源的,可以免予处罚,但应当依法没收其不符合食品安全标准的食品;造成人身、财产或者其他损害的,依法承担赔偿责任。该法第53条第1款规定,食品经营者采购食品,应当查验供货者的许可证和食品出厂检验合格证或者其他合格证明。本案中,天润发祁县店进货时查验了供货单位的营业执照,供货单等,履行了法律规定的进货查验义务,有充分证据证明其不知道所采购的食品不符合食品安全标准,并能说明其进货来源,埇桥区食药监局依法决定免予处罚,事实清楚、办案程序和适用法律并无不当。因此，崔某洋请求撤销埇桥区食药监局于 2016 年 8 月 29 日向其出具的告知函的诉讼请求，事实和法律依据均不充分，不予支持。埇桥区食药监局辩称的崔某洋不具备行政诉讼主体资格，因该局在举证时提交了崔某洋购物小票，因此崔某洋起诉符合法律规定。埇桥区食药监局辩称的免予处罚告知函不是具体行政行为，因缺乏事实和法律依据，不予支持。依据《行政诉讼法》(2014 年) 第 69 条的规定，判决驳回原告崔某洋的诉讼请求。案件受理费 50 元，由原告崔某洋负担。崔某洋不服，提起上诉。

崔某洋上诉称，(1) 崔某洋于 2016 年 4 月 28 日在天润发祁县店购买了一款香百氏胡辣汤，后经查询官网，发现该胡辣汤名下的 QS 征收编号 QS41140307××××、QS41140701××××、QS41140307××××早已在 2014 年 8 月 29 日之前全部注销。崔某洋于 2016 年 5 月 28 日举报至埇桥区食药监局。该局在投诉举报函中明确了该食品生产许可证已被注销的事实，但仍依据《食品安全法》(2015 年) 第 136 条的规定，作出了责令经营企业对已售出产品召回并下架的结果，且不予处罚。崔某洋不服，诉至法院。(2) 一审法院认定经营企业履行了进货查验义务，但并没有明确应当查验何种合格证明。依照《食品安全法》(2015 年) 第 53 条第 1 款的规定，食品经营者采购食品，应当查验供货者的许可证和食品出厂检验合格证或其他合格证明。只有充分证据证明其不知道所采购的食品不符合食品安全标准，并能如实说明进货来源的，才可以免予处罚。埇桥区食药监局及一审法院均未明确经营企业可免予处罚的证据。一审判决证据不足，判决违法。请求撤销一审判决并依法改判，由埇桥区食药监局承担诉讼费。

埇桥区食药监局答辩称，崔某洋的上诉理由不能成立，依法应予以驳回。(1) 崔某洋要求撤销埇桥区食药监局的告知函，该告知函本身不是一个具体行政行为，仅是对崔某洋投诉事项的答复告知，不具有可诉性，崔某洋的起诉应当予以驳回。(2) 关于崔某洋认为埇桥区食药监局提交的证据不能证明经营者在进货时履行了查验义务的意见，事实上埇桥区食药监局在查处案件过程中，对经营者进行了调查核实，经营者证实其进货时查阅了供货单位提供的营业执照、供货单、许可证、合格证等材料，也与该局自行调取的其他证据相吻合。崔某洋所举报的胡辣汤的许可证是 2014 年 8 月 29 日之前注销的，但作为一般经营者，查看到产品具备证书即可，其审查义务不能扩大到对证书是否超期进行审查。埇桥区食药监局向经营者告知相关情况之后，经营者认识到自己的错误，提供了供货单位，后埇桥区食药监局经向供货单位所在的食品药品监督部门核实，该供货单位是真实存在，只是证书超期。因地域管辖原因,该局已将案件移交供货单位所在的食品药品监督部门进行查处,对经营者作出免予行政处罚的处理,事实清楚。请求驳回上诉,依法裁判。

天润发祁县店经法院合法传唤未到庭参加诉讼,亦未提交书面意见。

经审理查明,一审判决认定案件基本事实清楚,二审法院予以确认。

另查明:2016年8月12日,埇桥区食药监局向天润发祁县店作出(宿埇)食药监食罚字(2016)657号《不予处罚告知书》,认定该单位销售香百氏胡辣汤的行为涉嫌违反了《食品安全法》(2015年)第34条第1款第13项的规定,构成销售无生产许可证产品的行为;鉴于该单位在购进上述商品时已依法履行了进货查验义务,并能够证明不知道该商品不符合食品安全标准,根据《食品安全法》(2015年)第136条及国家食药总局《食品药品行政处罚程序规定》第38条第2项的规定,决定对该单位免予行政处罚。

【案件争点】

埇桥区食药监局向崔某洋作出的告知函是否属于行政诉讼受案范围。

【裁判要旨】

法院经审理认为,依据《行政诉讼法解释》第3条第1款第8项之规定,行政行为对其合法权益明显不产生实际影响的,已经立案的,应当裁定驳回起诉。该案中,埇桥区食药监局针对崔某洋的举报事项,经调查后向崔某洋出具告知函,告知的内容是该局已对被举报单位决定免予处罚,其销售的产品已下架并被召回,该局已将涉嫌食品违法生产线索移送至产品标称生产单位所在地监管部门。埇桥区食药监局向崔某洋作出的告知函,仅是将崔某洋举报事项的处理结果进行告知,属于对客观事实的陈述,没有对崔某洋设定新的权利义务,该告知行为并未对崔某洋的合法权益产生实际影响。因此,崔某洋所诉的告知函不属于行政诉讼受案范围。

例案二 | 杨某生与北京市东城区食品药品监督管理局食品安全举报告知案

【法院】

北京市东城区人民法院

【案号】

(2015)东行初字第1094号

【当事人】

原告：杨某生

被告：北京市东城区食品药品监督管理局

法定代表人：王某某，局长

【基本案情】

原告杨某生诉称，原告于2015年6月2日向北京市食品药品监督管理局举报北京王府井（集团）股份有限公司销售无证生产的“老纪大红袍茶叶三羊开泰”（规格：500克/盒）案件。北京市食品药品监督管理局转给东城区食品药品监督管理局（以下简称东城食药局）立案查处。2015年10月9日，被告给原告作出回函。原告认为被告存在不作为，未依法对经营者出售无证生产的食品的违法行为进行处罚。请求法院撤销被告作出的举报办理告知书，并责令被告对原告的举报事项重新依法作出处理。

【案件争点】

东城食药局作出的食品安全举报办理告知是否属于行政诉讼受案范围。

【裁判要旨】

法院经审理认为，公民、法人或者其他组织向人民法院提起行政诉讼，应当符合起诉条件。行政行为对起诉人的合法权益明显不产生实际影响的，已经立案的，应当裁定驳回起诉。本案中，被告东城食药局在举报办理告知书中告知原告杨某生其举报的北京王府井百货（集团）股份有限公司销售的“老记大红袍茶叶三羊开泰”（规格：500克/盒）涉嫌未取得生产许可，经查举报属实，该局已对当事人立案调查。另依据《行政处罚法》（2009年）的有关规定，对老记春城（武夷山）茶叶有限公司生产的“老记大红袍茶叶三羊开泰”（规格：500克/盒）涉嫌未取得生产许可的行为，该局将移送福建省南平市食品药品监督管理局处理。以上内容仅系被告东城食药局对涉案举报事项所作处理情况的客观记载和事项的告知，并未对原告杨某生的权利义务产生实际影响。

例案三 | 司某丰、武汉市质量技术监督局汉阳分局食品安全行政管理案

【法院】

湖北省武汉市汉阳区人民法院

【案号】

（2013）鄂汉阳行初字第00029号

【当事人】

原告:司某丰

被告:武汉市质量技术监督局汉阳分局

法定代表人:陈某某,局长

第三人:武汉市汉阳区金利旺食品厂

负责人:闵某某,系该厂业主

【基本案情】

2012年10月19日,被告武汉市质量技术监督局汉阳分局(以下简称汉阳质监局)向第三人金利旺食品厂下达了(武阳)质监责改字(2012)第012号《责令改正通知书》(以下简称《通知书》)。2013年1月16日,被告将对第三人的处理情况向原告作出《回复》。原告认为被告对第三人的处理方式和作出的《回复》均不符合法律规定,遂向法院提起行政诉讼。

原告司某丰诉称,(1)被告程序违法。根据《质量技术监督行政处罚程序规定》第12条的规定,被告应在接到投诉举报后15日内立案,但被告并未立案;对诉争台账和销售记录没有查明,计算处罚金额和责令改正都必须以金额和台账为依据;调查时没有核对第三人身份。(2)被告具体行政行为不完整。第三人标签问题违反了《食品安全法》(2009年)第42条第1款第7项、第28条第11项的规定,应按照《食品安全法》(2009年)第53条、第86条的规定处罚,不能仅责令改正。(3)被告适用法律错误。被告适用的是部门规定,不是法律。被告适用的规定与《食品安全法》有冲突,应适用《食品安全法》。(4)被告未在第三人处悬挂警示标志。根据国家质量技术监督局《关于实施〈中华人民共和国产品质量法〉若干问题的意见》第8条和《武汉市禁止生产和销售假冒伪劣商品条例》第5条的规定,第三人生产的产品应视为假冒伪劣产品。因此,被告应根据《武汉市禁止生产和销售假冒伪劣商品条例》第24条第2款的规定,在第三人显著位置悬挂"假冒伪劣商品销售者"警示标志15日。(5)被告未依法奖励第三人。根据《湖北省食品安全有奖举报暂行条例》第12条和《武汉市禁止生产和销售假冒伪劣商品条例》第26条的规定,被告应对原告举报行为进行奖励。(6)被告作出的《回复》不合法。回复形式不符合《国家行政机关公文处理办法》的规定,内容没有载明案件处理的事实和依据。回复没有所述附件。综上所述,原告认为被告对原告举报的处理行为违反了法律规定,属违法行政,故诉请法院依法判决:(1)确认被告处理金利人家肉松蛋糕涉嫌违法申诉举报案件的行为违法;(2)撤销被告作出的《回复》;(3)判令被告在一定期限内重新作出具体行政行为；(4)判令被告承担本案诉讼费用。

被告汉阳质监局答辩称，(1)被告适用法律正确。《食品安全法》立法宗旨是保障食品安全，针对的是食品质量问题，对于仅仅是标志不规范问题，应适用《食品标识管理规定》，且该规定与《食品安全法》并不冲突。(2)被告查处行为符合法律规定。根据《食品标识管理规定》第 27 条的规定，只有限期不改正的，才给予行政处罚。而被告下达《责令改正通知书》后，第三人在规定时间内进行了整改，故被告处理方式是适当的。(3)《回复》的形式和内容并未违法。被告书面回复函只是回告行为，并不是国家规定的公文之一，也并不影响原告实质权利。(4)原告举报行为不属于奖励范围。第三人行为仅是标注不规范行为，不属于《武汉市禁止生产和销售假冒伪劣商品条例》第 5 ~6 条界定的假冒伪劣产品范围，原告的举报也不在《湖北省食品安全有奖举报暂行办法》第 6 条规定的举报范围内，故原告要求奖励没有法律依据。(5)原告是对被告行为合理性的质疑，不属于行政案件审理范围。综上所述，原告的诉讼请求缺乏事实和法律依据，请求法院依法驳回原告全部诉讼请求。

第三人金利旺食品厂述称，同意被告答辩意见，要求驳回原告全部诉讼请求。

经审理查明：2013 年 9 月 29 日，原告通过湖北省质量技术监督局网站投诉第三人生产的肉松蛋糕涉嫌不符合食品安全标准，产品标签上仅标明了食品添加剂“膨松剂”的功能类别名称而没有标明其通用名称。同年 10 月 10 日，该投诉转被告办理，被告于次日以电子邮件形式告知原告案件受理情况。同月 19 日被告赴第三人处进行现场检查，发现原告投诉情况属实后于当日向第三人下达了《通知书》，责令其于同月 26 日前整改。同月 26 日被告前往第三人处复查，经查第三人已按《通知书》要求进行整改，已设计新版标签并将复合膨松剂配料具体名称一一标注。2013 年 1 月 16 日，被告以邮寄方式将办理情况书面回复了原告。

【案件争点】

汉阳质监局作出的《回复》是否属于行政诉讼受案范围。

【裁判要旨】

法院经审理认为，《食品安全法》的立法宗旨是保障公众身体健康和生命安全，而第三人产品已标注了膨松剂功能类别名称，其未标注具体名称仅属标识标注不规范，不涉及产品质量安全问题，不会对人体健康造成任何影响，其违法行为显著轻微。《行政处罚法》(2009 年)第 27 条第 2 款规定“违法行为轻微并及时纠正，没有造成危害后果的，不予行政处罚”。故被告依据《食品标识管理规定》第 27 条的规定责令第三人限期整改是适当的,而第三人已在规定期限内完成整改,并未造成危害后果,故不应再对其进行行政处罚。被告适用法律得当。

第三人产品标识不规范问题不属于《武汉市禁止生产和销售假冒伪劣商品条例》第6~7条对假冒伪劣商品界定的任何一种情形,故第三人并非假冒伪劣商品生产者,更不具有严重情节,该条例第27条第2款"可以在生产假冒伪劣商品场所显著位置悬挂'假冒伪劣商品生产者'警示标志15日"的规定对第三人并不适用。故被告未悬挂警示标志的行为不违法。

原告举报行为不属于《湖北省食品安全有奖举报暂行办法》第6条规定的范围,且不符合该办法第11条规定的情形,故被告对原告举报行为未行奖励并不违法。

《质量技术监督行政处罚程序规定》适用的是行政处罚案件,只有违法情节足以给予行政处罚的行为,才能据此规定立案查处,而本案中第三人违法行为情节轻微,且已对涉案产品如期整改,不存在行政处罚情形,故被告未依照该规定立案并不违法。被告受理案件后,对第三人进行了现场检查并对其负责人闵小金作了现场检查笔录,之后根据调查结果下达了《通知书》并如期进行了复查,被告调查处理行为程序合法。

《回复》只是被告针对原告举报事项进行处理后,将处理结果回告原告的事务性文书,并不属于《国家行政机关公文处理办法》第9条规定的公文种类中的任何一种,其内容和格式亦不会对原告权益产生任何实质影响,不属于行政案件审理范围。

三、裁判规则提要

不同的法律承载着立法者不同的立法目的。《行政诉讼法》的立法目的为"保证人民法院公正、及时审理行政案件,解决行政争议,保护公民、法人和其他组织的合法权益,监督行政机关依法行使职权"。相较于修订前的《行政诉讼法》,2017年修订后的《行政诉讼法》的立法目的发生了变化,即肯定了行政诉讼解决纠纷、保护权益的核心功能,取消了"维护和监督行政机关依法行使职权"中的"维护"功能。① 从立法目的的层面来讲,行政诉讼主要是为了解决行政争议,保护公民、法人和其他组织的合法权益,侧重于权利救济。而权利救济的前提在于,作为行政相对人的公民、法人和其他组织的权利义务受到某类行政行为的实际影响,必须通过行政诉讼予以救济,换句话说,如果某类行政行为未对行政相对人的权利义务造成实际影

① 参见应松年主编:《行政法与行政诉讼法学》(第2版),高等教育出版社2018年版,第331页。

响，那么就不存在要求通过行政诉讼予以救济的内容，就不属于行政诉讼的受案范围，即该类行政行为就不具有可诉性。

（一）对当事人的权利义务产生实际影响是判断行政行为是否具有可诉性的核心要件

对当事人的权利义务产生实际影响是行政行为可诉的核心要件。实际影响不同于我们社会生活中一般的影响。一般的影响包括事实影响和法律影响。这里所说的实际影响是指行政行为所蕴含的公权力的意思表示会导致当事人的权利受损或义务上的加重，也就是会给当事人带来法律影响。行政主体作出仅陈述客观事实、告知处理结果的事务性文书，一方面这些文书的作出仅是行政主体对事实的客观描述，并不具有一般行政行为所具有的公权力意思表示；另一方面这种对事实、处理结果的描述只涉及对当事人的事实影响，并未给当事人的权利义务造成实际影响，故而行政主体作出的前述事务性文书在未导致当事人的权利义务受到实际影响的情况下不具有可诉性。

此外，有学者认为，答复、告知行为的可诉性并不能一概而论，须将答复、告知行为在程序意义上和实体意义上进行区分，即把纯粹的告知行为理解为程序意义上的答复，而把涵盖行政处理的答复行为理解为实体意义上的答复。① 但我国相关法律规定中并未作此种划分，司法实践中也没有明确区分答复和行政处理两个类别的倾向。故而目前司法实践中，食品药品监督管理局所作出的答复、告知函等是否可诉主要判断标准仍然是以其答复、告知函内容是否对当事人产生实质影响作为标准的，而对于答复、告知行为本身的性质一般不予界定。在食品药品监管领域，食品药品监督管理部门所作的答复、告知函一般是对举报案件处理结果的陈述，该行政行为本身并不会对行政相对人产生实质性的影响。

（二）对权利义务不产生实际影响的理解

《行政诉讼法解释》第1条第2款第10项规定："下列行为不属于人民法院行政诉讼的受案范围……（十）对公民、法人或者其他组织权利义务不产生实际影响的行为。"《行政诉讼法》第2条"合法权益"条款与《行政诉讼法解释》第1条第2款第10项规定的"权利义务实际影响"条款以及第12条规定的"法律上的利害关

---

① 参见黄涧秋：《举报答复行为可诉性的类型分析》，载《法治研究》2017年第4期。

系”条款的含义,本质上是一致的,“合法权益”即“权利义务”。原告资格制度中的法律上的利害关系,也是指对当事人权利义务产生实际影响。“权利义务”的外延不仅包括人身权和财产权,还包括政治权利、劳动权、受教育权等其他合法权益,以及相对应的义务。“合法权益”包括法定权利和具有法律正当性的利益。信赖利益和反射利益是否涵盖在“权利义务”范畴中,也值得重视。行政实践已证明信赖利益实属“权利”的范围,即基于信赖保护原则产生的期待利益属于受案范围指称的权利义务实际影响。法院认同行政违法行为影响了行政相对人的信赖利益即对行政相对人的权利义务产生了实际影响。例如,在告知听证后又取消听证程序的行为,违反信赖原则,损害信赖利益,行政相对人可以向法院提起诉讼。

最高人民法院行政审判庭在《行政诉讼法解释》出台后,编辑出版《最高人民法院行政诉讼法司法解释理解与适用(上)》一书,对“不产生实际影响的行为”进行了阐释,认为“不产生实际影响的行为”属于观念通知,即行政机关针对行政相对人作出的不发生法律效果的行为;且明确可诉性的行政行为必须是行政机关作出的发生法律效果的行为,也就是对行政相对人的权利义务产生调整作用。从前述阐释来看,“不产生实际影响”是仅围绕权利义务关系进行界定的。

将对权利义务未产生实际影响的行政行为排除在行政诉讼的范围之外,是因为行政诉讼的一个重要目的就是消除非法行政行为对行政相对人权利义务的不利影响,如果某一行政行为没有对行政相对人的权利、义务产生实际影响,提起行政诉讼就没有实际意义。

在公民、法人或者其他组织权利义务造成实际影响的行政行为的范围以及司法审查的范围方面,应该采用循序渐进、逐步扩大的路径,将对公民、法人或者其他组织权利义务产生实际影响的案件纳入行政诉讼的受案范围,不但可以更有效地解决公民、法人或者其他组织与行政机关的矛盾,促进社会的和谐发展,也可以改善司法权与行政权的关系,使行政机关更容易接受法院对于行政机关行政行为的审查,通过司法机关的审查更好地维护公共利益,从而达到公民权利、行政权力与司法权力的平衡。

四、辅助信息

高频词条:

《行政诉讼法》

第2条 公民、法人或者其他组织认为行政机关和行政机关工作人员的行政行为侵犯其合法权益，有权依照本法向人民法院提起诉讼。

前款所称行政行为，包括法律、法规、规章授权的组织作出的行政行为。

《行政诉讼法解释》

第 1 条 公民、法人或者其他组织对行政机关及其工作人员的行政行为不服，依法提起诉讼的，属于人民法院行政诉讼的受案范围。

下列行为不属于人民法院行政诉讼的受案范围：

（一）公安、国家安全等机关依照刑事诉讼法的明确授权实施的行为；

（二）调解行为以及法律规定的仲裁行为；

（三）行政指导行为；

（四）驳回当事人对行政行为提起申诉的重复处理行为；

（五）行政机关作出的不产生外部法律效力的行为；

（六）行政机关为作出行政行为而实施的准备、论证、研究、层报、咨询等过程性行为；

（七）行政机关根据人民法院的生效裁判、协助执行通知书作出的执行行为，但行政机关扩大执行范围或者采取违法方式实施的除外；

（八）上级行政机关基于内部层级监督关系对下级行政机关作出的听取报告、执法检查、督促履责等行为；

（九）行政机关针对信访事项作出的登记、受理、交办、转送、复查、复核意见等行为；

（十）对公民、法人或者其他组织权利义务不产生实际影响的行为。

食品药品纠纷案件裁判规则第2条:

食品药品监督管理部门针对投诉、举报事项进行调查处理的过程中向第三方机构采取的委托审核、协助调查等过程性行为,不属于行政诉讼受案范围

〔**规则描述**〕:食品药品监督管理部门根据投诉、举报人的投诉、举报,会对被举报单位进行调查,在调查过程中针对被举报单位是否存在违法行为,如销售的食品是否符合食品安全国家标准、药品是否符合相关规定等会委托第三方机构进行审核以及向第三方机构协助调查。此类委托审核、协助调查行为实际上属于食品药品监督管理部门对投诉、举报事项作出处理时的过程性行为,不是独立、完整、成熟的行政行为,未对投诉、举报人设定权利、义务,不属于行政诉讼受案范围。实践中,投诉、举报人对此类委托审核、协助调查行为向人民法院起诉的,人民法院应当裁定不予立案;已经立案的,应当裁定驳回起诉。

一、类案检索大数据报告

截至2019年12月31日,以"食品药品安全""过程性行为"为关键词,通过Alpha案例库、法信平台、北大法宝、中国裁判文书网共检索到类案12件。经过筛选与本规则相关的案例,剔除同一个案件因多次审判程序的重复裁判文书,实际共有7件案件。整体情况如下:

如图2-1所示,从案件地域分布来看,涉案数最多的地域为山东省与江苏省,各2件。

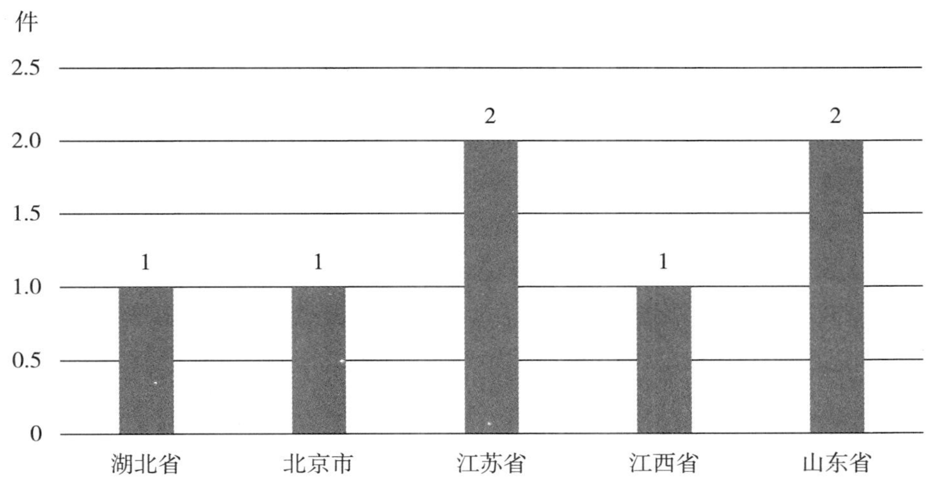

图 2－1　案件地域分布

如图 2－2 所示，从案件结案年份分布来看，最多的年份为 2018 年，共有 3 件。

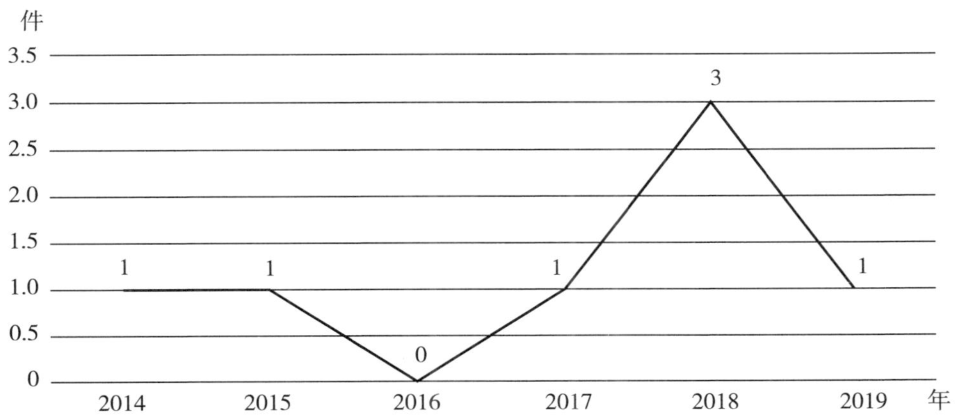

图 2－2　案件结案年份分布情况

如图 2－3 所示，从案件案由分类情况来看，涉及行政复议的 1 件，不履行法定职责的 1 件，行政其他的 2 件，行政处罚的 3 件。

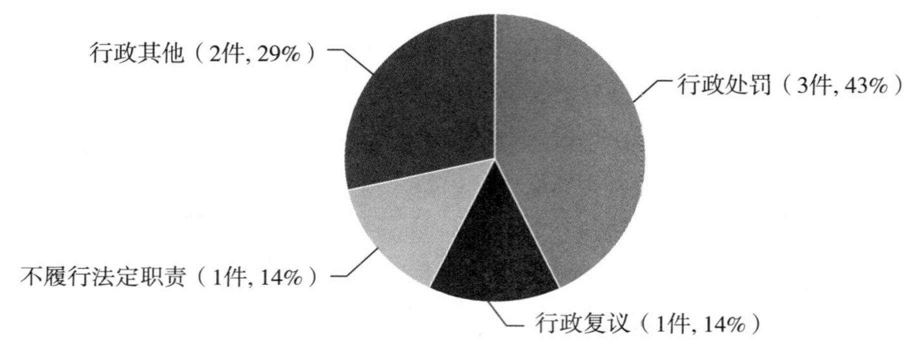

图 2－3　案件案由分类情况

如图 2－4 所示,从案件裁判结果分布情况来看,1 件案件判决确认违法;1 件案件撤销原判,发回重审;1 件案件驳回原告诉讼请求;2 件案件驳回起诉;2 件案件驳回上诉。

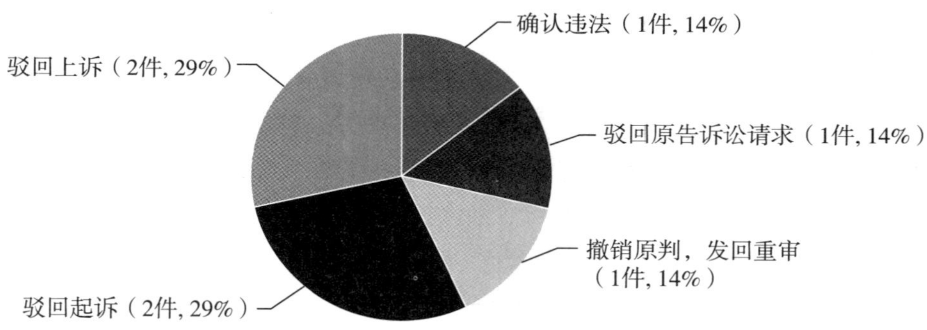

图 2－4　案件裁判结果分布情况

上述案例大部分都从正面印证了本规则,即过程性事项未给当事人设定权利义务的,不属于法院受案范围。而少部分案件中,当事人权利义务受到影响的,属于法院受案范围。

二、可供参考的例案

例案一　张某莹、武汉市汉阳区食品药品监督管理局食品药品安全行政管理(食品、药品)案

【法院】

湖北省武汉市中级人民法院

【案号】

(2018)鄂01行终426号

【当事人】

上诉人(原审原告):张某莹

被上诉人(原审被告):武汉市汉阳区食品药品监督管理局

负责人:周某某,局长

【基本案情】

上诉人张某莹因与被上诉人武汉市汉阳区食品药品监督管理局(以下简称汉阳区食药监局)食品安全行政管理一案,不服武汉市汉阳区人民法院作出的(2018)鄂0105行初82号行政裁定,向武汉市中级人民法院提起上诉。

原审法院经审理认为,依照《行政诉讼法》第49条第4项、《行政诉讼法解释》第1条第2款第6项及第69条第1款第1项等相关规定,行政机关为作出行政行为而实施的准备、论证、研究、层报、咨询等过程性行为不属于人民法院行政诉讼的受案范围,已经立案的,应当裁定驳回起诉。根据张某莹证据,汉阳区食药监局于2017年9月19日向其书面回复对其投诉的处理意见时在“调查情况”部分介绍“我局两次向上海市标准化协会食品标签审查中心发出协查函,就有关情况请其协助调查”。故张某莹起诉要求确认违法的是汉阳区食药监局为得出处理意见而实施的过程性行为,不属于人民法院行政诉讼的受案范围。

应当指出的是,包括该案在内,张某莹在一个月内先后基于汉阳区食药监局于2017年对其2016年3次投诉反映的问题作出的相关处理或处理过程向审理法院提起了7起行政诉讼。作为律师,张某莹本人应当明知行政案件受理条件等规定,却在以消费者身份就涉案产品向被投诉人提出的赔偿请求已获得人民法院支持的情况下,试图借生效民事判决规避相关法律规定,假行政诉讼之名以增加行政机关负担,其行为违背了《行政诉讼法》与《食品安全法》的立法目的,滥用诉权、消耗行政和司法资源,不应受法律保护。

综上所述,依照《行政诉讼法》第49条第4项、《行政诉讼法解释》第1条第2款第6项及第69条第1款第1项及第3款的规定,裁定驳回张某莹的起诉。

上诉人张某莹不服原审裁定,向武汉市中级人民法院提起上诉称:(1)被上诉人有权力、有能力独立识别食品安全领域的违法行为,向其他机关要求协查并非必要。被上诉人向作为民间机构的上海市标准化协会食品标签审查中心发出协查并无法律依据,该行为并非必需以及合法的行为,不应视为过程性行为。(2)原审认定事实不清,适用法律错误,扩大了过程性行为的外延。综上所述,请求:(1)请求撤销汉阳区人民法院(2018)鄂0105行初82号行政裁定书;(2)发回重审或依法改判。

被上诉人汉阳区食药监局答辩意见与原审辩称意见一致,请求驳回张某莹的上诉,维持原审裁定。

【案件争点】

原告张某莹起诉要求确认的汉阳区食药监局为得出处理意见而实施的请求第三方上海市标准化协会食品标签中心协助调查的行为违法是否属于行政诉讼受案范围。

【裁判要旨】

法院经审理认为,依据《行政诉讼法》第49条第4项的规定,当事人提起的行政诉讼,应当要属于人民法院行政诉讼的受案范围。《行政诉讼法解释》第1条第2款第5项、第6项、第10项明确规定了下列行为不属于人民法院行政诉讼的受案范围:行政机关作出的不产生外部法律效力的行为;为作出行政行为而实施的过程性行政行为;对公民、法人或者其他组织权利义务不产生实际影响的行为。本案中,被诉行为即汉阳区食药监局为得出处理意见而实施的请求第三方上海市标准化协会食品标签中心协助调查的行为属于行政机关为作出行政行为而实施的过程性行为,不具备终结性、成熟性及最终的、对外的法律效力,对上诉人权利义务未产生实际影响。上诉人针对该协查行为提起的本案诉讼不属于人民法院行政诉讼受案范围,依法应予驳回。

此外,诚如原审裁定所言,上诉人在以消费者身份提起的民事赔偿请求已获得判决支持的情况下,在一个月内先后针对汉阳区食药监局对其3次投诉反映问题作出的相关处理回复以及处理过程行为向原审法院提起了7件行政诉讼,然而保障当事人的诉权与规制恶意诉讼均是审判权的应有之义,公民应理性、正当行使诉权以维护自身合法权益,不得损害国家、社会、集体的利益和其他公民的合法权利。上诉人身为律师应具备一定法律素养,知晓诉权行使的合理边界,但其在合法权利已得到维护的情况下,违背诉权行使的必要性提起多起诉讼,消耗行政、司法资源,应认定属于滥用诉权行为,对其起诉原审径行裁定驳回并无不当,应予维持。上诉人的上诉理由及请求不能成立,法院不予支持。

例案二 | 潘某源、青岛市李沧区食品药品监督管理局食品药品安全行政管理(食品、药品)案

【法院】

青岛市中级人民法院

【案号】

(2019)鲁02行终22号

【当事人】

上诉人(原审原告):潘某源

被上诉人(原审被告):青岛市李沧区食品药品监督管理局

法定代表人:王某某,局长

【基本案情】

上诉人潘某源诉被上诉人青岛市李沧区食品药品监督管理局(以下简称李沧区食药监局)食品药品行政管理一案,不服青岛市李沧区人民法院(2018)鲁0213行初53号行政裁定,在法定期限内向青岛市中级人民法院提起上诉。

原审法院查明,2018年8月6日,原告在青岛北方国贸集团李沧超市有限公司购买了康师傅老坛酸菜牛肉面,通过市政务服务热线"12345"反映食品安全问题。《青岛"12345"办理通知单》中的主要内容栏记载"潘先生反映:自己近期在李沧区某某某某路北方国贸(沧口公园店)购买了康师傅老坛酸菜牛肉面,其成分列表为鸡蛋粉、淀粉、白砂糖、玉米油、食用盐、山梨糖醇液、三聚磷酸钠、焦磷酸钠、六偏磷酸钠、B胡萝卜素、维生素E,但通过网络查询时其成分表中缺少了碳酸氢铵,根据《〈预包装食品标签通则〉(GB 7718—2011)问答》第26条规定,任何一种在终产品中起工艺作用的食品添加剂,均应当在食品标签中标明,对此表示不满,要求行政监管部门能做到依法行政,按照《食品安全法》第63条、GB 14881食品安全生产过程中通用卫生规范第11.2条的规定责令全国召回,希望部门落实处理并答复"。被告李沧区食药监局接到上述转办单后,于2018年8月8日对被举报人青岛北方国贸集团李沧超市有限公司进行现场检查并制作笔录,调取相关材料;同日,被告经初步审查发现青岛北方国贸集团李沧超市有限公司销售的康师傅老坛酸菜牛肉面标签的成分列表中未标注碳酸氢铵,以被举报人的上述行为涉嫌违反了《食品安全法》第67条第3款的规定为由,决定立案调查。2018年8月14日,被告李沧区食药监局委托青岛市华测检验技术有限公司对老坛酸菜牛肉面的食品标签进行审

核。2018年8月15日,被告作出《办理投诉举报时限告知书》,该告知书中引用了《青岛“12345”办理通知单》中的主要内容栏记载的内容,告知原告“2018年8月14日,我局对你举报食品‘康师傅老坛酸菜牛肉面’依法进行抽样检查”。依据《食品药品投诉举报管理办法》第20条第3款第2项规定,投诉举报承办部门办理投诉举报过程中因检验检测、鉴定、专家评审或者论证所需时间不计算在投诉举报办理期限内。2018年8月21日,被告通过EMS邮政特快专递方式向原告送达了上述告知书。原告对此提起行政诉讼,请求确认被告作出的上述告知书无效;请求确认上述告知书中载明的“经网络查询”“对此表示不满”用词问题以及被告要求华测检测公司对标签进行检测的行政行为违法;判令被告在一定期限内履行查处不符合食品安全标准行为的法定职责。

另查明,2018年9月14日,被告李沧区食药监局作出青李食药监函[2018]39号《关于协查天津顶益食品有限公司生产的康师傅老坛酸菜牛肉面中调味蛋粒有关情况的函》、青李食药监函[2018]40号《关于协查吉林厚德食品有限公司生产的康师傅老坛酸菜牛肉面调味蛋粒有关情况的函》,分别委托天津市某某新区市场和质量监督管理局、吉林省辽源市东辽县市场监督管理局协助调查康师傅老坛酸菜牛肉面调味蛋粒配料表缺少碳酸氢铵的问题属于预包装食品标签瑕疵还是标签不合格。被告李沧区食药监局主张至答辩日尚未收到上述两个单位的回复。

原审法院经审理认为,《行政诉讼法》第1条规定:“公民、法人或者其他组织对行政机关及其工作人员的行政行为不服,依法提起诉讼的,属于人民法院行政诉讼的受案范围。下列行为不属于人民法院行政诉讼的受案范围……(六)行政机关为作出行政行为而实施的准备、论证、研究、层报、咨询等过程性行为……”本案中,被告对受理原告的投诉举报事项进行调查处理过程中,委托青岛市华测检验技术有限公司对食品标签审核等是为作出行政行为而实施的过程性行为,原告请求法院确认该委托审核行为违法,不属于行政案件受案范围。

《行政诉讼法》第47条第1款规定:“公民、法人或者其他组织申请行政机关履行保护其人身权、财产权等合法权益的法定职责,行政机关在接到申请之日起两个月内不履行的,公民、法人或者其他组织可以向人民法院提起诉讼。法律、法规对行政机关履行职责的期限另有规定的,从其规定。”《食品药品投诉举报管理办法》第20条规定:“投诉举报承办部门应当自投诉举报受理之日起60日内向投诉举报人反馈办理结果;情况复杂的,在60日期限届满前经批准可适当延长办理期限,并告知投诉举报人正在办理。办结后,应当告知投诉举报人办理结果。投诉举报延期办理的，延长期限一般不超过30日。法律、行政法规、规章另有规定的，从其规定。下列时间不计算在投诉举报办理期限内：（一）确定管辖的食品药品投诉举报机构或者管理部门所需时间；（二）投诉举报承办部门办理投诉举报过程中因检验检测、鉴定、专家评审或者论证所需时间；（三）其他部门协助调查所需时间。特别复杂疑难的投诉举报，需要继续延长办理期限的，应当书面报请投诉举报承办部门负责人批准，并将延期情况及时告知投诉举报人和向其转办投诉举报的食品药品投诉举报机构或者管理部门。投诉举报人在投诉举报办理过程中对办理进展情况进行咨询的，投诉举报承办部门应当以适当方式告知其正在办理。”该办法第38条规定：“本办法规定的投诉举报受理、办理等期限以工作日计算，不含法定节假日。”本案中，被告作出的《办理投诉举报时限告知书》，是依据上述办法对原告的告知行为，对原告的权利义务不产生实际影响，不属于行政案件受案范围。原告于2018年8月6日向被告投诉举报，至原告提起诉讼之日即2018年8月28日尚未超过《食品药品投诉举报管理办法》规定的反馈办理结果时限，因此，原告请求被告在一定期限内履行查处不符合食品安全标准的法定职责的诉请，不符合上述《行政诉讼法》规定行政不作为的起诉条件。

综上所述，原告的起诉不符合行政案件提起诉讼的条件，依法应当驳回原告的起诉。根据《行政诉讼法》第49条、《行政诉讼法解释》第1条、第69条之规定，裁定驳回原告潘某源的起诉。案件受理费50元（原告已预交），退还给原告。

上诉人潘某源不服原审裁定，上诉称：2018年8月6日，上诉人通过青岛政务热线“12345”举报了青岛北方国贸集团李沧区沧口公园超市，销售不符合食品安全标准食品的违法行为。被上诉人受理后，明知上诉人举报的涉案食品含有的“碳酸氢铵”是由法定职能部门吉林省卫计委履行信息公开告知义务后上诉人才得知，并且上诉人在举报时没有使用“通过网络查询”“对此表示不满”词汇，但被上诉人仍然于2018年8月15日作出了含有“通过网络查询”“对此表示不满”的语句，向上诉人进行了邮寄。同时，被举报单位在没有履行索票索证及进货查验义务的情况下，被上诉人竟然声称被举报单位“索票索证齐全”。被上诉人的行为属于行政不作为和滥作为，原审法院裁定驳回上诉人起诉，属于认定事实不清，适用法律错误。首先，认定事实不清及适用法律错误。（1）国发〔2000〕23号《国务院关于发布〈国家行政机关公文处理办法〉的通知》第25条规定：草拟公文应做到情况确实，观点明确，表述准确，结构严谨，条理清楚，直述不曲，字词规范，标点正确，篇幅力求简短。被上诉人十分清楚“12345”热线接线记录人员非食品安全专业技术人员，在记录过程中会出现与举报人表述不一的情况(2018年10月28日,“12345”热线值班主任反馈关于上诉人“通过网络查询”“对此表示不满”属于记录错误并予以道歉),其本应向举报人核实举报内容,依法力求一致,但是没有履行法定义务。(2)原审法院错误地认为被上诉人作出的《办理投诉举报时限告知书》对上诉人的权利义务不产生实际影响,不属于行政案件受案范围,这属于对不法行为的公开认可。(3)原审裁定书第8页载明:“《行政诉讼法》第一条规定,公民、法人或者其他组织……”而该条内容为“为保证人民法院公正、及时审理行政案件……制定本法。”故引用法条是错误的,严谨、准确引用法条是法律适用的最基本原则。(4)被举报食品不属于协查范围。被上诉人以法定监管部门属于生产地为由要求辽源市东辽县市场监督管理局(以下简称东辽县市场监管局)和天津滨海新区市场和质量监督管理局(以下简称滨海新区市场和质量监管局)协查,但协查单位属于主体不适格且被上诉人程序严重违法。(1)《食品药品行政处罚程序规定》第6条规定:行政处罚由违法行为发生地的食品药品监督管理部门管辖。上述两地属于违法行为实施地而非违法行为发生地。(2)国发〔2008〕17号国务院《关于加强市县政府依法行政的决定》第12条明确规定:要坚决制止和纠正超越法定权限、违反法定程序的决策行为。第18条规定:规范行政执法行为,市县政府及其部门要严格执行法律、法规、规章,依法行使权力、履行职责。该〔2008〕17号文属于行政法规,是上位法。(3)标签上缺少“碳酸氢铵”的标识究竟属于标签瑕疵还是缺陷,唯一具有解释权的法定职能部门是县级以上卫生行政部门直到国家卫生健康委员会,其他任何部门均不具有对食品安全标准执行过程中的问题进行解释的法定职能。谁制定谁解释是法律适用的最基本原则。在被上诉人发出协查函之前数日,上诉人就曾经向被上诉人兴华路食药所所长阐述和提供过上述观点和规范性文件。《食品安全国家标准管理办法》第3条第1款、第2款和第31条第2款对此都有规定。(4)《预包装食品标签通则》(GB 7718—2011)属于强制执行的标准,是理论性标准,是被上诉人必须掌握的专业性知识。《标准化法》第2条第3款规定:强制性标准必须执行。第25条规定:不符合强制性标准的产品和服务,不得生产、销售、进口和提供。《食品安全法》第116条第1款也规定了不具备相应知识和能力的,不得从事食品安全执法工作。被上诉人明知任何第三方检验检测机构对标签标识的检验不对真实性予以核实,仍然违法委托青岛市华测检验技术有限公司对涉案食品的标签进行检测且其检验报告不具有法定效力,该行政行为额外增加了财政支出,损害了国家利益。吉林省卫计委的官方回复及给上诉人寄送的涉案食品供货商吉林厚德食品有限公司的企业标准载明的信息，都足以证明涉案食品里添加了在终产品中起工艺作用的食品添加剂“碳酸氢铵”，且其回复具有法定效力。根据《行政诉讼法解释》第 99 条和《行政诉讼证据若干问题的规定》第 63 条之规定，原审法院以“过程性行为”及与上诉人没有利害关系为由而予以认定，属于事实认定不清和适用法律错误。(5)原审法院认定青岛市华测检验技术有限公司对涉案食品的标签进行检测不违法，属于事实认定不清及适用法律错误。被上诉人在原审中没有提交能够证明其委托青岛市华测检验技术有限公司对涉案食品标签进行检测没有超越法定职权的相关证明文件，现行规范性文件也没有规定对标签标识的检验归属于第三方检验检测机构及属于被上诉人授权的范畴。其次，原审法院以“不符合行政诉讼法规定行政不作为的起诉条件”裁定驳回上诉人的起诉没有法律依据且程序严重违法。(1)本案已经通过了立案审查进入了审理程序，但并没有经过法庭调查和辩论的必经诉讼环节，且由一名法官独任审判，违反了《行政诉讼法》第 68 条和《人民法院法庭规则》第 16 条第 1 款的强制性法律规定。(2)最高人民法院《关于进一步保护和规范当事人依法行使行政诉权的若干意见》的指导思想和要义针对的是立案环节而非实体审理环节，原审裁定是对立案庭功能性作用的否定。(3)2018年 11 月 22 日，上诉人向原审法院要求复制庭审笔录，但截至上诉期满之日，原审法院也未能允许上诉人摘录和复制庭审笔录，亦未作出解释，剥夺了上诉人的正当权利。综上所述，请求二审法院：(1)撤销青岛市李沧区人民法院作出的(2018)鲁 0213 行初 53 号行政裁定；(2)确认被上诉人行政滥作为的行政行为违法并判决其履行查处不符合食品安全标准食品的法定职责；(3)诉讼费由被上诉人承担。

被上诉人李沧区食药监局答辩称，首先，原审裁定认定事实清楚，适用法律法规正确，程序合法，上诉人的上诉请求无任何事实和法律依据，应当被依法驳回。(1)被上诉人作出的《办理投诉举报时限告知书》合法有据，且作出该告知书的行为并不属于行政诉讼的受案范围。①被上诉人于 2018 年 8 月 6 日收到的李沧区政务服务热线办转办的《青岛“12345”办理通知单》记载，上诉人于 2018 年 8 月 6 日通过市政务服务热线“12345”反映：“自己近期在李沧区某某某某路北方国贸(沧口公园店)购买了康师傅老坛酸菜牛肉面，其成分列表为鸡蛋粉、淀粉、白砂糖、玉米油、食用盐、山梨糖醇液、三聚磷酸钠、焦磷酸钠、六偏磷酸钠、B 胡萝卜素、维生素 E、但通过网络查询时其成分表中缺少了碳酸氢铵，根据 GB 718—2011 预包装食品标签问答第 26 条规定，任何一种在终产品中起工艺作用的任何一种食品添加剂,均应当在食品标签中标明,对此表示不满,要求行政监管部门能做到依法行政,按照食品安全法第63条、GB 14881食品安全生产过程中通用卫生规范第11.2条的规定责令全国召回,希望部门落实处理并答复。”李沧区政务服务热线办要求被上诉人收件后认真阅办。被上诉人于2018年8月8日对被举报人青岛北方国贸集团李沧超市有限公司进行现场检查并制作了《现场检查笔录》。检查发现,被举报人的货架上摆放有天津顶益食品有限公司生产的康师傅老坛酸菜牛肉面(5包装)17包。被举报人向被上诉人出具了2018年1月至8月康师傅老坛酸菜牛肉面的进货记录、被举报人的《营业执照》《食品经营许可证》、天津顶益食品有限公司的《营业执照》《食品生产许可证》《食品生产许可品种明细表》、天津顶益食品有限公司委托摩天众创(天津)检测服务有限公司对2018年7月11日生产的康师傅老坛酸菜牛肉面进行检验并出具的《检验报告》,证明被举报人进货渠道合法,索证索票齐全。因现场检查发现被举报人经营的康师傅老坛酸菜牛肉面食品标签的成分列表中,未标注碳酸氢铵,经初步审查认为,被举报人的行为涉嫌违反了《食品安全法》第67条第3款之规定,被上诉人遂于当日决定立案调查。2018年8月14日,在被上诉人监督下,被上诉人委托的青岛市华测检验技术有限公司对被举报人销售的康师傅老坛酸菜牛肉面进行了现场抽样,并对抽取的样品依法进行食品标签审核检验。2018年8月15日,被上诉人作出《办理投诉举报时限告知书》,告知上诉人,被上诉人于2018年8月14日对上诉人举报的康师傅老坛酸菜牛肉面依法进行了抽样检验,依据《食品药品投诉举报管理办法》第20条第2款的规定,投诉举报承办部门办理投诉举报过程中因检验检测、鉴定、专家评审或者论证所需时间不计算在投诉举报办理期限内。被上诉人于2018年8月21日通过EMS向上诉人邮寄送达了前述《办理投诉举报时限告知书》。综上所述,被上诉人作出的《办理投诉举报时限告知书》合法有据。②《行政诉讼法解释》第1条规定,行政机关为作出行政行为而实施的准备、论证、研究、层报、咨询等过程性行为和对公民、法人或者其他组织权利义务不产生实际影响的行为,不属于人民法院行政诉讼的受案范围。被上诉人于2018年8月15日作出《办理投诉举报时限告知书》的行为,仅是办案过程中为作出具体行政行为而实施的过程性行为,其并未对上诉人的权利义务产生任何实际影响,因此,被上诉人作出前述《办理投诉举报时限告知书》的行为,不属于人民法院行政诉讼的受案范围,上诉人的起诉应当被依法驳回。③被上诉人作出的《办理投诉举报时限告知书》中关于上诉人电话举报的内容,均加了引号并原文摘录于收到的《青岛“12345”办理通知单》,并没有任何贬低和嘲笑上诉人的含义，更不存在违法报复的情形。

（2）被上诉人现正在依法履行法定职责，调查处理上诉人的举报。①2018年8月22日，青岛市华测检验技术有限公司对现场抽样的康师傅老坛酸菜牛肉面出具《标签审核报告》，审核结论为康师傅老坛酸菜牛肉面的食品标签符合GB 7718—2011《食品安全国家标准预包装食品标签通则》以及GB 28050—2011《食品安全国家标准预包装食品营养标签通则》的规定要求。《食品药品行政处罚程序规定》第7条、第15条规定，县（区）、市（地、州）食品药品监督管理部门依职权管辖本行政区域内的食品药品行政处罚案件；食品药品监督管理部门办理行政处罚案件需要其他地区食品药品监督管理部门协助调查、取证的，应当出具协助调查函。因被举报食品康师傅老坛酸菜牛肉面的生产企业天津顶益食品有限公司的生产地址在天津市滨海新区，其法定监管部门是滨海新区市场和质量监管局，为了全面准确查明案件事实，被上诉人于2018年9月14日向滨海新区市场和质量监管局发出青李食药监函[2018]39号《关于协查天津顶益食品有限公司生产的康师傅老坛酸菜牛肉面中调味蛋粒有关情况的函》，委托该局协助调查康师傅老坛酸菜牛肉面调味蛋粒配料表缺少碳酸氢铵问题属于预包装食品标签瑕疵还是标签不合格；同时，鉴于康师傅老坛酸菜牛肉面调味蛋粒的生产企业吉林厚德食品有限公司的生产地址为吉林省辽源市东辽县，其法定监管部门是东辽县市场监管局，被上诉人又于2018年9月14日向东辽县市场监管局发出青李食药监函[2018]40号《关于协查吉林厚德食品有限公司生产的康师傅老坛酸菜牛肉面调味蛋粒有关情况的函》，委托该局协助调查康师傅老坛酸菜牛肉面调味蛋粒配料表缺少碳酸氢铵问题属于预包装食品标签瑕疵还是标签不合格。目前，被上诉人尚未收到滨海新区市场和质量监管局的答复。②《食品药品投诉举报管理办法》第20条、第38条规定，投诉举报承办部门应当自投诉举报受理之日起60日内向投诉举报人反馈办理结果，情况复杂的，在60日期限届满前经批准可适当延长办理期限，并告知投诉举报人正在办理；下列时间不计算在投诉举报办理期限内：确定管辖的食品药品投诉举报机构或者管理部门所需时间；投诉举报承办部门办理投诉举报过程中因检验检测、鉴定、专家评审或者论证所需时间；其他部门协助调查所需时间。该办法规定的投诉举报受理、办理等期限以工作日计算，不含法定节假日。综上所述，被上诉人始终在履行法定职责，依法调查处理原告的举报。

其次，原审裁定驳回上诉人的起诉，符合正确引导当事人依法行使诉权，严格规制恶意诉讼和无理缠诉等滥诉行为的基本原则。最高人民法院《关于进一步保护和规范当事人依法行使行政诉权的若干意见》(法发〔2017〕25号)第2部分第10条、第11条、第15条规定,当事人针对行政机关未设定其权利义务的重复处理行为、说明性告知行为及过程性行为提起诉讼的,人民法院依法不予立案,并向当事人做好释明工作,避免给当事人造成不必要的诉累。要准确把握新《行政诉讼法》第25条第1款规定的"利害关系"的法律内涵,依法审查行政机关的行政行为是否确与当事人权利义务的增减得失密切相关,当事人在诉讼中是否确实具有值得保护的实际权益,不得虚化、弱化利害关系的起诉条件。要依法制止滥用诉权、恶意诉讼等行为。滥用诉权、恶意诉讼消耗行政资源,挤占司法资源,影响公民、法人和其他组织诉权的正常行使,损害司法权威,阻碍法治进步。对于极个别当事人不以保护合法权益为目的,长期、反复提起大量诉讼,滋扰行政机关,扰乱诉讼秩序的,人民法院依法不予立案。

综上所述,原审裁定认定事实清楚、适用法律法规正确、程序合法,且原审裁定驳回上诉人的起诉,符合正确引导当事人依法行使诉权,严格规制恶意诉讼和无理缠诉等滥诉行为的基本原则,上诉人的上诉请求无任何事实和法律依据,应当被依法驳回。

关于原审法院的审判程序,上诉人提出两项异议:(1)原审法院只是送达了证据交换传票并没有开庭传票,且该案不应适用简易程序;(2)原审法院没有允许上诉人对庭审笔录进行摘录或复制。审理法院认为,关于上诉人的第一项异议,《行政诉讼法解释》第69条第3款规定:"人民法院经过阅卷、调查或者询问当事人,认为不需要开庭审理的,可以径行裁定驳回起诉。"据此,并非所有行政案件均需开庭审理,根据案情认为可径行裁定驳回起诉的,可不开庭审理。本案中,原审法院组织上诉人与被上诉人双方进行了证据交换,根据证据交换的情况认定事实并径行裁定驳回上诉人的原审起诉,符合上述规定。另经过查阅原审卷宗,本案系适用一审普通程序审理的案件,由一名审判人员主持证据交换并不意味着该案适用的是简易程序。综上所述,上诉人对原审审判程序提出的第一项异议不能成立。关于上诉人的第二项异议,是否允许当事人摘录或者复制庭审笔录不会对人民法院认定事实和适用法律产生影响,故上诉人提出的该项异议并不属于对原审法院审判程序合法与否的评判事项。经审查,审理法院确认原审法院审判程序合法。

各方当事人原审时向法院提交的证据已随案移送审理法院。经审理,审理法院确认原审裁定认定的案件事实成立。二审法庭调查中,上诉人确认其原审第二项诉讼请求仍是指向《办理投诉举报时限告知书》,认为其中有三项表述错误,具体是指“通过网络查询”“对此表示不满”“对你举报食品‘康师傅老坛酸菜牛肉面’依法进行了抽样检验”。审理法院另查明，2018年9月17日，被上诉人再次作出《办理投诉举报时限告知书》，告知上诉人已向滨海新区市场和质量监管局和东辽县市场监管局发函协查，协查时间不计算在投诉举报办理期限内。上诉人认可已收到该告知书。另经询问，被上诉人称截至目前已收到东辽县市场监管局的复函，但尚未收到滨海新区市场和质量监管局的复函，故该案没有结案。

【案件争点】

被上诉人于2018年8月15日作出的《办理投诉举报时限告知书》是否属于行政诉讼的受案范围。

【裁判要旨】

法院经审理认为，（1）关于《办理投诉举报时限告知书》的可诉性问题。《行政诉讼法解释》第1条第2款规定：“下列行为不属于人民法院行政诉讼的受案范围……（六）行政机关为作出行政行为而实施的准备、论证、研究、层报、咨询等过程性行为……”第69条第1款规定：“有下列情形之一，已经立案的，应当裁定驳回起诉……（八）行政行为对其合法权益明显不产生实际影响的……”本案中，被上诉人于2018年8月15日作出《办理投诉举报时限告知书》，上诉人于2018年8月28日提起原审诉讼的第一项、第二项诉讼请求即是针对该告知书。从该告知书的内容来看，是告知上诉人对“康师傅老坛酸菜牛肉面”依法进行抽样检查，且抽样检查时间不计算在投诉举报办理期限内。因此，该告知行为明显属于被上诉人在办理上诉人投诉举报事项中的过程性行为，且告知内容没有给上诉人创设权利义务，未对上诉人的权利义务产生实际影响，故该告知书不具有可诉性，原审法院对此认定正确。至于上诉人所提出的该告知书中存在“通过网络查询”“对此表示不满”“对你举报食品‘康师傅老坛酸菜牛肉面’依法进行了抽样检验”三处表述错误的主张，因该告知书不具有可诉性，不属于人民法院行政诉讼评价范围，故对其中所记载的内容审理法院亦不予评判。

（2）关于上诉人第三项诉讼请求的问题。《食品药品投诉举报管理办法》第20条规定：“投诉举报承办部门应当自投诉举报受理之日起60日内向投诉举报人反馈办理结果；情况复杂的，在60日期限届满前经批准可适当延长办理期限，并告知投诉举报人正在办理。办结后，应当告知投诉举报人办理结果。投诉举报延期办理的，延长期限一般不超过30日。法律、行政法规、规章另有规定的，从其规定。下列时间不计算在投诉举报办理期限内：①确定管辖的食品药品投诉举报机构或者管理部门所需时间;②投诉举报承办部门办理投诉举报过程中因检验检测、鉴定、专家评审或者论证所需时间;③其他部门协助调查所需时间。特别复杂疑难的投诉举报,需要继续延长办理期限的,应当书面报请投诉举报承办部门负责人批准,并将延期情况及时告知投诉举报人和向其转办投诉举报的食品药品投诉举报机构或者管理部门。投诉举报人在投诉举报办理过程中对办理进展情况进行咨询的,投诉举报承办部门应当以适当方式告知其正在办理。"第38条规定:"本办法规定的投诉举报受理、办理等期限以工作日计算,不含法定节假日。"根据上述规定,食品药品监管部门办理投诉举报的一般时限为60个工作日,且经批准可延长30个工作日。本案中,被上诉人于2018年8月6日收到上诉人提出的投诉举报,上诉人于2018年8月28日即提起原审诉讼,显然尚在该投诉举报事项的办理期限内,故上诉人属于在被上诉人履行法定职责期限尚未届满前即提起要求履行法定职责之诉,不符合《行政诉讼法》第47条第1款的规定,其起诉条件尚不成就,原审裁定驳回上诉人的起诉正确。而且,通过二审法庭调查可知,协查单位目前尚未全部作出答复,该投诉举报事项仍处于不计入办理期限状态,仍未达到期限届满的起诉条件。综上所述,原审法院认定事实清楚,审判程序合法,裁定驳回上诉人的起诉正确,依法应予维持。上诉人的上诉请求不能成立,审理法院依法不予支持。

例案三 | 段某龙、太原市迎泽区食品药品监督管理局其他行政行为案

【法院】

山西省太原市中级人民法院

【案号】

(2017)晋01行终233号

【当事人】

上诉人(原审原告):段某龙

被上诉人(原审被告):太原市迎泽区食品药品监督管理局

法定代表人:李某,局长

【基本案情】

上诉人段某龙因要求履行食品药品监督管理政府信息公开职责一案,不服太原市晋源区人民法院(2017)晋0110行初52号行政判决,向太原市中级人民法院提起上诉。太原市中级人民法院依法组成合议庭进行了审理,现已审理终结。

一审法院认定，2017年1月4日，被告针对原告举报太原美特好连锁超市股份有限公司销售的河北省笑微微食品有限公司的“微微同学虾条（蜂蜜黄油味）”涉嫌违法一事给原告的《政府信息公开答复书》中称其向石家庄市藁城区市场监督管理局发函请求协助调查，石家庄市藁城区市场监督管理局也向被告作出协查情况回函。2017年1月9日，原告通过邮寄方式向被告申请信息公开，要求公开石家庄市藁城区市场监督管理局回函材料。2017年1月22日，被告作出《政府信息公开答复书》，告知原告应当向制作该政府信息的行政机关申请政府信息公开。原告不服，向法院提起诉讼。

一审法院经审理认为，根据《政府信息公开条例》（2007年）第17条，行政机关制作的政府信息，由制作该政府信息的行政机关负责公开；行政机关从公民、法人或者其他组织获取的政府信息，由保存该政府信息的行政机关负责公开。据此规定，政府信息包括由行政机关制作的信息和其从公民、法人或者其他组织获取的信息。前者由制作机关负责公开，后者由保存该信息的机关负责公开。前述中的“法人或其他组织”并不包含“其他行政机关”。本案中，原告要求被告公开的信息，系由石家庄市藁城区市场监督管理局制作的，被告只是获取并保存了该文件，因此其并不具有公开该文件的法定义务。被告于2017年1月22日向原告作出的《政府信息公开答复书》告知其应向上述政府信息的制作机关提出政府信息公开申请并无不当。原告的诉讼请求缺乏法律依据，审理法院不予支持。依照《行政诉讼法》第69条之规定，判决驳回了原告段某龙的诉讼请求。

上诉人段某龙上诉称，（1）被上诉人太原市迎泽区食品药品监督管理局（以下简称迎泽区食药监局）具有对从法人处获取保存的信息公开的职责；（2）原审法院将“其他行政机关”排除在“法人和其他组织”之外是对法律的歪曲。故请求二审法院：（1）依法撤销一审判决；（2）撤销被上诉人迎泽区食药监局2017年1月22日作出的《政府信息公开答复书》；（3）判决被上诉人在指定期限内重新对上诉人的信息公开申请作出答复；（4）本案诉讼费由被上诉人承担。

被上诉人迎泽区食药监局答辩称，被上诉人不是上诉人申请政府信息公开的制作机关，依据《政府信息公开条例》（2007年）第17条“行政机关制作的政府信息，由制作该政府信息的行政机关负责公开”之规定，被上诉人作出的《政府信息公开答复书》告知上诉人应向制作该政府信息的行政机关申请并无不当。原审判决认定事实清楚，适用法律、法规正确，程序合法，应予维持。上诉人对同一政府信息既向我局申请公开，同时又向万柏林区食药监局、尖草坪区食药监局申请公开。在向原审法院提起诉讼之前,已经以相同的诉讼请求向杏花岭区人民法院提起诉讼,且在杏花岭区法院审理过程中,承认已经获取了该信息,仍然向原审法院提起同样的诉讼,从2017年1月至11月,上诉人向太原市六城区投诉举报91起、申请政府信息公开200起、行政诉讼45起,上诉人的行为已经明显偏离了公民依法、理性、正当行使知情权和监督权的正常轨道,超过了正当行使知情权的合理限度,已构成诉权滥用。综上,原审判决认定事实清楚,适用法律、法规正确,程序合法,请求驳回上诉,维持原判。

太原市中级人民法院经审理查明的事实与一审法院认定的事实一致,对一审查明的事实予以确认。

【案件争点】

被告尖草坪区食药监局未予公开其调查取证过程中获取并保存的石家庄市藁城区市场监管局作出的协查情况回函是否属于行政诉讼的受案范围。

【裁判要旨】

法院经审理认为,公民、法人和其他组织向人民法院提起行政诉讼应当符合法律规定的条件。《行政诉讼法若干问题的解释》第3条规定:"有下列情形之一,已经立案的应当裁定驳回起诉:(一)不符合行政诉讼法第四十九条规定的……(八)行政行为对其合法权益明显不产生实际影响的……"本案中上诉人向被上诉人迎泽区食药监局申请公开的信息是被上诉人迎泽区食药监局针对上诉人的举报,向石家庄市藁城区市场监管局发函请求协查,石家庄市藁城区市场监管局向被告尖草坪区食药监局作出的协查情况回函。这属于被上诉人尖草坪区食药监局履行食品安全监管职责调查取证的过程性行为,该回函只是作为被上诉人尖草坪区食药监局认定被举报人是否存在违反《食品安全法》的行为的证据之一,对上诉人作为举报人的合法权益明显不产生实际影响,不属于《政府信息公开条例》的调整范围,也不属于人民法院行政诉讼的受案范围。一审法院判决驳回原审原告的诉讼请求,属适用法律错误。应当驳回上诉人段某龙在原审中的起诉。

三、裁判规则提要

随着现代行政的发展,行政程序逐渐完善、职能分工日趋细化,行政行为越来越多地呈现复杂、专业的特性。一个复杂的行政行为往往体现为一系列行政行为、行政程序等组成的一个完整的行政过程。而过程性行政行为,也称阶段性行政行为,一般发生于一个多阶段行政行为的前、中阶段。

长久以来，对于过程性行政行为是否具有可诉性我国法律未作明确规定，司法实践中也存在一定的争议。虽然司法解释明确规定了为作出行政行为而实施的准备、论证、研究、层报、咨询等过程性行为不属于人民法院行政诉讼的受案范围，但是否所有的过程性行政行为均不具有可诉性，我们认为应当把握的宗旨是，过程性的行政行为原则上不具有可诉性，但对于该过程性行政行为对相对人的权利义务产生实际影响的，可以纳入行政诉讼的受案范围。理由如下：(1)确保行政机关正常行使权力。对行政机关基于其法定职责所作出的行政行为的司法审查，应当符合成熟性原则，即行政行为只有发展到一定阶段，达到“成熟”的程度，才允许司法对其进行审查。[①] 如果对过程性行为进行司法介入，将可能妨碍行政程序的正常发展，使本应正常推进的行政过程中止或中断，并与行政主体最终的行政行为冲突。换言之，如果允许司法介入尚未“成熟”的、处于过程之中的行政行为，必然产生行政权被司法权取代的后果。确保对行政行为的司法审查遵循成熟性原则，是为了保护行政机关免受司法的不当干扰，即司法权对行政权既要发挥制衡监督的作用，又要秉持谦抑克制的精神，尊重行政权的正常行使，达到司法权与行政权之间的平衡。(2)确保人民法院有效解决纠纷。过程性行政行为涉及的行政程序没有完结，行政机关与行政相对人之间的争议往往并不明确，受影响的权利义务关系还未完全成型，法院此时介入审理容易陷入行政机关与行政相对人抽象的争论之中，无法有效审理案件、解决纠纷。[②] 还有学者认为，在行政机关作出最终决定之前，行政法律关系处于不确定状态，亦存在进一步发生各种变化的可能性，法院缺乏进行审查的确定对象和现实条件，不属于“裁判时机成熟”状态。[③] (3)从效率的角度来看，大多数过程性行政行为无独立的行政法律效力，其暂时性的行政法律效力往往因最终行政行为的作出而被吸收、覆盖导致失效，这种情况下阶段性行政行为无独立的诉讼利益，无须裁判。行政相对人可待行政主体最终行政行为作出后提起诉讼，请求法院一并审查。

当然，对于行政行为是否成熟的判断标准随着时间的推移是不断变化的，我们不能完全拘泥于“正常行政程序的最后阶段是否完成”这种形式标准来判断行政行为是否成熟，在有的情况下，尽管行政程序的最后阶段尚未完成，但行政行为已经

---

① 参见刘行：《行政程序中间行为可诉性标准探讨——结合最高法院第69号指导案例的分析》，载《行政法学研究》2018年第2期。

② 参见石佑启：《在我国行政诉讼中确立“成熟原则”的思考》，载《行政法学研究》2004年第1期。

③ 参见郝明金：《行政行为的可诉性研究》，中国人民公安大学出版社2005年版，第342页。

对行政相对人造成了实质性的不利影响,就应当认为这个行政行为成熟,具有可诉性。故而,过程性行政行为是否可诉必须具有明确的判断标准:(1)形式标准。该过程性行政行为处于整个行政行为的预备阶段和中间环节,没有完全独立,且在整体中不可分割,同时对该过程性行为进行司法审查会妨碍行政主体作出最终行政行为的正常程序。(2)实质标准。该过程性行政行为对行政相对人法律上的权利义务具有实际影响。实际影响区别于事实影响,侧重于对行政相对人的法律影响,且这种影响不能是抽象的、模糊的,即必须是具体的、明确的。综上所述,一般而言,过程性行政行为是否可诉可以遵循两个步骤:第一步,从形式上判断某一行为是否处于整个行政行为的预备阶段和中间环节,在整体中是否不可分割,进行司法审查是否会打断正常的行政程序。第二步,从实质上进一步考察该行为是否对当事人的权利义务产生实际影响。

近些年,最高人民法院出台的司法解释以及相关指导案例,表明了最高人民法院对于过程性行政行为是否具有可诉性的态度。2010 年 1 月 4 日开始实施的最高人民法院《关于审理行政许可若干问题的规定》第 3 条规定:“公民、法人或者其他组织仅就行政许可过程中的告知补正申请材料、听证等通知行为提起行政诉讼的,人民法院不予受理,但导致许可程序对上述主体事实上终止的除外。”2011 年 8 月 13 日起施行的最高人民法院《关于审理政府信息公开行政案件若干问题的规定》第 2 条第 1 项规定,因申请内容不明确,行政机关要求申请人作出更改、补充且对申请人权利义务不产生实际影响的告知行为,公民、法人或者其他组织对该行为不服提起行政诉讼的,人民法院不予受理。这两个司法解释的相关规定在过程性行政行为是否具有可诉性的判断标准上可以归纳为:过程性行政行为不具有可诉性为原则,具有可诉性为例外,该例外的判断标准是该行为对于当事人的权利义务造成实际影响或者导致行政主体作出最终行政行为的正常程序终止。从近些年的审判实践来看,“赖某安与重庆市人民政府不予复议行政纠纷上诉案”、“延安宏盛建筑工程有限责任公司与延安市安全生产监督管理局生产责任事故批复上诉案”、最高人民法院 2013 年发布的第五批指导性案例的第 22 号案例、2016 年发布的第十四批指导案例的第 69 号案例等,均将行政行为是否对特定行政相对人的权利义务产生了实际影响作为判断是否具有可诉性的核心要件,本规则中选取的第三个案例的裁判结果亦表明了司法实践对过程性行政行为可诉性的审查从形式标准转向实质标准,这也反映了行政诉讼对行政相对人诉权及合法权益的保障。

四、辅助信息

高频词条：

《行政诉讼法解释》

第1条 公民、法人或者其他组织对行政机关及其工作人员的行政行为不服，依法提起诉讼的，属于人民法院行政诉讼的受案范围。

下列行为不属于人民法院行政诉讼的受案范围：

（一）公安、国家安全等机关依照刑事诉讼法的明确授权实施的行为；

（二）调解行为以及法律规定的仲裁行为；

（三）行政指导行为；

（四）驳回当事人对行政行为提起申诉的重复处理行为；

（五）行政机关作出的不产生外部法律效力的行为；

（六）行政机关为作出行政行为而实施的准备、论证、研究、层报、咨询等过程性行为；

（七）行政机关根据人民法院的生效裁判、协助执行通知书作出的执行行为，但行政机关扩大执行范围或者采取违法方式实施的除外；

（八）上级行政机关基于内部层级监督关系对下级行政机关作出的听取报告、执法检查、督促履责等行为；

（九）行政机关针对信访事项作出的登记、受理、交办、转送、复查、复核意见等行为；

（十）对公民、法人或者其他组织权利义务不产生实际影响的行为。

《关于审理行政许可案件若干问题的规定》

第3条 公民、法人或者其他组织仅就行政许可过程中的告知补正申请材料、听证等通知行为提起行政诉讼的，人民法院不予受理，但导致许可程序对上述主体事实上终止的除外。

《关于审理政府信息公开行政案件若干问题的规定》

第2条 公民、法人或者其他组织对下列行为不服提起行政诉讼的，人民法院不予受理：

（一）因申请内容不明确，行政机关要求申请人作出更改、补充且对申请人权利义务不产生实际影响的告知行为；

（二）要求行政机关提供政府公报、报纸、杂志、书籍等公开出版物，行政机关予

以拒绝的;

(三)要求行政机关为其制作、搜集政府信息,或者对若干政府信息进行汇总、分析、加工,行政机关予以拒绝的;

(四)行政程序中的当事人、利害关系人以政府信息公开名义申请查阅案卷材料,行政机关告知其应当按照相关法律、法规的规定办理的。

食品药品纠纷案件裁判规则第3条：
食品药品监督管理部门移送涉嫌犯罪案件，其移送行为以及随案移送的查封扣押行为，不属于行政诉讼的受案范围

〔**规则描述**〕：行政机关对于涉嫌犯罪案件的移送行为，不属于司法审查权限范围。《行政执法机关移送涉嫌犯罪案件的规定》第14条明确规定，该类行为由人民检察院、监察机关予以监督。当事人对该类行为提起行政诉讼的，人民法院应当裁定不予受理或驳回起诉。此外，食品药品监督管理部门移送涉嫌犯罪案件，根据《食品药品行政处罚程序规定》的规定，公安机关决定立案的，食品药品监督管理部门应当自接到公安机关立案通知书之日起3日内将涉案物品以及与案件有关的其他材料移交公安机关，此时随案移送的查封扣押行为，就不再属于一般的行政强制措施，已成为刑事司法行为的组成部分，而根据《刑事诉讼法》明确授权实施的行为，依法不属于行政诉讼的受案范围。

一、类案检索大数据报告

截至2019年12月31日，以“食品药品安全”“犯罪”“受案范围”“行政”为关键词，通过Alpha案例库、法信平台、北大法宝、中国裁判文书网共检索到类案25件。经过筛选与本规则相关的案例，剔除同一个案件因多次审判程序的重复裁判文书，实际共有5件案件。整体情况如下：

如图3－1所示，从案件地域分布来看，涉案数最多的地域为贵州省，共2件。

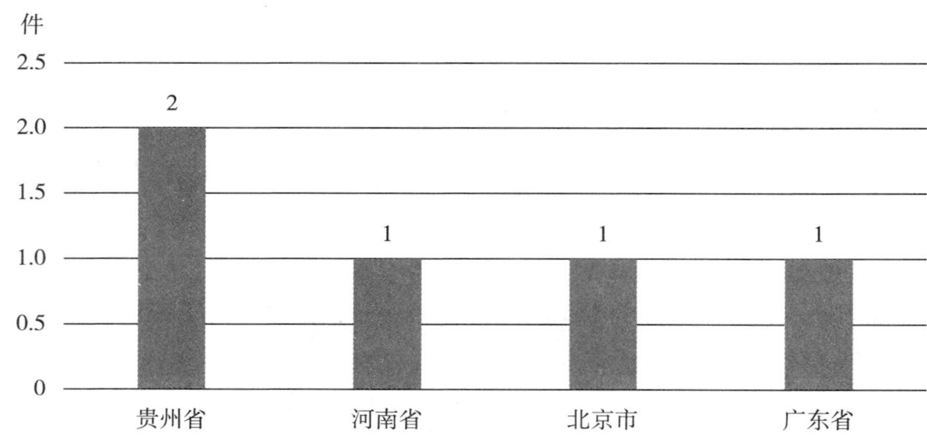

图 3－1　案件地域分布情况

如图 3－2 所示,从案件结案年份分布来看,最多的年份为 2016 年与 2017 年,各 2 件。

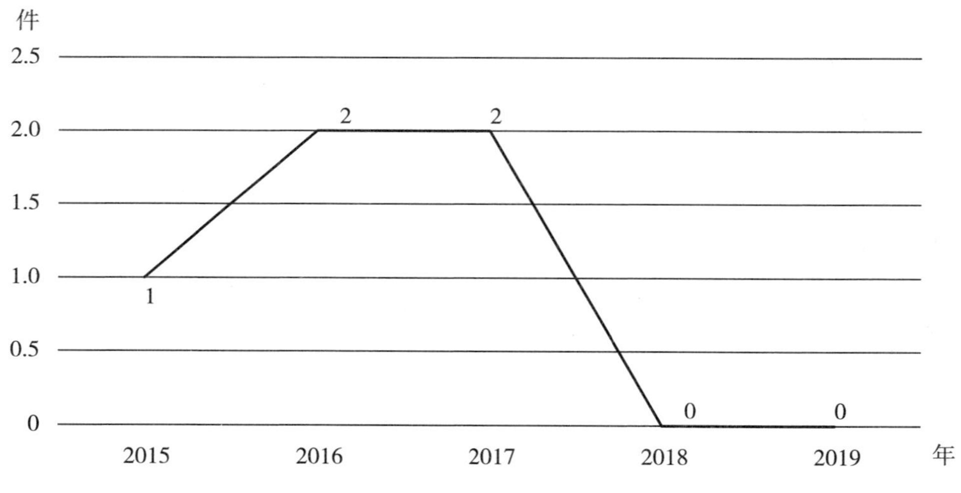

图 3－2　案件结案年份分布情况

如图 3－3 所示,从案件案由分类情况来看,主要有 3 种,分别是行政复议的 1 件、行政处罚的 2 件以及行政其他的 2 件。

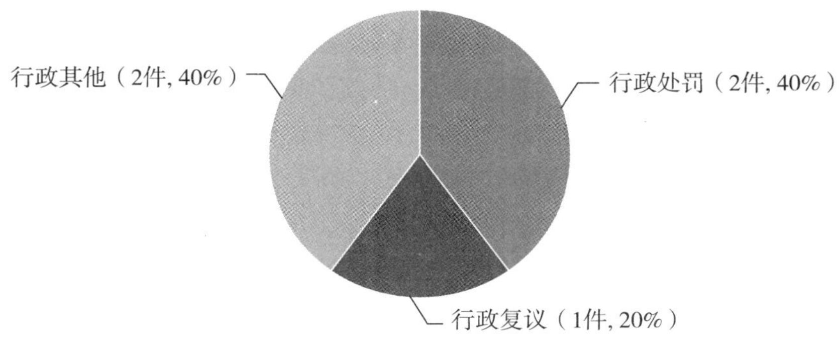

图3-3 案件案由分类情况

如图3-4所示，从案件裁判结果分类情况来看，驳回原告诉讼请求有3件，撤销行政行为的和确认违法的各为1件。

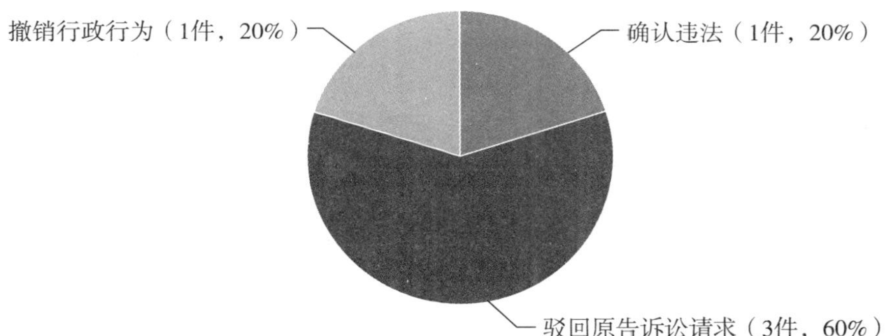

图3-4 案件裁判结果分类情况

上述案例均验证本规则的正确性，对于行政机关的移送程序，不属于行政诉讼的受案范围。

二、可供参考的例案

例案一 | 刘某凯与郑州市食品药品监督管理局食品药品安全行政管理案

【法院】

河南省郑州市金水区人民法院

【案号】

(2015)金行初字第203号

【当事人】

原告:刘某凯

被告:郑州市食品药品监督管理局

法定代表人:周某,局长

【基本案情】

原告诉称,被告在移送原告举报的河南省康之源医药有限公司郑州办事处涉嫌无证经营案件过程中,向同级机关移送、移送材料不完整、在未取得公安机关不予立案通知的情况下向非相关的金水区人民检察院移送、未在24小时内移送,导致数月移送无果。被告的移送程序违反《行政执法机关移送涉嫌犯罪案件的规定》(2001年),请求法院对被告移送案件的违法性进行审查。

被告辩称,被告及时移送,郑州市公安局经济犯罪侦查支队2015年7月27日对被告的移送案件签收。2015年8月13日公安机关正式向被告发出不予立案通知书。被告的移送程序合法,请求法院驳回原告的诉讼请求。

【案件争点】

郑州市食品药品监督管理局的移送程序是否属于行政诉讼的受案范围。

【裁判要旨】

法院经审理认为,《行政执法机关移送涉嫌犯罪案件的规定》(2001年)第14条规定,行政执法机关移送涉嫌犯罪案件,应当接受人民检察院和监察机关依法实施的监督。任何单位和个人对行政执法机关违反本规定,应当向公安机关移送涉嫌犯罪案件而不移送的,有权向人民检察院、监察机关或者上级行政执法机关举报。第16条规定,行政执法机关违反本规定,逾期不将案件移送公安机关的,由本级或者上级人民政府,或者实行垂直管理的上级行政执法机关,责令限期移送,并对其正职负责人或者主持工作的负责人根据情节轻重,给予记过以上的行政处分;构成犯罪的,依法追究刑事责任。原告请求法院对被告的移送程序进行审查,该请求不属于人民法院受案范围。

例案二 耿某成与被告鲁山县食品药品监督管理局食品药品安全行政管理(食品、药品)案

【法院】

河南省平顶山市卫东区人民法院

【案号】

(2016)豫0403行初39号

【当事人】

原告:耿某成

被告:鲁山县食品药品监督管理局

法定代表人:张某某,局长

【基本案情】

原告耿某成诉被告鲁山县食品药品监督管理局不服药品行政强制一案,于2016年8月1日向法院提起行政诉讼。

原告耿某成诉称,原告受修正药业集团营销有限公司的委托,在鲁山县境内负责本公司授权经营的药品,原告持有公司营业执照、药品经营许可证等相关销售的证照。2016年6月20日,被告工作人员将原告在鲁山县鑫隆小区库房内的药品予以扣押,出具了查扣物品清单;2016年6月22日被告又查扣了原告的账本、欠条等有价凭证物品。2016年6月22日,被告向原告送达了(平鲁)食药查扣[2016]01~14号查封(扣押)决定书。原告认为,本案违法事实明显不成立,被告的查封扣押决定严重违背了《行政处罚法》和《药品管理法》的程序和法律规定,依法应当撤销,被告违法扣押的物品应当返还。请求依法撤销被告作出的(平鲁)食药监药查扣[2016]01~14号查封(扣押)决定书;并判令被告返还查封(扣押)物品清单中的全部物品。原告为支持其主张,提供了(平鲁)食药查扣[2016]01~14号查封(扣押)决定书、查封扣押物品清单、法人授权委托书、营业执照、药品经营许可证、药品出库单等。

被告鲁山县食品药品监督管理局在法定举证期限内向法院提交了答辩状、《情况说明》及组织机构代码证、委托书等有关材料,但未提交作出行政行为的证据。在《情况说明》中,被告陈述称,因原告耿某成非法经营药品已经涉嫌非法经营罪,目前案件已经移送鲁山县公安局,故无法提交相关证据材料。

在审理中,法院依法向鲁山县公安局调查了鲁山县食品药品监督管理局移送耿某成非法经营药品案件的有关情况。鲁山县公安局向法院出具了鲁公(经)立字[2016]10504号《立案决定书》,该决定书内容为:“根据《中华人民共和国刑事诉讼法》(2012年)第110条之规定,决定对2016年10月20日平顶山市耿某成非法经营案立案侦查。”

【案件争点】

被告鲁山县食品药品监督管理局移送涉嫌犯罪案件,随案移送的查封扣押行为,是否属于行政诉讼的受案范围。

【裁判要旨】

法院经审理认为,依据《行政诉讼法》第49条的规定,公民、法人或者其他组织向人民法院提起诉讼的,应当有具体的诉讼请求和事实根据。本案中,原告耿某成主张被告鲁山县食品药品监督管理局扣押其药品、账本等相关物品违法,要求撤销被告作出的查封、扣押决定书,并要求返还扣押的物品。根据鲁山县公安局出具的《立案决定书》,原告耿某成的行为涉嫌构成非法经营的刑事犯罪,被告鲁山县食品药品监督管理局扣押原告的药品、账本等相关物品后,已经将案件有关材料向公安机关进行移送,公安机关已对移送的案件予以接收并决定立案侦查;该刑事案件目前尚未审理终结。故原告要求撤销被告作出的查封(扣押)决定及要求返还扣押物品的起诉,属于缺乏事实根据,应驳回原告耿某成的起诉。

例案三 商城县上石桥镇三岔集村卫生室诉商城县食品药品监督管理局查封扣押强制措施案

【法院】

河南省信阳市中级人民法院

【案号】

(2013)信行终字第35号

【当事人】

上诉人(原审原告):商城县上石桥镇三岔集村卫生室

负责人:张某某

被上诉人(原审被告):商城县食品药品监督管理局

法定代表人:易某某,局长

【基本案情】

上诉人商城县上石桥镇三岔集村卫生室(以下简称三岔集卫生室)不服被上诉人商城县食品药品监督管理局(以下简称商城县食药监局)作出的查封扣押强制措施一案,因上诉人不服商城县人民法院作出的(2013)商行初字第1号行政裁定,向河南省信阳市中级人民法院提出上诉,河南省信阳市中级人民法院依法组成合议庭，公开开庭审理了该案。

原审法院认定，被告商城县食药监局于2012年10月9日接到关于原告三岔集卫生室负责人张柏华私自制售药品的举报。次日，进行了现场检查、调查、先行登记保存处方等执法行为，以原告使用的药品等可能危害人体健康为由，依据《药品管理法》(2001年)第65条第2款的规定，对原告作出(商)药查扣决(2012)30号扣押决定书，并出具了扣押物品清单；同日，被告以原告涉嫌生产、使用假药立案，并进一步进行了调查；10月15日，被告认为该案已涉嫌刑事犯罪，遂依照《行政执法机关移送涉嫌犯罪案件的规定》(2001年)第3条、《关于在行政执法中及时移送涉嫌犯罪案件的意见》第1条以及《刑法》的相关规定，将该案移送商城县公安局查处，并随案移送了扣押物品及案件材料；同日，商城县公安局根据《刑事诉讼法》(2012年)第86条的规定，作出商公刑立字(2012)6026号立案决定书，决定对张柏华生产销售假药案立案侦查，并于10月17日对张柏华刑事拘留。

原审法院经审理认为，被告商城县食药监局在对原告三岔集卫生室执法过程中，发现原告涉嫌犯罪，遂依法将案件移交公安机关查处，公安机关依据《刑事诉讼法》的规定决定立案侦查，并对原告负责人刑事拘留，说明该案执法主体，已由被告转为公安机关，案件性质已由行政违法转为涉嫌刑事犯罪，前期被告对违法行为的行政查处行为，以及后续公安机关的侦查行为，均已纳入《刑事诉讼法》规范、审查、认定范围，根据最高人民法院《关于执行〈中华人民共和国行政诉讼法〉若干问题的解释》第1条第2款第2项规定，公安、国家安全等机关依照《刑事诉讼法》的明确授权实施的行为，不属于人民法院行政诉讼的受案范围。因此，原告提起的诉讼，不属于人民法院行政诉讼的受案范围，不符合《行政诉讼法》(1989年)第41条第4项规定的起诉条件。遂根据最高人民法院《关于执行〈中华人民共和国行政诉讼法〉若干问题的解释》第32条第2款、第44条第1款第1项的规定，裁定驳回原告三岔集卫生室的起诉。

上诉人三岔集卫生室上诉称，一审法院关于被上诉人商城县食药监局的查处行为应纳入《刑事诉讼法》规范审查范围的认定错误。被上诉人的查处行为是具体行政行为，不能因为案件涉嫌刑事犯罪，就将案件前期被上诉人的行政行为与公安机关的侦查行为混为一谈，一审法院定性是错误的；一审法院依据最高人民法院《关于执行〈中华人民共和国行政诉讼法〉若干问题的解释》第1条第2款第2项的规定，认定上诉人起诉不属于行政诉讼受案范围，适用法律错误。商城县食药监局并非公安机关或国家安全机关，其行政行为不是依照《刑事诉讼法》的明确授权实施的;一审法院审理程序错误,一审法院已受理此案,应当裁定中止审理,待上诉人的行为被认定违法与否再恢复审理,在上诉人违法犯罪尚没有确定的情况下,裁定驳回起诉程序错误。故请求二审撤销原审裁定,中止对该案的审理。

被上诉人商城县食药监局答辩称,一审法院裁定驳回上诉人的起诉合法。被上诉人根据相关法律规定经现场检查和核实调查,认定上诉人存在违法行为,被上诉人在依法查处过程中,发现上诉人的行为涉嫌生产、销售假药罪,遂根据《行政执法机关移送涉嫌犯罪案件的规定》将此案移送公安机关处理,并随卷移送所查封扣押的相关物品,公安机关已对其进行刑事立案,此案性质已转为刑事案件。一审认定被上诉人前期调查行为应纳入《刑事诉讼法》的规范审查范围正确。一审根据最高人民法院《关于执行〈中华人民共和国行政诉讼法〉若干问题的解释》第1条第2款第2项规定认为该案不属于人民法院受案范围,适用法律正确、审判程序合法,裁定驳回原审原告的起诉正确。请求二审驳回上诉,维持一审裁定。

【案件争点】

被上诉人商城县食药监局移送涉嫌犯罪案件,对上诉人三岔集卫生室采取的查封、扣押前置措施是否属于行政诉讼的受案范围。

【裁判要旨】

法院经审理认为,根据《药品管理法》(2001年)第65条第2款的规定,商城县食药监局对辖区内有证据证明可能危害人体健康的药品及其有关材料,有权采取查封、扣押的前置措施。本案中,商城县食药监局在采取前置措施后发现上诉人负责人涉嫌犯罪,将该案材料及相关查封、扣押物品随卷移送至公安机关依据《刑事诉讼法》的规定立案侦查,符合国务院《行政执法机关移送涉嫌犯罪案件的规定》。商城县食药监局实施的查封、扣押行为已成为刑事司法行为的组成部分,而根据《刑事诉讼法》明确授权实施的行为,依法不属于行政诉讼的受案范围。对该案的审理不须以刑事案件的审理结果为依据,不属于最高人民法院《关于执行〈中华人民共和国行政诉讼法〉若干问题的解释》第51条第6项规定应当中止诉讼的情形。综上所述,上诉理由不成立,审理法院不予支持。

三、裁判规则提要

(一)行政机关对于涉嫌犯罪案件的移送行为由人民检察院、监察机关或者上级行政执法机关等机构予以监督

《行政执法机关移送涉嫌犯罪案件的规定》第14条规定:“行政执法机关移送

涉嫌犯罪案件，应当接受人民检察院和监察机关依法实施的监督。任何单位和个人对行政执法机关违反本规定，应当向公安机关移送涉嫌犯罪案件而不移送的，有权向人民检察院、监察机关或者上级行政执法机关举报。”第16条规定，“行政执法机关违反本规定，逾期不将案件移送公安机关的，由本级或者上级人民政府，或者实行垂直管理的上级行政执法机关，责令限期移送，并对其正职负责人或者主持工作的负责人根据情节轻重，给予记过以上的行政处分；构成犯罪的，依法追究刑事责任。行政执法机关违反本规定，对应当向公安机关移送的案件不移送，或者以行政处罚代替移送的，由本级或者上级人民政府，或者实行垂直管理的上级行政执法机关，责令改正，给予通报；拒不改正的，对其正职负责人或者主持工作的负责人给予记过以上的处分；构成犯罪的，依法追究刑事责任”。可见，行政机关对于涉嫌犯罪案件的移送行为由人民检察院、监察机关或者上级行政执法机关等机构予以监督，不属于行政诉讼的受案范围。

检察机关能发挥行政执法检察监督职能的理由有三点：第一，由外部专业部门监督是世界监督制度发展的方向。第二，法律监督是检察机关的基本职能。法律监督是检察机关法定的主要职责已经成为我国绝大多数人的共识。全社会对检察机关监督职责的准确认识包含对检察机关的信任和期待。第三，检察机关有丰富的打击职务犯罪和经济犯罪的经验，介入行政执法监督后，对行政机关及其公务员的震慑力和监督能力都会很强。

根据《监察法》的规定，各级监察委员会是国家的监察机关，是行使国家监察职能的专责机关，依法对所有行使公权力的公职人员进行监察，调查职务违法和职务犯罪，开展廉政建设和反腐败工作，维护宪法和法律的尊严和权威。

（二）食品药品监督管理部门移送涉嫌犯罪案件，随案移送的查封扣押行为，不属于行政诉讼的受案范围

根据法律规定，查封、扣押等强制手段既可以存在于行政行为中，又可以存在于刑事司法行为中；如果存在于行政行为中，就属于行政强制措施，一般属于行政诉讼的受案范围；如果存在于刑事司法行为中，根据《行政诉讼法解释》第1条的明确规定，公安、国家安全等机关依照《刑事诉讼法》的明确授权实施的行为不属于行政诉讼受案范围。需要强调的是，这里所指的“明确授权实施的行为”必须严格限制在《刑事诉讼法》授权的范围以及授权的目的之内。换句话说，并非公安、国家安全机关实施的所有行为都属于刑事司法行为，必须对行为的过程进行

综合、全面的分析,确定前述机关实施该行为属于《刑事诉讼法》授权的范围内且符合《刑事诉讼法》授权的目的。[①] 但如果行政机关移送涉嫌犯罪案件的过程中,经公安机关立案侦查,将查封、扣押物品一并移送的,前述查封、扣押行为实质上已被刑事司法行为所吸收,不再属于一般的行政强制措施,不属于人民法院的受案范围。

有人认为,食品药品监督管理部门移送涉嫌犯罪案件时向公安机关随案移送的查封扣押行为并非当然排除在行政诉讼受案范围之外。依照《公安机关办理行政案件程序规定》第65条的规定:"对发现或者受理的案件暂时无法确定为刑事案件或者行政案件的,可以按照行政案件的程序办理。在办理过程中,认为涉嫌构成犯罪的,应当按照《公安机关办理刑事案件程序规定》办理。"即在查明违法行为涉嫌构成犯罪前,公安机关暂时无法确定为刑事案件或者行政案件的,按照行政案件的程序办理。而行政机关按照《行政强制法》《药品管理法》等法律法规的授权进行查封扣押,并将查封、扣押物品一并移送公安机关,此时前述查封、扣押行为未被刑事司法行为所吸收,仍属于一般的行政强制措施,属于行政诉讼受案范围。结合《食品药品行政处罚程序规定》第14条第2款,"公安机关决定立案的,食品药品监督管理部门应当自接到公安机关立案通知书之日起3日内将涉案物品以及与案件有关的其他材料移交公安机关,并办结交接手续;对涉案的查封扣押物品,还应当填写查封扣押物品移交通知书,并书面告知当事人"。根据该规定,食品药品监督管理部门即便向公安机关移送涉嫌犯罪案件,在公安机关认为涉嫌构成犯罪立案侦查之前,其并不会向公安机关移送查封、扣押物品,即食品药品监督管理部门向公安机关随案移送的查封扣押行为实践中一般发生在公安机关认为涉嫌构成犯罪并且立案侦查之后,故此时,查封、扣押行为被刑事司法行为所吸收,不再属于一般的行政强制措施。

四、辅助信息

高频词条:

《行政诉讼法解释》

第1条 公民、法人或者其他组织对行政机关及其工作人员的行政行为不服,依法提起诉讼的,属于人民法院行政诉讼的受案范围。

---

① 参见江必新、梁凤云:《行政诉讼法理论与实务》(上卷),北京大学出版社2009年版,第269页。

下列行为不属于人民法院行政诉讼的受案范围：

（一）公安、国家安全等机关依照刑事诉讼法的明确授权实施的行为；

（二）调解行为以及法律规定的仲裁行为；

（三）行政指导行为；

（四）驳回当事人对行政行为提起申诉的重复处理行为；

（五）行政机关作出的不产生外部法律效力的行为；

（六）行政机关为作出行政行为而实施的准备、论证、研究、层报、咨询等过程性行为；

（七）行政机关根据人民法院的生效裁判、协助执行通知书作出的执行行为，但行政机关扩大执行范围或者采取违法方式实施的除外；

（八）上级行政机关基于内部层级监督关系对下级行政机关作出的听取报告、执法检查、督促履责等行为；

（九）行政机关针对信访事项作出的登记、受理、交办、转送、复查、复核意见等行为；

（十）对公民、法人或者其他组织权利义务不产生实际影响的行为。

《行政执法机关移送涉嫌犯罪案件的规定》

第14条 行政执法机关移送涉嫌犯罪案件，应当接受人民检察院和监察机关依法实施的监督。任何单位和个人对行政执法机关违反本规定，应当向公安机关移送涉嫌犯罪案件而不移送的，有权向人民检察院、监察机关或者上级行政执法机关举报。

第16条 行政执法机关违反本规定，逾期不将案件移送公安机关的，由本级或者上级人民政府，或者实行垂直管理的上级行政执法机关，责令限期移送，并对其正职负责人或者主持工作的负责人根据情节轻重，给予记过以上的行政处分；构成犯罪的，依法追究刑事责任。行政执法机关违反本规定，对应当向公安机关移送的案件不移送，或者以行政处罚代替移送的，由本级或者上级人民政府，或者实行垂直管理的上级行政执法机关，责令改正，给予通报；拒不改正的，对其正职负责人或者主持工作的负责人给予记过以上的处分；构成犯罪的，依法追究刑事责任。

《食品药品行政处罚程序规定》

第14条 食品药品监督管理部门在查处案件时，发现违法行为涉嫌犯罪的，应当按照《行政执法机关移送涉嫌犯罪案件的规定》的要求，及时移送同级公安机关。

公安机关决定立案的,食品药品监督管理部门应当自接到公安机关立案通知书之日起3日内将涉案物品以及与案件有关的其他材料移交公安机关,并办结交接手续;对涉案的查封扣押物品,还应当填写查封扣押物品移交通知书,并书面告知当事人。

《公安机关办理行政案件程序规定》

第65条 对发现或者受理的案件暂时无法确定为刑事案件或者行政案件的,可以按照行政案件的程序办理。在办理过程中,认为涉嫌构成犯罪的,应当按照《公安机关办理刑事案件程序规定》办理。

食品药品纠纷案件裁判规则第 4 条：
食品药品监督管理部门接受公安机关、人民检察院、人民法院申请，出具的食品、药品检验结论、认定意见，不属于行政诉讼受案范围

〔**规则描述**〕：司法机关在办理危害食品药品安全犯罪案件过程中对涉案食品、药品的违法性难以鉴别、判断时，往往需要食品药品监督管理部门提供必要的协助，食品药品监督管理部门依据自身专业知识、设备、技能提供的检验结论、认定意见，不具有可诉性，不属于行政诉讼受案范围。

一、类案检索大数据报告

截至 2019 年 12 月 31 日，以“食品药品安全”“行政”“受案范围”“认定意见”“检验结论”为关键词，通过 Alpha 案例库、法信平台、北大法宝、中国裁判文书网共检索到类案 14 件。经过筛选与本规则相关的案例，剔除同一个案件因多次审判程序的重复裁判文书以及争议焦点与本规则无关的裁判文书，实际共有 8 件案件。整体情况如下：

如图 4－1 所示，从案件地域分布来看，涉案分布在北京市 3 件、山西省 2 件、浙江省 1 件、福建省 1 件、贵州省 1 件。

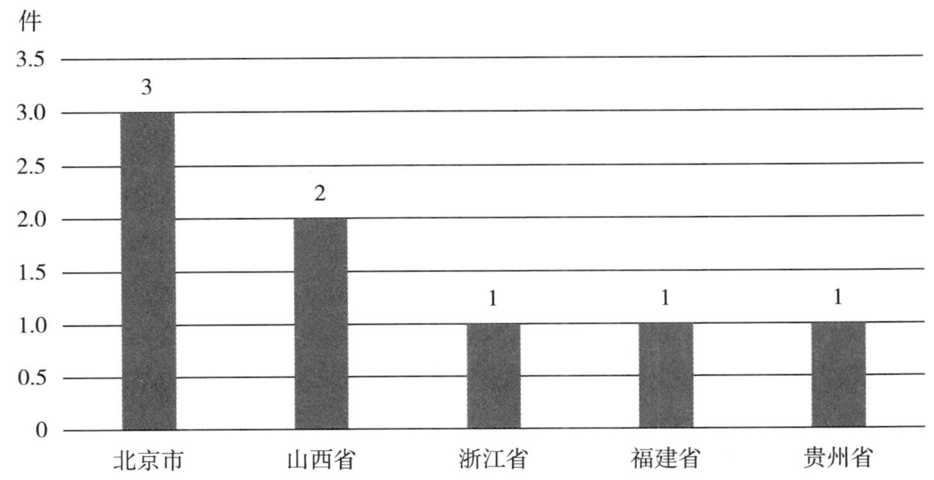

图 4－1　案件地域分布情况

如图 4 -2 所示,从案件结案年份分布来看,最多的年份 2017 年共 5 件,2016 年 2 件,2018 年 1 件。

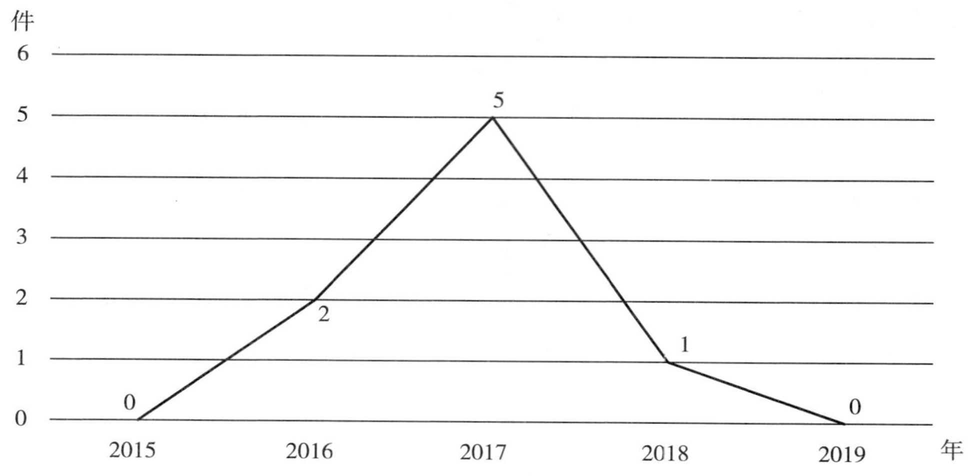

图 4 -2　案件结案年份分布情况

如图 4 -3 所示,从案件案由分类情况来看,行政其他 7 件,行政复议 1 件。

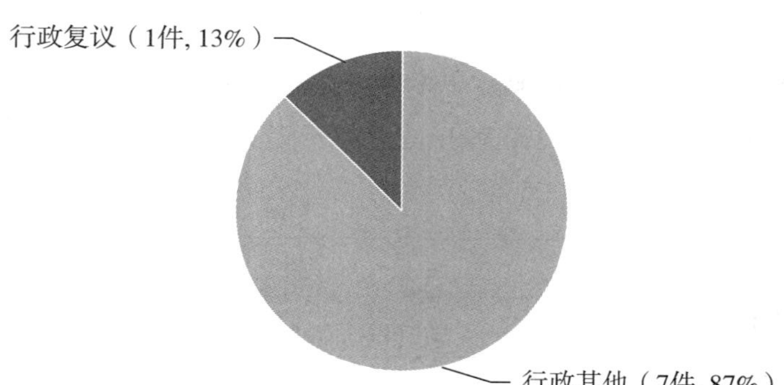

图 4 -3　案件案由分类情况

如图 4 -4 所示,从案件裁判结果分类情况来看,驳回原告诉讼请求最多为 4 件。

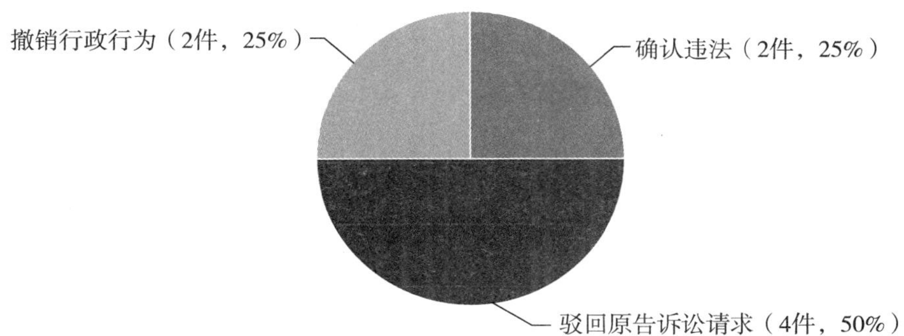

图4－4 案件裁判结果分类情况

上述案例均验证本规则的正确性。在8例案件中，原告对食品药品监督管理部门接受公安机关、人民检察院、人民法院申请出具的食品、药品认定意见的起诉，被人民法院予以驳回。

二、可供参考的例案

例案一 周某彬、宁德市食品药品监督管理局食品药品安全行政管理（食品、药品）案

【法院】

福建省宁德市中级人民法院

【案号】

（2017）闽09行终55号

【当事人】

上诉人（原审原告）：周某彬

被上诉人（原审被告）：宁德市食品药品监督管理局

法定代表人：黄某某，局长

【基本案情】

上诉人周某彬因诉被上诉人宁德市食品药品监督管理局药品行政认定一案，不服宁德市蕉城区人民法院（2017）闽0902行初34号行政裁定，向审理法院提起上诉。审理法院受理后，依法组成合议庭审理了本案。原审法院经审理认为，原告起诉应当符合行政诉讼受案范围。本案被诉的《复函》，是被告根据《食品药品行政执法与刑事司法衔接工作办法》作出的。该办法第19条规定：“公安机关、人民

检察院、人民法院办理危害食品药品安全犯罪案件,商请食品药品监督管理部门提供检验结论、认定意见协助的,食品药品监督管理部门应当按照公安机关、人民检察院、人民法院刑事案件办理的法定时限要求积极协助,及时提供检验结论、认定意见,并承担相关费用。"第23条规定:"对于符合《药品管理法》第四十八条第三款第一、二、五、六项规定情形的涉案药品,地市级以上食品药品监督管理部门可以直接出具认定意见并说明理由;确有必要的,应当载明检测结果。"被告作出的《复函》,是对有关刑事案件涉案药品出具的认定意见,并非可诉的行政行为。原告诉请撤销该《复函》,不属于行政诉讼受案范围。对原告的起诉,已经立案的,应当裁定驳回起诉。原审法院依照《行政诉讼法》第49条第4项、《行政诉讼法若干问题的解释》第3条第1款第1项的规定,裁定驳回原告周某彬的起诉。

周某彬不服一审裁定,上诉请求撤销原审法院裁定,并指令一审法院继续审理本案。主要理由:(1)一审法院对《复函》的性质认定错误。一审裁定没有明确《复函》的性质,而该《复函》属于典型的行政确认行为。(2)一审裁定适用法律错误。《行政诉讼法》(2014年)第13条已明确列举了不属于人民法院行政诉讼受案范围的行政行为,《复函》不属于该条规定的行政行为,一审认定《复函》不属行政诉讼受案范围,没有法律依据。且根据《行政诉讼法》的规定,人民法院审理行政案件以法律、行政法规、地方性法规为依据,参照适用规章。而一审法院裁定以食药监稽〔2015〕271号文件为依据,无疑是错误的。

被上诉人宁德市食品药品监督管理局辩称,(1)被上诉人所作的《复函》不属于行政行为,不具备行政诉讼的可诉性。(2)一审裁定驳回上诉人的起诉适用法律正确。请求二审法院裁定驳回上诉,维持原审裁定。

【案件争点】

宁德市食品药品监督管理局所作的《关于风湿关节系列保健酒是否认定为假药的复函》(宁食药监法函〔2017〕29号)是否属于行政诉讼的受案范围。

【裁判要旨】

法院经审理认为,公民、法人或者其他组织提起行政诉讼应当符合起诉条件。宁德市食品药品监督管理局所作的《关于风湿关节系列保健酒是否认定为假药的复函》依法不属于行政诉讼受案范围。理由如下:(1)《复函》并未直接设定当事人的权利义务。(2)《复函》作为有关国家机关作出处理的依据,法律已赋予相关利害关系人寻求救济的途径。(3)《复函》虽作为证据向司法机关提供,但并不必然对上诉人的合法权益产生影响,需经刑事诉讼证据审查,排除合理怀疑后,才能作为定案依据。(4)涉案《复函》类似于《道路交通安全法》第73条所规定的《交通事故认定书》，而交通事故责任认定行为不属于具体行政行为，不能向人民法院提起行政诉讼。综上所述，周某彬所诉的《复函》不属于行政诉讼的受案范围。

例案二 | 陈某军与金华市市场监督管理局行政确认案

【法院】

浙江省金华市婺城区人民法院

【案号】

(2016)浙0702行初13号

【当事人】

原告：陈某军

被告：金华市市场监督管理局

法定代表人：施某某，局长

【基本案情】

原告陈某军不服被告金华市市场监督管理局(以下简称金华市场监管局)假药行政认定一案，于2016年1月26日向审理法院提起行政诉讼。原告起诉称：被告倒签出具的落款为2015年7月8日、实为2015年12月14日后形成的假药认定意见书，主要证据不足，事实认定错误，认定程序错误，适用法律更是错误。被告的假药认定意见书，严重侵犯了原告的人身权利，是原告仍被羁押在兰溪市看守所的主要原因，应当予以撤销，主要理由如下：(1)主要证据不足、事实认定错误。被告作出的假药认定意见书，依据的是兰溪市公安局询问笔录及相关资料。但是，这些资料并没有经过被告的单独调查取证，也没有向原告及辩护律师进行调查取证，不知被告所依据的是公安提供的哪一份笔录中的哪一段？相关资料是指什么资料？被告未尽自己的责任，依法独立进行行政调查，也无任何事实依据。而且，假药认定意见书中提到的相关资料没有明确。对所查获的534罐粉末，没有证据和法律规定须经国家批准。被告的假药认定意见书，无充分证据，未从中医药专业角度独立进行调查取证。本案从陈某军中医外科诊所查获的534罐粉末状颗粒物，系中药饮片粉剂，均由合法的生产单位提供。陈某军中医外科诊所拥有医疗机构执业许可证和执业医师资格，已从医30多年，至今未发生过一起医疗事故，医术、医德、口碑有目共睹。涉案的534罐中药饮片粉剂，涉及的仅是口药饮片粉剂简单的物理混合,系诊疗后根据不同的病情分别予以调配使用的基础用药(外用),其购进的饮片粉剂来源合法,不违反中医药相关规定,而非被告错误认定的"在陈某军中医外科诊所查获的534罐粉末状颗粒物符合《药品管理法》(2015年)第100条(曾因笔误写为第102条)药品的定义,但未经国家批准,违反《药品管理法》(2015年)第48条第3款第2项规定应按假药论处"。原告不知被告所谓须经国家批准的依据在哪里?(2)被告认定程序错误。被告的假药认定意见书,明确兰溪市公安局在陈某军中医外科诊所查获的534罐粉末状颗粒物符合《药品管理法》(2015年)第100条(曾因笔误写为第102条),但被告故意将引用错误的2013年版(已失效)的第102条称为笔误,2013年版对药品进行定义的第102条恰恰是2015年版对药品进行定义的第100条,难道有这么巧合的笔误?不难想象,被告对现行有效的《药品管理法》都不清楚,何来正确依法履行对药品管理的假药认定职责?答案是否定的!相反,被告对事实的认定和法律适用,根本未听取原告的陈述、申辩,未进行听证,更未进行独立调查取证,也无假药认定的规范程序,实属滥用职权、违法行政,显然是不顾事实和法律,纯粹是为了维护其下级机关兰溪市市场监督管理局错误的认定结论。被告未告知原告有行政复议和诉讼的权利及相应期限,严重侵犯了原告的合法权益。(3)被告适用法律错误。被告出具第一份假药认定意见书的时间是2015年7月8日,被告出具的第二份假药认定意见书中,关于药品的定义并不是像其所写"曾因笔误写为第102条",事实上是,原告辩护律师向检察院提出后,检察院退回兰溪市公安局补充侦查,再向被告反馈,之后,被告出具了倒签落款时间为2015年7月8日但实际形成时间应为2015年12月14日后的假药认定意见书。原告认为,被告出具的假药认定意见书,错误适用了《药品管理法》(2015年)第48条第3款第2项规定,适用该法条的前提是符合该法第31条前半段规定,但本案并不符合该法第31条中间段的但书条款规定,被告适用第31条前半段,属法律适用错误。据查,在我国,中药材和中药饮片至今还没实施批准文号管理,目前对中药饮片品种目录还只是征求意见稿。因此,本案应适用但书条款的规定。本案涉及的仅是中药饮片粉剂简单的物理混合,无其他任何西药添加成分,不属于新药也不属于已有国家标准的药品。按照卫生部、国家中医药管理局和国家食品药品监督管理局印发的《关于加强医疗机构中药制剂管理意见的通知》规定:下列情况不纳入医疗机构中药制剂管理范围:(1)中药加工成细粉,临用时加水、酒、醋、蜜、麻油等中药传统基质调配、外用,在医疗机构内由医院人员调配使用;(2)鲜药榨汁;(3)某某患者委托,按医师处方(一人一方)应用中药传统工艺加工而成的制品。现行法律法规并未明确规定条款中“中药加工成细粉”中的中药必须是单味，现实生活中的中药，绝大多数属多味，原告被扣押的中药饮片粉剂（外用）不属于中药制剂管理。根据浙江省卫生厅、浙江省人力资源和社会保障厅《关于加强中药饮片使用管理的通知》的规定，中药饮片处方用药原则控制在20味以内，某某种的治疗方剂可适当放宽至25味。这充分说明允许中药饮片磨成粉进行多味混合，陈某军中医外科诊所将中药饮片细粉少量混合，未超过规定的20味，不存在任何违法行为。原告请求法院：依法判决撤销被告出具的倒签落款为2015年7月8日但实为同年12月14日后形成的假药认定意见书。

被告金华市场监管局答辩称：(1)我局在本案所涉的行为，并非《行政诉讼法》意义上的行政行为。根据《行政诉讼法》的规定，行政诉讼受理的前提系行政行为。而本案所涉的我局向公安机关出具的假药认定意见书并非所谓的行政行为，理由是：首先，行政行为必须系行政机关依职权或职责所作出的行为，而非依据相关法律法规规定以及答辩人公布在浙江政务服务网上的部门权利清单、责任清单和“三定方案”，可见本案所涉答辩人行为并非在行政职权以及职责范围之内。其次，行政行为必须是行政主体实施的能够产生行政法律效果的行为，而我局所作假药认定意见书，系依据公安机关的申请，配合其刑事案件调查而协助出具的认定意见书，其产生的法律效果仅仅是刑事司法程序过程中的证据之一，并不产生行政法律效果。(2)我局的行为系司法协助行为，不属于行政诉讼受案范围。首先，我局所作假药认定意见书，系公安机关依据《关于办理危害药品安全刑事案件适用法律若干问题的解释》第14条的规定，向我局提出假药认定申请，而我局为尽刑事案件配合调查之义务，根据公安机关所提供的样本、资料以及相应要求，以自身的专业知识协助作出的认定意见，显然应属于司法协助行为，而非独立的行政行为。其次，假药认定意见书作为司法程序过程中的证据之一，已在之前明确论述，而且，其本身也只是提供给侦查机关的单方意见，并不必然发生最终确认的效力，也仅仅对侦查机关负责，最终是否得到确认还需法院进行司法确认。原告认为其存在错误或瑕疵，也可以在司法程序过程中提出异议，甚至申请重新鉴定。可见，直接影响原告权利义务的是司法最终审理确认的行为，并非我局的认定意见。因此，我局的行为，无法直接影响原告行政关系上的权利义务，不存在所谓的侵害其财产权、人身权等合法权益之说。最后，最高人民法院曾对行政机关的协助执行是否属于行政诉讼范围作过相应批复，批复认为，司法协助行为不属于《行政诉讼法》的立案范围，据此，我局应侦查机关要求，协助其刑事调查而作出假药认定意见的司法协助行为,不属于行政诉讼受案范围。被告请求法院依法驳回原告的起诉。

【案件争点】

金华市场监管局作出的假药认定意见书是否属于行政诉讼的受案范围。

【裁判要旨】

法院经审理认为,根据《关于办理危害药品安全刑事案件适用法律若干问题的解释》第 14 条的规定,是否属于《刑法》第 141 条、第 142 条规定的“假药”“劣药”难以确定的,司法机关可以根据地市级以上药品监督管理部门出具的认定意见相关材料进行认定。被告金华市场监管局有权接受公安机关的申请,对涉案的 534 罐中药粉末进行认定,出具相关认定意见。虽然,被告对公安机关委托认定的药粉认定为假药并作出假药认定意见书,但是,该意见书本质上属于刑事案件相关的证据,并不是被告对原告相关行为作出的处理决定,该认定意见也没有直接对原告的相关权益产生影响。如原告对该认定意见有异议,可在刑事诉讼过程中通过申请重新认定、提交反驳证据等方式进行权利救济。综上所述,被告作出的假药认定意见,对原告的权益未产生直接的影响,不属于行政诉讼受案范围。

例案三 杨某智、黔南布依族苗族自治州食品药品监督管理局食品药品安全行政管理(食品、药品)案

【法院】

黔南布依族苗族自治州中级人民法院

【案号】

(2017)黔 27 行终 184 号

【当事人】

上诉人(原审原告):杨某智

被上诉人(原审被告):黔南布依族苗族自治州食品药品监督管理局

法定代表人:白某,局长

原审第三人:贵定县市场监督管理局

法定代表人:安某某,局长

【基本案情】

上诉人杨某智因不服独山县人民法院(2017)黔 2726 行初 30 号行政裁定,向法院提起上诉。

一审审理查明,2014年9月23日第三人贵定县市场监督管理局(以下简称贵定县市场监管局)根据举报人举报,查获了原告杨某智生产的“苗家胃酒”“痔疮酒”“贵州苗族草药”。2014年10月13日第三人根据《药品管理法》(2013年)的相关规定将案件移送贵定县公安局。2015年7月14日贵定县公安局“以该案无地市级上药品监督管理部门出具的假药认定,待补充后再移送我局”为由作出了撤销案件决定,并将案件移送第三人,故第三人于2015年8月21日申请被告黔南州食品药品监督管理局对“苗家胃酒”“痔疮酒”“贵州苗族草药”是否为假药进行认定。2015年9月14日被告作出黔南食药监发(2015)184号《关于对“苗家胃酒”“痔疮酒”“贵州苗族草药”三个产品的认定意见书》(以下简称《认定意见书》),认定三个产品为假药。贵定县公安局于2015年11月17日以原告生产销售假药立案调查,2016年6月17日贵定县公安局以原告生产销售假药案因情节显著轻微、危害不大,不认为是犯罪撤案。

另查明,第三人于2015年11月13日通过邮寄方式将被告作出的《认定意见书》送达给了原告。另外,原告委托广州市飘峰酒厂生产的“苗家胃酒”作为食品在市场上销售。

一审法院经审理认为,根据《关于办理危害药品安全刑事案件适用法律若干问题的解释》第14条规定:“是否属于刑法第一百四十一条、第一百四十二条规定的‘假药’‘劣药’难以确定的,司法机关可以根据地市级以上药品监督管理部门出具的认定意见等相关材料进行认定。必要时,可以委托省级以上药品监督管理部门设置或者确定的药品检验机构进行检验。”该案中,被告黔南州食品药品监督管理局之所以作出《认定意见书》,正是因为贵定县公安局在办理杨某智涉嫌生产销售假药刑事案件过程中,需要对查封的产品作出认定,贵定县市场监督管理局根据贵定县公安局的要求向被告申请认定,被告作出《认定意见书》后送达贵定县市场监管局,《认定意见书》函头是贵定县市场监管局,是被告送达贵定县市场监管局的,是两个行政机关内部的往来,还在行政机关内部运作,并且《认定意见书》具有刑事案件证据的性质,不具有行使行政管理职权的行为性质。该行为具有可诉性必须外化,即对公民、法人或其他组织产生实质影响,虽然庭审中查明贵定县市场监管局为了让原告知晓认定结论将《认定意见书》送达给原告,但是《认定意见书》未对原告设置任何义务,行政机关也未根据《认定意见书》对原告作出行政处罚等影响原告权利的行政行为。原告称被告将该《认定意见书》向网上公布,影响原告公司的声誉,影响原告产品销售等,但是未能提供证据证明被告将《认定意见书》在网上公布,通过对贵定县市场监管局查封的样品与原告现行生产的产品对照,双方除名称相同外其他方面差别较大,因此,被告认定意见书并未对原告产生实质影响。综上所述,被告根据贵定县市场监管局的申请,作出假药认定书后送达贵定县市场监管局,属于行政机关内部行为,该行为不具有行使行政管理职权的性质,也未对原告产生实质影响,因此,不具有可诉性。据此,依据《行政诉讼法若干问题的解释》第3条第1款第8项之规定,裁定如下:驳回原告杨某智的起诉。案件受理费50元,退回原告杨某智。

一审裁定宣判后,杨某智不服,向二审法院提起上诉,请求二审撤销原裁定及被上诉人作出的黔南食药监法[2015]184号《认定意见书》,被上诉人承担该案一审、二审诉讼费。其主要事实和理由:第一,一审法院认定被上诉人作出的《认定意见书》未对上诉人产生实质影响严重背离事实。被上诉人作出的《认定意见书》将"苗家胃酒"认定为假药,严重影响上诉人的生产经营,且贵定县公安局据此扣押产品,并将上诉人作为"假药案"犯罪嫌疑人进行立案侦查并采取强制措施,给上诉人的身心及经济造成巨大损失。第二,一审法院认定被上诉人作出的《认定意见书》为两个行政机关的内部往来、内部运作,不具备可诉性,与事实及法律规定不符。被上诉人作出的《认定意见书》与上诉人有利害关系,有权对该行政行为提起诉讼。被上诉人系法定行政机关,对相关产品作出认定属职权范畴,是行使行政职权的具体体现。综上所述,原审适用法律错误。

【案件争点】

被上诉人黔南州食品药品监督管理局作出的《认定意见书》是否具有可诉性。

【裁判要旨】

法院经审理认为,《关于办理危害药品安全刑事案件适用法律若干问题的解释》第14条规定:"是否属于刑法第一百四十一条、第一百四十二条规定的'假药''劣药'难以确定的,司法机关可以根据地市级以上药品监督管理部门出具的认定意见等相关材料进行认定。必要时,可以委托省级以上药品监督管理部门设置或者确定的药品检验机构进行检验。"本案中,被上诉人黔南州食品药品监督管理局之所以作出《认定意见书》,是因为贵定县公安局在办理杨某智涉嫌生产销售假药刑事案件过程中,需要对查封的产品作出认定,原审第三人贵定县市场监管局根据贵定县公安局的要求向被上诉人黔南州食品药品监督管理局申请认定,黔南州食品药品监督管理局依贵定县市场监管局的申请,对涉案产品作出假药《认定意见书》,该《认定意见书》本质上属于相关刑事案件的证据,并不是被上诉人对上诉人相关行为作出的处理决定，依法不属于行政诉讼受案范围。一审裁定驳回上诉人的起诉，并无不当，应予维持。

三、裁判规则提要

实践中，除食品药品监督管理部门出具的食品、药品检验结论、认定意见外，相类似的，还有公安机关出具的道路交通事故认定书、火灾事故认定书等，均系行政机关利用自身专业知识、设备、技能，在其职责权限范围内对特定事实作出的专业鉴别和判断，其结论可能会成为当事人进行民事、行政、刑事诉讼活动认定案件事实的证据。[①] 对于该类事实认定行为是否属于行政诉讼的范围，理论和实践中均存在一定的争议。

2005年，全国人大法工委在《关于交通事故责任认定行为是否属于具体行政行为，可否纳入行政诉讼受案范围的意见》中明确指出，交通事故责任认定仅作为处理交通事故案件的证据使用，其并非具体行政行为，不具有可诉性。同样，《消防法》第51条规定，火灾事故认定书是处理火灾事故的证据，换言之，其亦并非具体行政行为，不具有可诉性。司法实践中，法院在行政机关该类行为是否具有可诉性的问题上已逐渐形成共识，即认为该类事实认定仅仅作为当事人进行民事追偿、行政处罚、刑事追诉的证据使用，其并非具体行政行为，不属于行政诉讼的受案范围。但有学者认为，行政机关对特定事实的认定，虽仅作为证据使用，但事实上在诉讼中很难被推翻，对当事人具有事实上的决定性影响，应当赋予当事人通过行政诉讼进行救济的权利。还有人在此基础上更进一步认为，承认该类认定行为具有可诉性，并不意味着人民法院可以对该认定行为进行全面的审查，司法审查应当尊重行政机关基于专业知识作出的对专业性问题的判断，仅对行政机关作出认定行为的程序进行审查。[②] 但我们认为，行政机关基于自身职责对特定事实的认定，该认定行为本身不直接在当事人之间创设权利义务，仅仅起到一种阐释事件发生经过，认定行为、物质或者事物性质、质量、物理、化学状态、责任程度等的作用，是行政机关、司法机关作出相关认定的依据，须经查证属实方可采用，并非全然不可推翻，实际上并未发生法律效果，原则上属于观念通知，即不发生法律效果的事实行为，[③]不具有可诉性，不属于行政诉讼的受案范围。

---

① 参见何海波：《行政诉讼法》（第2版），法律出版社2016年版，第143页。

② 参见孙超、张泽：《浅议火灾事故认定行为的可诉性》，载《法制与经济旬刊》2013年第10期。

③ 参见江必新、梁凤云：《行政诉讼法理论与实务》（上卷），北京大学出版社2009年版，第285页。

此外,《行政诉讼法解释》第 1 条规定,行政机关根据人民法院的生效裁判、协助执行通知书作出的执行行为不属于行政诉讼受案范围。无论是《刑事诉讼法》还是《民事诉讼法》,均规定行政机关负有协助司法机关履行职责的义务。对于接受公安机关、人民检察院、人民法院申请对涉案食品、药品提供的检验结论、认定意见,虽不属于前述条文中根据人民法院的生效裁判、协助执行通知书作出的执行行为,但属于相关规定赋予食品药品监督管理部门必须履行的协助义务,是食品药品监督管理部门实施的广义上的司法协助行为,通常情形下,不属于行政诉讼的受案范围。例如,(2016)最高法行申 997 号刘某娣与江苏省卫生计划生育委员会行政违法再审一案行政裁定书中,对行政机关应人民法院要求作出的,内容涉及证明法院相关征询事项,虽不属于前述法律条文中根据人民法院的生效裁判、协助执行通知书作出的执行行为,但仍然能认定为属于行政机关履行司法协助义务的行为,不具有可诉性。然而,在司法实践中,仍然有两个问题值得注意:一是行政行为与司法协助行为一定要审慎区分。例如,在(2017)最高法行申 28 号黄某星与江苏省财政厅不予受理行政复议再审案中,原省国资局出具产权界定函虽然是应检察机关的要求,但检察机关仅是启动产权界定程序的起因,产权界定行为仍系原省国资局行使行政职权、就特定的具体事项、适用《企业国有资产所有权界定的暂行规定》等规定、按照其自身意志独立作出的行政行为,具有可诉性。故而在行政行为与司法协助行为的区分上一定要结合行政机关作出的意思表示、行为的依据以及行为的实际效果综合分析。[①] 二是并非所有的司法协助行为均不具有可诉性。如果行政机关实施的司法协助行为超越了司法机关要求协助的范围或者违法采取措施造成他人损害的,就不再免除责任,而属于行政诉讼的受案范围,当事人提起行政诉讼的,人民法院应当受理。

四、辅助信息

高频词条:

《关于办理危害药品安全刑事案件适用法律若干问题的解释》

第 14 条 是否属于刑法第一百四十一条、第一百四十二条规定的“假药”“劣药”难以确定的,司法机关可以根据地市级以上药品监督管理部门出具的认定意见等相关材料进行认定。必要时,可以委托省级以上药品监督管理部门设置或者确

---

① 参见王禹:《司法协助行为与行政处罚的甄别认定》,载《法律适用》2013 年第 6 期。

定的药品检验机构进行检验。

《食品药品行政执法与刑事司法衔接工作办法》

第19条 公安机关、人民检察院、人民法院办理危害食品药品安全犯罪案件，商请食品药品监管部门提供检验结论、认定意见协助的，食品药品监管部门应当按照公安机关、人民检察院、人民法院刑事案件办理的法定时限要求积极协助，及时提供检验结论、认定意见，并承担相关费用。

食品药品纠纷案件裁判规则第5条:

当事人应当在起诉期限内提起行政诉讼,食品药品监督管理部门认为当事人起诉超过起诉期限的,由食品药品监督管理部门承担举证责任

〔**规则描述**〕:2017年《行政诉讼法》修正后,对直接提起诉讼的,起诉期限从原来的3个月放宽到6个月;起算日期则从"知道"作出具体行政行为之日,变更为"知道或者应当知道"作出行政行为之日;对经过复议后提起诉讼的,法律规定的起诉期限较短,为15日。但问题在于如何判断当事人起诉是否超过起诉期限,以及如何确定当事人"知道或者应当知道"作出行政行为之日。根据相关法律规定及司法解释,行政机关在作出行政行为后,负有将处理决定及时送达给行政相对人并告知其救济途径及起诉期限的义务。行政机关采取书面形式记录其履行送达与告知义务,就可以作为认定当事人起诉是否超过起诉期限以及确定其"知道或者应当知道"作出行政行为之日的证据。故而在行政诉讼中,如行政机关以原告起诉超过起诉期限进行抗辩的,需由其承担举证责任。

一、类案检索大数据报告

截至2019年12月31日,以"食品药品安全""超过法定期限""起诉"为关键词,通过Alpha案例库、法信平台、北大法宝、中国裁判文书网共检索到类案46件。经过筛选与本规则相关的案例,剔除同一个案件因多次审判程序的重复裁判文书,实际共有16件案件。整体情况如下:

如图5-1所示,从案件地域分布来看,主要分布在广东省、安徽省、河南省。其中最多的为广东省,有5件;其次是河南省与安徽省,各有3件。

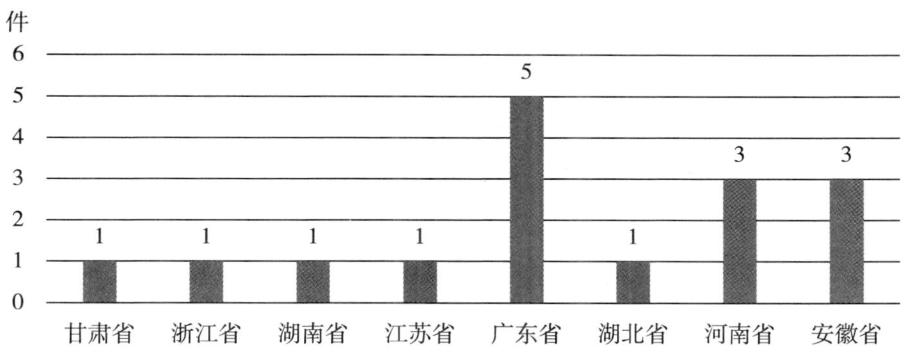

图5-1　案件地域分布情况

如图5-2所示，从案件结案年份分布来看，案件主要发生在2018年，2018年度共审结13例案件。

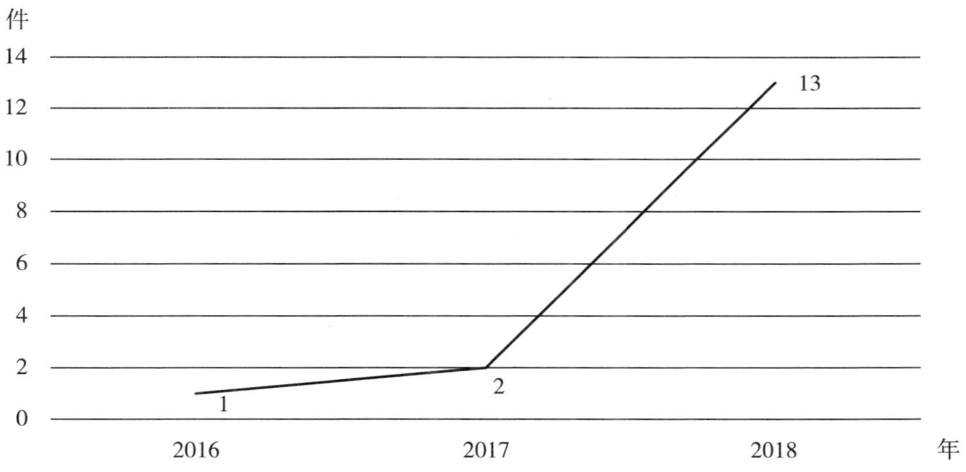

图5-2　案件结案年份分布情况

如图5-3所示，从案件案由分类情况来看，此类案件案由繁多，主要出现的案由为不履行法定职责、行政复议以及行政处罚。

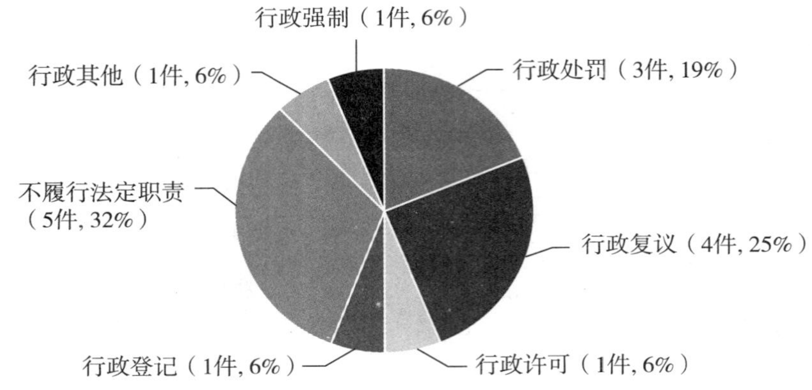

图 5 -3　案件案由分类情况

如图 5 -4 所示,从案件裁判结果分类情况来看,驳回原告诉讼请求最多为 9 件。

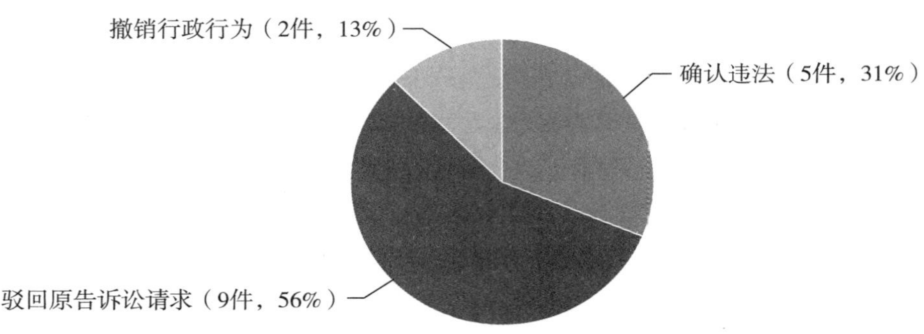

图 5 -4　案件裁判结果分类情况

上述案例,均从正面印证了本裁判规则。

二、可供参考的例案

例案一　唐某雨与东莞市食品药品监督管理局、东莞市人民政府食品药品安全行政管理(食品、药品)案

【法院】

广东省东莞市第一人民法院

【案号】

(2016)粤 1971 行初 276 号

【当事人】

原告：唐某雨

被告：东莞市食品药品监督管理局

法定代表人：尹某某，局长

被告：东莞市人民政府

法定代表人：梁某某，市长

第三人：东莞市大岭山振中门诊部

法定代表人：叶某某

【基本案情】

原告唐某雨诉称，原告于2015年4月18日到第三人东莞市大岭山振中门诊部就诊，术后发现烤瓷牙上黑点瑕疵，向该门诊部索要烤瓷牙合格证证明。其医生（叶某旺）称没有合格证（录音证实），只向原告提供了“振中门诊部”义齿质量保证卡（无相关资质）；原告质疑，（8月30日）向政府“12345”热线投诉反映。2015年9月14日，原告实名制向大岭山食品药品监督管理分局登记、投诉反映，并配合执法人员到第三人处核实；现场，第三人没有出示烤瓷牙相关资质和合格证明文件，被告东莞市食品药品监督管理局（以下简称东莞食药监局）执法人员也未告知原告实况。9月28日，原告收到政府“12345”热线回复信息（发出号：1063976900831，回复意见内容见打印件诉求编号：081508307771901）；原告对此不满，于10月31日再次向政府“12345”热线投诉反映，其回复意见内容（见打印件诉求编号：081510319000501）。原告不服《投诉举报答复函》，理由如下：（1）有电话录音。（2）烤瓷牙植入原告口腔时间（8月24日）先于烤瓷牙生产日期（8月26日），原告觉得不可思议。（3）按照国务院《关于加强食品等产品安全监督管理的特别规定》第5条的规定，销售者必须建立执行进货检查验收制度，审验供货商的经营资格，验明产品合格证明和产品标识，并建立产品进货台账，如实记录产品名称、规格、数量、供货商及其联系方式、进货时间等内容。而根据被告第二次回复意见（诉求编号：081510319000501），涉案单位（门诊部）无法提供进货查验记录；原告不明被告之前（9月14日）的核查。（4）根据惠州市食药监督部门调查（信访编号：P201511259260），雅致嘉医疗器械有限公司的义齿质量保证卡上有注明医疗器械生产许可证号，而涉案单位（门诊部）提供的义齿质量保证卡无任何资质证号（且两卡生产日期不一致）。（5）勘查两次回复意见（诉求编号：081508307771901、诉求编号：081510319000501）中，并没有《义齿产品出厂质量合格证明》、《说明书》、产品标签。以上事实综合分析足以证明涉案单位(门诊部)为逃避行政处罚,后续补强证明材料。故原告对东府行复[2015]604号《行政复议决定书》不服。综合上述,原告认为被告的行政行为明显不当,为查明事实,维护法律的尊严,恳请法院依法判令:(1)撤销被告东莞食药监局作出的(东)食药监投复[2015]270901401号《投诉举报答复函》,责令重新处理;(2)撤销东莞市政府作出的东府行复[2015]604号《行政复议决定书》;(3)本案诉讼费由被告承担。

被告东莞食药监局辩称,(1)原告唐某雨的起诉已超出法定期限,依法应驳回其起诉。《行政诉讼法》(2014年)第45条规定,"公民、法人或者其他组织不服复议决定的,可以在收到复议决定书之日起十五日内向人民法院提起诉讼",本案原告于2016年2月23日收到东莞市人民政府东府行复[2015]604号《行政复议决定书》,2016年3月17日提起诉讼,其起诉已超过15天的法定起诉期限,根据《行政诉讼法若干问题的解释》第3条第2项的规定,法院应当裁定驳回原告起诉。(2)东莞食药监局收到申请人举报投诉后,及时、依法进行处理。2015年9月14日,东莞食药监局收到原告的投诉举报,反映第三人东莞市大岭山振中门诊部涉嫌使用质量不合格的假牙,要求依法处理。收到原告举报投诉的当天,东莞食药监局即予以受理。同日,原告到大岭山分局现场反映上述问题,工作人员当即制作了(东)食药监举登[2015]27091401号《投诉举报登记表》,并将受理情况当场告知原告。东莞食药监局于2015年9月14日派出执法人员到位于东莞市大岭山镇中兴路208号的被投诉单位东莞大岭山振中门诊部进行现场检查与调查。经执法人员调查核实,第三人承认于2015年4月18日分批次为申请人唐某雨做牙齿修复,经双方同意,做上门牙3个,牙位121,下门牙5个,下牙位12312,一共8个3D烤瓷牙,费用共计4000元。第三人出示了有效的《医疗机构执业许可证》,并提供了原告所定制义齿的《定制式义齿送货单》、《说明书》、产品标签、《义齿产品出厂产品质量合格证明》,义齿生产企业惠州市雅致嘉医疗器械有限公司的《企业法人营业执照》《医疗器械生产许可证》《中华人民共和国医疗器械注册证》等资料。根据《医疗器械分类目录》,该案义齿属第二类医疗器械,上述材料证明涉案义齿已依法进行医疗器械注册并取得生产许可证,产品来源明确,符合《医疗器械监督管理条例》的相关规定。原告在起诉状中陈述大岭山振中门诊部的医生称没有合格证且有录音证实,但原告在整个投诉处理过程中均未向东莞食药监局提交该录音(被告收到法院送达的证据副本中亦无该份录音证据),且案件事实应当以客观证据来证明,并非被调查单位的某个员工的口头陈述就能证明,结合被告的调查,无证据显示原告反映的违法事实成立。2015年9月21日，针对原告投诉内容，被告作出（东）食药监投复[2015]27091401《投诉举报答复函》，将办理结果书面告知原告。在对原告反映的问题进行核查过程中，被告执法人员检查发现，第三人未建立完善医疗器械进货查验记录制度，违反了《医疗机械监督管理条例》第32条关于"医疗器械经营企业、使用单位购进医疗器械，应当查验供货者的资质和医疗器械的合格证明，建立进货查验制度"的规定，被告根据该条例第68条第2项规定，于2015年9月14日对第三人作出（东）食药监械责改[2015]27091401号《责令改正通知书》、（东）食药监械当罚[2015]27091401号《当场行政处罚决定书》，责令其改正并给予警告的行政处罚。此外，对于原告反映义齿质量保证卡存在生产日期不一致的情况，经被告执法人员向被投诉单位调查，因第三人已向原告提供了义齿质量保证卡（生产日期:2015年8月26日），而一批义齿仅有一张质量保证卡，执法人员检查时该门诊部无法提供该质量保障卡的复印件及进货查验记录，该门诊部为证实该批义齿不存在质量问题且来源渠道合法，再次联系该义齿生产厂家重新补办一张质量保障卡（出厂日期:2015年9月），故该门诊部向原告提供的义齿质量保证卡跟向执法部门提供的义齿质量保证卡日期不同。对于原告提出惠州市食药监督部门调查所得雅致嘉医疗器械有限公司的义齿质量保证卡上有注明医疗器械生产许可证号，而本案中被投诉单位提供的雅致嘉医疗器械有限公司的义齿质量保证卡却没有该许可证号的问题，惠州市食药监督部门的调查时间是在2015年11月25日原告投诉举报之后，其调查取证工作与被告调查取证工作相差两个多月的时间，由于质量保证卡的文字内容是由厂家自行决定和做出，其有权随时予以改变，故惠州市食药监部门调查所得的质量保证卡与本案中的质量保证卡文字内容不同，并不能证明本案中的质量保证卡就不真实，却恰恰能证明雅致嘉医疗器械有限公司使用了文字内容不同的义齿质量保证卡。(3)被告依法履行职责，处理复议申请人提出的投诉举报，处理程序合法。《食品药品举报投诉管理办法（试行）》第12条规定："举报投诉机构收到举报投诉后应予统一编码管理，专人负责，并于收到之日起5日内作出是否受理的决定。经审查符合受理条件的，应当自受理之日起15日内，以书面形式或其他适当方式告知举报投诉人……"2015年9月14日，被告收到原告的投诉举报并于当天予以受理，制作了（东）食药监举登[2015]27091401号《投诉举报登记表》，并将受理情况当场告知原告。《食品药品举报投诉管理办法（试行）》第22条规定："投诉举报的受理、办理、协调、审查、反馈等环节，一般应当自受理之日起60日内全部办结；情况复杂的，经投诉举报承办单位负责人批准,可适当延长办理期限,但延长期限不得超过30日,并告知投诉举报人和有关投诉举报机构延期理由……”对于原告的投诉,被告于2015年9月14日当天受理后立即派出执法人员到位于东莞市大岭山镇中兴路208号的被投诉单位东莞大岭山振中门诊部现场检查与调查。经调查查明,复议申请人反映东莞市大岭山振中门诊部使用质量不合格义齿的情况不属实。2015年9月21日被告将举报处理情况函告复议申请人。可见,在接到原告的投诉后,被告及时受理并告知原告,依法派出执法人员进行调查核实,并将处理情况及时答复举报人,属积极履职。综上所述,被告的行政行为事实清楚,证据确凿,法律依据充分,且原告的起诉已超出法定期限,请法院依法驳回原告起诉。

被告东莞市政府辩称,东莞市政府根据《行政诉讼法若干问题的解释》第9条第2款关于“作出原行政行为的行政机关和复议机关对原行政行为合法性共同承担举证责任,可以由其中一个机关实施举证行为。复议机关对复议程序的合法性承担举证责任”的规定,就2016年2月5日对原告唐某雨作出的东府行复[2015]604号《行政复议决定书》程序的合法性提出:原告于2015年11月5日向东莞市政府提交了《行政复议申请书》以及有关材料,就其不服东莞市食药监局于2015年9月21日作出的(东)食药监投复[2015]27091401《投诉举报答复函》向东莞市政府申请行政复议。东莞市政府收到原告的复议申请材料后,依据《行政复议法》(2009年)第17条的规定进行了审查,认为其申请符合法定的受理条件,因此于2015年11月12日出具了东府行复[2015]604号《行政复议受理通知书》、《行政复议答复通知书》,并分别于2015年11月17日、18日送达给原告、东莞食药监局。东莞市政府受理原告的复议案件后,于7日内将相关材料送达给东莞食药监局,符合《行政复议法》(2009年)第23条关于“行政复议机关负责法制工作的机构应当自行政复议申请受理之日起七日内,将行政复议申请书副本或者行政复议申请笔录复印件发送被申请人……”以及第40条第2款关于行政复议期间有关“五日”“七日”是指工作日,不含节假日的规定。东莞市政府受理复议申请后,按照《行政复议法》的有关规定进行审查,审查期间因情况复杂,东莞市政府依据《行政复议法》(2015年)第31条的规定,于2016年1月12日作出东府行复[2015]604号《延长行政复议审查期限通知书》,并分别于2016年1月13日、19日送达给原告、东莞食药监局。2016年2月5日,东莞市政府作出东府行复[2015]604号《行政复议决定书》,并于2016年2月23日送达原告、东莞食药监局。东莞市政府从受理复议申请到作出复议决定的期限,符合《行政复议法》第31条关于“行政复议机关应当自受理申请之日起六十日内作出行政复议决定；但是法律规定的行政复议期限少于六十日的除外。情况复杂，不能在规定期限内作出行政复议决定的，经行政复议机关的负责人批准，可以适当延长，并告知申请人和被申请人；但是延长期限最多不超过三十日”的规定。综上，东莞市政府作出的东府行复[2015]604号《行政复议决定书》程序合法。

第三人东莞市大岭山振中门诊部述称，(1)同意被告东莞食药监局、东莞市政府的意见。(2)涉案义齿不存在质量问题，原告唐某雨起诉缺乏最基本的事实依据，依法应予驳回。①涉案义齿生产商具有生产涉案义齿的资质。涉案的8颗义齿是第三人在惠州市雅致嘉医疗器械有限公司定制的，雅致嘉公司具有生产、销售烤瓷牙的资质，有有关部门颁发的《营业执照》《税务登记证》《组织机构代码证》《医疗器械注册证》。在国家食品药品监督总局官网上可以查询到雅致嘉公司的信息。②雅致嘉公司用以加工义齿的材料已经委托有资质的公司进行质量检测，不存在质量问题。雅致嘉公司委托成都科宁达材料有限公司对加工义齿的材料进行资质检测，检测结果为“符合医疗器械产品注册审查规定，准许注册”。③原告没有任何证据证明涉案义齿存在质量问题。原告从2015年8月30日向政府“12345”热线投诉，到9月14日向被告东莞食药监局投诉，到11月25日向惠州市信访部门投诉，再到12月7日将第三人起诉到东莞市第二人民法院均声称第三人为其安装的义齿不符合质量标准，存在质量问题，但却没有提供任何实质证据予以佐证。特别需要指出的是，在原告起诉第三人健康权纠纷一案(案号:2015东二法岭民一初字第889号)审理过程中，案件已于2016年1月18日、3月28日经过两次开庭审理，原告均没有提供任何证据证明涉案义齿存在质量问题，以及其本人因更换义齿遭受的人身损害。原告起诉称遭受了人身伤害，但在法庭调查时却承认没有接受过任何治疗，连门诊都没看过，从原告更换义齿到第二次开庭，时隔半年多，原告一再声称义齿有质量问题造成了其人身损害，但又没有相关的就诊记录，显然不符合常理。(3)原告到处信访、投诉及扰乱第三人的经营秩序，其行为是赤裸裸的敲诈勒索行为，同时亦不排除是同行之间的恶意竞争手段，第三人保留追究原告有关法律责任的权利。从原告的上述反常行为，结合第三人曾被同行陷害的事实来看，原告的行为要么是想通过有关部门向第三人施加压力，达到其敲诈的目的，要么则是同行之间的恶意竞争所致。综上所述，请求法院依法查明案件事实，驳回原告起诉或诉讼请求。

【案件争点】

被告东莞食药监局、被告东莞市政府提交的证据能否证明原告唐某雨的起诉已超过法定期限。

【裁判要旨】

法院经审理认为,原告唐某雨对东莞食药监局于2015年9月21日作出的(东)食药监投复[2015]27091401号《投诉举报答复函》及东莞市政府于2016年2月5日作出的东府行复[2015]604号《行政复议决定书》不服,于2016年3月17日向审理法院提起诉讼。根据被告东莞市政府提交的EMS102071862××××号邮件单及邮件投递详情单显示,东莞市政府于2016年2月15日按照原告地址确认书中的"收件人为唐某雨,电话号码为136××××9849,地址为深圳市宝安区福永新和一区十五巷"的收件人信息向原告邮寄送达涉案《行政复议决定书》及送达回证。2016年2月23日,该邮件妥投,签收人为张某群。原告在本案2016年6月21日的庭审中表示,该邮件收件人的电话号码、收件地址均为原告真实的信息,原告确实于2016年2月23日收到邮件快递人员的电话通知其签收邮件,但因其当时在湖南老家,故委托其在深圳打工的个体户老板张某群帮忙签收。被告东莞市政府按照原告确认的地址及联系方式邮寄送达涉案《行政复议决定书》,且该邮件的邮单上已明确注明该邮件内容为"行政复议决定书[2015]604号、送达回证",原告于2016年2月23日接到快递人员电话后委托个体户老板张某群代为签收,东莞市政府于2016年2月23日向原告送达涉案《行政复议决定书》的行为符合法律规定,应视为有效送达。而根据《行政诉讼法》(2014年)第45条"公民、法人或者其他组织不服复议决定的,可以在收到复议决定书之日起十五日内向人民法院提起诉讼……"的规定,原告于2015年2月23日收到涉案《行政复议决定书》,其2016年3月17日向审理法院提起行政诉讼时已超过法定起诉期限且无正当理由。

例案二 | 李某松与大连保税区市场监督管理局、大连市食品药品监督管理局案

【法院】

辽宁省大连经济技术开发区人民法院

【案号】

(2015)开行初字第80号

【当事人】

原告：李某松

被告：大连保税区市场监督管理局

法定代表人：孙某某，局长

被告：大连市食品药品监督管理局

法定代表人：张某某，局长

【基本案情】

原告诉称，原告向大连市食品药品监督管理局举报某企业奶粉使用添加剂违法，大连市食品药品监督管理局交大连保税区市场监督管理局办理。大连保税区市场监督管理局作出答复后原告不服，向大连市食品药品监督管理局申请复议；原告对大连市食品药品监督管理局作出的复议决定不服，故向法院提起诉讼，请求确认大连保税区市场监督管理局作出答复的行政行为违法、判令大连保税区市场监督管理局重新作出行政处理。

经审理法院审查原告起诉时提交的证据显示及原告起诉状中自述，被告大连市食品药品监督管理局作出行政复议决定书后向原告邮寄送达，原告于2015年9月9日签收。原告的起诉状于2015年9月25日交中国邮政深圳市民治支局邮寄审理法院，对此，原告未能向审理法院举证说明存在正当理由。

【案件争点】

被告大连市食品药品监督管理局提交的证据能否证明原告李某松的起诉已超过法定起诉期限。

【裁判要旨】

法院经审理认为，公民不服行政复议决定的，可在收到行政复议决定之日起15日内向人民法院提起诉讼。原告于2015年9月9日收到案涉行政复议决定，其起诉期限截止日为2015年9月24日，原告于2015年9月25日交邮起诉状，已超过法定起诉期限且无正当理由，依法应驳回起诉。

例案三　柳州市聚龙医药有限责任公司、广西壮族自治区食品药品监督管理局食品药品安全行政管理案

【法院】

南宁市西乡塘区人民法院

【案号】

(2015)西行初字第185号

【当事人】

原告:柳州市聚龙医药有限责任公司

法定代表人:张某某,董事长

被告:广西壮族自治区食品药品监督管理局

法定代表人:韦某,局长

【基本案情】

原告柳州市聚龙医药有限责任公司诉称,来宾市食品药品监督管理局作出的来食药监综函(2010)5号《关于发现复方茶碱麻黄碱片异常销售流向的情况通报》称,经我局初步调查,发现忻城县医药有限责任公司经营复方茶碱麻黄碱片共计含麻黄碱299.5千克……由于来宾市食品药品监督管理局向来宾市缉毒大队报假"麻黄碱"毒品案,导致张某某于2010年9月17日被来宾市公安局以非法买卖制毒罪拘捕,被法院判决有期徒刑5年,由此导致柳州市聚龙医药有限责任公司无人上班,也无人经营,已经报停业申请。按法律规定,在张某某服刑期间,终止一切行政行为,待张某某恢复人身自由后,恢复公司的行政行为。因此,被告2012年9月7日作出的流通(2012)第1号,注销《药品经营质量管理规范认证证书》的行政处罚是无效的。综上所述,原告为切实维护自身的合法权益,提起诉讼,请法院支持原告的诉讼请求。特向法院起诉并提出如下诉讼请求:撤销被告2012年9月7日作出的流通(2012)第1号,注销《药品经营质量管理规范认证证书》的行政行为。

【案件争点】

被告广西壮族自治区食品药品监督管理局提交的证据能否证明柳州市聚龙医药有限责任公司的起诉已超过法定起诉期限。

【裁判要旨】

法院经审理认为,根据《行政诉讼法》(2014年)第39条的规定:"公民、法人或者其他组织直接向人民法院提起诉讼的,应当自知道或者应当知道作出行政行为之日起三个月内提出。法律另有规定的除外。"本案中,被告于2012年9月7日作出流通(2012)第1号《广西壮族自治区食品药品监督管理局注销〈药品经营质量管理规范认证证书〉决定书》,并于同年9月10日向原告进行送达。该决定书已明确载明3个月的起诉期限,因此,原告应当在知道被诉行政行为的3个月内向法院提起行政诉讼,现原告于2015年6月30日向审理法院提起行政诉讼,已超过法定起诉期限且无正当理由。

三、裁判规则提要

（一）直接起诉情况下起诉期限的规定

《行政诉讼法》第 46 条第 1 款规定："公民、法人或者其他组织直接向人民法院提起诉讼的，应当自知道或者应当知道作出行政行为之日起六个月内提出。法律另有规定的除外。"

与 1989 年《行政诉讼法》相比，现行规定的期限从 3 个月放宽到 6 个月；起算日期则从"知道"作出具体行政行为之日变更为"知道或者应当知道"作出行政行为之日。"知道或者应当知道"意味着起诉人知晓、了解的相关内容达到能确定行政行为是否作出的程度。这里所谓"程度"并非要求知道行政行为所有的内容，而仅需知道必要内容即可。而必要内容包括：一是能使起诉人确定是否会影响其合法权益；二是能使起诉人确定以起诉方式维护其合法权益。即要求所知内容可以使起诉人知道起诉的对象以及救济途径。知道与应当知道内涵完全一致的情形在于，行政机关已明确告知起诉人被诉行政行为内容的信息，具体方式包括口头告知或者送达文书等，其结果为起诉人已知晓行政行为。但在行政机关未履行送达及告知义务的情形下，两者内涵存在区别："知道"为被诉行政行为法定程序中的独立组成部分或环节，且起诉人"知道"的主体限定为行政行为的作出主体，而"应当知道"则不作此要求，行政主体之外的第三方也可以实现。

判断"行政行为作出"的核心标准为行政行为是否具有处分性，这里的"处分性"是指行政行为对起诉人的权利义务将直接产生实质性影响。只要是具有处分性的行政行为，无论其法律上是否成立生效，都应纳入行政诉讼的审查范围。因此，本条规定界定的"行政行为的作出"范围，应从广义上理解，不仅包括法律上已经生效的行政行为，也包括事实上已成立而法律上未成立或未生效的行政行为，其主要表现为程序瑕疵导致不成立的行为，如未听取申辩意见的行政处罚等。其与事实不成立的行政行为不同：事实不成立的行政行为由于行政行为在事实上根本未作出或未完成，不可能实际处分权利义务，因而不能对其提起司法审查。

（二）行政复议情况下起诉期限的规定

《行政诉讼法》第 45 条规定："公民、法人或者其他组织不服复议决定的，可以在收到复议决定书之日起十五日内向人民法院提起诉讼。复议机关逾期不作决定的,申请人可以在复议期满之日起十五日内向人民法院提起诉讼。法律另有规定的除外。”经过复议的案件,由于当事人对相关的事实和法律问题已具有一定了解,即使复议机关逾期未作出决定也能有所补救。所以法律规定的起诉期限较短。一般来说,经过复议的案件,也不适用法律规定的最长起诉期限。并且,根据《行政诉讼法》第 26 条的规定,起诉人对原行政行为和复议决定均可以提起诉讼,对于复议决定的诉讼,由于复议决定系复议机关作出的新行政行为,其遵循收到复议决定之日起 15 日内的规定即可。

另外,不同部门法对于不服行政复议决定的起诉期限规定亦有不同。例如,《专利法》规定不服行政复议决定的起诉期限为 3 个月,《海关法》规定不服行政复议决定的起诉期限为 30 日。此种情形属于《行政诉讼法》第 45 条所述“法律另有规定的除外”,应适用特别法规定的起诉期限。

(三)起诉期限与诉讼时效的区别

部分学者将行政诉讼中的起诉期限与民事诉讼中的诉讼时效内涵画等号,但实际上两者并不相同。虽然两者设立的目的有一定的相似之处,即都是督促当事人及时提起诉讼,解决纠纷,维护自身合法权益。但两者仍存在本质区别。诉讼时效一般包括取得时效和消灭时效,我国民事法律领域目前仅规定了消灭时效,含义为如果权利人在一定期限内不行使权利,即丧失经诉讼程序保护实体权利的可能性。[①] 起诉期限是指如当事人未在法定期限内提起诉讼,将丧失诉权。对比两者内涵,可以判断,诉讼时效对应的客体是请求权,[②]其表现为如经过诉讼时效,权利的请求权无法通过诉讼实现,但并不意味着其自然权利灭失,也不意味着其丧失了诉权。故而在民事诉讼中,超过诉讼时效需被告提出,不能由法院依职权提出,如原告起诉超过了诉讼时效,人民法院判决驳回诉讼请求。但起诉期限对应的客体是诉权,其表现为超过起诉期限,当事人诉权丧失,故而行政诉讼中,对当事人起诉超过起诉期限的,人民法院裁定不予立案或驳回起诉。

(四)行政机关的举证责任

《行政诉讼证据若干问题的规定》第 4 条第 3 款规定:被告认为原告起诉超过

① 参见张弘:《行政诉讼起诉期限研究》,载《法学》2004 年第 2 期。

② 参见程啸、陈林:《论诉讼时效客体》,载《法律科学》(西北政法学院学报)2000 年第 1 期。

法定期限的，由被告承担举证责任。实际上，在针对起诉期限的规定中，法律和相关司法解释为保障当事人的合法权益，均赋予了行政机关一个普遍的程序性义务，[①]也被称为"教示义务"，[②]即行政机关在作出行政行为后，应当将行政行为的内容送达给行政相对人，并告知其救济途径及起诉期限。如行政机关未履行前述送达及告知义务，不仅会带来对行政行为合法性的质疑，还会造成无法以起诉期限作为抗辩的不利后果。实践中，行政机关在对行政相对人进行送达与告知时，一般采用书面形式，作为其履行了相应义务的证据。在行政诉讼中，如行政机关以原告起诉超过起诉期限进行抗辩的，需由其承担举证责任。

四、辅助信息

高频词条：

《行政诉讼法》

第45条 公民、法人或者其他组织不服复议决定的，可以在收到复议决定书之日起十五日内向人民法院提起诉讼。复议机关逾期不作决定的，申请人可以在复议期满之日起十五日内向人民法院提起诉讼。法律另有规定的除外。

第46条 公民、法人或者其他组织直接向人民法院提起诉讼的，应当自知道或者应当知道作出行政行为之日起六个月内提出。法律另有规定的除外。

因不动产提起诉讼的案件自行政行为作出之日起超过二十年，其他案件自行政行为作出之日起超过五年提起诉讼的，人民法院不予受理。

《行政诉讼法解释》

第63条 行政机关作出行政行为时，没有制作或者没有送达法律文书，公民、法人或者其他组织只要能证明行政行为存在，并在法定期限内起诉的，人民法院应当依法立案。

第64条 行政机关作出行政行为时，未告知公民、法人或者其他组织起诉期限的，起诉期限从公民、法人或者其他组织知道或者应当知道起诉期限之日起计算，但从知道或者应当知道行政行为内容之日起最长不得超过一年。

复议决定未告知公民、法人或者其他组织起诉期限的，适用前款规定。

第65条 公民、法人或者其他组织不知道行政机关作出的行政行为内容的，

---

① 参见何海波：《行政诉讼法》（第2版），法律出版社2016年版，第241页。

② 参见江必新、梁凤云：《最高人民法院新行政诉讼法司法解释理解与适用》，中国法制出版社2015年版，第51页。

其起诉期限从知道或者应当知道该行政行为内容之日起计算,但最长不得超过行政诉讼法第46条第2款规定的起诉期限。

第66条 公民、法人或者其他组织依照行政诉讼法第47条第1款的规定,对行政机关不履行法定职责提起诉讼的,应当在行政机关履行法定职责期限届满之日起六个月内提出。

《行政诉讼证据若干问题的规定》

第4条 公民、法人或者其他组织向人民法院起诉时,应当提供其符合起诉条件的相应的证据材料。

在起诉被告不作为的案件中,原告应当提供其在行政程序中曾经提出申请的证据材料。但有下列情形的除外:

(一)被告应当依职权主动履行法定职责的;

(二)原告因被告受理申请的登记制度不完备等正当事由不能提供相关证据材料并能够作出合理说明的。

被告认为原告起诉超过法定期限的,由被告承担举证责任。

食品药品纠纷案件裁判规则第 6 条：

食品药品监督管理部门对被举报人或被投诉人作出的处理结果，侵害了举报人或投诉人自身合法权益的，举报人或投诉人具有行政诉讼的原告资格

〔**规则描述**〕：举报、投诉是社会公众对违法行为的监督，也是食品药品监督管理部门发现违法行为的一个重要途径。举报人或投诉人因自身合法权益受到被举报或被投诉行为的侵害或不利影响，为挽回损失、获得赔偿，或为防止继续遭到侵害，向有查处职责的食品药品监督管理部门举报或投诉，在这种情形下，举报人或投诉人相当于被举报或被投诉行为的“受害人”，举报人或投诉人与食品药品监督管理部门对被举报或被投诉行为作出行政处理之间有利害关系，举报人或投诉人具有提起行政诉讼原告资格。

一、类案检索大数据报告

截至 2019 年 12 月 31 日，以“举报人”“投诉人”“原告资格”等为关键词，通过 Alpha 案例库、法信平台、北大法宝、中国裁判文书网共检索到类案 40 件。经过筛选与本规则相关的案例，剔除同一个案件因多次审判程序的重复裁判文书，实际共有 28 件案件。整体情况如下：

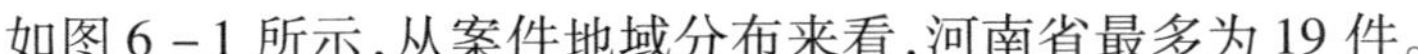
如图 6－1 所示，从案件地域分布来看，河南省最多为 19 件。

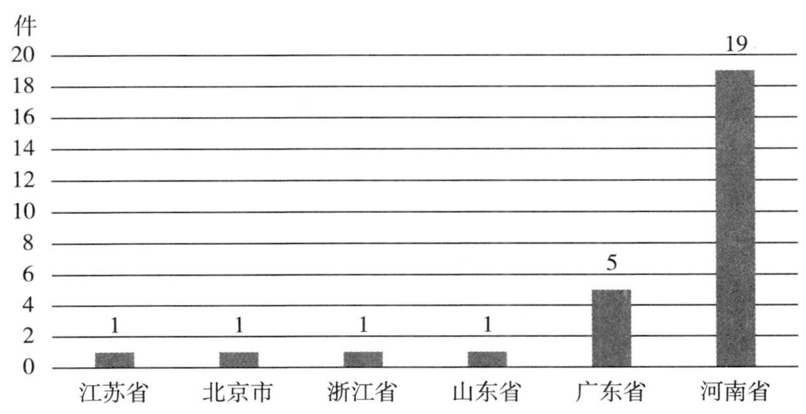

图 6－1　案件地域分布情况

如图 6 - 2 所示,从案件结案年份分布来看,案件主要集中在 2018 年与 2019 年,分别为 11 件与 14 件。

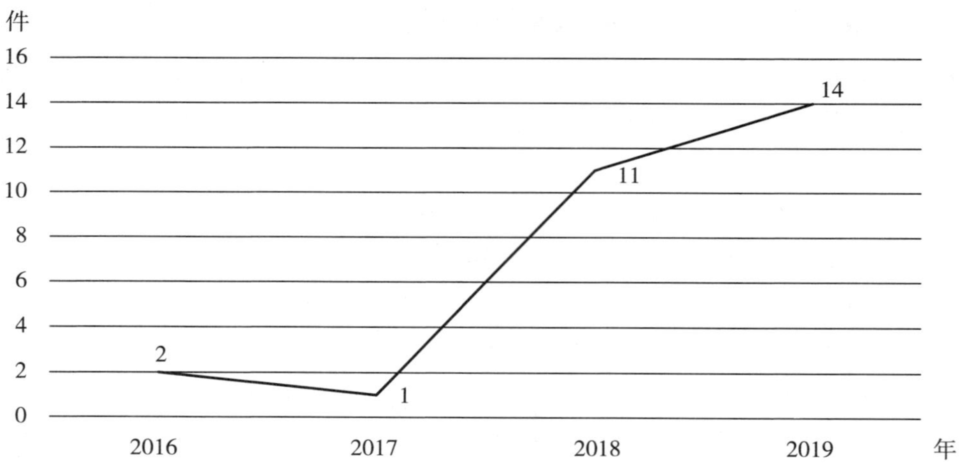

图 6 - 2 案件结案年份分布情况

如图 6 - 3 所示,从案件案由分类情况来看,涉及行政监督的有 1 件,行政受理的有 1 件,行政处罚的有 5 件,行政复议的有 10 件,行政其他的有 11 件。

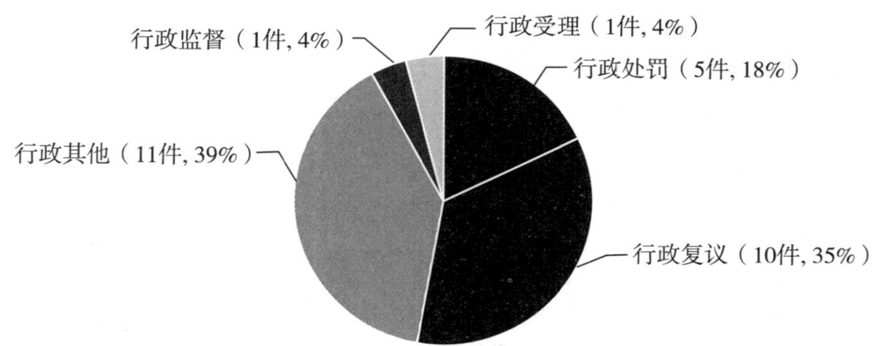

图 6 - 3 案件案由分类情况

如图 6 - 4 所示,从案件裁判结果分类情况来看,1 件判决撤销行政行为,1 件判决驳回行政机关上诉,2 件撤销一审裁定、指定继续审理,3 件驳回起诉,4 件驳回原告诉讼请求,17 件驳回行政相对人上诉。

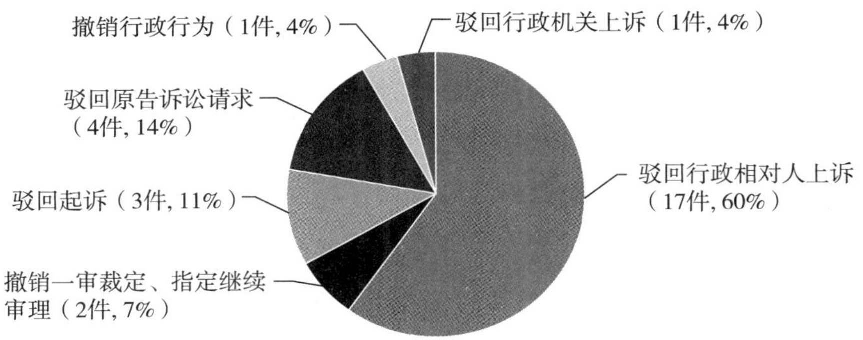

图6－4　案件裁判结果分类情况

上述案例，均从正面印证了本裁判规则。

二、可供参考例案

例案一　孟某琨与如皋市市场监督管理局、南通市工商行政管理局食品药品安全行政管理案

【法院】

江苏省南通市中级人民法院

【案号】

（2018）苏06行终528号

【当事人】

上诉人（原审原告）：孟某琨

被上诉人（原审被告）：如皋市市场监督管理局

法定代表人：贾某某，局长

被上诉人（原审被告）：南通市工商行政管理局

法定代表人：瞿某某，局长

原审第三人：江苏长寿大红门食品有限公司

法定代表人：魏某某，总经理

【基本案情】

2016年11月16日，孟某琨在江苏长寿集团天天乐超市有限公司购买了由江苏长寿大红门食品有限公司生产的200包“寿之源脱脂肉”后，发现该产品有质量问题。2017年2月9日，孟某琨向如皋市市场监督管理局举报，称其在江苏长寿集

团天天乐超市有限公司购买的由江苏长寿大红门食品有限公司生产的“寿之源脱脂肉”不符合食品安全标准。2017年4月7日,如皋市市场监督管理局经调查决定,对江苏长寿集团天天乐超市有限公司不予立案,对江苏长寿大红门食品有限公司予以立案查处。2017年7月9日,如皋市市场监督管理局认定江苏长寿大红门食品有限公司存在利用其他方法,对商品的质量、制作成分、性能、用途、生产者、有效期限、产地等做出引人误解的虚假宣传的违法行为,并对其作出皋市监案字[2017]第0271-03号行政处罚决定:(1)责令江苏长寿大红门食品有限公司停止违法行为并消除影响;(2)对江苏长寿大红门食品有限公司罚款80,000元。2017年9月12日,孟某琨通过申请政府信息公开的方式获知上述行政处罚决定的内容后,向南通市工商行政管理局申请行政复议。2018年1月19日,南通工商局作出通工商复字[2018]2号行政复议决定:(1)确认如皋市市场监督管理局未在法定期限作出立案决定及未在合理期限将处理结果告知孟某琨的行为违法;(2)维持皋市监案字[2017]第0271-03号行政处罚决定。2018年1月23日,孟某琨不服南通工商局作出通工商复字[2018]2号行政复议决定,向南通市港闸区人民法院提起行政诉讼,诉讼请求:一是撤销如皋市市场监督管理局作出的皋市监案字[2017]第0271-03号行政处罚决定,并判令如皋市市场监督管理局在法定期限内重新作出新的行政行为;二是诉请撤销南通工商局作出的通工商复字[2018]2号行政复议决定。2018年5月,南通市港闸区人民法院经审理认定,被诉行政处罚决定对孟某琨的权利义务不产生实际影响,孟某琨与被诉行政处罚决定不存在利害关系,不具备行政诉讼原告资格,裁定驳回孟某锟的起诉。孟某琨不服,向江苏省南通市中级人民法院提起上诉。2018年10月29日,江苏省南通市中级人民法院终审认为,上诉人孟某琨与被上诉人如皋市市场监督管理局作出的皋市监案字[2017]第0271-03号行政处罚决定有利害关系,孟某琨具有本案原告主体资格,鉴于经江苏省高级人民法院批准,南通市基层法院审理的一审行政案件自2018年7月1日起,已统一指定由南通市经济技术开发区人民法院集中管辖。遂裁定:(1)撤销南通市港闸区人民法院(2018)苏0611行初34号行政裁定;(2)本案指定由南通市经济技术开发区人民法院审理。

【案件争点】

当举报人或投诉人同时又是消费者时,若其认为食品药品监督管理部门对被举报人或被投诉人作出的行政行为侵犯了其合法权益,举报人或投诉人是否有权提起行政诉讼。

【裁判要旨】

一审法院经审理认为，本案的争议焦点在于：孟某琨是否具有提起本案诉讼的原告主体资格。第一，本案被诉行政行为是如皋市市场监督管理局对第三人江苏长寿大红门食品有限公司违反《反不正当竞争法》的行为作出的行政处罚决定。对特定违法经营者的处罚所保护的是不特定的其他经营者和消费者的合法权益，并不对特定消费者的个人权益产生任何实际影响。《反不正当竞争法》(2017年)第17条规定，经营者违反该法规定，给他人造成损害的，应当依法承担民事责任。第二，孟某琨认为案涉违法行为涉嫌违反《食品安全法》，而如皋市市场监督管理局是否按照《食品安全法》对第三人江苏长寿大红门食品有限公司作出处罚也对孟某琨的权利义务不产生实际影响。如果举报人是食品的消费者，认为其作为消费者的相关合法权益受到侵害的，可以依据消费者权益保护的相关法律规范寻求救济。第三，孟某琨提起本案诉讼的目的是对第三人江苏长寿大红门食品有限公司施加按照《食品安全法》处罚的负担。但无论如皋市市场监督管理局在被诉行政处罚决定中适用的是《反不正当竞争法》，还是孟某琨主张适用的《食品安全法》，都只赋予任何公民对不正当竞争行为或食品安全违法行为的举报权和处理结果的知情权，并未赋予公民提起对第三人施加负担的请求权。第四，孟某琨提出的被诉行政处罚结果影响其日后获得奖励的数额，孟某琨主张的该利益只是一种可能性利益，不属于法律法规要求的被告在作出被诉行政处罚决定过程中需要予以保护和考虑的公法上的利益。综上所述，被诉行政处罚决定对孟某琨的权利义务不产生实际影响，孟某琨与被诉行政处罚决定不存在利害关系，故不具有提起本案诉讼的原告主体资格。

二审法院经审理认为，上诉人孟某琨既是举报投诉人，又是消费者。孟某琨购买了江苏长寿大红门食品有限公司生产的“寿之源脱脂肉”后，认为该商品包装上的食品成分表不符合食品安全相关规定，依法可以向被上诉人如皋市市场监督管理局投诉举报，如皋市市场监督管理局应依法履行调查处理职责，并将处理结果告知孟某琨。如皋市市场监督管理局经调查核实，认定江苏长寿大红门食品有限公司被投诉的行为系违法行为，并作出了行政处罚决定。孟某琨购买了案涉商品，是该违法行为的“受害人”，依法可以要求江苏长寿大红门食品有限公司给予赔偿。现孟某琨认为如皋市市场监督管理局作出的案涉处罚决定对江苏长寿大红门食品有限公司违法行为的定性和法律适用错误，影响了其获得赔偿的权益，请求撤销案涉处罚决定。审理法院认为孟某琨具有对案涉处罚决定提起行政诉讼的原告主体资格。

首先,孟某琨要求赔偿具有法律依据。《消费者权益保护法》第55条第1款规定,经营者提供商品或者服务有欺诈行为的,应当按照消费者的要求增加赔偿其受到的损失,增加赔偿的金额为消费者购买商品的价款或者接受服务的费用的3倍;增加赔偿的金额不足500元的,为500元。法律另有规定的,依照其规定。《食品安全法》(2015年)第148条规定,消费者因不符合食品安全标准的食品受到损害的,可以向经营者要求赔偿损失,也可以向生产者要求赔偿损失。接到消费者赔偿要求的生产经营者,应当实行首问责任制,先行赔付,不得推诿;属于生产者责任的,经营者赔偿后有权向生产者追偿;属于经营者责任的,生产者赔偿后有权向经营者追偿。生产不符合食品安全标准的食品或者经营明知是不符合食品安全标准的食品,消费者除要求赔偿损失外,还可以向生产者或者经营者要求支付价款10倍或者损失3倍的赔偿金;增加赔偿的金额不足1000元的,为1000元。但是,食品的标签、说明书存在不影响食品安全且不会对消费者造成误导的瑕疵的除外。上述规定的消费者要求赔偿的权益,既是为了维护消费者的合法权益,更是为了惩罚违法行为,规范和督促生产、经营者遵守法律法规,维护社会经济秩序和公共利益。因此,这种权益不同于一般民事主体之间的私法权益,属于公法上规范和赋予消费者的权益,具有法定性,对违法者则具有强制性和惩罚性,应受到行政机关作出的行政行为的尊重和保护。虽然行政机关在作出行政行为时未必把这种权益作为考量的因素,但如果因行政行为的错误损害了该权益,应对行政行为进行纠正,包括允许通过行政诉讼进行纠正。孟某琨作为案涉商品的消费者,有权依据上述法律规定获得相应的赔偿。

其次,孟某琨投诉是为了获得法定的赔偿。这种赔偿对于孟某琨来说,是一种私益,一般应通过民事途径获得。但是孟某琨要获得上述赔偿首先要认定案涉行为违法,只有江苏长寿大红门食品有限公司的案涉行为违法,孟某琨才能依法获得上述赔偿。如果江苏长寿大红门食品有限公司自认其行为违法,孟某琨获得赔偿没有障碍;反之,则在一定程度上依赖行政机关对违法行为的认定,行政机关对违法行为的定性及法律适用往往是消费者获得该类赔偿的前提条件,这也正是本案孟某琨通过投诉的方式要求如皋市市场监督管理局进行调查处理的主要原因。也就是说,孟某琨是为了维护获得赔偿的合法权益而向如皋市市场监督管理局投诉的,其投诉具有正当性。

再次,如皋市市场监督管理局作出的行政处罚决定对孟某琨获得的赔偿有实质影响。从表面上看，案涉处罚决定的相对人是江苏长寿大红门食品有限公司，其维护的也是不特定公众的利益，但是比较上述规定可以看出，案涉处罚决定对江苏长寿大红门食品有限公司违法行为的定性及法律适用，对“受害人”孟某琨能否获得赔偿、向谁主张赔偿以及获得多少赔偿均有实质影响。如果定性及法律适用错误，将直接损害孟某琨依照上述规定应获得的权益。因此，孟某琨提起本案诉讼，虽然不是直接解决其赔偿问题，但如果不赋予其原告主体资格，那么其依法应获得的赔偿将可能因案涉行政处罚的错误而无法得到救济和实现。

最后，孟某琨提起的诉讼实质上是履行职责之诉。综观整个案件，孟某琨基于自己的合法权益受到江苏长寿大红门食品有限公司违法行为的侵害，向如皋市市场监督管理局投诉，是要求其履行对江苏长寿大红门食品有限公司违法行为进行查处的职责。如皋市市场监督管理局依法也有该职责。孟某琨认为如皋市市场监督管理局履行职责的行为未能维护其合法权益，向人民法院提起诉讼，人民法院应依法对如皋市市场监督管理局履行查处职责的合法性进行审查。这种审查不仅要对履行职责的行为和过程进行审理，更要对履行职责的结果进行审查。否则审查就没有实质意义，投诉人的合法权益不能得到实际维护，也不符合履行职责之诉的价值意义。

例案二 | 张某与中山市食品药品监督管理局食品药品安全行政管理案

【法院】

广东省中山市中级人民法院

【案号】

(2018)粤20行终1028号

【当事人】

上诉人(原审原告)：张某

被上诉人(原审被告)：中山市食品药品监督管理局

法定代表人：徐某某，局长

被上诉人(原审被告)：广东省食品药品监督管理局

法定代表人：骆某某，局长

【基本案情】

2017年1月1日，张某向中山市食品药品监督管理局递交举报信，并附有购买玛咖固体饮料发票扫描件、产品实物图片等资料。张某称其于2016年12月29日在广州市某某黄埔百货有限公司购买的玛咖固体饮料,是被举报人中山市合众食品贸易商行委托广东某某生物科技有限公司生产的玛咖固体饮料,该产品属于假冒伪劣产品,请求依法确定被举报人生产销售玛咖固体饮料的行为违法,对其予以行政处罚,并在办结后告知举报人,依照最高奖励标准依法予以奖励。2017年1月11日,中山市食品药品监督管理局受理了张某的投诉举报申请,向张某作出中食药监稽举告[2017]第4号投诉举报受理情况告知书,告知已受理了张某的举报。同年4月25日,中山市食品药品监督管理局作出函号为KFQ2017042501《中山市食品药品监督管理局投诉举报答复函》,并告知张某申请行政复议或提起行政诉讼的权利和期限。张某对该答复函不服,向广东省食品药品监督管理局申请行政复议。2017年6月26日,广东省食品药品监督管理局作出粤食药监复决字[2017]231号行政复议决定书,决定维持中山市食品药品监督管理局作出的KFQ2017042501《中山市食品药品监督管理局投诉举报答复函》。张某仍不服,向中山市第一人民法院提起行政诉讼,请求:(1)撤销中山市食品药品监督管理局于2017年4月25日作出的函号为KFQ2017042501的投诉举报答复函,并责令中山市食品药品监督管理局对张某的投诉举报重新作出答复;(2)撤销广东省食品药品监督管理局于2017年6月26日作出的粤食药监复决字[2017]231号行政复议决定书;(3)判令中山市食品药品监督管理局、广东省食品药品监督管理局共同承担本案诉讼费用。中山市第一人民法院经审理认为,张某不具有原告主体资格,裁定驳回张某起诉。张某不服该裁定,向广东省中山市中级人民法院提起上诉。2018年12月10日,广东省中山市中级人民法院裁定如下:(1)撤销广东省中山市第一人民法院(2017)粤2071行初616号行政裁定;(2)指令广东省中山市第一人民法院继续审理本案。

【案件争点】

举报人或投诉人为维护自身合法权益就被举报人或被投诉人相关违法行为向食品药品监督管理部门举报或投诉,食品药品监督管理部门作出的处理或者不作为行为与举报人或投诉人是否有利害关系;举报人或投诉人是否有行政诉讼主体资格。

【裁判要旨】

一审法院经审理认为,本案被诉行政行为是中山市食品药品监督管理局于2017年4月25日作出的函号为KFQ2017042501的投诉举报答复函,以及广东省食品药品监督管理局于2017年6月26日作出的粤食药监复决字[2017]231号行政复议决定行政行为，张某与被诉行政行为没有利害关系，张某不具有提起本案诉讼原告主体资格，裁定驳回张某起诉。

二审法院经审理认为，张某在向中山市食品药品监督管理局举报时，一并提交了其购买被举报人中山市合众食品贸易商行委托广东某某生物科技有限公司生产的玛咖固体饮料的发票扫描件、产品实物图片等证据，故张某既是消费者也是举报投诉人。张某是基于认为被举报人中山市合众食品贸易商行委托广东某某生物科技有限公司生产的玛咖固体饮料侵害了其自身的合法权益而进行的举报投诉，张某的举报投诉既包含了要求中山市食品药品监督管理局对中山市合众食品贸易商行涉嫌违法的行为进行处理的要求，也包含了其自身合法权益受到被举报行为的侵害，张某与中山市食品药品监督管理局对被举报人的处理行为之间具有利害关系。根据《行政诉讼法》第25条第1款"行政行为的相对人以及其他与行政行为有利害关系的公民、法人或者其他组织，有权提起诉讼"。以及《行政诉讼法解释》第12条"有下列情形之一的，属于行政诉讼法第二十五条第一款规定的'与行政行为有利害关系'……(五)为维护自身合法权益向行政机关投诉，具有处理投诉职责的行政机关作出或者未作出处理的……"的规定，张某具有提起行政诉讼的原告资格。

例案三 | 郭某与东莞市食品药品监督管理局食品药品安全行政管理案

【法院】

东莞市第一人民法院

【案号】

(2018)粤1971行初79号

【当事人】

原告：郭某

被告：东莞市食品药品监督管理局

法定代表人：易某某，局长

第三人：东莞市黄江海华百货商场

经营者江某某

【基本案情】

2017年8月15日，郭某向东莞市食品药品监督管理局投诉，称其于2017年4

月24日在东莞市黄江海华百货商场购买了一包“香干”,支付价款3.4元,该物品标示的生产日期是2017年4月25日,属虚标生产日期情形,要求东莞市食品药品监督管理局予以处理。2017年8月30日,东莞市食品药品监督管理局对东莞市黄江海华百货商场进行了现场检查,现场未发现郭某投诉举报的虚标生产日期的食品“香干”,东莞市黄江海华百货商场能够提供有效的《食品经营许可证》以及“香干”食品的进货记录、检验合格证明、供货商资质证明材料。2017年9月1日,东莞市食品药品监督管理局对东莞市黄江海华百货商场经营者江某某进行询问调查。在调查中,江某某承认2017年4月24日销售过标注虚假生产日期的“香干”(标示生产日期:2017年4月25日),同时承认在同年5月10日的自查中发现还销售过其他标注虚假生产日期的食品,销售金额共计629.24元。江某某称出现上述问题的原因是由于打标签的电子设备失效,导致打出来的标价签的日期推后了一天,自查当天商场已经公示召回相关食品,并进行了整改。东莞市黄江海华百货商场向东莞市食品药品监督管理局提交了《食品自查报告》等资料。东莞市食品药品监督管理局经过调查认为,东莞市黄江海华百货商场存在销售标注虚假生产日期的食品的行为,但是违法行为轻微且主动整改,没有造成危害结果,遂于2017年10月23日作出(东)食药监食罚[2017]270830C01号行政处罚决定:没收东莞市黄江海华百货商场违法所得人民币629.24元。2017年10月27日,东莞市食品药品监督管理局向投诉人郭某作出(东)食药监投复[2017]270816C03号《投诉举报答复函》,认定东莞市黄江海华百货商场违反了《食品安全法》(2015年)第34条第10项的规定,被投诉人东莞市黄江海华百货商场主动作出检讨,自觉整顿,及时采取了纠正措施,没有造成危害后果,且调查期间未收到类似对他人造成危害的信息,违法货值金额不高,没有发现其他食品造成危害后果,决定给予东莞市黄江海华百货商场没收629.24元违法所得的行政处罚决定。郭某不服该行政处罚决定,向法院提起行政诉讼。

【案件争点】

举报人或投诉人为维护自身合法权益举报或投诉食品药品违法行为时,其与食品药品监督管理部门就其举报或投诉事项作出的处理或者不作为之间是否有利害关系;举报人或投诉人是否有行政诉讼主体资格。

【裁判要旨】

郭某向东莞市食品药品监督管理局举报,其于2017年4月24日在东莞市黄江海华百货商场购买了一包“香干”,支付价款3.4元,该物品标示的生产日期是

2017年4月25日，属虚标生产日期情形，要求东莞市食品药品监督管理局依法予以处理。被告东莞市食品药品监督管理局受理郭某举报投诉，对东莞市黄江海华百货商场进行了调查核实，认定东莞市黄江海华百货商场违反了《食品安全法》(2015年)第34条第10项的规定，东莞市黄江海华百货商场主动作出检讨，自觉整顿，及时采取了纠正措施，没有造成危害后果，且在调查期间未收到类似对他人造成危害的信息，违法货值金额不高，没有发现其他食品造成危害后果，对东莞市黄江海华百货商场做出没收629.24元违法所得的行政处罚决定，并将行政处罚决定结果告知举报投诉人郭某。根据《行政诉讼法》第25条第1款规定："行政行为的相对人以及其他与行政行为有利害关系的公民、法人或者其他组织，有权提起诉讼。"以及《行政诉讼法解释》第12条"有下列情形之一的，属于行政诉讼法第二十五条第一款规定的'与行政行为有利害关系'……(五)为维护自身合法权益向行政机关投诉，具有处理投诉职责的行政机关作出或者未作出处理的……"规定，郭某作为东莞市黄江海华百货商场违法行为的受害人，被告东莞市食品药品监督管理局作出的处罚决定，侵害了郭某合法权益，郭某与被诉行政处罚行为有利害关系，具有提起行政诉讼原告主体资格。

三、裁判规则提要

行政诉讼的功能，一是对公民、法人和其他组织的合法权益给予救济；二是监督行政机关依法行使职权。判定举报人或投诉人是否具有行政诉讼的原告资格，应遵从《行政诉讼法》和《行政诉讼法解释》的规定。《行政诉讼法》第25条第1款规定："行政行为的相对人以及其他与行政行为有利害关系的公民、法人或者其他组织有权提起诉讼。"《行政诉讼法解释》第12条规定："有下列情形之一的，属于行政诉讼法第二十五条第一款规定'与行政行为有利害关系'……(五)为维护自身合法权益向行政机关投诉，具有处理投诉职责的行政机关作出或者未作出处理的……"将"为维护自身合法权益向行政机关举报或投诉"作为认定举报人或投诉人与被诉行政行为有利害关系的标准，是人民法院审查认定原告主体资格的法律依据。

举报人或投诉人购买了"问题"食品或药品，既是举报投诉人，又是消费者，为维护自身合法权益向食品药品监督管理部门举报或投诉违反食品药品安全的行为，举报人或投诉人相当于被投诉行为的"受害人"，食品药品监督管理部门对被举报或被投诉行为作出或者未作出处理，直接关系举报人或投诉人的合法权益能否得到维护，举报人或投诉人与被诉行政行为之间有利害关系，具有提起行政诉讼的原告资格；如果举报人或投诉人为维护国家利益、公共利益，是以公民身份行使宪法、法律赋予公民的控告检举或举报投诉的权利，而非为了自身合法权益对相关违法行为进行举报投诉，举报人或投诉人与被诉行政行为之间就没有利害关系，不具有提起行政诉讼的原告资格。对违法生产或经营食品药品的行为，食品药品监督管理部门不作为或者乱作为，损害了国家利益和社会公共利益的，检察机关可依法向人民法院提起刑事附带民事公益诉讼、民事公益诉讼或者行政公益诉讼，打击食品药品犯罪行为，维护食品药品公共利益，监督食品药品监督管理部门依法行政。"为维护自身合法权益向行政机关投诉"是认定举报人或投诉人与被诉行政行为有利害关系的标准，是人民法院审查认定举报人或投诉人原告主体资格的法律依据。

食品药品安全是最基础、最重要的民生问题，关系千家万户的身体健康和生命安全，直接影响人民群众的获得感、幸福感、安全感。社会生活中，可能存在一些以举报或投诉为业，意图获取赔偿或奖励的"专业举报人"或"专业投诉人"，如果他们的行为没有违反法律法规的规定，对维护自身合法权益、维护食品药品安全行政管理秩序和利益有积极意义，行政和司法宜采取谦抑的态度；如果举报人或投诉人明知某一种食品或药品有"问题"，既不及时向生产者或经营者反映，也不及时向食品药品监督管理部门投诉举报对"问题"食品药品进行处理，而在短时间内反复大量购买囤积"问题"食品药品，并以所购买的产品存在问题而进行举报或投诉，以达到获得巨额赔偿的目的，严重违背了举报投诉的制度意义和目的，甚至扰乱了行政管理或司法秩序，举报人或投诉人就不属于一般意义上的普通消费者，不是为维护自身合法权益而进行的举报或投诉，不具备行政诉讼原告主体资格。

四、辅助信息

高频词条：

《食品安全法》

第5条 国务院设立食品安全委员会，其职责由国务院规定。

国务院食品药品监督管理部门依照本法和国务院规定的职责，对食品生产经营活动实施监督管理。国务院卫生行政部门依照本法和国务院规定的职责，组织开展食品安全风险监测和风险评估，会同国务院食品药品监督管理部门制定并公布食品安全国家标准。国务院其他有关部门依照本法和国务院规定的职责，承担有关食品安全工作。

第10条 各级人民政府应当加强食品安全的宣传教育，普及食品安全知识，鼓励社会组织、基层群众性自治组织、食品生产经营者开展食品安全法律、法规以及食品安全标准和知识的普及工作，倡导健康的饮食方式，增强消费者食品安全意识和自我保护能力。新闻媒体应当开展食品安全法律、法规以及食品安全标准和知识的公益宣传，并对食品安全违法行为进行舆论监督。有关食品安全的宣传报道应当真实、公正。

第12条 任何组织或者个人有权举报食品安全违法行为，依法向有关部门了解食品安全信息，对食品安全监督管理工作提出意见和建议。

第148条 消费者因不符合食品安全标准的食品受到损害的，可以向经营者要求赔偿损失，也可以向生产者要求赔偿损失。接到消费者赔偿要求的生产经营者，应当实行首负责任制，先行赔付，不得推诿；属于生产者责任的，经营者赔偿后有权向生产者追偿；属于经营者责任的，生产者赔偿后有权向经营者追偿。生产不符合食品安全标准的食品或者经营明知是不符合食品安全标准的食品，消费者除要求赔偿损失外，还可以向生产者或者经营者要求支付价款十倍或者损失三倍的赔偿金；增加赔偿的金额不足一千元的，为一千元。但是，食品的标签、说明书存在不影响食品安全且不会对消费者造成误导的瑕疵的除外。

《消费者权益保护法》

第55条 经营者提供商品或者服务有欺诈行为的，应当按照消费者的要求增加赔偿其受到的损失，增加赔偿的金额为消费者购买商品的价款或者接受服务的费用的三倍；增加赔偿的金额不足五百元的，为五百元。法律另有规定的，依照其规定。

经营者明知商品或者服务存在缺陷，仍然向消费者提供，造成消费者或者其他受害人死亡或者健康严重损害的，受害人有权要求经营者依照本法第四十九条、第五十一条等法律规定赔偿损失，并有权要求所受损失二倍以下的惩罚性赔偿。

《食品药品投诉举报管理办法》

第3条 食品药品投诉举报管理工作实行统一领导、属地管理、依法行政、社会共治的原则。各级食品药品监督管理部门应当加强对食品药品投诉举报管理工作的指导协调，加强宣传，落实举报奖励制度，鼓励并支持公众投诉举报食品药品违法行为。

第5条 地方各级食品药品监督管理部门主管本行政区域的食品药品投诉举报管理工作，主要履行下列职责：

(一)根据本办法制定本行政区域的食品药品投诉举报管理制度和政策并监督实施;

(二)调查处理本行政区域的食品药品投诉举报并发布相关信息;

(三)通报并向上级报告本行政区域的食品药品投诉举报管理工作情况;

(四)协调指导同级食品药品投诉举报机构的具体工作。

《行政诉讼法解释》

第12条 有下列情形之一的,属于行政诉讼法第二十五条第一款规定的"与行政行为有利害关系"……

(五)为维护自身合法权益向行政机关投诉,具有处理投诉职责的行政机关作出或者未作出处理的……

食品药品纠纷案件裁判规则第7条：
食品药品监督管理部门不及时履行或不全面履行举报奖励给付法定职责的，举报人具有提起行政诉讼原告资格

〔**规则描述**〕：《行政诉讼法》第47条规定：公民、法人或者其他组织申请行政机关履行保护其人身权、财产权等合法权益的法定职责，行政机关在接到申请之日起两个月内不履行的，公民、法人或者其他组织可以向人民法院提起诉讼。法律、法规对行政机关履行职责的期限另有规定的，从其规定。公民、法人或者其他组织在紧急情况下请求行政机关履行保护其人身权、财产权等合法权益的法定职责，行政机关不履行的，提起诉讼不受前款规定期限的限制。虽然上述条文是关于行政机关不履行法定职责时的起诉期限规定，但其立法目的在于督促行政机关及时正确履行保护公民、法人或者其他组织的人身权、财产权等合法权益，防止行政机关怠慢履行法定职责。这里规定的“两个月”不仅是公民、法人或者其他组织获得诉权的一般期限，也是行政机关履行法定职责的一般期限。也就是说，除了法律、法规、规章和其他规范性文件对行政机关履行职责的期限另有规定的情形外，行政机关应当在两个月内履行法定职责，否则，申请人有权提起行政诉讼。

一、类案检索大数据报告

截至2019年12月31日，以“消费者资格”“投诉”“举报”为关键词，通过Alpha案例库、法信平台、北大法宝、中国裁判文书网等平台并筛选到类案24件，整体情况如下：

如图7－1所示，从案件地域分布来看，涉案数最多的地域为广东省，共9件；其次为湖北省，共5件。

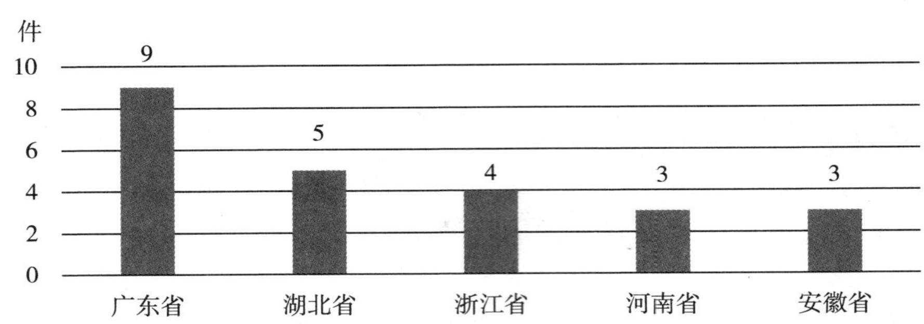

图7-1 案件地域分布情况

如图7-2所示,从案件结案年份分布来看,最多的年份为2018年和2019年,各有9件。

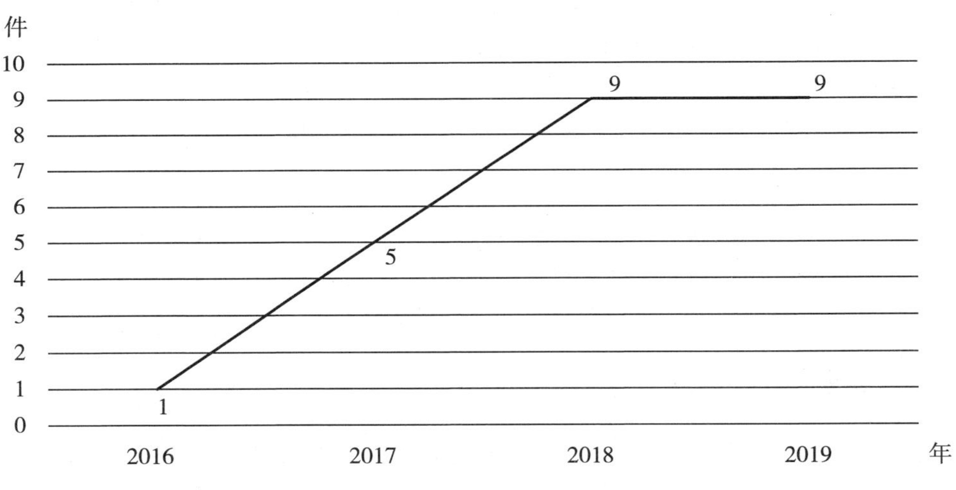

图7-2 案件结案年份分布情况

如图7-3所示,从案件案由分类情况来看,涉及不履行行政奖励法定职责的11件,不及时履行举报奖励法定职责的7件,不正确履行举报奖励法定职责的6件。

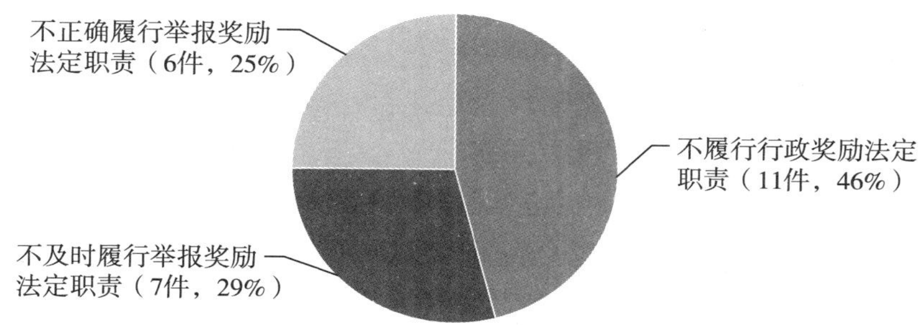

图 7－3　案件案由分类情况

如图 7－4 所示,从案件裁判结果分类情况来看,驳回原告诉讼请求最多,为 15 件。

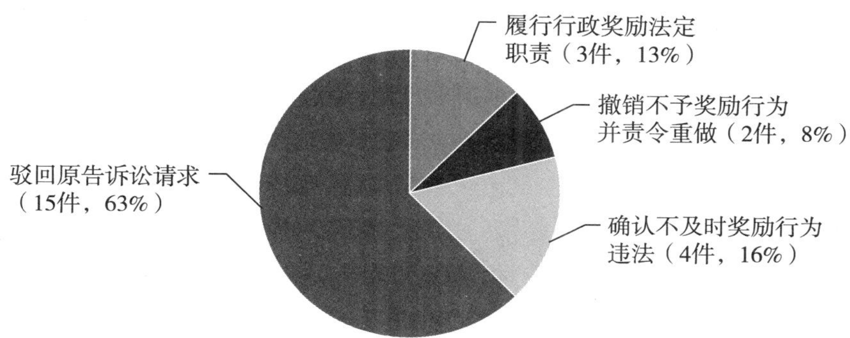

图 7－4　案件裁判结果分类情况

上述案例,均从正面印证了本裁判规则。

二、可供参考的例案

例案一 ｜ 魏某与西安市碑林区食品药品监督管理局不履行行政奖励法定职责案

【法院】

西安铁路运输法院

【案号】

(2017)陕 7102 行初 730 号

【当事人】

原告:魏某

被告:西安市碑林区食品药品监督管理局

法定代表人:雷某某,局长

【基本案情】

2016年8月9日,魏某以西安爱家超市有限公司爱家购物广场文艺路店涉嫌销售超过保质期食品为由,向西安市碑林区食品药品监督管理局进行实名举报。2016年12月22日,西安市碑林区食品药品监督管理局将对被举报人违法行为的处理结果告知魏某,同时还告知魏某举报属实可以申请举报奖励。2017年1月4日,魏某通过邮寄挂号信方式向西安市碑林区食品药品监督管理局递交了举报奖励申请书。2017年1月5日,西安市碑林区食品药品监督管理局签收魏某邮寄的举报奖励申请书。2017年4月3日,魏某收到西安市碑林区食品药品监督管理局作出的举报奖励决定通知书后,于当日向西安市碑林区食品药品监督管理局邮寄举报奖励无法现场领取的情况说明。2017年4月20日,魏某以西安市碑林区食品药品监督管理局未对其奖励申请作出任何回复为由,诉至法院,请求:(1)确认被告西安市碑林区食品药品监督管理局未依法答复原告2017年1月4日的举报奖励申请事项行为违法;(2)责令被告西安市碑林区食品药品监督管理局依法履行法定职责,履行奖励义务;(3)判令被告承担本案诉讼费。在开庭审理前,被告按照相关法律规定对原告举报奖金事项进行核实、答复,并已于2017年5月4日将举报奖金汇入原告提供的银行账号。

【案件争点】

食品药品监督管理部门逾期履行举报奖励的法定职责,举报人是否具有提起行政诉讼原告资格。

【裁判要旨】

原告诉称,2016年12月22日,被告电话告知原告举报华润万家文艺路销售过期食品“大湖明朗山楂味果肉饮料”一案现已办结,原告可以申请举报奖励。2017年1月5日被告签收了《举报奖励申请书》,但至原告起诉之日未作出任何回复。被告辩称:2016年8月9日,被告接到原告关于西安爱家超市有限公司爱家购物广场文艺路店涉嫌销售超过保质期食品的举报,2016年12月22日,将此举报的相关处理结果及举报奖励申请告知原告,原告提出举报奖励申请后,被告按照法定程序对其举报奖励进行处理、审批、决定,并将举报奖励决定告知原告。在此期间,由于负责人变更及财政局对举报奖金审批等原因未能迅速作出举报奖励决定,但截至本案开庭前被告已经按照相关法律规定对其举报事项进行核实、查处、回复、告知,并已将举报奖金发放到位,履行了全部法定职责,且被告的行政行为未对原告造成实质性的损失和伤害，故不存在不履行法定职责的情形。

法院经审理查明，2016年12月22日，被告就2016年8月9日原告对华润万家文艺路店（实际证照名称为西安爱家超市有限公司爱家购物广场文艺路店）涉嫌销售超过保质期食品的举报，向原告告知相关处理结果及举报奖励申请事项，2017年1月4日，原告通过邮寄挂号信方式向被告递交了举报奖励申请书，被告于2017年1月5日签收，2017年4月3日原告收到被告作出的举报奖励决定通知书，并于同日向被告邮寄举报奖励无法现场领取的情况说明，2017年5月4日，被告将奖金汇入原告提供的银行账号中。

法院经审理认为，根据《食品药品违法行为举报奖励办法》（2013年）第13条的规定：举报奖励部门在收到举报人的奖励申请后，应在30个工作日内进行审查，符合奖励条件的，作出奖励决定并书面通知举报人。特殊情况可适当延长举报奖励决定期限，但延长期限不得超过10个工作日。《陕西省食品药品违法行为举报奖励办法（试行）》第12条规定：食药监部门应在收到领取奖金材料之日起10个工作日内按财务规定办理完成奖金发放手续。举报人无法现场领奖且无委托人的，可及时说明情况并通过有效途径提供举报人有效身份证明和银行账号，由举报奖励部门将奖金汇至指定账户。本案中，被告在收到原告举报奖励申请书、举报奖励无法现场领取情况说明后，未在上述法律法规规定的30个工作日内作出奖励决定通知书，未在收到领取奖金材料之日起10个工作日内按财务规定办理完成奖金发放手续，明显不符合法律规定，程序违法。原告要求被告继续履行向其发放奖金法定职责的诉讼请求，已因为被告在本案审理过程中将奖金汇入原告提供的银行账户而实现，判决被告履行没有实际意义。遂判决确认被告西安市碑林区食品药品监督管理局未在法定期限内向原告魏某发放举报奖励的行政行为违法。

例案二 ｜ 李某兵与孟州市食品药品监督管理局不履行行政奖励法定职责案

【法院】

河南省济源市人民法院

【案号】

（2018）豫9001行初9号

【当事人】

原告：李某兵

被告:孟州市食品药品监督管理局

法定代表人:李某兵,局长

【基本案情】

2017年10月13日,李某兵向孟州市食品药品监督管理局举报孟州市盛兴大药房连锁三十四店等22家大药房经营“问题药品”。2017年12月19日,孟州市食品药品监督管理局向李某兵邮寄了《关于对22家药店经营的性保健品有关情况的回函》,该回函第3项载明:“截至目前,对22家大药房经营性保健品的违法行为,均已下达了行政处罚决定书。”2017年12月19日,李某兵通过电子邮箱向孟州市食品药品监督管理局工作邮箱(mzy×××@163.com)递交《食品药品投诉举报奖励申请书》,孟州市食品药品监督管理局于当日收到李某兵举报奖励申请书,但未予以处理。李某兵为保护自身合法权益,监督行政机关依法行使职权,于2018年3月6日提起行政诉讼,诉请法院:(1)确认孟州市食品药品监督管理局未依法履行食品药品投诉举报奖励给付职责的行为违法;(2)责令孟州市食品药品监督管理局依法履行食品药品投诉举报奖励职责,给予其投诉举报奖励。2018年3月6日,河南省济源市人民法院依法予以受理,并于2018年7月5日作出(2018)豫9001行初9号行政判决书,判令被告孟州市食品药品监督管理局在判决生效之日起60内依法履行对原告李某兵进行举报奖励的法定职责。案件受理费50元,由被告孟州市食品药品监督管理局负担。

【案件争点】

孟州市食品药品监督管理局不履行给付举报奖励法定职责,举报人是否具有提起行政诉讼原告资格。

【裁判要旨】

原告诉称,2017年10月13日,原告向被告投诉举报孟州市食品药品监督管理局举报孟州市盛兴大药房连锁三十四店等22家大药房经营“问题药品”;2017年12月19日,原告收到被告邮寄的《关于对22家药店经营的性保健品有关情况的回函》,该回函第3项载明:“截至目前,对22家大药房经营性保健品的违法行为,均已下达了行政处罚决定书。”2017年12月19日,原告通过电子邮箱向被告工作邮箱(mzy×××@163.com)递交《食品药品投诉举报奖励申请书》,被告于当日收到李某兵举报奖励申请书,但未予以处理。被告辩称:(1)被告至今未收到原告的食品药品投诉举报奖励申请书。mzy×××@163.com邮箱是被告与政府各部门之间联系的工作邮箱,由专人负责,不接受其他电子邮件往来,且工作人员查阅

2017年12月1日至今的邮件，未收到也未发现原告的食品药品投诉举报奖励申请书。(2)原告是知假买假的职业打假人。原告一次性投诉22家药店经营问题保健品，知道该保健食品的标签有问题还继续购买，不是正常的消费者，不是以保护消费者的权益为初衷的，明显是为了寻找法律漏洞获取不当得利，只盯宣传瑕疵、不重质量安全，只求经济利益、不重打假效果，而且与《行政诉讼法》第47条中的保护公民、法人、其他组织人身权、财产权等合法权益的立法宗旨相违背。(3)原告在此诉讼之前已以对此次投诉举报的答复中未告知复议机关、复议期限、处理结果等不满意为由，提起行政复议，其行为挤占和虚耗了行政执法资源和司法资源，干扰了企业正常经营和市场的健康发展，导致有限的行政力量无法投入正常的消费维权，使真正需要帮助的消费者得不到及时救济。

法院经审理查明，李某兵于2017年10月13日通过电子邮件方式向孟州市食品药品监督管理局投诉举报“孟州市盛兴大药房连锁三十四店、同心大药房(会昌南路店)、孟州市医药公司(第一药店)、益得大药房、盛兴大药房(中心店)、方元医药有限公司(南街分店)、杏林大药房、美康大药房、第十药店、益得康大药房(黄河大道店)、众生堂大药房、赵斌大药房、开心大药房、草芝堂大药房、清风大药房、五味药房、方元医药十二分店、盛兴大药房十九分店、禧之康大药房、盛兴十八分店、济善堂大药房、惠康大药房”22家药店违法经营药品之事，孟州市食品药品监督管理局在查处后于2017年12月18日对李某兵作出《关于对22家药店经营的性保健品有关情况的回函》，并于2017年12月19日向李某兵邮寄送达了该回函。孟州市食品药品监督管理局在该回函中向李某兵告知了“截至目前，对22家大药房经营性保健品的违法行为，均已下达了行政处罚决定书”的内容。李某兵于2017年12月19日通过电子邮件方式向孟州市食品药品监督管理局递交《食品药品投诉举报奖励申请书》，要求对其进行奖励。孟州市食品药品监督管理局当天收到，但未予处理。

法院经审理认为，《行政诉讼法》第47条规定：公民、法人或者其他组织申请行政机关履行保护其人身权、财产权等合法权益的法定职责，行政机关在接到申请之日起两个月内不履行的，公民、法人或者其他组织可以向人民法院提起诉讼。法律、法规对行政机关履行职责的期限另有规定的，从其规定。《食品药品违法行为举报奖励办法》第3条规定，负责举报调查处理的食品药品监督管理部门为举报奖励实施部门，负责奖励决定告知、奖励标准审定和奖励发放等工作。孟州市食品药品监督管理局不履行法定职责，举报人李某兵具有提起行政诉讼原告资格。根据查明的事实,原告李某兵2017年10月13日向被告孟州市食品药品监督管理局投诉举报22家药店违法经营药品之事,被告经调查已对被举报的22家药店进行了行政处罚。由此可见,原告李某兵投诉举报的情况属实。《食品药品违法行为举报奖励办法》第3条第1款规定:“负责举报调查处理的食品药品监督管理部门为举报奖励实施部门,负责奖励决定告知、奖励标准审定和奖励发放等工作。”第12条规定:“负责举报调查、作出最终处理决定的食品药品监督管理部门对举报立案查处完毕后,对于符合本办法规定奖励条件的,应当在15个工作日内向举报人反馈办理结果,并根据举报人奖励意愿启动奖励程序。”第13条第1款规定:“举报奖励实施部门应当及时对举报等级、奖励标准等予以认定,并将奖励决定告知人。”本案中,原告李某兵于2017年12月19日通过电子邮件方式向孟州市食品药品监督管理局递交《食品药品投诉举报奖励申请书》,要求对其进行奖励,说明原告李某兵作为举报人有奖励意愿。原告李某兵通过电子邮件方式将《食品药品投诉举报奖励申请书》发到了被告孟州市食品药品监督管理局的工作邮箱,被告孟州市食品药品监督管理局称其没有收到原告李某兵的举报奖励申请,不符合事实,法院不予采信。根据上述规定,被告孟州市食品药品监督管理局是举报奖励实施部门,应当对原告李某兵启动奖励程序,及时对举报等级、奖励标准等予以认定,并将奖励决定告知李某兵。被告孟州市食品药品监督管理局对原告李某兵的举报奖励申请未予处理,系未履行法定职责,行为违法。原告李某兵的诉讼理由成立,法院予以采纳。遂判决被告孟州市食品药品监督管理局在本判决生效之日起60日内依法履行关于原告李某兵要求给予其食品药品投诉举报奖励之请求的法定职责。

例案三 | 张某亮与深圳市市场和质量监督管理委员会行政奖励案

【法院】

广东省深圳市中级人民法院

【案号】

(2017)粤03行终248号

【当事人】

上诉人(原审原告):张某亮

被上诉人(原审被告):深圳市市场和质量监督管理委员会

法定代表人:陈某,主任

【基本案情】

2014 年，深圳市市场和质量监督管理委员会（以下简称深圳市场和质量监管委）接到张某亮关于民心大药房销售的人参蜂王浆保健食品标识不符合法律规定的举报。深圳市场和质量监管委经调查核实，该产品确实存在“不适宜人群”的字体没有使用比“适宜人群”的字体稍大一点的问题，认定该行为违反了《保健食品标识规定》，并据此要求被举报人限期改正。深圳市场和质量监管委将举报处理情况告知张某亮，并对张某亮要求奖励的请求作出不予奖励决定。张某亮对不予奖励决定不服，诉至深圳市福田区人民法院。深圳市福田区人民法院作出（2014）深福法行初字第 2090 号行政判决书，撤销了被告深圳市场和质量监管委作出的不予奖励决定，要求深圳市场和质量监管会于判决生效之日起一个月内对张某亮的举报奖励请求重新作出具体行政行为。该判决生效后，深圳市场和质量监管委于 2015 年 7 月 22 日向张某亮作出表彰函，内容为：根据张某亮的奖励申请，依据《食品药品违法行为举报奖励办法》第 2 条之规定，深圳市场和质量监管委决定对张某亮予以精神奖励。张某亮对深圳市场和质量监管委作出精神奖励的表彰函不服，诉至深圳市盐田区人民法院。深圳市盐田区人民法院作出（2016）粤 0308 行初 164 号行政判决：驳回张某亮的诉讼请求。案件受理费人民币 50 元由张某亮负担。张某亮不服，向深圳市中级人民法院提起上诉。2017 年 9 月 15 日，广东省深圳市中级人民法院作出（2017）粤 03 行终 248 号行政判决书，判决：（1）撤销深圳市盐田区人民法院（2016）粤 0308 行初 164 号行政判决；（2）撤销被上诉人深圳市场和质量监管委 2015 年 7 月 22 日《市市场和质量监管委关于表彰张某亮先生提供保健食品违法行为线索的函》作出的精神奖励决定；（3）被上诉人深圳市场和质量监管委应于该判决生效之日起 30 个工作日内对上诉人张某亮重新依法作出奖励决定。本案一审、二审案件受理费共计人民币 100 元，由被上诉人深圳市场和质量监管委负担。

【案件争点】

深圳市场和质量监管委不全面履行给予举报人张某亮奖励职责，举报人是否具有提起行政诉讼原告资格。

【裁判要旨】

一审法院经审理认为，《食品药品违法行为举报奖励办法》第 2 条第 1 款规定，该办法适用于各级食品药品监督管理部门，对自然人、法人和其他组织以来信、走访、网络、电话等方式，举报属于其监管职责范围内的药品、医疗器械、保健食品、化妆品在研制、生产、流通和使用环节的违法行为,经查证属实并依法作出处理后,根据举报人的申请,予以相应物质及精神奖励的行为。该条规定赋予了行政机关根据案件具体情况,对举报人进行精神奖励的职权,但《食品药品违法行为举报奖励办法》及深圳奖励办法并未对精神奖励的条件及标准进行明确。因此,深圳市场和质量监管委在张某亮举报事项不符合深圳本地相关奖励办法规定的物质奖励条件的情况下,根据张某亮举报事项的违法性、处理结果,酌情对张某亮予以表扬和感谢的精神奖励,属于深圳市场和质量监管委自由裁量范围,并无不当,应予以支持。张某亮诉请撤销并重新作出奖励的决定没有法律依据,依法不予支持。

二审法院经审理认为,深圳市场和质量监管委接到张某亮关于民心大药房销售的人参蜂王浆保健食品标识不符合法律规定的举报后,经调查核实,该产品确实存在"不适宜人群"的字体没有使用比"适宜人群"的字体稍大一点的问题,认定该行为违反了《保健食品标识规定》,并据此要求被举报人限期改正,深圳市场和质量监管委作出给予举报人张某亮精神奖励的表彰函,张某亮不服有权提起行政诉讼。本案被投诉的产品是保健食品,对举报人是否给予物质奖励应当适用《食品药品违法行为举报奖励办法》的相关规定。《食品药品违法行为举报奖励办法》第2条规定,该办法适用于各级食品药品监督管理部门,对自然人、法人和其他组织以来信、走访、网络、电话等方式,举报属于其监管职责范围内的药品、医疗器械、保健食品、化妆品在研制、生产、流通和使用环节违法行为,经查证属实并依法作出处理后,根据举报人的申请,予以相应物质及精神奖励的行为。该条规定明确了对保健食品投诉经查证属实并依法作出处理后,食品药品监督管理部门根据举报人的申请应当给予物质奖励和精神奖励。深圳市场和质量监管委作出的涉案行政处理决定仅给予举报人张某亮精神奖励,属于适用法律错误,依法应予撤销。原审判决认定事实清楚,但适用法律错误,依法应予改判。张某亮的上诉请求成立,法院予以支持。遂判决如下:(1)撤销深圳市盐田区人民法院(2016)粤0308行初164号行政判决;(2)撤销被上诉人深圳市场和质量监管委2015年7月22日通过《市市场和质量监管委关于表彰张某亮先生提供保健食品违法行为线索的函》作出的精神奖励决定;(3)被上诉人深圳市场和质量监管委应于该判决生效之日起30个工作日内对上诉人张某亮重新依法作出奖励决定。

三、裁判规则提要

食品药品安全直接关系人民群众的切身利益。伪劣假冒食品药品已使消费者付出惨痛代价，对食品药品安全构成了严重威胁，已严重影响人民群众对食品药品安全的信赖，严厉打击食品药品违法犯罪行为，确保食品药品安全，势在必行。为了及时发现、控制和消除食品药品安全隐患，2003 年 11 月 27 日，国家食品药品监督管理局和财政部联合发布了《举报制售假劣药品有功人员奖励办法》，2013 年 1 月 8 日，国家食品药品监督管理局、财政部联合发布了 13 号《食品药品违法行为举报奖励办法》，2017 年 8 月，国家食品药品监督管理局、财政部又联合发布了《食品药品违法行为举报奖励办法》，将单次举报奖励限额从原先的 30 万元提高到 50 万元，均体现了鼓励社会公众参与举报食品药品违法行为的积极性，通过社会公众来发现并积极举报食品药品违法行为，以达到打击食品药品违法犯罪，保障食品药品安全的目的。

"民以食为天，食以安为先"，国家建立食品药品举报奖励制度，鼓励社会公众"站出来"，参与食品药品安全监督，摒弃事不关己高高挂起的错误观念。通过举报奖励，食品药品监督管理部门能获得更多的违法线索和证据，能及时发现、控制和消除食品药品安全隐患，依法查处食品药品违法案件。食品药品监督管理部门通过兑现举报奖励，充分调动群众参与食品药品安全监管的积极性和主动性，既维护了举报人自身的合法权益，又监督食品药品监督管理部门依法行政。食品药品监督管理部门根据举报线索对被举报的违法行为查证属实后，既要对被举报人予以行政处罚，又要告知举报人对被举报人的处理情况，同时还要告知举报人可以申请举报奖励。食品药品监督管理部门收到举报人提交的举报奖励申请后，要及时启动行政程序，依法对举报人给予相应的物质和精神奖励。食品药品监督管理部门及其工作人员在受理举报人的奖励申请后拖延履行奖励事宜，属于行政不作为；不依法全面履行举报奖励或错误履行奖励也属于行政不作为。依据《行政诉讼法》第 47 条的规定，举报人申请食品药品监督管理部门履行举报奖励法定职责，食品药品监督管理部门在接到申请之日起两个月内不履行的，举报人具有提起行政诉讼原告资格。

举报奖励，是一种行政奖励。食品药品监督管理部门告知符合奖励条件的举报人可以提出奖励申请，在收到举报人的奖励申请后要依法或者依承诺及时全面给予奖励，这是食品药品监督管理部门依法应履行的法定职责，也是诚信政府的职责所在。政府诚信具有公权效益，有扩散效力和示范效力，依法及时全面履行对举报人的奖励，是诚信政府取信于民的具体体现。如果政府不依法履行行政奖励职责，诚信政府将受到质疑和挑战，公共政策的执行就会打折扣，公权的合法性就会受到威胁。不可否认的是,对食品药品违法行为举报奖励催生了“职业打假人”这一特殊群体。应在营造营商环境、鼓励投诉举报和抑制“职业打假人”之间进行兼顾和平衡。所谓兼顾,就是在支持鼓励企业发展的同时,必须确保食品药品安全;所谓平衡,就是在三者之间寻求一个结合点和平衡点。举报者向食品药品监管部门举报食品药品违法行为,经查实符合奖励条件的,依法应当获得奖励,现行的食品药品投诉举报奖励相关规定也并未对“职业打假人”进行明确界定并排除。依法打假具有正当性,有利于社会健康发展,应予支持;营商企业不生产、不流通伪劣产品,“职业打假人”自然失去存在的基础。在法律允许的范围内进行打假对规范食品药品安全行为具有积极意义,但是以打假的名义对食品药品生产、销售厂商等进行威胁、敲诈的行为扰乱了营商秩序,不具有正当性,不应予以支持。

四、辅助信息

高频词条:

《行政诉讼法》

第 47 条 公民、法人或者其他组织申请行政机关履行保护其人身权、财产权等合法权益的法定职责,行政机关在接到申请之日起两个月内不履行的,公民、法人或者其他组织可以向人民法院提起诉讼。法律、法规对行政机关履行职责的期限另有规定的,从其规定。公民、法人或者其他组织在紧急情况下请求行政机关履行保护其人身权、财产权等合法权益的法定职责,行政机关不履行的,提起诉讼不受前款规定的期限的限制。

第 70 条 行政行为有下列情形之一的,人民法院判决撤销或者部分撤销,并可以判决被告重新作出行政行为:

(一)主要证据不足;

(二)适用法律、法规错误的;

(三)违反法定程序的;

(四)超越职权的;

(五)滥用职权的;

(六)明显不当的。

第 72 条 人民法院经过审理,查明被告不履行法定职责的,判决被告在一定期限内履行。

第 89 条 人民法院审理上诉案件,按照下列情形,分别处理:

（一）原判决、裁定认定事实清楚，适用法律、法规正确的，判决或者裁定驳回上诉，维持原判决、裁定；

（二）原判决、裁定认定事实错误或者适用法律、法规错误的，依法改判、撤销或者变更；

（三）原判决认定基本事实不清，证据不足的，发回原审人民法院重审，或者查清事实后改判；

（四）原判决遗漏当事人或者违法缺席判决等严重违反法定程序的，裁定撤销原判决，发回原审人民法院重审。

原审人民法院对发回重审的案件作出判决后，当事人提起上诉的，第二审人民法院不得再次发回重审。

人民法院审理上诉案件，需要改变原审判决的，应当同时对被诉行政行为作出判决。

《食品药品违法行为举报奖励办法》

第2条 本办法适用于各级食品药品监督管理部门，对社会公众举报属于其监管职责范围内的食品（含食品添加剂）、药品、医疗器械、化妆品违法犯罪行为或者违法犯罪线索，经查证属实并立案查处后，予以相应物质奖励的行为。

第3条 负责举报调查处理的食品药品监督管理部门为举报奖励实施部门，负责奖励决定告知、奖励标准审定和奖励发放等工作。

上级食品药品监督管理部门受理的跨地区的举报，最终由两个或者两个以上地区食品药品监督管理部门分别调查处理后，负责调查处理的食品药品监督管理部门分别就本行政区域内的举报查实部分进行奖励。

第12条 负责举报调查、作出最终处理决定的食品药品监督管理部门对举报立案查处完毕后，对于符合本办法规定奖励条件的，应当在15个工作日内向举报人反馈办理结果，并根据举报人奖励意愿启动奖励程序。

第13条 举报奖励实施部门应当及时对举报等级、奖励标准等予以认定，并将奖励决定告知举报人。

需要举报受理部门协助甄别，认定奖励主体资格后，举报受理部门应当予以协助。

食品药品纠纷案件裁判规则第8条:

非食品药品行政处罚相对人,其权利义务受到或必将受到行政处罚行政行为的实际影响,其具有行政诉讼原告资格

〔**规则描述**〕:《行政诉讼法》的立法宗旨,体现了权利保护和权力监督的统一性,具有行政诉讼主体资格的原告提起行政诉讼,既在主观上维护自身的合法权益,又在客观上监督了行政机关依法行政。根据《行政诉讼法》第25条第1~3款"行政行为的相对人以及其他与行政行为有利害关系的公民、法人或者其他组织,有权提起诉讼。有权提起诉讼的公民死亡,其近亲属可以提起诉讼。有权提起诉讼的法人或者其他组织终止,承受其权利的法人或者其他组织可以提起诉讼"的规定,对食品药品行政处罚行政行为不服,有权提起行政诉讼的原告是食品药品行政处罚行政行为的相对人以及其他与食品药品行政处罚行政行为有利害关系的公民、法人或者组织。也就是说,除食品药品行政处罚的行政相对人外,具备行政诉讼原告资格的非食品药品行政处罚的行政相对人,也有权提起行政诉讼。

一、类案检索大数据报告

截至2019年12月31日,以"行政处罚""食品药品""利害关系"为关键词,通过Alpha案例库、法信平台、北大法宝、中国裁判文书网共检索并筛选到类案27件,整体情况如下:

如图8-1所示,从案件地域分布来看,涉案数最多的地域为广东省,共13件;其次为四川省,共5件。

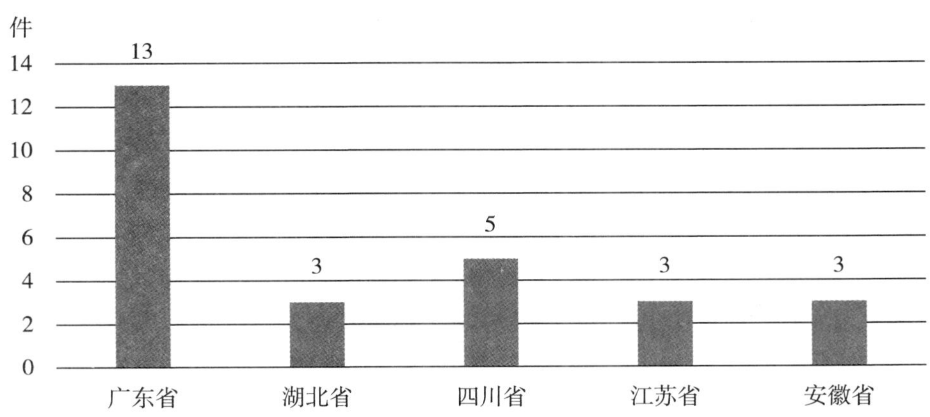

图8－1　案件地域分布情况

如图8－2所示，从案件结案年份分布来看，最多的年份为2018年有10件；其次为2017年和2019年，各有7件；2016年有3件。

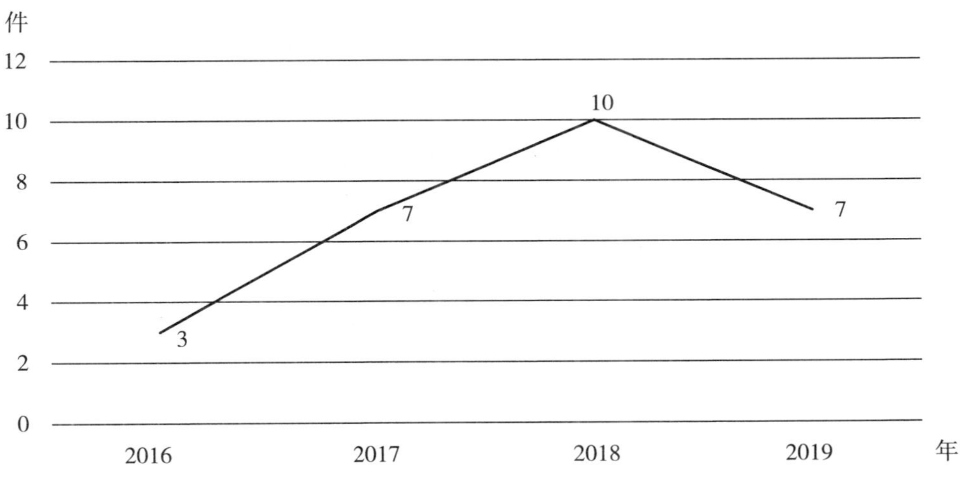

图8－2　案件结案年份分布情况

如图8－3所示，从案件案由分类情况来看，涉及行政复议的最多，为11件。

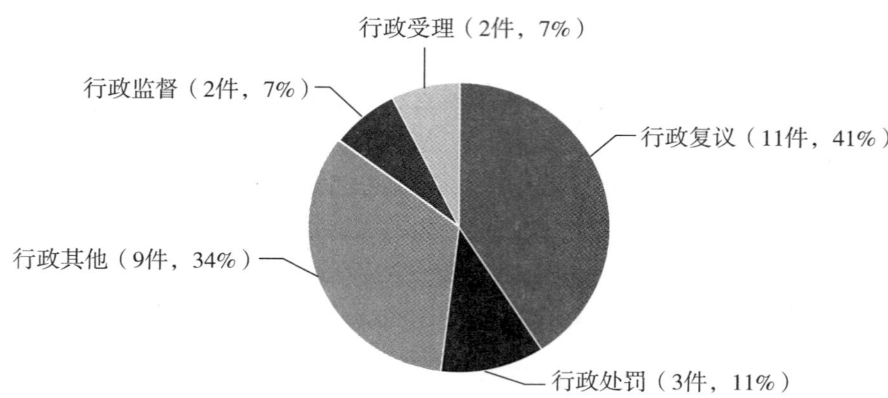

图8-3 案件案由分类情况

如图8-4所示,从案件裁判结果分类情况来看,裁定驳回起诉占48%,判决驳回诉讼请求的比例占22%,指定继续审理占19%,其他占11%。

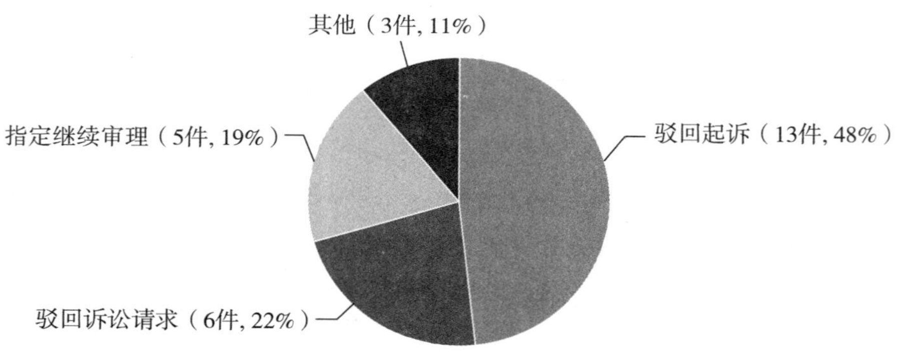

图8-4 案件裁判结果分类情况

上述案例,均从正面印证了本裁判规则。

二、可供参考的案例

例案一 安泰科技股份有限公司与北京市海淀区食品药品监督管理局行政处罚案

【法院】

北京市海淀区人民法院

【案号】

(2018)京0108行初905号

【当事人】

原告:安泰科技股份有限公司

法定代表人:李某风,董事长

被告:北京市海淀区食品药品监督管理局

法定代表人:李某杰,局长

【基本案情】

安泰科技股份有限公司是北京安泰生物医用材料有限公司的股东,持有26.55%的股权。2018年2月6日,北京市海淀区食品药品监督管理局以北京安泰生物医用材料有限公司存在违反《医疗器械监督管理条例》的违法行为,对其作出(京海)食药监械罚[2018]10092号行政处罚决定:(1)没收违法生产的Z型支架58个;(2)并处违法生产Z型支架货值金额人民币310,000元7倍罚款人民币2,170,000元;(3)并处违法委托生产银汞胶囊货值金额人民币6,472,403.97元5倍罚款人民币32,362,019.85元,合计处罚金额人民币34,532,019.85元。2018年8月2日,安泰科技股份有限公司知道上述行政处罚决定内容后,认为被告对北京安泰生物医用材料有限公司作出的行政处罚决定认定事实错误、处罚依据错误。北京安泰生物医用材料有限公司作为被诉行政处罚决定的相对人,自收到被诉行政处罚决定后,既不申请行政复议,也不提起行政诉讼,而且也未将受到行政处罚一事告知作为股东之一的原告,北京安泰生物医用材料有限公司的不作为严重损害了股东安泰科技股份有限公司潜在利益。安泰科技股份有限公司以被诉行政处罚行为与自己有利害关系为由,向北京市海淀区人民法院提起行政诉讼,诉请撤销北京市海淀区食品药品监督管理局于2018年2月6日对北京安泰生物医用材料有限公司作出的(京海)食药监械罚[2018]10092号行政处罚决定。

【案件争点】

安泰科技股份有限公司是行政处罚行为相对人北京安泰生物医用材料有限公司的股东,作为股东能否以自己的名义提起行政诉讼。

【裁判要旨】

法院经审理查明,2018年2月6日,北京市海淀区食品药品监督管理局对北京安泰生物医用材料有限公司作出行政处罚决定:(1)没收违法生产的Z型支架58个;(2)并处违法生产Z型支架货值金额人民币310,000元7倍罚款人民币2,170,000

元;(3)并处违法委托生产银汞胶囊货值金额人民币6,472,403.97元5倍罚款人民币32,362,019.85元,合计处罚金额人民币34,532,019.85元。安泰科技股份有限公司是北京安泰生物医用材料有限公司的股东,持有26.55%的股权。安泰科技股份有限公司在得知被诉行政处罚决定内容后,认为被诉行政处罚行为适用法律错误,《医疗器械监督管理条例》自2014年6月1日起施行,不能适用该条例进行处罚;被诉行政处罚行为认定事实错误,北京安泰生物医用材料有限公司没有将银汞胶囊的生产委托给河北省大厂回族自治县京华新产品开发实业有限公司,而是仅将银汞胶囊产品的封装环节委托该公司加工;北京安泰生物医用材料有限公司应该对受托方的封装加工实行了严格管理。安泰科技股份有限公司认为北京安泰生物医用材料有限公司对上述错误的行政处罚决定不复议也不起诉,严重损害了股东安泰科技股份有限公司潜在利益,遂以股东名义向法院提起诉讼。

法院经审理认为,当事人提起行政诉讼,应当具备原告主体资格,符合法定起诉条件。《行政诉讼法》第25条第1款规定,行政行为的相对人以及其他与行政行为有利害关系的公民、法人或者其他组织,有权提起诉讼。第49条第1项规定,提起诉讼应当符合原告是符合该法第25条规定的公民、法人或者其他组织的条件。本案中,被告北京市海淀区食品药品监督管理局以北京安泰生物医用材料有限公司存在违反《医疗器械监督管理条例》的违法行为,对其作出(京海)食药监械罚[2018]10092号行政处罚决定,被诉行政处罚决定针对的行政相对人是北京安泰生物医用材料有限公司,而非北京安泰生物医用材料有限公司的股东之一安泰科技股份有限公司。北京安泰生物医用材料有限公司与被诉行政处罚决定有利害关系,有权提起行政诉讼。安泰科技股份有限公司仅是基于其作为北京安泰生物医用材料有限公司众股东之一的股东提起本案诉讼,不属于上述条款规定的行政法意义上的利害关系人,不具备提起本案诉讼的原告主体资格,法院遂裁定驳回原告安泰科技股份有限公司的起诉。

例案二 | 袁某超与宿迁市宿城区市场监督管理局行政处罚案

【法院】

宿迁市中级人民法院

【案号】

(2018)苏13行初63号

【当事人】

原告：袁某超，男，住泗阳县

被告：宿迁市宿城区市场监督管理局

法定代表人：宋某某，局长

第三人：袁某军，男，1969年12月15日出生，住宿迁市宿城区

【基本案情】

2018年2月2日，被告宿迁市宿城区市场监督管理局经调查后对第三人袁某军作出宿区市监字(2018)第12号《行政处罚决定书》，认定第三人袁某军销售的“玫瑰花茶”产品包装袋背面标注“品名：玫瑰花茶　配料：玫瑰……”字样，因玫瑰作为药食同源的物质，只有玫瑰花(重瓣红玫瑰)可以作为普通食品生产经营，第三人袁某军销售的“玫瑰花茶”配料表中只标注“玫瑰”字样，对消费者造成误导，不符合《食品安全国家标准预包装食品标签通则》(GB 7718—2011)第4.1.3.1条的具体要求，违反了《食品安全法》(2015年)第34条第1款第13项规定，依照《食品安全法》(2015年)第125条第1款第2项的规定，决定对第三人袁某军没收1袋“玫瑰花茶”，没收违法所得16.2元，罚款5000元。该处罚决定书于2018年2月8日送达第三人袁某军。第三人袁某军销售的“玫瑰花茶”系从泗阳县艺杯茶茶庄购进的。袁某超认为泗阳县艺杯茶茶庄是父亲袁某艳生前经营的茶庄，自己作为袁某艳儿子，与被诉行政处罚决定有利害关系，遂向法院提起行政诉讼，诉请撤销被告宿迁市宿城区市场监督管理局于2018年2月2日向第三人袁某军作出的宿区市监案字(2018)第12号行政处罚决定。

【案件争点】

行政处罚行为的相对人销售了不符合食品安全国家标准预包装食品标签的商品，供货商是否与被诉行政处罚行为有利害关系。

【裁判要旨】

原告诉称，(1)被诉行政处罚决定书载明第三人袁某军销售的“玫瑰花茶”系从泗阳县艺杯茶茶庄购入，而泗阳县艺杯茶茶庄的经营者是原告的父亲袁某艳，因此袁某艳与该行政处罚决定有利害关系，袁某艳死亡后，作为袁某艳的儿子，原告有权对该行政处罚决定提起诉讼。(2)相关证据能够证明涉案“玫瑰花茶”并不存在质量问题，仅是产品标签存在不当，且第三人销售数量和违法所得均非常少并能够主动配合调查处理，属于《行政处罚法》第27条第2款规定的违法情节轻微情形，依法应当免于处罚，被告明知第三人存在上述法定情节仍然作出罚款决定，属

于适用法律错误。被告辩称,原告既非行政处罚的相对人,亦非利害关系人,原告父亲袁某艳的死亡与被诉行政处罚决定之间不存在利害关系,不具备提起本案诉讼的原告主体资格,且被诉行政处罚决定认定事实清楚,适用法律正确,程序合法,请求裁定驳回原告的起诉。

法院经审理查明,2018 年 2 月 2 日,被告宿迁市宿城区市场监督管理局经调查后对第三人袁某军作出宿区市监案字(2018)第 12 号《行政处罚决定书》,认定袁某军销售的"玫瑰花茶"产品包装袋背面标注"品名:玫瑰花茶　配料:玫瑰……"字样,因玫瑰作为药食同源的物质,只有玫瑰花(重瓣红玫瑰)可以作为普通食品生产经营,第三人销售的"玫瑰花茶"配料表中只标注"玫瑰"字样,对消费者造成误导,不符合食品安全国家标准预包装食品标签通则(GB 7718—2011)第 4.1.3.1 条的具体要求,违反了《食品安全法》(2015 年)第 34 条第 1 款第 13 项的规定,依照《食品安全法》(2015 年)第 125 条第 1 款第 2 项规定,决定对第三人袁某军没收 1 袋"玫瑰花茶",没收违法所得 16.2 元,罚款 5000 元。该处罚决定书于 2018 年 2 月 8 日送达第三人袁某军,第三人袁某军对被诉行政处罚决定无异议。另查明,第三人袁某军销售的"玫瑰花茶"是从泗阳县艺杯茶茶庄购进,原告袁某超是该茶庄原经营者袁某艳之子,袁某艳已去世。

法院经审理认为,《行政诉讼法》第 25 条第 1 款规定,行政行为的相对人以及其他与行政行为有利害关系的公民、法人或者其他组织,有权提起诉讼;第 49 条第 1 项规定,提起诉讼应当符合下列条件:原告是符合该法第 25 条规定的公民、法人或者其他组织。本案中,被告宿迁市宿城区市场监督管理局在调查取证基础上对第三人袁某军食品安全违法行为作出的宿区市监字(2018)第 12 号《行政处罚决定书》的行政行为,第三人袁某军是该行政处罚决定的行政相对人,是法律义务的直接承担者。该行政处罚决定虽然对涉案"玫瑰花茶"系从泗阳县艺杯茶茶庄购入的事实作出了认定,但该认定仅仅只是对与第三人袁某军违法行为有关情况进行的描述和确定,并未对袁某超及其经营的泗阳县艺杯茶茶庄设定行政法上的义务和负担,未与袁某超及其经营的泗阳县艺杯茶茶庄形成行政处罚法律关系,其与被诉行政处罚决定不存在实体上的权利义务关系,不具备针对被诉行政处罚决定提起行政诉讼的主体资格。袁某超提起本案诉讼不符合法定起诉条件,遂裁定驳回原告袁某超的起诉。

例案三 上海新橡舟实业有限公司与北京市石景山区食品药品监督管理局行政处罚案

【法院】

北京市第一中级人民法院

【案号】

(2018)京01行终219号

【当事人】

上诉人(一审原告):上海新橡舟实业有限公司

法定代表人:苏某某,执行董事

被上诉人(一审被告):北京市石景山区食品药品监督管理局

法定代表人:金某某,局长

【基本案情】

北京市石景山区食品药品监督管理局经调查核实,北京美廉美连锁商业有限公司鲁谷超市曾经销售过未按国家标准注明食用方法的预包装食品,该行为违反了《食品安全法》(2015年)第67条第1款第9项的规定。2017年11月2日,北京市石景山区食品药品监督管理局对北京美廉美连锁商业有限公司鲁谷超市作出(京石)食药监食罚[2017]100137号《行政处罚决定书》,决定没收其违法所得并处以罚款。上海新橡舟实业有限公司认为其是涉案产品的分装商,在涉案产品上已经标注食用方法,被诉行政处罚决定认定事实有误,侵害其合法权益,遂向北京市石景山区人民法院提起行政诉讼,请求撤销被诉行政处罚行政行为。北京市石景山区人民法院经审理认为,被告北京市石景山区食品药品监督管理局对北京美廉美连锁商业有限公司鲁谷超市作出的行政处罚行政行为,与上海新橡舟实业有限公司的权利义务之间不具备行政法上的利害关系,上海新橡舟实业有限公司不具备针对本案被诉行政处罚行政行为提起诉讼的原告主体资格。2017年12月21日,北京市石景山区人民法院作出(2017)京0107行初117号行政裁定,驳回上海新橡舟实业有限公司的起诉。上海新橡舟实业有限公司不服北京市石景山区人民法院(2017)京0107行初117号行政裁定,向北京市第一中级人民法院提起上诉。其上诉理由是:行政诉讼的原告并不限于行政相对人,与行政行为具有利害关系的人也具有原告资格;被诉行政处罚决定系以北京市石景山区食品药品监督管理局认定上诉人生产的涉案产品不符合食品安全标准为前提作出的,虽未处罚上诉人,但事实上是对涉案产品生产行为的法律否定,是对上诉人合法权益的侵害,因此上诉人与被诉行政处罚决定有利害关系。需要指出的是,上诉人并非基于与北京美廉美连锁商业有限公司鲁谷超市之间的债权债务关系提起本案诉讼,法院亦不应从这个角度来考量上诉人的原告资格。请求二审法院撤销一审裁定,指令一审法院对本案进行实体审理。2018 年 4 月 25 日,北京市第一中级人民法院作出(2018)京 01 行终 219 号裁定,裁定撤销北京市石景山区人民法院(2017)京 0107 行初 117 号行政裁定;指令北京市石景山区人民法院继续审理。

【案件争点】

上海新橡舟实业有限公司作为行政处罚决定中涉案产品的分装商,是否与被诉行政处罚行为有利害关系。

【裁判要旨】

一审法院经审理认为,《行政诉讼法》第 25 条第 1 款规定,行政行为的相对人以及其他与行政行为有利害关系的公民、法人或者其他组织,有权提起诉讼。该法第 49 条规定,当事人提起行政诉讼,应当符合具备原告主体资格等法定起诉条件。本案中,北京市石景山区食品药品监督管理局对北京美廉美连锁商业有限公司鲁谷超市作出的(京石)食药监食罚[2017]100137 号《行政处罚决定书》,其行政相对人是北京美廉美连锁商业有限公司鲁谷超市。该行政行为并未对上海新橡舟实业有限公司的权利、义务作出设定、变更或者撤销。因此,北京市石景山区食品药品监督管理局作出的被诉行政处罚决定与上海新橡舟实业有限公司的权利义务之间不具备行政法上的利害关系。故上海新橡舟实业有限公司不具备针对本案被诉行政处罚决定提起诉讼的原告主体资格,裁定驳回上海新橡舟实业有限公司的起诉。

上诉人上海新橡舟实业有限公司不服一审裁定,提起上诉。上诉理由:(1)行政诉讼的原告并不限于行政相对人,与行政行为具有利害关系的人也具有原告资格;(2)被诉行政处罚决定系以认定上诉人生产的涉案产品不符合食品安全标准为前提作出的,被上诉人虽未处罚上诉人,但事实上是对涉案产品生产行为的法律否定,是对上诉人合法权益的侵害,因此上诉人与被诉行政处罚决定有利害关系。需要指出的是,上诉人并非基于与北京美廉美连锁商业有限公司鲁谷超市之间的债权债务关系提起本案诉讼,法院亦不应从这个角度来考量上诉人的原告资格。被上诉人北京市石景山区食品药品监督管理局同意一审裁定并请求予以维持。

二审法院经审理认为,根据《行政诉讼法》第 25 条第 1 款的规定,行政行为的相对人以及其他与行政行为有利害关系的公民、法人或者其他组织,有权提起诉讼;第49条第1项规定,提起诉讼的原告是符合该法第25条规定的公民、法人或者其他组织。本案中,上海新橡舟实业有限公司虽然并非被诉行政处罚决定的相对人,但该行政处罚决定直接对新橡舟公司的权利造成不利影响,故上海新橡舟实业有限公司与被诉行政处罚决定之间具有法律上的利害关系,具备提起本案诉讼的原告主体资格。一审法院裁定驳回其起诉不当,法院应依法予以撤销。上海新橡舟实业有限公司的上诉理由具有事实及法律依据,对其上诉请求,法院依法应予以支持。遂裁定如下:(1)撤销北京市石景山区人民法院(2017)京0107行初117号行政裁定;(2)本案指令北京市石景山区人民法院继续审理。

三、裁判规则提要

没有"健康"哪来"小康",没有"安全"哪来"平安",食品药品安全是重大民生问题,关系人民群众的身体健康、生命安全和社会和谐稳定。人民群众对健康和生活品质的追求,对食品药品监督管理工作提出了更高的期待。食品药品监督管理部门要积极作为,健全完善食品药品安全监督管理体系,规范食品药品生产和经营,对生产和销售假冒伪劣食品药品的行为要加大监督管理执法力度,以最严谨的标准、最严格的监管、最严格的处罚、最严肃的问责,来确保人民群众"舌尖上的安全";食品药品生产和销售企业要本着对消费者的身体健康生命安全高度负责的态度,把产品质量和安全放在企业现实和将来发展战略第一位;消费者要养成安全健康的消费习惯,在购买到涉嫌假冒伪劣的食品和药品时,要依法进行投诉和举报,对侵害自身合法权益的行政行为提起行政诉讼。在生产者、经营者、消费者、食品药品监督管理部门的共同努力下,让"问题食品和药品"成过街老鼠、人人喊打,斩草除根,让安全、健康、丰富、高品质的食品药品提升人民群众幸福生活指数。

例案一涉及股东是否具有提起食品药品行政处罚行政诉讼的原告资格问题。《行政诉讼法》第25条第1款规定:"行政行为的相对人以及其他与行政行为有利害关系的公民、法人或者其他组织,有权提起行政诉讼。"根据上述法律规定,提起食品药品行政处罚行政诉讼的原告应该是具备完整法律人格的公民、法人或者其他组织,而且该公民、法人或者其他组织与被诉食品药品行政处罚行政行为有利害关系;他们认为自己的合法权益受到被诉食品药品行政处罚决定行政行为的侵害。股份制企业的股东大会、股东代表大会、董事会等认为被诉行政行为侵犯公司的合法权益的,只能以该股份制企业的名义提起行政诉讼;联营企业、中外合资或者中外合作企业的联营、合资、合作各方均可以自己名义提起行政诉讼。《公司法》第151条规定,董事、高级管理人员有该法第149条规定的情形的,有限责任公司的股东、股份有限公司连续180日以上单独或者合计持有公司1%以上股份的股东,可以书面请求监事会或者不设监事会的有限公司的监事向人民法院提起诉讼。监事会、不设监事会的有限责任公司的监事,或者董事会、执行董事收到前款规定的股东书面请求后拒绝提起诉讼,或者自收到请求之日起30日内未提起诉讼,或者情况紧急、不立即提起诉讼将会使公司利益受到难以弥补的损害的,前款规定的股东有权为了公司的利益以自己的名义直接向人民法院提起诉讼。根据上述法律规定,当公司合法权益受到侵害而公司却拒绝或者怠于通过诉讼维权时,股东只有在为了公司利益并在诉前已穷尽了公司内部救济,且不立即起诉公司利益将受到难以弥补的损害的情况下,才能以自己的名义直接向人民法院提起诉讼。安泰科技股份有限公司作为北京安泰生物医用材料有限公司的股东,一旦出资就丧失了对其所出资资产的所有权,股东以出资资产获得的是出资人享有的股权。安泰科技股份有限公司以北京安泰生物医用材料有限公司对被诉食品药品行政处罚行政行为不复议不起诉严重损害了股东潜在利益为由,直接以股东的名义提起行政诉讼,没有法律依据。

例案二涉及行政诉讼原告资格转移的问题。根据《行政诉讼法》第25条第2款的规定,有权提起行政诉讼的公民死亡,其近亲属可以提起行政诉讼。有原告资格的公民死亡,原告资格可转移给其近亲属。在这种情况下,死者的近亲属均有起诉权,无须顺序限制。近亲属一人或数人均可以提起诉讼。近亲属包括配偶、父母、子女、兄弟姐妹、祖父母、外祖父母、孙子女、外孙子女和其他具有抚养、赡养关系的亲属。本案中,被告宿迁市宿城区市场监督管理局认定第三人袁某军销售的"玫瑰花茶"是从泗阳县艺杯茶茶庄购入,因玫瑰作为药食同源的物质,只有玫瑰花(重瓣红玫瑰)可以作为普通食品生产经营,该"玫瑰花茶"配料表中只标注"玫瑰"字样,对消费者造成误导,不符合《食品安全国家标准预包装食品标签通则》(GB 7718—2011)的具体要求,违反了《食品安全法》(2015年)第34条第1款第13项的规定,对第三人袁某军作出宿区市监字(2018)第12号《行政处罚决定书》,决定对第三人袁某军没收1袋"玫瑰花茶",没收违法所得16.2元,罚款5000元。第三人袁某军是该行政处罚决定的行政相对人,是法律义务的直接承担者。袁某军销售的"玫瑰花茶"是由泗阳县艺杯茶茶庄供货的,泗阳县艺杯茶茶庄并非被诉行政处罚决定的相对人,但该行政处罚决定直接对泗阳县艺杯茶茶庄的权利造成不利影响。根据法律规定，个体工商户以营业执照上登记的业主为适格的诉讼主体，因泗阳县艺杯茶茶庄经营业主袁某艳已经死亡，其行政诉讼的原告资格发生转移，袁某超作为袁某艳的儿子，具有提起行政诉讼的原告资格。

四、辅助信息

高频词条：

《食品安全法》

第34条　禁止生产经营下列食品、食品添加剂、食品相关产品：

（一）用非食品原料生产的食品或添加食品添加剂以外的化学物质和其他物质可能危害人体健康物质的食品，或者用回收食品作为原料生产的食品；

（二）致病性微生物，农药残留、兽药残留、生物毒素、重金属等污染物质以及其他危害人体健康的物质含量超过食品安全标准限量的食品、食品添加剂、食品相关产品；

（三）用超过保质期的食品原料、食品添加剂生产的食品、食品添加剂；

（四）超范围、超限量适用食品添加剂的食品；

（五）营养成分不符合食品安全标准的专供婴幼儿和其他特定人群的主辅食品；

（六）腐败变质、油脂酸败、霉变生虫、污秽不洁、混有异物、掺假掺杂或者感官性状异常的食品、食品添加剂；

（七）病死、毒死或者死因不明禽、畜、兽、水产动物肉类及其制品；

（八）未规定进行检疫或者检疫不合格的肉类制品；

（九）被包装材料、容器、运输工具等污染的食品、食品添加剂；

（十）标注虚假生产日期、保质期或者超过保质期的食品、食品添加剂；

（十一）无标签的预包装食品、食品添加剂；

（十二）国家为防病等特殊需要命令禁止生产经营的食品安全标准的食品、食品添加剂、食品相关产品；

（十三）其他不符合法律、法规或者食品安全标准的食品、食品添加剂、食品相关产品。

第67条第1款　预包装食品的包装上应当有标签。标签应当标明下列事项：

（一）名称、规格、净含量、生产日期；

（二）成分或者配料表；

(三)生产者的名称、地址、联系方式;

(四)保质期;

(五)产品标准代码;

(六)贮存条件;

(七)所使用的食品添加剂在国家标准中的通用名称;

(八)生产许可证编码;

(九)法律、法规或者食品安全标准规定应当标明的其他事项。

第125条 违反本法规定,有下列情形之一的,由县级以上人民政府食品药品监督管理部门没收违法所得和违法生产经营的食品、食品添加剂,并可以没收用于违法生产经营的工具、设备、原材料等物品;违法生产经营的食品、食品添加剂货值金额不足一万元的,并处五千元以上五万元以下罚款;货值金额一万元以上的,并处货值金额五倍以上十倍以下罚款;情节严重的,责令停产停业,直至吊销许可证:

(一)生产经营被包装材料、容器、运输工具等污染的食品、食品添加剂;

(二)生产经营无标签的预包装食品、食品添加剂或者标签、说明书不符合本法规定的食品、食品添加剂;

(三)生产经营转基因食品未按规定进行标示;

(四)食品生产经营者采购或者使用不符合食品安全标准的食品材料、食品添加剂、食品相关产品。

生产经营的食品、食品添加剂的标签、说明书存在瑕疵但不影响食品安全且不会对消费者造成误导的,由县级以上人民政府食品药品安全监督管理部门责令改正;拒不改正的,处二千元以下罚款。

《行政诉讼法》

第25条第1~3款 行政行为的相对人以及其他与行政行为有利害关系的公民、法人或者其他组织,有权提起诉讼。

有权提起诉讼的公民死亡,其近亲属可以提起诉讼。

有权提起诉讼的法人或者其他组织终止,承受其权利的法人或者其他组织可以提起诉讼。

第49条 提起诉讼应当符合下列条件:

(一)原告是符合本法第二十五条规定的公民、法人或者其他组织;

(二)有明确的被告;

(三)有具体的诉讼请求和事实根据;

（四）属于人民法院受案范围和受诉人民法院管辖。

《行政诉讼法解释》

第12条 有下列情形之一的，属于行政诉讼法第二十五条第一款规定的“与行政行为有利害关系”：

（一）被诉的行政行为涉及其相邻权或者公平竞争权的；

（二）在行政复议等行政程序中被追加为第三人的；

（三）要求行政机关依法追究加害人法律责任的；

（四）撤销或者变更行政行为涉及合法权益的；

（五）为维护自身合法权益向行政机关投诉，具有处理投诉职责的行政机关作出或者未作出处理的；

（六）其他与行政行为有利害关系的情形。

食品药品纠纷案件裁判规则第9条:
食品药品监督管理部门认为举报内容证据不足或存疑的,不能直接决定不予受理

〔**规则描述**〕:行政调查是行政机关依法进行行政管理,作出行政行为的先决程序。举报人或投诉人因自身合法权益受到被举报或被投诉行为的侵害或不利影响,为维护自身合法权益,或为挽回损失,或为获得赔偿,或为防止继续遭到侵害,依法向有查处职责的食品药品监督管理部门举报或投诉,食品药品监督管理部门应当按照法定程序对被举报涉嫌食品药品违法行为发生的时间、地点、事实真相等进行调查核实,再决定是否予以受理,不能以举报内容证据不足或存疑直接不予受理。

一、类案检索大数据报告

截至2019年12月31日,以"投诉""举报""证据不足""核查"为关键词,通过Alpha案例库、法信平台、北大法宝、中国裁判文书网共检索并筛选到类案16件,整体情况如下:

如图9-1所示,从案件地域分布来看,涉案数最多的地域为广东省,共5件;其次为山东省,共4件。

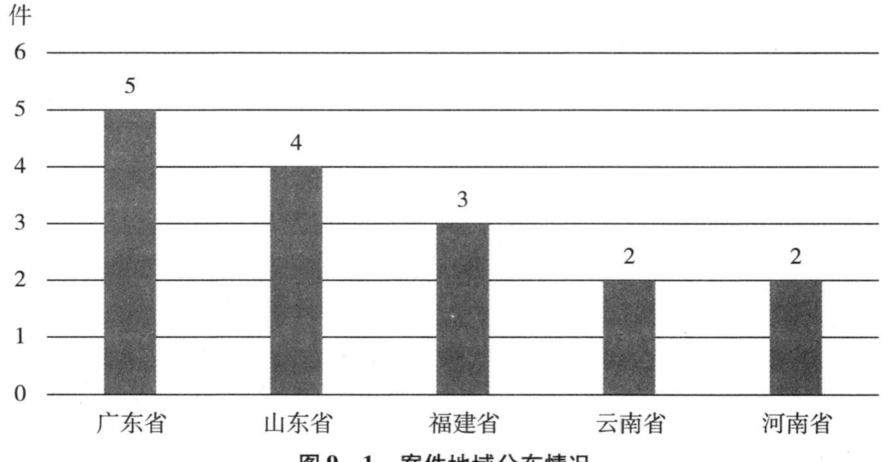

图9-1 案件地域分布情况

如图 9－2 所示，从案件结案年份分布情况来看，最多的年份为 2018 年和 2019 年，均为 5 件；其次为 2017 年有 4 件；2016 年有 2 件。

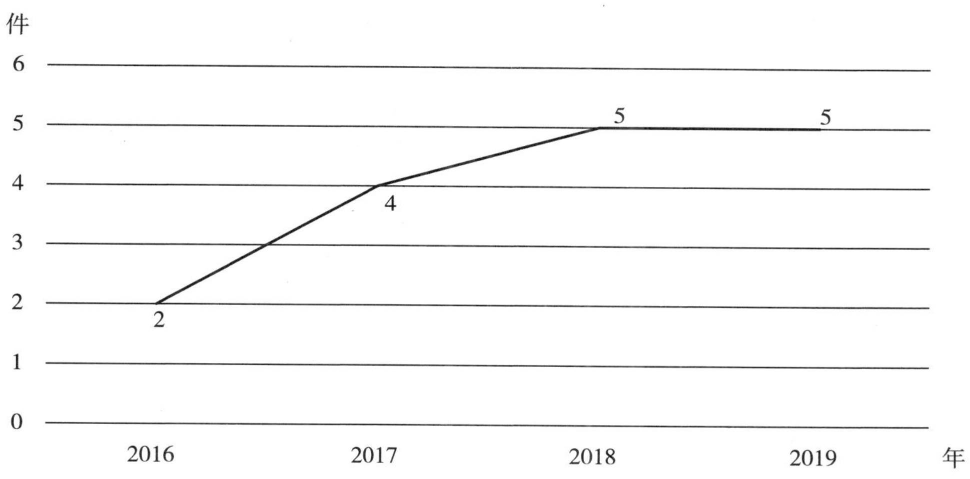

图 9－2　案件结案年份分布情况

如图 9－3 所示，从案件案由分类情况来看，行政其他最多，为 6 件。

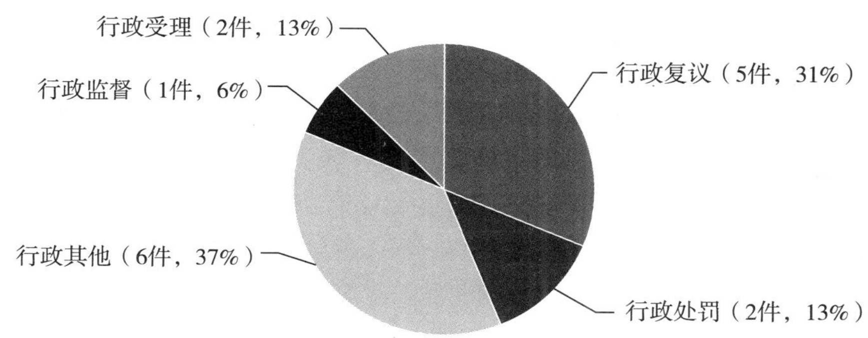

图 9－3　案件案由分类情况

如图 9－4 所示，从案件裁判结果分类情况来看，判决撤销行政行为的最多，为 9 件。

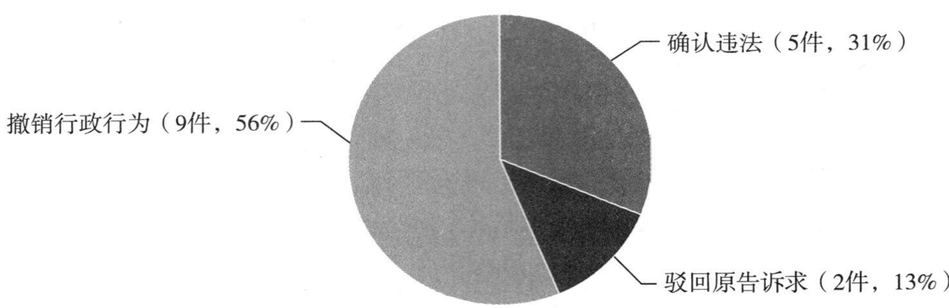

图9－4　案件裁判结果分类情况

上述案例，均从正面印证了本裁判规则。

二、可供参考的案例

例案一　范某顺与郑州市管城回族区食品药品监督管理局投诉举报事项不予受理案

【法院】

郑州市中级人民法院

【案号】

(2017)豫01行终697号

【当事人】

上诉人(原审被告)：郑州市管城回族区食品药品监督管理局

负责人：苏某某，局长

被上诉人(原审原告)：范某顺

【基本案情】

2017年2月15日，范某顺向郑州市管城回族区食品药品监督管理局邮寄了举报信一封，该举报信载明："被举报单位：郑州易初莲花连锁超市有限公司；地址：郑州市管城区紫荆山路58号。举报请求：1. 依法处罚，书面告知处罚结果；2. 依法奖励。事实与理由：2017年1月25日，举报人在被举报单位购买'红心火龙果'5箱，价值390元，后发现所购火龙果根本不是红心火龙果。举报人认为：被举报单位上述行为违法，现实名举报，请求依法行政。"2017年2月20日，郑州市管城回族区食品药品监督管理局收到了举报人范某顺的实名举报信。2017年2月22日，郑州市管城回族区食品药品监督管理局向举报人范某顺作出并送达了郑管食药监举告3号《投诉举报事项不予受理告知书》，该《投诉举报事项不予受理告知书》载明："经审查，依据《食品药品投诉举报管理办法》第12条第2款第1项规定，我局作出了全部不予受理的决定，理由如下：一、您所提供的票据复印件为'捷鞘水果礼篮'5个，声称的为'红色火龙果'5箱，与事实不符；二、您未提供购买的'红心火龙果'不是红心的相关证据。为了公众身体健康和生命安全，请您根据《食品药品投诉举报管理办法》第11条的相关规定，提供客观真实的投诉举报材料及证据，说明事情的基本经过，提供被投诉举报对象的名称、地址、涉嫌违法的具体行为等详细信息再行投诉举报。"范某顺不服诉至法院，请求依法判决：撤销被告郑州市管城回族区食品药品监督管理局于2017年2月22日向范某顺作出的郑管食药监举告3号《投诉举报事项不予受理告知书》行政行为；判令被告履行法定职责，依法受理原告的举报。一审法院依照《行政诉讼法》第70条之规定，判决如下：(1)撤销被告郑州市管城回族区食品药品监督管理局2017年2月22日作出的郑管食药监举告3号《投诉举报事项不予受理告知书》；(2)被告郑州市管城回族区食品药品监督管理局于该判决生效之日起五日内对原告范某顺的举报重新作出处理。被告郑州市管城回族区食品药品监督管理局不服该判决，向郑州市中级人民法院提起上诉。郑州市中级人民法院作出(2017)豫01行终697号裁定书，裁定驳回上诉人郑州市管城回族区食品药品监督管理局上诉，维持原判。

【案件争点】

食品药品监督管理部门对举报人提交的投诉举报材料及证据，是否应当经调查核实后再作出能否受理的决定。

【裁判要旨】

一审法院经审理认为，根据《食品药品投诉举报管理办法》(2013年)第11条第1款的规定，投诉举报人应当提供客观真实的投诉举报材料及证据，说明事情的基本经过，提供被投诉举报对象的名称、地址、涉嫌违法的具体行为等详细信息。原告向被告邮寄实名举报信，并附有发票和购物小票，被告在接到原告的举报材料后，认为原告提供的票据所载内容与原告投诉的对象不一致且未提供相关证据，但被告未向原告核查即向其作出不予受理告知书，属明显不当，故原告要求撤销被告作出的郑管食药监举告3号《投诉举报事项不予受理告知书》行政行为理由成立，法院依法予以支持；原告要求被告履行法定职责，对原告的举报依法受理，但鉴于被告尚未对原告的举报材料进行核查，法院不宜代其履行审查职责而直接要求被告对原告的举报依法受理,根据《食品药品投诉举报管理办法》(2013年)第15条第1款的规定,食品药品投诉举报机构或者管理部门收到投诉举报后应当统一编码,并于收到之日起5日内作出是否受理的决定,故责令被告对原告的举报事项按照上述规定作出处理。法院依照《行政诉讼法》第70条之规定,判决如下:(1)撤销被告郑州市管城回族区食品药品监督管理局2017年2月22日作出的郑管食药监举告3号《投诉举报事项不予受理告知书》;(2)被告郑州市管城回族区食品药品监督管理局于本判决生效之日起五日内对原告范某顺的举报重新作出处理。被告郑州市管城回族区食品药品监督管理局不服该判决,向郑州市中级人民法院提起上诉。

二审法院经审理认为,《食品药品投诉举报管理办法》(2013年)第11条第1款规定,投诉举报人应当提供客观真实的投诉举报材料及证据,说明事情的基本经过,提供被投诉举报对象的名称、地址、涉嫌违法的具体行为等详细信息。被上诉人向上诉人邮寄实名举报信并附有发票和购物小票,其举报信中附有举报人的联系电话,说明了事情经过、投诉对象名称、涉嫌违法具体行政行为经过,上诉人认为被上诉人提供的票据所载内容与其投诉对象不一致且未提供相关证据,但上诉人未向被上诉人进一步调查核实即直接作出《投诉举报事项不予受理告知书》,明显不当,一审撤销被诉《投诉举报事项不予受理告知书》,适用法律正确,实体处理适当,法院依法予以维持。上诉人的上诉理由不成立,法院依法不予支持。郑州市中级人民法院作出(2017)豫01行终697号裁定书,裁定驳回上诉人郑州市管城回族区食品药品监督管理局上诉,维持原判。

例案二 | 赵某伟与长春市食品药品监督管理局宽城分局投诉举报不予受理、长春市人民政府行政复议案

【法院】

长春市中级人民法院

【案号】

(2018)吉01行终53号

【当事人】

上诉人(原审原告):赵某伟,律师,现住址为黑龙江省哈尔滨市南岗区

被上诉人(原审被告):长春市食品药品监督管理局宽城分局

法定代表人：于某，局长

被上诉人（原审被告）：长春市人民政府

法定代表人：刘某某，市长

【基本案情】

赵某伟向长春市食品药品监督管理局举报，称其于2017年3月27日、28日在长春欧亚商业连锁欧亚五环购物广场有限公司超市购买的橄榄食用调和油不符合食品安全标准。2017年4月25日，长春市食品药品监督管理局将赵某伟的举报信转交长春市食品药品监督管理局宽城分局处理。长春市食品药品监督管理局宽城分局认为，赵某伟提供的产品照片、标签及购物发票复印件不清晰，无法确定赵某伟所购批次产品是从长春欧亚商业连锁欧亚五环购物广场有限公司超市购买，对其投诉举报事项不予受理。2017年4月28日，长春市食品药品监督管理局宽城分局作出《关于赵某伟投诉举报欧亚五环超市销售食品标签问题的调查情况回复》，并送达给赵某伟。赵某伟不服，于2017年5月17日向长春市人民政府申请行政复议。长春市人民政府认为，长春市食品药品监督管理局宽城分局作出《关于赵某伟投诉举报欧亚五环超市销售食品标签问题的调查情况回复》并无不当。2017年7月14日，长春市人民政府作出长府复[2017]509号《驳回行政复议申请决定书》，并送达赵某伟。赵某伟不服，向法院提起行政诉讼，请求撤销被告长春市食品药品监督管理局宽城分局和长春市人民政府作出的行政行为，重新作出行政行为。一审法院依照《行政诉讼法》第69条之规定，判决驳回了赵某伟的诉讼请求。赵某伟不服，向长春市中级人民法院提出上诉。长春市中级人民法院作出（2018）吉01行终53号判决，以原审法院认定事实不清，适用法律错误为由，判决撤销了一审判决，撤销了长春市食品药品监督管理局宽城分局作出的《关于赵某伟投诉举报欧亚五环超市销售食品标签问题的调查情况回复》，也撤销长春市人民政府作出长府复[2017]509号《驳回行政复议申请决定书》。

【案件争点】

食品药品监督管理部门未依职权对投诉举报事项进行调查核实，能否直接以投诉举报内容证据存疑不予受理。

【裁判要旨】

一审法院经审理认为，长春市食品药品监督管理局宽城分局依法负有对本辖区内的食品安全进行监督管理的法定职责，长春市食品药品监督管理局宽城分局在受理赵某伟的举报后，及时对举报中涉及长春欧亚商业连锁欧亚五环购物广场有限公司超市正在经营的注册商标为“恒大兴安”牌芥花籽橄榄食用调和油和注册商标为“犀牛”牌葵花籽橄榄食用调和油和玉米橄榄食月调和油产品进行调查,并作出《关于赵某伟投诉举报欧亚五环超市销售食品标签问题的调查情况回复》,对赵某伟的举报事项已经及时作出受理、调查、回复,充分履行了法定职责,该回复事实清楚,证据充分,适用法律法规正确。长春市人民政府受理赵某伟复议申请后,依法定程序进行审查,认为涉案超市经营的产品符合食品安全标准,长春市食品药品监督管理局宽城分局对此不予处罚并无不当,长春市人民政府作出的长府复[2017]509号《驳回行政复议申请决定书》事实清楚,程序合法,并无不当。赵某伟认为长春市食品药品监督管理局宽城分局未充分履行法定职责,请求撤销长春市食品药品监督管理局宽城分局和长春市人民政府作出的行政行为,重新作出行政行为,该主张无事实及法律依据,不予支持。关于赵某伟提出全国粮油标准化技术委员会油料及油脂分技术委员会2016年12月1日作出的《关于食用调和油标签标识问题咨询函的复函》系无权解释的问题,鉴于赵某伟提供的国家标准化管理委员会[2017]第28号政府信息公开答复书中并未明确否认该复函效力问题,该信息公开答复不足以支持赵某伟的主张,法院依法不予支持。关于赵某伟提出本案应援引最高人民法院60号指导案例的主张,鉴于该案例与本案在事实认定及适用法律法规上存在实质差异,不具备参照价值,对赵某伟此主张不予支持。法院判决驳回了赵某伟的诉讼请求。

二审法院经审理认为,《食品药品投诉举报管理办法》(2013年)第11条规定:“投诉举报人应当提供客观真实的投诉举报材料及证据,说明事情的基本经过,提供被投诉举报对象的名称、地址、涉嫌违法的具体行为等详细信息”……本案中,上诉人赵某伟作为投诉举报人,在投诉举报时提供了长春欧亚商业连锁欧亚五环购物广场有限公司超市出具的购买“恒大兴安芥花籽橄榄油”和“犀牛橄榄葵花食用调和油”的发票复印件两张、油品实物照片的复印件和油品陈列货架的照片复印件,用以证明其从该超市购买了上述两种油品,上诉人赵某伟作为一般消费者已经尽了投诉举报人应尽的举证义务。根据被上诉人长春市食品药品监督管理局宽城分局在原审庭审中陈述的内容以及被上诉人长春市人民政府在行政复议决定中认定的事实,被上诉人长春市食品药品监督管理局宽城分局认为上诉人赵某伟提供的照片复印件不清晰,无法查证油品的生产日期等详细内容,且发票上亦无法体现油品的生产日期及批次等,进而认为无法确定上诉人赵某伟提供的所购产品照片与实物发票所列产品相一致,无法确定上诉人赵某伟所购批次产品是从长春欧亚商业连锁欧亚五环购物广场有限公司超市购买的。经审查，被上诉人长春市食品药品监督管理局宽城分局作为受理食品投诉举报管理工作的行政机关，负有对投诉举报事项进行调查处理的法定职责，其在发现上诉人赵某伟提供的照片复印件不清晰，无法核实是否存在违法行为的情况下，应当主动要求上诉人赵某伟提供油品原件。上诉人赵某伟所取得的发票系欧亚五环超市出具的税务部门监制的正规发票，不能仅仅以该发票上未载明产品的规格型号信息来认定上诉人赵某伟提供的油品实物不是从长春欧亚商业连锁欧亚五环购物广场有限公司超市购买的。庭审中，被上诉人长春市食品药品监督管理局宽城分局主张上诉人赵某伟提供的"犀牛橄榄葵花食用调和油"属其自行更换的油品，但未提供相应证据证明其主张，其在未充分调查核实的基础上，仅以推测来否定上诉人赵某伟提供的发票和油品的证明效力，审理法院不予支持。综上所述，原审判决适用法律错误，法院依法予以改判。被上诉人长春市食品药品监督管理局宽城分局作出的《关于赵某伟投诉举报欧亚五环超市销售食品标签问题的调查情况回复》主要证据不足，应予撤销。被上诉人长春市人民作出的行政复议决定维持了《关于赵某伟投诉举报欧亚五环超市销售食品标签问题的调查情况回复》，亦应予撤销。长春市中级人民法院作出(2018)吉01行终53号判决，以原审法院认定事实不清，适用法律错误为由，判决撤销一审判决，撤销长春市食品药品监督管理局宽城分局作出的《关于赵某伟投诉举报欧亚五环超市销售食品标签问题的调查情况回复》，同时撤销长春市人民政府作出的长府复[2017]509号《驳回行政复议申请决定书》。

例案三 | 任某仓与鹤山市食品药品监督管理局食品药品安全行政管理、鹤山市人民政府行政复议案

【法院】

江门市中级人民法院

【案号】

(2017)粤07行终157号

【当事人】

上诉人(原审原告)：任某仓，男，1978年出生，汉族，住陕西省咸阳市杨陵区

被上诉人(原审被告)：鹤山市食品药品监督管理局

法定代表人：郭某某，局长

被上诉人(原审被告):鹤山市人民政府

法定代表人:林某某,市长

【基本案情】

2016年8月15日,任某仓向江门市食品药品监督管理局投诉举报,称其于2016年8月11日在鹤山市凤亭路坚美广场的壹加壹鹤山购物广场购买的四洲热浪薯片,是超过保质期的商品,要求责令商家退货并赔偿其损失1000元,同时要求给予现金奖励和书面回复。同年8月18日,江门市食品药品监督管理局将任某仓的投诉举报转交鹤山市食品药品监督管理局办理,转交的材料包括:举报信、身份证复印件、购物小票复印件、购物视频光盘、四洲热浪薯片实物及电子照片。同年9月6日,鹤山市食品药品监督管理局对广东壹加壹商业连锁有限公司鹤山商场进行现场检查,没有发现该商场有任某仓投诉举报的超过保质期的相同条形码的四洲热浪薯片在售。广东壹加壹商业连锁有限公司鹤山商场确认了购物小票的真实性,但不确认任某仓所投诉举报、提供的商品为其商家所销售商品,认为任某仓提供的购物视频存在剪切的可能。鹤山市食品药品监督管理局以情况复杂,决定延长办理期限30个工作日。同年12月27日,鹤山市食品药品监督管理局作出鹤食药监投复[2016]25号《关于"广东壹加壹商业连锁有限公司鹤山商场经营过期四洲热浪薯片"的投诉举报回复》,以举报证据不充分,作撤案处理。任某仓不服,向鹤山市人民政府申请行政复议。2017年2月16日,鹤山市人民政府作出鹤府行复[2017]2号《行政复议决定书》,决定维持鹤山市食品药品监督管理局作出的行政行为。任某仓不服,遂提起本案行政诉讼,诉请撤销鹤山市食品药品监督管理局作出的鹤食药监投复[2016]25号《关于"广东壹加壹商业连锁有限公司鹤山商场经营过期四洲热浪薯片"的投诉举报回复》和鹤山市人民政府作出的鹤府行复[2017]2号《行政复议决定书》。原审法院判决驳回任某仓的诉讼请求。任某仓不服,向江门市中级人民法院提起上诉,江门市中级人民法院作出(2017)粤07行终157号裁定,裁定驳回上诉,维持原判。

【案件争点】

食品药品监督管理部门对存疑的举报内容进行调查核实,在举报人拒绝提交举报证据原件、拒绝协助调查核实的情况下,能否对投诉举报作出撤案处理。

【裁判要旨】

一审法院经审理认为,鹤山市食品药品监督管理局收到任某仓举报后,在法定期限内予以立案,经过调查核实与取证,没有发现该商场有任某仓投诉举报的超过保质期的相同商品条形码的四洲热浪薯片在售，也未发现该商场在 2016 年 8 月 11 日有销售超过保质期的四洲热浪薯片的事实。鹤山市食品药品监督管理局认为任某仓提供的购物凭证不能作为认定广东壹加壹商业连锁有限公司鹤山商场经营超过保质期食品的定案证据。鹤山市食品药品监督管理局向任某仓发出关于限期提交相关材料原件、视频原始载体，要求协助调查，否则承担逾期举证法律后果的告知函后，任某仓没有按期提交相关材料原件、视频原始载体及接受该局调查，且本案没有充分证据证实任某仓于其陈述的时间在涉案商场购买的商品就是其投诉举报商品的事实。鹤山市食品药品监督管理局认为任某仓投诉广东壹加壹商业连锁有限公司鹤山商场销售超过保质期的四洲热浪薯片的事实不清，证据不充分，作撤案处理的行政行为，符合《食品药品行政处罚程序规定》第 18 条等规定。鹤山市食品药品监督管理局对任某仓的投诉举报作撤案处理，任某仓的投诉举报不符合法律法规规定的"查证属实"等奖励情形，对任某仓的奖励诉求回复不予支持，未违反法律法规规定。鹤山市食品药品监督管理局同时告知任某仓要求退货及赔偿损失诉求依职权无权处理，建议其可通过其他法定途径解决，未有违反《食品安全法》(2015 年)第 148 条"消费者因不符合食品安全标准的食品受到损害的，可以向经营者要求赔偿损失，也可以向生产者要求赔偿损失……"的规定。综上所述，鹤山市食品药品监督管理局针对任某仓的举报投诉，逐一履行了法律规定的反馈职责，任某仓要求撤销涉案《关于"广东壹加壹商业连锁有限公司鹤山商场经营过期四洲热浪薯片"的投诉举报回复》并重新办理的诉求，事实和法律依据不足，不予支持。鹤山市人民政府受理任某仓的行政复议申请，经审查，在法定期限内依照法定程序作出复议决定，送达给任某仓并告知救济途径，符合法律规定。任某仓关于撤销涉案《行政复议决定书》的诉请，缺乏事实和法律依据，不予支持。判决驳回任某仓的诉讼请求。

二审法院经审理认为，关于鹤山市食品药品监督管理局作出的鹤食药监投复[2016]25 号《关于"广东壹加壹商业连锁有限公司鹤山商场经营过期四洲热浪薯片"的投诉举报回复》是否合法的问题。首先，鹤山市食品药品监督管理局收到江门市食品药品监督管理局转办的涉案投诉举报，于 2016 年 8 月 25 日予以立案，后认为该举报事项情况复杂，决定延长审理期限 30 个工作日，于 2016 年 12 月 27 日作出涉案举报回复，并寄送给任某仓。鹤山市食品药品监督管理局作出回复行为程序合法。其次，鹤山市食品药品监督管理局经调查取证，发现被举报的商场并无任某仓所称的超过保质期的相同商品条形码的四洲热浪薯片在售，且根据现有的视频及购物小票等证据无法充分证实涉案商场在案发当天销售超过保质期的商品。鹤山市食品药品监督管理局针对被举报商场的申辩意见,向任某仓发出《关于提交相关资料并协助调查的告知函》及《告知书》,目的亦在于进一步核实举报证据材料的客观真实性,而任某仓在接到鹤山市食药监局的《关于提交相关资料并协助调查的告知函》及《告知书》后,并未在规定期限内向鹤山市食品药品监督管理局提供材料原件、视频原始载体,以及接受调查,理应承担未积极履行提供客观真实投诉举报材料及证据法定义务的法律后果。鉴于本案无充分证据证明任某仓于2016年8月11日在涉案商场购买的薯片就是涉案超过保质期的商品,鹤山市食品药品监督管理局以任某仓投诉举报的违法事实不清楚,证据不充分为由,作出涉案投诉举报回复,决定作出撤案,不予支持任某仓的奖励诉求等处理,并无不当,法院依法予以确认。关于鹤山市人民政府作出的鹤府行复[2017]2号《行政复议决定书》是否合法的问题。任某仓于2017年1月5日向鹤山市人民政府申请行政复议。鹤山市人民政府于2017年1月9日作出鹤府行复[2017]2号《行政复议受理通知书》,决定受理涉案复议申请,并于同日作出鹤府行复[2017]2号《提出行政复议答复通知书》,要求鹤山市食品药品监督管理局提交书面答复及相关证据。鹤山市政府经审查,于2017年2月16日作出涉案《行政复议决定书》并送达给各方当事人。该行政复议行政行为符合法律规定,审理法院予以确认。江门市中级人民法院作出(2017)粤07行终157号裁定,裁定驳回上诉,维持原判。

三、裁判规则提要

举报、投诉既是社会公众对食品药品违法行为的监督,也是食品药品监督管理部门发现违法行为的一个重要途径。为规范食品药品投诉举报管理工作,推动食品药品安全社会共治,加大对食品药品违法行为的惩治力度,保障公众身体健康和生命安全,国家食品药品监督管理总局颁发了《食品药品投诉举报管理办法》,对食品药品领域投诉举报案件的处理程序做了详细规定,对保障投诉举报人的合法权益,规范行政机关行政行为,进一步改善食品药品市场秩序,具有十分重要的意义。投诉举报人应当向食品药品监督管理部门提供客观真实的投诉举报材料及证据,说明事情的基本经过,提供被投诉举报对象的名称、地址、涉嫌违法的具体行为等详细信息。食品药品监督管理部门在收到投诉举报人的举报线索后,应当对每一条线索及时调查、核实,对投诉举报符合受理条件的,依法予以受理。对于证据不足或者存疑的,行政机关应当主动调查核实。若行政机关未经调查,也未向投诉举报人进一步核实，就直接以投诉举报证据不足或存疑为由作出不予受理决定，不符合相关立法目的。

例案一和例案二，涉及食品药品监督管理部门未经调查核实就直接以投诉举报内容证据不足或存疑决定不予受理的问题。《食品药品投诉举报管理办法》第9条规定，各级食品药品监督管理部门应当按照相关法律法规规定，对受理的投诉举报进行调查处理，并将处理结果反馈投诉举报人，及时解决和回应公众诉求。“先取证，后裁决”是食品药品监督管理部门对投诉举报作出是否受理决定应遵循的一项基本原则。按照《食品药品投诉举报管理办法》第11条的规定：“投诉举报人应当提供客观真实的投诉举报材料及证据，说明事情的基本经过，提供被投诉举报对象的名称、地址、涉嫌违法的具体行为等详细信息……”例案一的上诉人范某顺和例案二的上诉人赵某伟作为投诉举报人，在投诉举报时都是实名举报并提供了联系电话，说明了事情经过，被投诉举报对象的名称、地址、涉嫌违法行为，同时还提供了购物发票、实物照片的复印件，用以证明其从被投诉举报超市购买了涉嫌不符合食品安全的水果或者食用油，范某顺、赵某伟作为一般消费者已经尽了投诉举报人应尽的举证义务。食品药品监督管理部门在收到投诉举报人提交的举报线索、证据、材料后，应依程序对举报线索材料进行调查、核实，依法作出是否予以受理的决定，不能未经调查核实程序，直接以投诉举报证据不足或存疑决定不予受理。

例案三涉及食品药品监督管理部门对存疑的投诉举报线索进行调查核实时，投诉举报人是否有协助配合调查的义务的问题。权利和义务是相对的，投诉举报既是一种权利，也是一种义务，任何人发现食品药品违法行为都有权利向食品药品监督管理部门进行投诉举报，同时也有义务协助配合食品药品监督管理部门调查核实投诉举报线索。按照《食品药品投诉举报管理办法》第11条的规定，投诉举报人应当提供客观真实的投诉举报材料及证据，说明事情的基本经过，提供被投诉举报对象的名称、地址、涉嫌违法的具体行为等详细信息。食品药品监督管理部门对存疑的投诉举报线索进行调查核实时，该投诉举报人有义务提交投诉举报内容的证据材料原件，并按时到指定地点配合调查，否则将承担不利的法律后果。例案三中，鹤山市食品药品监督管理局经调查取证，发现被举报的商场并无投诉举报人任某仓所称的超过保质期的相同商品条形码的四洲热浪薯片在售，且根据现有的视频及购物小票等证据无法充分证实涉案商场在案发当天销售超过保质期的商品。鹤山市食品药品监督管理局针对被举报商场的申辩意见，向任某仓发出《关于提交相关资料并协助调查的告知函》及《告知书》，目的亦在于进一步核实举报证据材料的客观真实性，而任某仓在接到鹤山市食品药品监督管理局的《关于提交相关资料并协助调查的告知函》及《告知书》后，并未在规定期限内向鹤山市食品药品监督管理局提供材料原件、视频原始载体以及接受调查，理应承担未积极履行提供客观真实投诉举报材料及证据法定义务的法律后果。

四、辅助信息

高频词条：

《食品安全法》

第115条 县级以上人民政府食品药品监督管理、质量监督等部门应当公布本部门的电子邮件地址或者电话，接受咨询、投诉、举报。接到咨询、投诉、举报，对属于本部门职责的，应当受理并在法定期限内及时答复、核实、处理；对不属于本部门职责的，应当移交有权处理的部门并书面通知咨询、投诉、举报人。有权处理的部门应当在法定期限内及时处理，不得推诿。对查证属实的举报，给予举报人奖励。

有关部门应当对举报人的信息予以保密，保护举报人的合法权益。举报人举报所在企业的，该企业不得以解除、变更劳动合同或者其他方式对举报人进行打击报复。

第148条 消费者因不符合食品安全标准的食品受到损害的，可以向经营者要求赔偿损失，也可以向生产者要求赔偿损失。接到消费者赔偿要求的生产经营者，应当实行首问负责制，先行赔付，不得推诿；属于生产者责任的，经营者赔偿后有权向生产者追偿。生产不符合食品安全标准的食品或者经营明知是不符合食品安全标准的食品，消费者除要求赔偿损失外，还可以向生产者或者经营者要求支付价款十倍或损失三倍的赔偿金；增加赔偿的金额不足一千元的，为一千元。但是，食品的标签、说明书存在不影响食品安全且不会对消费者造成误导的瑕疵的除外。

《行政诉讼法》

第69条 行政行为证据确凿，适用法律、法规正确，符合法定程序的，或者原告申请被告履行法定职责或者给付义务理由不成立的，人民法院判决驳回原告诉讼请求。

第79条 复议机关与作出原行政行为的行政机关为共同被告的案件，人民法院应当对复议决定和原行政行为一并作出裁判。

《食品药品投诉举报管理办法》

第2条 食品药品投诉举报是指公民、法人或者其他组织向各级食品药品监督管理部门反映生产者、经营者等主体在食品（含食品添加剂）生产、经营环节中有关食品安全方面，药品、医疗器械、化妆品研制、生产、经营、使用等环节中有关产品质量安全方面存在的涉嫌违法行为。

第5条 地方各级食品药品监督管理部门主管本行政区域的食品药品投诉举报管理工作，主要履行下列职责：

（一）根据本办法制定本行政区域的食品药品投诉举报管理制度和政策并监督实施；

（二）调查处理本行政区域的食品药品投诉举报并发布相关信息；

（三）通报并向上级报告本行政区域的食品药品投诉举报管理工作情况；

（四）协调指导同级食品药品投诉举报机构的具体工作。

第9条 各级食品药品监督管理部门应当按照相关法律法规规定，对受理的投诉举报进行调查处理，并将处理结果反馈投诉举报人，及时解决和回应公众诉求。

第11条 投诉举报人应当提供客观真实的投诉举报材料及证据，说明事情的基本经过，提供被投诉举报对象的名称、地址、涉嫌违法的具体行为等详细信息。

提倡实名投诉举报。投诉举报人不愿提供自己的姓名、身份、联系方式等个人信息或者不愿公开投诉举报行为的，应当予以尊重。

第12条 对符合本办法第二条规定的投诉举报，食品药品投诉举报机构或者管理部门应当依法予以受理。

投诉举报具有下列情形之一的，不予受理并以适当方式告知投诉举报人：

（一）无具体明确的被投诉举报对象和违法行为的；

（二）被投诉举报对象及违法行为均不在本食品药品投诉举报机构或者管理部门管辖范围的；

（三）不属于食品药品监督管理部门监管职责范围的；

（四）投诉举报已经受理且仍在调查处理过程中，投诉举报人就同一事项重复投诉举报的；

（五）投诉举报已依法处理，投诉举报人在无新线索的情况下以同一事实或者理由重复投诉举报的；

（六）违法行为已经超过法定追诉时限的；

(七)应当通过诉讼、仲裁、行政复议等法定途径解决或者已经进入上述程序的;

(八)其他依法不应当受理的情形。

投诉举报中同时含有应当受理和不应当受理的内容,能够作区分处理的,对不应当受理的内容不予受理。

第 15 条 食品药品投诉举报机构或者管理部门收到投诉举报后应当统一编码,并于收到之日起 5 日内作出是否受理的决定。

食品药品投诉举报机构或者管理部门决定不予受理投诉举报或者不予受理投诉举报的部分内容的,应当自作出不予受理决定之日起 15 日内以适当方式将不予受理的决定和理由告知投诉举报人,投诉举报人联系方式不详的除外。

未按前款规定告知的,投诉举报自食品药品投诉举报机构或者管理部门收到之日起第 5 日即为受理。

第 19 条 投诉举报承办部门应当对投诉举报线索及时调查核实,依法办理,并将办理结果以适当方式反馈投诉举报人,投诉举报人联系方式不详的除外。

食品药品纠纷案件裁判规则第 10 条：
食品药品监督管理部门未在法定期限内履行法定职责，即使后来履行且行政行为内容并无不当，人民法院也应确认行政行为违法

〔**规则描述**〕：本条规则系对《行政诉讼法》第 47 条和《食品药品投诉举报管理办法》第 20 条中的“法定期限”内履行职责的进一步明确。行政行为合法包含了实体合法、程序合法。其中法定期限内履行法定职责是程序合法的重要内容，原行政行为的合法性将对可能存在的行政复议行为产生影响，未在法定期限内履行法定职责，即使后来履行且行政行为内容并无不当，人民法院也应确认行政行为违法。

一、类案检索大数据报告

截至 2019 年 12 月 31 日，以“法定期限”“逾期”“违法”“撤销”为关键词，通过 Alpha 案例库、法信平台、北大法宝、中国裁判文书网等平台的对比分析，共检索并筛选到类案 33 件，整体情况如下：

如图 10－1 所示，从案件地域分布来看，涉案数最多的地域为广东省，共 14 件；其次为北京市，共 9 件。

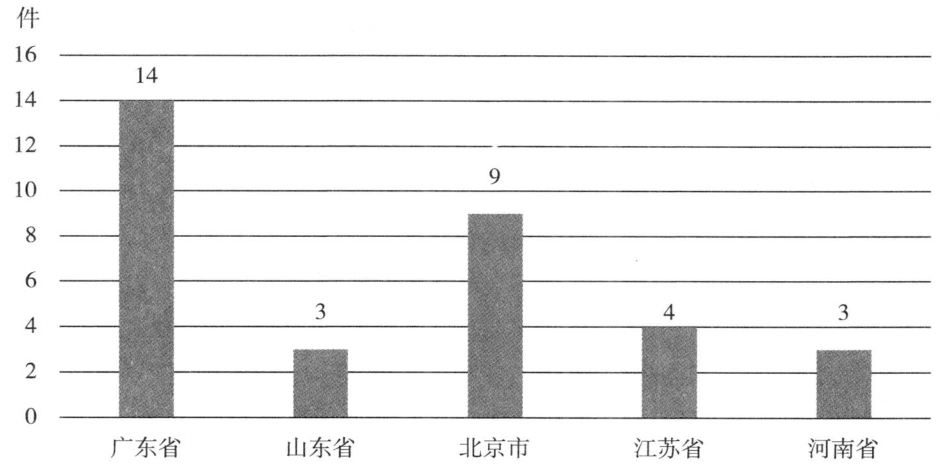

图 10－1　案件地域分布情况

如图 10－2 所示，从案件结案年份分布来看，最多的年份为 2018 年，共有 12 件；其次为 2017 年，共有 10 件。

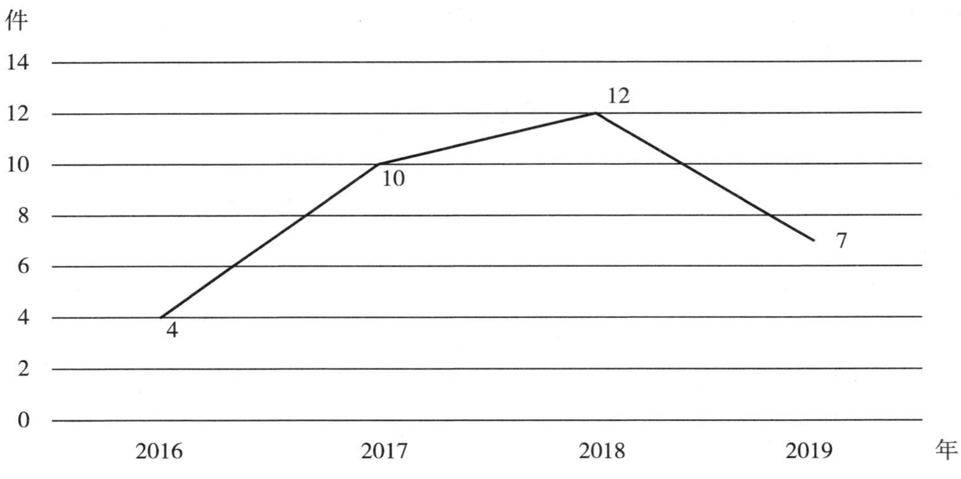

图 10－2　案件结案年份分布情况

如图 10－3 所示，从案件案由分类情况来看，行政复议最多，为 10 件。

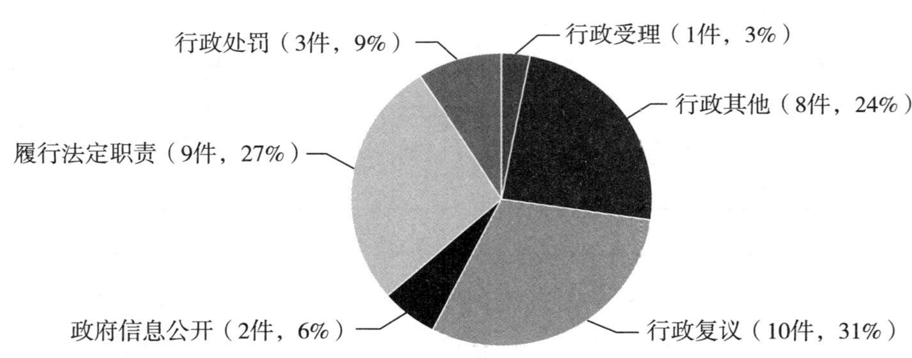

图 10－3　案件案由分类情况

如图 10－4 所示，从案件裁判结果分类情况来看，全部驳回的占 64%，全部/部分支持的占 27%。

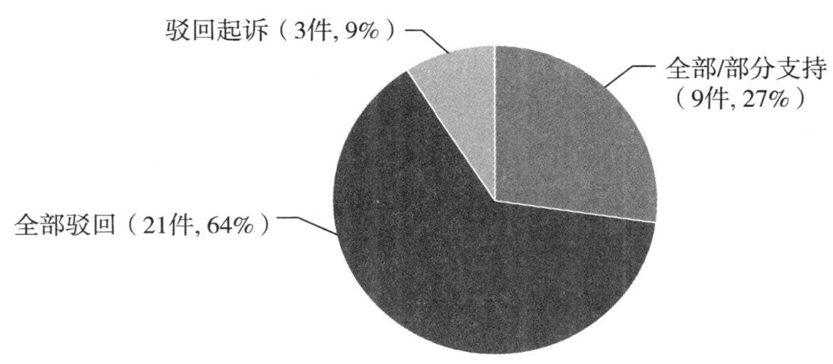

图10－4　案件裁判结果分类情况

上述案例均支持了本裁判规则，其中具体情况较为复杂，需在考量文字、内容含义基础上结合其他相关因素予以综合判定。

二、可供参考的例案

例案一　许某抄与武汉市汉阳区食品药品监督管理局、武汉市食品药品监督管理局食品药品安全行政管理案

【法院】

武汉市汉阳区人民法院

【案号】

(2017)鄂0105行初139号

【当事人】

原告：许某抄

被告：武汉市汉阳区食品药品监督管理局

法定代表人：周某某，局长

被告：武汉市食品药品监督管理局

法定代表人：姚某，局长

【基本案情】

原告许某抄诉被告武汉市汉阳区食品药品监督管理局（以下简称汉阳食药监局）、武汉市食品药品监督管理局（以下简称市食药监局）。原告在武汉汉福超市有限公司汉阳分公司（以下简称被举报人）购买的“银杏茶”不符合相关规定。直到2017年4月12日，经原告向纪检监察部门举报其不履行法定职责，汉阳食药监

局才作出《关于许某抄反映2015年12月30日在武汉汉福超市有限公司汉阳分公司购买的"银杏茶"涉嫌以非食品原料生产食品违反〈食品安全法〉相关规定的回复》(以下简称涉案回复)。原告不服,遂向市食药监局申请行政复议。市食药监局经复议作出武食药监复决字[2017]37号《行政复议决定书》(以下简称涉案复议决定)维持涉案回复。原告认为汉阳食药监局拖延履行法定职责,侵犯了原告在合理期限内获得回复的知情权,遂向法院提起行政诉讼,要求判决确认被告汉阳食药监局不在法定期限内对原告的举报事项作出处理决定违法;撤销被告市食药监局作出的涉案复议决定。原告明确其第一项诉讼请求是指确认被告汉阳食药监局2017年4月12日的告知行为违法。

【案件争点】

汉阳食药监局履行法定职责是否超过法定期限,武汉市食品药品监督管理局的行政复议决定是否应被撤销。

【裁判要旨】

依照《食品安全法》的相关规定,被告汉阳食药监局作为县级以上人民政府食品药品监督管理部门负责本行政区域的食品安全监督管理工作,有权受理属于本部门职责的投诉举报并在法定期限内及时答复、核实、处理。在2016年3月1日国家食品药品监督管理总局《食品药品投诉举报管理办法》施行前,没有法律法规或规章对食品药品监督管理部门办理食品药品投诉举报的期限作出规定。但依照《行政诉讼法》第47条第1款的规定,汉阳食药监局应当在接到原告许某抄申请之日起60日内履行其受理、答复等法定职责。被告汉阳食药监局受理原告许某抄举报的程序符合法律法规的相关规定,原告许某抄对涉案回复记载的调查经过真实性无异议,但该局告知原告查处结果的涉案回复作出于2017年4月12日。现有证据不足以证明在扣除应当不计入办理期限的时间后,被告汉阳食药监局依照《食品药品投诉举报管理办法》第20条或原国家食品药品监督管理局《食品药品投诉举报管理办法(试行)》第22条的规定在受理之日起60日内办结了原告的举报,告知原告延期或反馈办理结果。因此,该局虽作出涉案回复向原告如实反馈办理结果,但作出时间超出了法定期限;被告办理原告关于涉案商品举报的行为违反了法定程序。因该局对被举报人的处理和对原告的奖励超出本案审理范围,相对人均未提起诉讼,涉案回复的内容并无不当。故该局所反馈的办理结果不具有可撤销内容,依法应当确认违法。食品药品监督管理部门对被投诉人的调查处理程序虽不能准用前述规章或规范性文件的规定,但本案被诉行政行为是被告办理原告举报的行为，故汉阳食药监局以并无法律规定其办案期限为由，主张对其处理原告举报程序的审查超出人民法院行政案件审理范围缺乏事实或法律依据，不予支持。

依照《行政诉讼法若干问题的解释》第10条的规定，原行政行为违法被撤销或未履行法定职责的情况下，维持复议决定应被撤销；原行政行为合法的情况下，维持复议决定程序违法的也应确认违法。涉案复议决定所维持的原行政行为程序违法，虽因不具有可撤销内容未被撤销，但涉案复议决定不应维持，也不符合确认违法的条件，故予以撤销。

例案二 | 刘某平与东莞市食品药品监督管理局食品药品安全行政管理案

【法院】

东莞市第一人民法院

【案号】

（2016）粤1971行初752号

【当事人】

原告：刘某平

被告：东莞市食品药品监督管理局

负责人：尹某某，局长

【基本案情】

2016年8月5日，原告刘某平向被告东莞市食品药品监督管理局邮寄了一份《关于对东莞市万江同和药店涉嫌销售不符合食品安全标准食品之举报》，认为第三人东莞市万江同和药店销售的“长寿茶”不符合安全标准，明知不具备《食品生产许可证》，却擅自进行食品生产、加工和销售，且所用原料均为非普通食品原料，仍对外公开销售，请求被告受理原告的举报并对第三人进行查处，并向原告履行书面告知义务。被告于2016年8月8日收到原告的上述举报材料。2016年10月25日，原告认为被告未在法定期限内对原告的上述举报履行受理及查处结果书面告知之法定职责，向法院提起行政诉讼。

【案件争点】

被告对原告的举报是否需要在法定期限内履行受理及查处结果的书面告知职责。

【裁判要旨】

参照《食品药品投诉举报管理办法》第15条规定:“食品药品投诉举报机构或者管理部门收到投诉举报后应当统一编码,并于收到之日起5日内作出是否受理的决定。食品药品投诉举报机构或者管理部门决定不予受理投诉举报或者不予受理投诉举报的部分内容的,应当自作出不予受理决定之日起15日内以适当方式将不予受理的决定和理由告知投诉举报人,投诉举报人联系方式不详的除外。未按前款规定告知的,投诉举报自食品药品投诉举报机构或者管理部门收到之日起第5日即为受理。”第20条“投诉举报承办部门应当自投诉举报受理之日起60日内向投诉举报人反馈办理结果;情况复杂的,在60日期限届满前经批准可适当延长办理期限,并告知投诉举报人正在办理。办结后,应当告知投诉举报人办理结果……”第38条“本办法规定的投诉举报受理、办理等期限以工作日计算,不含法定节假日。”的规定,被告于2016年8月8日收到原告的投诉举报后,于2016年10月26日作出涉案回复,并于2016年10月27日邮寄送达原告,被告作出涉案回复并未超过上述规定的法定期限,符合上述法定程序,并无不当,原告诉请确认被告未在法定期限内对原告的上述举报履行受理及查处结果书面告知之法定职责事实及法律依据不足,法院依法予以驳回。

例案三 | 张某、广州市天河区食品药品监督管理局食品药品安全行政管理案

【法院】

广州铁路运输中级法院

【案号】

(2017)粤71行终690号

【当事人】

原告:张某

被告:广州市天河区食品药品监督管理局

法定代表人:苏某,局长

【基本案情】

2015年4月15日,张某向广州市天河区食品药品监督管理局(以下简称天河区食药监局)邮寄申诉举报信,书面举报广州好又多百货商业广场有限公司(以下简称好又多公司),称其销售的荷叶苦瓜八宝茶中添加银杏叶,违反《食品安全法》

(2015年)第28条关于非食品原料生产食品的规定。2015年7月10日，天河区食药监局作出穗天食药监函[2015]511号《关于广州市好又多百货商业广场有限公司查处情况的答复》。张某对该答复函不服，向广州市天河区人民法院提起行政诉讼，广州市天河区人民法院作出(2015)穗天法行初字第357号行政判决书，判决撤销穗天食药监函[2015]511号复函，并责令天河区食药监局对张某的举报申诉信重新作出书面答复。2016年1月12日，天河区食药监局作出穗天食药监函[2016]45号《关于对穗群申举[2015]018号举报申诉信查处情况的复函》，就张某投诉举报的内容重新作出答复，称好又多公司销售的荷叶苦瓜八宝茶产品假冒许可证编号和冒用厂名、厂址的情形，按照《广东省查处生产销售假冒伪劣商品违法行为条例》第10条第3项和第10项的规定，属于假冒伪劣食品。好又多公司总共销售被举报的荷叶苦瓜八宝茶400包，销售金额人民币5126元。据此违法事实，天河区食药监局对好又多公司进行立案调查，并依据《广东省查处生产销售假冒伪劣商品违法行为条例》第55条第1款、第3款的规定对好又多公司作出如下行政处罚：(1)责令停止销售假冒伪劣食品；(2)没收销售收入5126元；(3)并处10,432元的罚款，罚没款总计15,558元。对于张某提出的奖励申请，根据《广州市食品药品监管系统食品药品违法行为举报奖励办法》第12条第2款的规定，该举报奖励申请已在作出行政处罚决定后直接进入审查程序，将按规定申请办理。关于张某要求好又多公司予以赔偿的请求，已依法组织调解，但好又多公司不同意与张某进行调解，故终止调解。复函随函附有附件《广州市天河区食品药品监督管理局举报奖励决定通知书》。该复函于2016年1月18日送达张某。张某对该复函不服，诉至原审法院。

2015年12月24日，广州市天河区人民法院作出(2015)穗天法行初字第357号行政判决书，以被上诉人作出的穗天食药监函[2015]511号《关于广州市好又多百货商业广场有限公司查处情况的答复》未告知行政处罚决定内容以及另行要求上诉人提出奖励申请缺乏法律依据为由，判决撤销被上诉人作出的穗天食药监函[2015]511号《关于广州市好又多百货商业广场有限公司查处情况的答复》，并责令被上诉人在判决生效之日起30个工作日内对张某的举报申诉信重新作出书面答复。2015年12月28日，被上诉人收到上述判决书。

【案件争点】

被上诉人对上诉人提出的投诉事项是否在法定期限内履行了受理、处理、告知的法定职责。

【裁判要旨】

《食品药品投诉举报管理办法(试行)》第12条规定:“投诉举报机构收到投诉举报后应予统一编码管理,专人负责,并于收到之日起5日内作出是否受理的决定。经审查符合受理条件的,应当自受理之日起15日内,以书面形式或其他适当方式告知投诉举报人;不符合受理条件的,应当自作出不予受理决定之日起15日内,以书面形式或其他适当方式告知投诉举报人,并说明理由;联系方式不详的除外。”第21条规定:“投诉举报承办单位应当以适当方式将办理结果及时反馈投诉举报人,也可以由投诉举报机构反馈投诉举报人。”第22条规定:“投诉举报的受理、办理、协调、审查、反馈等环节,一般应当自受理之日起60日内全部办结;情况复杂的,经投诉举报承办单位负责人批准,可适当延长办理期限,但延长期限不得超过30日,并告知投诉举报人和有关投诉举报机构延期理由。法律、行政法规、规章另有规定的,从其规定。”依据上述规定,食品药品监督管理部门对于投诉举报事项具有受理、办理、反馈等法定职责,并应遵循法定程序。上诉人于2015年4月15日向被上诉人投诉好又多公司销售的荷叶苦瓜八宝茶添加银杏叶,被上诉人经立案调查,查明好又多公司销售的涉案商品属于假冒伪劣商品,依据《广东省查处生产销售假冒伪劣商品违法行为条例》第55条规定,对好又多公司作出行政处罚决定,并于2016年1月12日依照法院生效判决在规定期限内重新作出复函,向上诉人告知调查情况、处理情况以及奖励事项,并将被诉复函送达给上诉人。被上诉人对上诉人提出的投诉事项已经履行了受理、处理、告知的法定职责,符合上述规章的规定,并无不当。

关于上诉人提出被上诉人作出的奖励通知书属于许可行为,该通知书没有对奖励范畴、获得依据及奖励金额来源进行说明,且没有加盖公章,认定事实不清,缺乏法律依据的上诉理由。被上诉人作出的被诉复函已对奖励依据等作出说明,并加盖被上诉人的公章,奖励通知书是被诉复函的附件,与被诉复函具有同等法律效力,该通知书没有加盖公章并不影响其法律效力。因此,上诉人的上诉理由缺乏事实和法律依据。

三、裁判规则提要

(一)程序合法的表现之一:法定期限内履行法定职责

1. 程序合法的重要性。我国宪法明确规定,中华人民共和国实行依法治国,建设社会主义法治国家。一切国家机关都必须遵守宪法和法律。国家行政机关应当依照宪法和法律行使行政职权。法律格言曾言“正义不仅应得到实现，而且要以人们看得见的方式加以实现”“迟到的正义即为非正义”。程序正义即为看得见的正义，迟到的正义表现为逾期履行法定职责。程序合法对于合法行政的重要性不言而喻。

2. 食品药品监督管理部门在执法过程中注重程序合法之期限规定依据。首先，食品药品监督管理部门作为国家行政机关，依据《行政诉讼法》第 47 条第 1 款的规定，行政机关应当在接到申请之日起两个月内履行其受理、答复等法定职责。《食品安全法》第 115 条规定：“县级以上人民政府食品药品监督管理、质量监督等部门应当公布本部门的电子邮件地址或者电话，接受咨询、投诉、举报。接到咨询、投诉、举报，对属于本部门职责的，应当受理并在法定期限内及时答复、核实、处理；对不属于本部门职责的，应当移交有权处理的部门并书面通知咨询、投诉、举报人。有权处理的部门应当在法定期限内及时处理，不得推诿。”另外，旧的规定见《食品药品投诉举报管理办法》第 15 条：“食品药品投诉举报机构或者管理部门收到投诉举报后应当统一编码，并于收到之日起 5 日内作出是否受理的决定。食品药品投诉举报机构或者管理部门决定不予受理投诉举报或者不予受理投诉举报的部分内容的，应当自作出不予受理决定之日起 15 日内以适当方式将不予受理的决定和理由告知投诉举报人，投诉举报人联系方式不详的除外。未按前款规定告知的，投诉举报自食品药品投诉举报机构或者管理部门收到之日起第 5 日即为受理。”2020 年 1 月 1 日生效的《市场监督管理投诉举报处理暂行办法》第 14 条规定：“具有本办法规定的处理权限的市场监督管理部门，应当自收到投诉之日起七个工作日内作出受理或者不予受理的决定，并告知投诉人。”综上所述，对于食品药品安全投诉举报的期限应按照新《市场监督管理投诉举报处理暂行办法》的规定进行确定。

（二）逾期履行法定职责，应依法确认行政行为违法

行政行为合法包括以下四个方面：主体合法、内容合法、权限合法、程序合法。只有主体、内容、权限、程序均合法时，行政行为才是合法的。

1. 主体合法。行政主体之所以可以作出行政行为，是法律明文规定授权产生的，行政机关应严格依据法律授权明确是否有作出该项行政行为的法定资格，依据有效的法律规定，该行政机关有义务积极履行行政义务，能以自己的名义作出行政行为并独立承担相应的责任。

2. 内容合法。行政主体根据有效的法律规定，凭借充分的事实依据、确凿的证

据证明作出合乎立法目的的行政行为内容,该内容也应符合公平、正义、合法、合理等法律精神。

3. 权限合法。行政主体只能在有效法律规定的特定职权范围内作出行政行为,既要确保不能超出范围、越权实施行政行为,也要保证在特定职权范围内积极履行法定职责。

4. 程序合法。行政主体作出行政行为需要经过法律规定的特定的步骤、特定的时限、以特定的方式表现,即步骤、时限、方式等均应符合法律规定的程序。

逾期履行法定职责是行政行为程序违法的具体表现之一。根据《行政诉讼法》第 74 条第 2 项规定:行政行为程序轻微违法,但对原告权利不产生实际影响的,人民法院判决确认违法。这种情形下,为了避免行政资源的浪费或重新产生期限的延迟,故不撤销行政行为,而确认行政行为违法。

四、辅助信息

高频词条:

《市场监督管理投诉举报处理暂行办法》

第 14 条 具有本办法规定的处理权限的市场监督管理部门,应当自收到投诉之日起七个工作日内作出受理或者不予受理的决定,并告知投诉人。

食品药品纠纷案件裁判规则第 11 条：

食品药品监督管理部门在作出行政处罚时，应优先适用《食品安全法》等特别规定，若直接适用《行政处罚法》等一般规定，人民法院不予支持

〔**规则描述**〕：本条规则系对行政法相关专门领域法律规定的解读。例如，引用频率较高的《食品安全法》《市场监督管理投诉举报处理暂行办法》等，行政行为涉及食品安全方面时，应查找并对比适用法律规定，如存在特殊规定则不应只把眼光停留在概括性的普通规定之上，应优先适用《食品安全法》等特别规定，而非直接适用《行政处罚法》等一般规定。

一、类案检索大数据报告

截至 2019 年 12 月 31 日，以“特别法”“一般法”“食品安全法”“行政处罚法”为关键词，通过 Alpha 案例库、法信平台、北大法宝、中国裁判文书网等平台的对比分析，共检索并筛选到类案 30 件，整体情况如下：

如图 11 - 1 所示，从案件地域分布来看，涉案数最多的地域为广东省，共 15 件；其次为河南省，共 4 件。

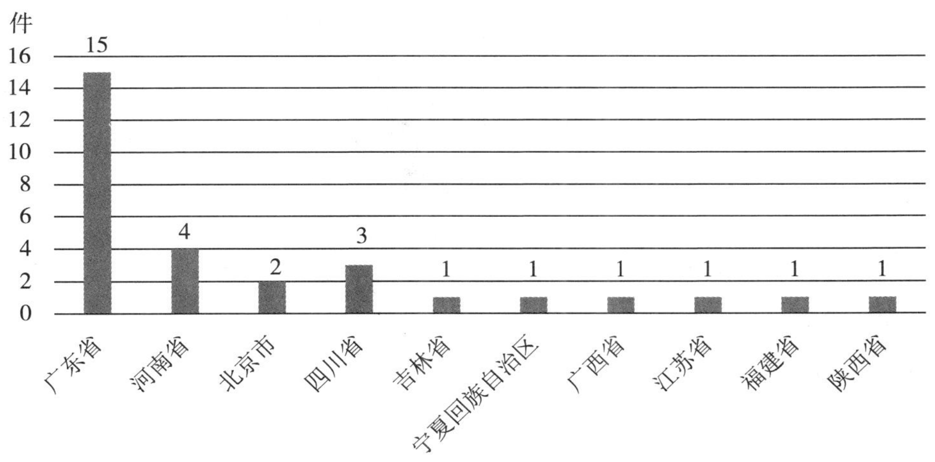

图 11 - 1　案件地域分布情况

如图 11 -2 所示,从案件结案年份分布来看,最多的年份为 2018 年,共有 16 件;其次为 2017 年,共有 7 件。

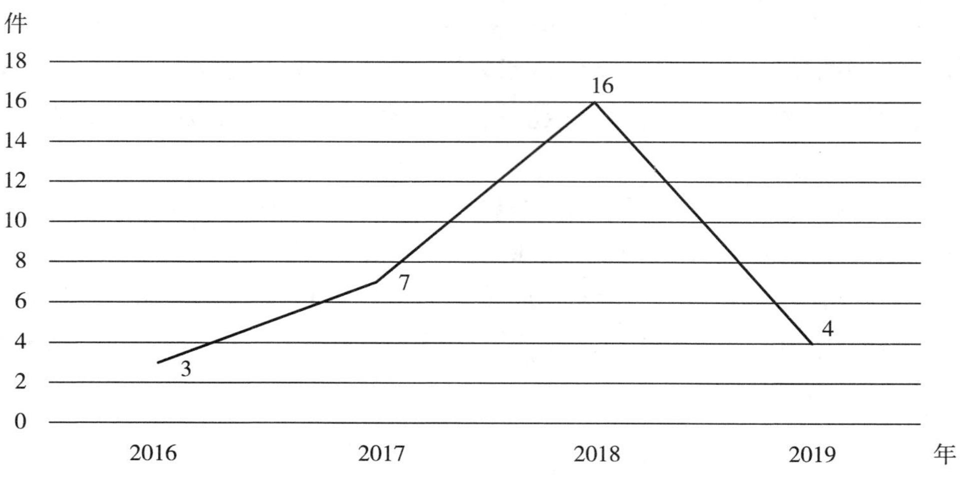

图 11 -2 案件结案年份分布情况

如图 11 -3 所示,从案件案由分类情况来看,行政复议最多,为 12 件。

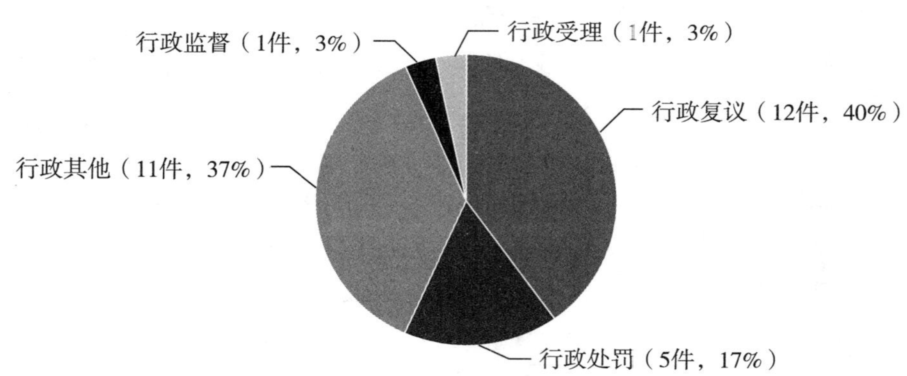

图 11 -3 案件案由分类情况

如图 11 -4 所示,从案件裁判结果分类情况来看,不支持的占 10% ,完全支持的占 57% ,未知的占 33% 。

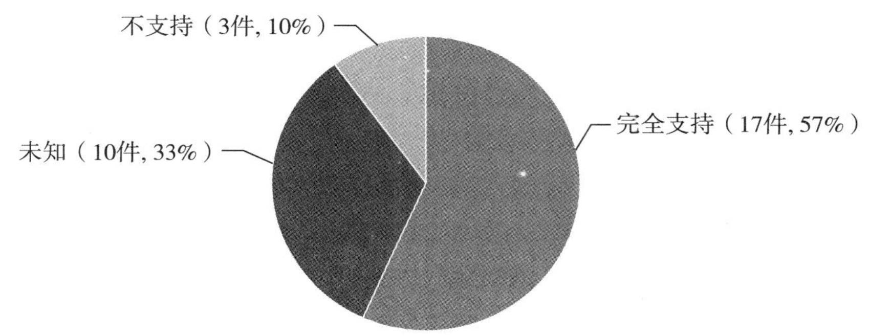

图11-4　案件裁判结果分类情况

上述案例均支持了本裁判规则，其中具体情况较为复杂，需在考量文字、内容含义基础上结合其他相关因素予以综合判定。

二、可供参考的例案

例案一 | 任某仓与东莞市食品药品监督管理局食品药品安全行政管理案

【法院】

东莞市第一人民法院

【案号】

(2017)粤1971行初426号

【当事人】

原告：任某仓

被告：东莞市食品药品监督管理局

法定代表人：尹某某，局长

第三人：东莞市东城华生购物商场

负责人：张某某，经营者

【基本案情】

原告分别于2016年9月27日、10月8日以来访方式向被告反映第三人销售超过保质期食品"泰奇滋味粥椰奶花生燕麦粥"（生产日期2014年9月26日，保质期2年）、"纯果乐鲜果粒（柠檬味）"（生产日期2015年7月14日，保质期12个月）。原告提供了购物视频光盘和食品照片、购物小票，其中购物小票显示原告购买的食品包括：(1)"泰奇滋味粥椰奶花生燕麦粥"一罐(4元，小票注明"此单未有过期食品”,销售时间2016年10月7日);(2)“鲜果粒(柠檬味)”一瓶(3.5元,小票注明“此单未有过期食品”,销售时间2016年10月7日);(3)猪肝(4.4元,销售时间2016年9月23);(4)其他食品,如纯牛奶等。原告认为第三人向其销售的燕麦粥、鲜果粒已超过保质期,猪肝的包装日期与实际不符,要求被告查处,责令第三人退货,每张购物小票赔偿原告损失1000元,并给予现金奖励和书面回复。

被告收到原告的投诉后,于2016年10月20日对第三人进行现场检查,第三人能现场出示有效的营业执照及食品经营许可证。被告在第三人的食品销售区发现了“泰奇滋味粥椰奶花生燕麦粥”3罐(生产日期为2016年1月6日的1罐,2016年1月7日的2罐,保质期为2年),但未发现被投诉的“鲜果粒(柠檬味)”“猪肝”,第三人没有提供上述产品的供应商许可证和产品检测报告及进销存记录。同日,第三人制作《召回公告》并在店铺张贴,公告内容记载:对被投诉的相应条形码的过期食品“泰奇滋味粥椰奶花生燕麦粥”“鲜果粒(柠檬味)”“猪大油”全面盘查,相应产品下架,召回检测,已购买的消费者停止食用,退回给第三人。被告分别于2016年11月3日、4日对第三人店长刘某员、店员王某香进行询问调查,两人均确认原告提供的购物视频中的拍摄地点为第三人经营场所,购物小票是第三人出具,但未能提供证据证明其没有采购过购物视频中的相关食品。店员王某香确认,由于操作失误,把“猪肝”的实际包装日期标注为包装日期的次日。第三人向被告提供了相关产品的供应商资质资料及送货单、购销存日报、保质期检查登记表等证据。2016年11月3日、12月8日,被告作出(东)食药监食责改[2016]18110301号《责令改正通知书》及(东)食药监食责改[2017]18020803号《责令改正通知书》,分别责令第三人改正:采购食品时须查验产品合格证明;包装或标签应注明产品名称、产地、生产者、生产日期等内容,标注内容不得虚假、错误;不得经营超过保质期食品;定期检查库存食品,及时清理变质或超过保质期的食品。2016年12月28日,被告向原告发出(东)食药监投延告[2016]18122853号《投诉举报延期办理告知书》,告知原告延期30个工作日答复。2017年2月12日,被告向原告邮寄送达(东)食药监投复[2017]18021205号《投诉举报答复函》,书面告知原告案件调查和处理情况,被告认为第三人经营超过保质期的食品货值较低,没有造成危害后果,且积极配合调查,依照《行政处罚法》第27条第2款的规定,不予行政处罚;由于第三人违法行为情节轻微并及时改正,未造成危害后果,未作出处罚,根据东莞市食品安全举报奖励相关规定,原告举报线索不属于奖励情况，决定不予奖励。

【案件争点】

该投诉举报事项适用《食品安全法》还是《行政处罚法》。

【裁判要旨】

《行政处罚法》是规范行政处罚行为的普通法，被告在行政处罚案中适用《行政处罚法》，并无不当，但被告应当根据实际情况正确适用《行政处罚法》。本案被告已经认定第三人销售超过保质期的食品，“猪肝”的实际包装日期早于标注的包装日期。依照《食品安全法》(2015 年)第 124 条“违反本法规定，有下列情形之一，尚不构成犯罪的，由县级以上人民政府食品药品监督管理部门没收违法所得和违法生产经营的食品、食品添加剂，并可以没收用于违法生产经营的工具、设备、原料等物品……(二)用超过保质期的食品原料、食品添加剂生产食品、食品添加剂，或者经营上述食品、食品添加剂……”的规定，应当没收违法所得和违法生产经营的食品。本案中，被告发出责令改正通知书，实际上是认定第三人存在销售超过保质期食品、标注不符等违法行为，但被告没有依照相关法律规定对第三人作出处罚。《行政处罚法》第 8 条规定了“没收违法所得”的处罚，第 23 条规定：“行政机关实施行政处罚时，应当责令当事人改正或者限期改正违法行为。”按照该规定，应当在处罚时一并责令改正。本案中，被告应当依照《食品安全法》(2015 年)第 124 条的规定作出处罚，并同时依照《行政处罚法》第 23 条规定责令改正。即使第三人违法情节轻微，但由于已经实际销售，存在危害后果，如果不退货退款或者不没收违法所得，则危害后果没有消除，违法行为的违法状态没有消除。本案并不符合免除处罚的法定情形，被告除责令第三人改正外，最少应当予以适当处罚，使第三人经营行为恢复到合法状态，避免第三人因违法经营而获得不正当利益。被告没有进行任何处罚(包括没收违法所得)，不符合《行政处罚法》第 4 条、第 5 条规定的惩教相适应、违法行为与处罚幅度相适应的法律原则。被告实际上没有依法履行职责，对第三人违法行为的处理适用法律错误，应当重新处理。本案证据仅显示第三人有张贴召回公告，没有证据显示第三人在被告责令改正后有无实际通知原告退货，被告在重新处理时如责令第三人退货，应当依照《食品安全法》(2015 年)第 114 条的规定，确认第三人消除食品安全隐患，并以第三人是否消除隐患作为基础事实作出相应处理。

例案二 | 艾某领、郑州市二七区食品药品监督管理局食品药品安全行政管理案

【法院】

河南省郑州市中级人民法院

【案号】

(2017)豫01行终886号

【当事人】

上诉人(原审原告):艾某领

被上诉人(原审被告):郑州市二七区食品药品监督管理局

法定代表人:张某某,局长

【基本案情】

上诉人艾某领诉被上诉人郑州市二七区食品药品监督管理局不予立案一案,不服河南省郑州市中原区人民法院(2017)豫0102行初108号行政判决,向河南省郑州市中级人民法院提起上诉。一审查明:2016年8月10日原告向被告举报永辉超市大学路店销售的金银花露饮料标称含植物提取物但未标注含量,要求被告依法处罚、给予奖励。2016年8月22日,被告收到原告的举报材料。2016年8月26日被告对永辉超市大学路店实施现场检查、拍照,并向永辉超市大学路店调取了被举报食品生产厂商的营业执照及食品生产许可证、食品进货查验记录、产品检验报告等。2016年12月8日被告对该举报案件进行了延期审批。2016年12月20日被告向被举报产品的生产厂家所在地广州市南沙市食品药品监督管理局寄送了郑(二七)食药协函字[2016]18-58号《协查函》。2017年1月20日,被告向原告邮寄不予立案告知书。原告不服起诉。

【案件争点】

案涉争议是否符合《食品药品行政处罚程序规定》第13条第1款规定的情形。

【裁判要旨】

根据《预包装食品标签通则》第4.1条的规定,如果在食品标签或食品说明书上特别强调添加了或含有一种或多种有价值、有特性的配料或成分,应标示所强调配料或成分的添加量或在成品中的含量。本案中,被举报产品金银花露饮料上标注的含植物提取物是以不同的字号、字体颜色、图形的形式出现的,应属于特别强调。该饮料中所含的植物提取物是指由金银花经过蒸馏提取的蒸馏液中所含有的金银花提取物,属于对产品属性的描述,并非在饮料中又增加的配料或成分,该描

述并不违反《预包装食品标签通则》第4.1.4.1条的规定。依据《食品药品投诉举报管理办法》第13条第1款的规定，投诉举报人向有管辖权的食品药品部门进行投诉举报是投诉举报人的权利和义务。上诉人上诉称被上诉人违反《食品安全法》属于未履行职责，但在被告决定不予立案的情况下投诉举报人举报的事项仅为举报涉嫌违法行为的案件线索，并未形成案件，此情形不符合《食品药品行政处罚程序规定》第13条第1款规定。本案中，被上诉人未对涉案食品供货商及生产厂家移送并无不当。综上所述，上诉人的诉讼请求缺乏事实和法律依据。

例案三 | 麻某、广州市天河区食品药品监督管理局食品药品安全行政管理案

【法院】

广州铁路运输中级法院

【案号】

(2017)粤71行终1494号

【当事人】

上诉人(原审原告)：麻某

被上诉人(原审被告)：广州市天河区食品药品监督管理局

法定代表人：苏某，局长

被上诉人(原审被告)：广州市食品药品监督管理局

法定代表人：张某某，局长

【基本案情】

广州市天河区食品药品监督管理局(以下简称天河食药监局)因麻某向其投诉举报广东宝桑园健康食品有限公司(以下简称宝桑园公司)涉嫌违规销售桑叶茶问题，于2016年3月18日前往广州市天河区东莞庄一横路133号宝桑园公司所在地进行现场检查。经检查，宝桑园公司持有有效的《营业执照》和《食品流通许可证》从事食品经营活动，现场检查发现该公司经营部经营场所内的产品陈列货架上摆放了麻某投诉的桑叶茶产品(外包装标注："品名：桑叶茶；生产日期：2016年1月26日；制造：广东省农业科学院饮用植物研究所；生产许可证QS441814010016；地址：广州市天河区东莞庄一横路133号")在售，执法人员现场拍照取证。同时也对该公司网上开办的天猫网店bosun宝桑园旗舰店进行检查，未发现有涉事产品在网上销售。天河食药监局对上述桑叶茶产品依法扣押，并于同日对宝桑园公司

立案调查。2016 年 3 月 29 日,天河食药监局再次通过广州市食品药品监督管理局(以下简称广州市食药监局)收到转办的麻某的投诉,麻某称:宝桑园公司涉嫌未取得食品生产经营许可从事食品生产经营活动,桑叶茶的发证范围及申证单位应为 1402(代用茶),且包装标示的食品生产许可证号已过期,该产品包装标示的制造商并未查询到相关备案记录,未标示产品标准等信息,现请求依法查处被举报人并将处理结果书面告知举报人,对举报人给予奖励,责成被举报人退还货款并给予赔偿。2016 年 3 月 29 日,天河食药监局受理该投诉,并于 2016 年 4 月 12 日再次前往宝桑园公司进行现场检查。经调查,天河食药监局于 2016 年 4 月 28 日作出穗天食药监函〔2016〕373 号《关于对广东宝桑园健康食品有限公司涉嫌违规销售桑叶茶问题投诉举报查处情况的复函》,复函称:经核查,该公司持有有效的《营业执照》和《食品流通许可证》从事食品经营活动。在该公司经营部经营场所内的产品陈列货架上摆放了投诉的桑叶茶产品(外包装标注:"品名:桑叶茶;生产日期:2016 年 1 月 26 日;制造:广东省农业科学院饮用植物研究所;生产许可证号:QS441814010016;地址:广州市天河区东莞庄一横路 133 号")在售,执法人员现场拍照取证。同时也对该公司网上开办的天猫网店:bosun 宝桑园旗舰店进行检查,未发现有投诉产品在网上销售。经过查询生产许可证号 QS441814010016 的信息,产品名称:茶叶(绿茶、红茶、紧压茶),企业名称:广东省农业科鸿雁茗茶研究所发展中心英德分中心,生产地址:广东省农业科学院茶叶研究所内,住所:广东省农业科学院茶叶研究所内。以上信息与宝桑园公司销售的桑叶茶标示的制造商不符。宝桑园公司销售的桑叶茶产品,未委托过广东省农业科鸿雁茗茶研究所发展中心英德分中心生产。宝桑园公司销售的桑叶茶产品外包装标注许可证编号为 QS441814010016 及制造商为广东省农科院饮用植物研究所的行为,属于假冒许可证编号和冒用厂名、厂地的行为,违反了《广东省查处生产销售假冒伪劣商品违法行为条例》第 10 条第 3 项、第 10 项的规定。依照《广东省查处生产销售假冒伪劣商品违法行为条例》第 55 条的规定,已对当事人依法立案查处,并依法给予相应的行政处罚,目前暂未办结,处罚结果将在结案后在天河食药监局网站主动公开。根据《广州市食品药品监管系统食品药品违法行为举报奖励办法》第 5 条及第 12 条的规定,麻某的举报奖励申请已在作出行政处罚决定后直接进入审查程序,审批结束后将联系办理领取事宜。对于提出的退货和赔偿请求,经依法组织调解,宝桑园公司同意麻某提出的退款要求,但不同意赔偿的要求,麻某提出的要求天河食药监局责令商家赔偿的诉求,建议通过消费者委员会投诉或申请仲裁、提起诉讼等途径解决。该复函于 2016

年 5 月 4 日送达麻某。麻某对该复函不服,于 2016 年 5 月 10 日向广州市食药监局提出行政复议申请,同年 5 月 16 日广州市食药监局收到麻某的复议申请,于 2016 年 5 月 20 日作出受理麻某行政复议申请的决定并书面告知麻某。因本案案情复杂,广州市食药监局于 2016 年 7 月 15 日作出《延长行政复议审查期限通知书》,并于当日邮寄送达麻某和天河食药监局。经过对本案的调查,广州市食药监局于 2016 年 8 月 8 日作出穗食药监行复〔2016〕109 号行政复议决定书,维持天河食药监局的上述复函,并于次日邮寄送达麻某及天河食药监局。

【案件争点】

该投诉举报事项应适用《食品安全法》,还是《农产品质量安全法》。

【裁判要旨】

麻某主张宝桑园公司销售的桑叶茶属于预包装食品,该产品无生产许可证、无产品执行标准,属于无证生产,并非属于假冒许可证编号和冒用厂名、厂地的行为,应当依据《食品安全法》进行处罚。经查,根据《农产品质量安全法》和农业部食品药品监管总局《关于加强食用农产品质量安全监督管理工作的意见》的相关规定,食用农产品是指来自农业活动的初级产品,即在农业活动中获得的、供人食用的植物、动物、微生物及其产品。农业活动既包括传统的种植、养殖、采摘、捕捞等农业活动,也包括设施农业、生物工程等现代农业活动。植物、动物、微生物及其产品是指在农业活动中直接获得的,以及经过分拣、去皮、剥壳、粉碎、清洗、切割、冷冻、打蜡、分级、包装等加工,但未改变其基本自然性状和化学性质的产品。天河食药监局及广州市食药监局经调查,查明本案涉及的"桑叶茶"仅经过切碎、杀青、炒制而成,没有分拣分等级,涉案产品桑叶茶只经过简单加工,平时散装销售,因此,天河食药监局、广州市食药监局认定涉案产品桑叶茶是食用农产品,不属于预包装食品,而食用农产品的加工无须按照《食品安全法》的规定领取生产许可证。对于宝桑园公司的上述违法行为,依照《广东省查处生产假冒伪劣商品违法行为条例》的规定认定为假冒伪劣商品并进行处罚,事实认定清楚,证据充分,适用法律正确。麻某的上述主张于法无据,不予支持。

三、裁判规则提要

(一)必须严格依照法律程序和法律规定作出行政决定,明显故意的选择性执法倾向是扩大自由裁量权的表现

行政机关及其工作人员在法律事实要件确定、法律授权范围内,可根据立法目

的以及合理及公平正义原则,行使自由裁量权。具体表现为自行判断行为条件,自行选择行为方式和自行作出行政决定的权力。然而这一权力至关重要的前提是在法律授权范围内,如果法律未对行政机关授权,该行政机关违反法律的规定,行使所谓的"自由裁量权"则是行政行为违法的表现。

当有多部法律对某一领域作出明确规定,行政机关应当结合实际情况和法律事实来选择并准确适用法条。必须查找出对该事项作出规定的所有法律条文,再结合实际进行对比适用。最后确定作出该项行政决定应当依据的法律条文。而不能任性选择或片面选择,不作比较的适用是选择性执法的表现,也是在没有法律授权的情况下扩大自身自由裁量权的表现。

(二)特别法有明确不同规定的,应适用特别法

例案一中,《食品安全法》(2015 年)第 67 条第 2 款规定:"预包装食品的包装上应当有标签。标签应当标明下列事项……(二)成分或者配料表……"第 71 条规定:"食品和食品添加剂的标签、说明书应当清楚、明显,生产日期、保质期等事项应当显著标注,容易辨识。食品和食品添加剂与其标签、说明书的内容不符的,不得上市销售。"《预包装食品标签通则》第 4.1.4.1 条规定:"如果在食品标签或食品说明书上特别强调添加了或含有一种或多种有价值、有特性的配料或成分,应标示所强调配料或成分的添加量或在成品中的含量。"此时相比《食品安全法》,《预包装食品标签通则》作出了更详细的规定,应适用《预包装食品标签通则》的规定。例案二中金银花露饮料上标注的"含植物提取物"以不同的字号、字体颜色、图形的形式作出了特别强调。该饮料中所含的植物提取物是指金银花提取物,属于对产品属性的描述,并非在饮料中又增加的配料或成分,并不违反《预包装食品标签通则》第 4.1.4.1 条的规定。

例案二中,根据《行政处罚法》第 27 条第 2 款的规定:"违法行为轻微并及时纠正,没有造成危害后果的,不予行政处罚。"但案件中不符合免除处罚的法定情形,除了责令改正,应当进行必要的处罚,经营者的经营行为应当符合法律规定,违反法律规定应该给予处罚,才能避免违法经营损害消费者合法权益而获得不正当利益,若纵容违法经营而不给予处罚,将损害法律的尊严及市场的秩序。仅仅张贴召回公告,显然不属于充分改正违法经营行为,应当依照《食品安全法》(2015 年)第 114 条的规定,确认第三人消除食品安全隐患,并以第三人是否消除隐患作为基础事实作出相应处理。

例案三中涉及的预包装食品与食用农产品的区分，也是实践中常常面临的问题。预包装食品是预先定量包装或者制作在包装材料和容器中的食品。包括预先定量包装以及预先定量制作在包装材质和容器中并且在一定量限范围内具有统一的质量或体积标识的食品。食用农产品是指来自农业活动的初级产品，即在农业活动中获得的、供人食用的植物、动物、微生物及其产品。农业活动既包括传统的种植、养殖、采摘、捕捞等农业活动，也包括设施农业、生物工程等现代农业活动。植物、动物、微生物及其产品是指在农业活动中直接获得的以及经过分拣、去皮、剥壳、粉碎、清洗、切割、冷冻、打蜡、分级、包装等加工，但未改变其基本自然性状和化学性质的产品。本案涉及的“桑叶茶”仅经过切碎、杀青、炒制而成，没有分拣分等级，涉案产品“桑叶茶”只经过简单加工，平时散装销售，应根据《农产品质量安全法》加以规范。

四、辅助信息

高频词条：

《行政处罚法》

第 27 条第 2 款　违法行为轻微并及时纠正，没有造成危害后果的，不予行政处罚。

《行政诉讼法若干问题的解释》

第 13 条　对行政协议提起诉讼的案件，适用行政诉讼法及其司法解释的规定确定管辖法院。

食品药品纠纷案件裁判规则第12条:
食品药品监督管理部门证明行政行为合法的证据若存在明显错误或取得来源不明等严重程序违法情形,人民法院不予采纳

〔**规则描述**〕:行政行为的合法性至关重要,实质合法但证据来源、取证过程等违反法律规定,会导致证明力薄弱,无法支撑行政行为合法的结论。

一、类案检索大数据报告

截至2019年12月31日,以“证据形式”“证人出庭”“利害关系人”为关键词,通过Alpha案例库、法信平台、北大法宝、中国裁判文书网等平台的对比分析,共检索并筛选到类案15件,整体情况如下:

如图12-1所示,从案件地域分布来看,涉案数最多的地域为广东省,共5件。

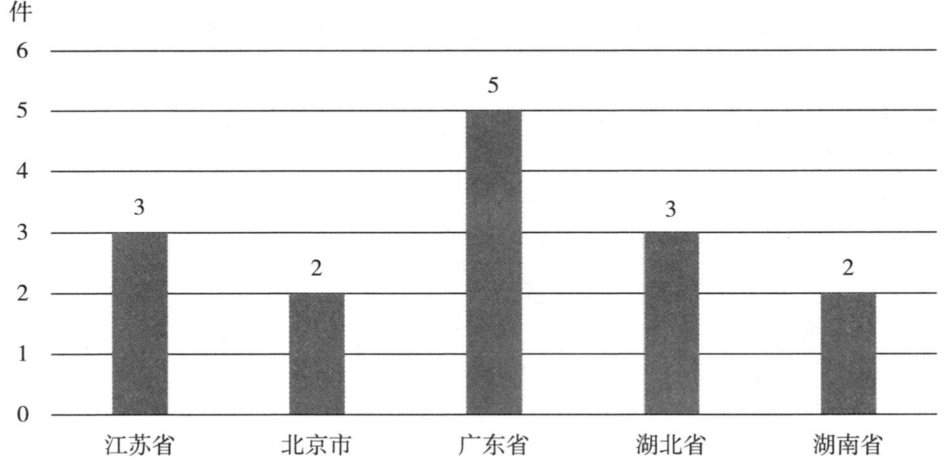

图12-1 案件地域分布情况

如图12-2所示,从案件结案年份分布来看,最多的年份为2017年,共有5件。

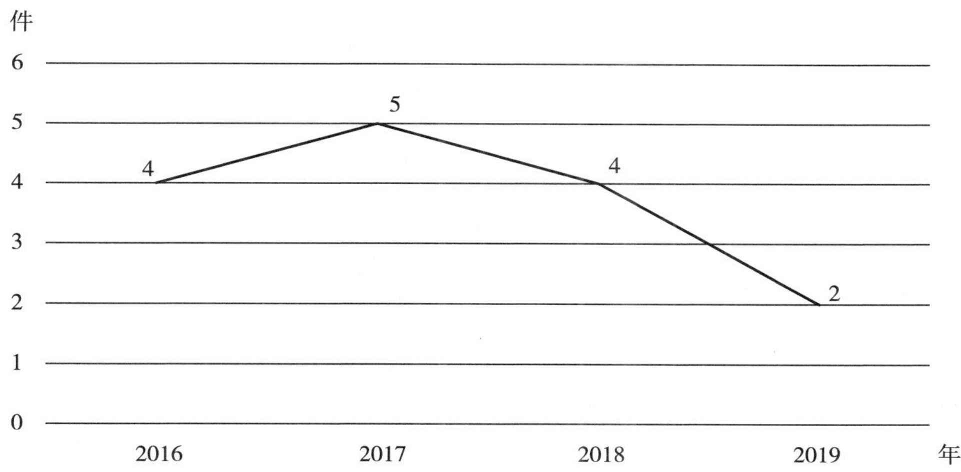

图 12－2 案件结案年份分布情况

如图 12－3 所示，从案件案由分类情况来看，行政其他最多，为 6 件。

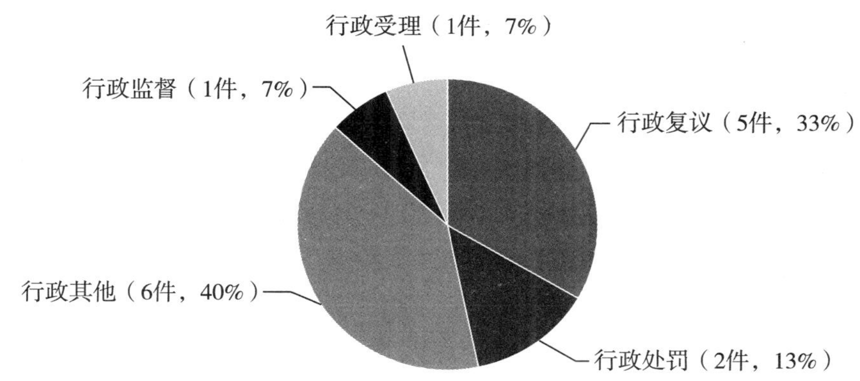

图 12－3 案件案由分类情况

如图 12－4 所示，从案件裁判结果分类情况来看，驳回原告诉讼请求最多，为 8 件。

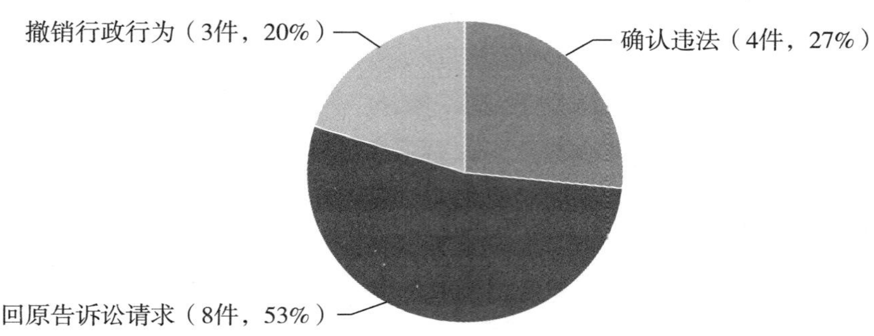

图 12－4　案件裁判结果分类情况

上述案例,有的从正面印证了本裁判规则。

二、可供参考的例案

例案一　胡某洋与广州市海珠区食品药品监督管理局、广州市食品药品监督管理局食品药品安全行政管理案

【法院】

广州铁路运输第一法院

【案号】

(2016)粤 7101 行初 1610 号

【当事人】

原告:胡某洋

被告:广州市海珠区食品药品监督管理局

法定代表人:罗某,局长

被告:广州市食品药品监督管理局

法定代表人:张某某,局长

【基本案情】

2015 年 11 月 25 日,原告向被告广州市海珠区食品药品监督管理局(以下简称海珠区食药监局)电话举报广州百佳超级市场有限公司晓港湾分店销售过期食品“双汇三明治火腿”,并于同年 12 月 9 日向被告海珠区食药监局补充提供了购物小票、实物照片等证据。2015 年 12 月 14 日,被告海珠区食药监局出具受理通知书,受理了原告的投诉。在原告电话投诉当天即 2015 年 11 月 25 日,被告海珠区食药

监局的执法人员前往位于广州市海珠区南洲路北晓港湾英华街111～119号二层的广州百佳超级市场有限公司晓港湾分店进行现场检查，并制作了现场检查笔录。经查，该店已取得《食品流通许可证》，现场检查该店销售的“双汇三明治火腿”，生产日期为2015年10月17日，有效期为90日，货架上剩余4个，未发现货架上有过期的“双汇三明治火腿”，也未在下架的食品仓库中发现生产日期为2015年8月22日的“双汇三明治火腿”。被告海珠区食药监局执法人员查看了该产品从2015年8月24日至今购销存记录及供货商证照，调阅了被投诉人广州百佳超级市场有限公司晓港湾分店从2015年11月8日至24日对该货架共7次的盘点记录，未发现该货架上有过期食品。同时，被告海珠区食药监局执法人员队对被投诉人广州百佳超级市场有限公司晓港湾分店的经理进行了询问，张某表示：“查看了商场从2015年8月至今的购进记录，并没有购进过生产日期为2015年8月22日的‘双汇三明治火腿’，而且查看了商场的销存明细表，该火腿至11月24日库存为9块，你们检查时我们货架上剩余的生产日期为10月17日的火腿为4块，仓库准备退货的生产日期为8月3日的火腿为5块，实物库存与系统库存是一致的。”被投诉人广州百佳超级市场有限公司晓港湾分店向被告海珠区食药监局提交了《情况说明》、《供货情况说明》、购进记录、进销存明细表、供货商证照等资料证明被投诉人广州百佳超级市场有限公司晓港湾分店没有购进过生产日期为2015年8月22日的“双汇三明治火腿”，其中供货商广州市增城桂盈商行出具的《供货情况说明》显示，从2015年8月至今向被投诉人广州百佳超级市场有限公司晓港湾分店供应“双汇三明治火腿”400克的商品共四批次，数量均为12个，生产日期分别为2015年8月3日、30日、10月17日和27日。2016年2月14日，被告海珠区食药监局作出穗海食药监函复[2016]022号《投诉举报复函》，将上述调查情况回复给原告，“认为没有确凿证据表明该商场存在经营超过保质期的预包装食品的行为。经合议，依据《食品药品行政处罚程序规定》第35条予以撤案”。原告不服，于2016年4月14日向被告广州市食品药品监督管理局（以下简称市食药监局）邮寄行政复议申请书及相关材料，被告市食药监局于2016年4月18日作出《行政复议受理通知书》，并于当天向被告海珠区食药监局发出《提出行政复议答复通知书》。被告海珠区食药监局于2016年4月28日提交书面《行政复议答复书》及相关证据材料。2016年6月7日，被告市食药监局作出穗食药行复[2016]《行政复议决定书》，根据《行政复议法》（2009年）第28条第1款第1项的规定，维持了被告海珠区食药监局作出的穗海食药监函复[2016]022号《投诉举报复函》。

【案件争点】

对被告海珠区食药监局作出的穗海食药监函复[2016]022号《投诉举报复函》的证据效力如何进行认定。

【裁判要旨】

《食品药品投诉举报管理办法(试行)》(2011年12月29日实施)第4条第1款规定:"各级食品药品监督管理部门主管本行政区域食品药品投诉举报工作。"被告海珠区食药监局对原告的投诉举报具有作出处理的职责。《食品安全法》(2015年)第148条第2款规定:"生产不符合食品安全标准的食品或者经营明知是不符合食品安全标准的食品,消费者除要求赔偿损失外,还可以向生产者或者经营者要求支付价款十倍或者损失三倍的赔偿金;增加赔偿的金额不足一千元的,为一千元。但是,食品的标签、说明书存在不影响食品安全且不会对消费者造成误导的瑕疵的除外。"经查,广州市海珠区人民法院在原告与广州百佳超级市场有限公司晓港湾分店、广州百佳超级市场有限公司买卖合同纠纷一案中,依照上述规定,于2016年1月29日作出(2015)穗海法民二初字第3929号民事判决书,现该民事判决已发生法律效力,其认定原告与被投诉人广州百佳超级市场有限公司晓港湾分店存在买卖合同关系,被投诉人广州百佳超级市场有限公司晓港湾分店存在销售过期食品的行为。根据《行政诉讼证据若干问题的规定》第70条的规定,生效的人民法院裁判文书可以作为定案的依据。被告海珠区食药监局以被投诉人广州百佳超级市场有限公司晓港湾分店的购进记录、《供货情况说明》进销存明细表、供货商证照及与工作人员的询问笔录等证据,证明被投诉人广州百佳超级市场有限公司晓港湾分店没有销售过期产品的意见,证据不足,缺乏法律支撑。

例案二 | 濮阳县魏氏食品有限公司与濮阳县食品药品监督管理局食品药品安全行政管理案

【法院】

范县人民法院

【案号】

(2018)豫0926行初25号

【当事人】

原告：濮阳县魏氏食品有限公司

法定代表人：魏某某，执行董事

被告：濮阳县食品药品监督管理局

法定代表人：梁某某，局长

【基本案情】

2017 年 12 月 4 日，濮阳县食品药品监督管理局（以下简称濮阳县食药监局）作出（濮县）食药监食行罚（2017）B02 号行政处罚决定书，认定原告濮阳县魏氏食品有限公司（以下简称濮阳县魏氏公司）未取得生产经营许可从事食品生产经营活动的行为涉嫌违反《食品安全法》（2015 年）第 35 条第 1 款的规定，违法行为轻微。根据《食品安全法》（2015 年）第 122 条的规定，决定对濮阳县魏氏公司处以没收违法所得 21，750 元；没收违法生产设备；没收违法生产的魏氏香肠 200 袋销售货款 7700 元；处以货值金额 12 倍罚款 352，200 元的处罚。该处罚决定书于 2017 年 12 月 4 日直接送达原告濮阳县魏氏食品有限公司法定代表人魏某某，未执行。原告濮阳县魏氏公司不服该行政处罚决定，向法院提起行政诉讼。

【案件争点】

被告濮阳县食药监局于 2017 年 12 月 4 日作出的（濮县）食药监食行罚（2017）B02 号行政处罚决定的证据是否充分。

【裁判要旨】

《行政处罚法》第 4 条规定，行政处罚遵循公正、公开的原则。设定和实施行政处罚必须以事实为依据，与违法行为的事实、性质、情节以及社会危害程度相当。第 5 条规定，实施行政处罚，纠正违法行为，应当坚持处罚与教育相结合，教育公民、法人或者其他组织自觉守法。《食品药品行政处罚程序规定》第 3 条规定，食品药品监督管理部门实施行政处罚，遵循公开、公平、公正的原则，做到事实清楚、证据确凿、程序合法、法律法规规章适用准确适当、执法文书使用规范。第 36 条规定，食品药品监督管理部门应当充分听取当事人的陈述和申辩。当事人提出的事实、理由或者证据经复核成立的，应当采纳。本案中，被告濮阳县食药监局接到案件移交函于 2017 年 2 月 28 日对案件依法立案后，为查明案件事实，采取了现场检查、询问调查等方式方法，但原告提出查封的 200 袋魏氏香肠的生产者、产品规格不明确，向华龙区超市销售的数量亦无相关证据予以印证，故被告提供的证据不足以证明该行政处罚决定认定的事实，且陈述申辩与陈述申辩复核程序错误。另被告认定原告违法行为轻微,其处罚决定不能达到与违法行为的事实、性质、情节以及社会危害程度相当之标准,不能达到教育公民、法人或者其他组织自觉守法之目的。综上所述,原告濮阳县魏氏公司请求撤销被告濮阳县食药监局作出的(濮县)食药监食行罚(2017)B02号行政处罚决定,于法有据。

例案三 | 任某仓与东莞市食品药品监督管理局食品药品安全行政管理案

【法院】

东莞市第一人民法院

【案号】

(2017)粤1971行初428号

【当事人】

原告:任某仓

被告:东莞市食品药品监督管理局

法定代表人:尹某某,局长

第三人:东莞市东城新福百货店

【基本案情】

2016年9月27日,原告任某仓向被告东莞市食品药品监督管理局(以下简称东莞市食药监局)投诉举报第三人东莞市东城新福百货店销售过期食品,反映其2016年9月24日到第三人处购买了如下食品:"陈村过桥米线(批号20151106B2,保质期10个月);美年达(小票上写着550 ml,生产日期2015年9月14日,保质期12个月)",上述食品均已超过保质期,请求东莞市食药监局查处。2017年1月18日,被告到第三人处进行询问调查,第三人确认原告投诉视频中的拍摄地点为第三人处,购买小票是第三人出具,但未能提供证据证明其未采购过购物视频中的过期食品。2016年12月28日,被告向原告作出(东)食药监投延告[2016]18122853号延期办理告知书,将办理答复期限延长30个工作日。结合各项证据,被告认为原告反映的第三人销售过期食品的违法事实成立,鉴于第三人违法行为轻微并及时纠正,没有发现造成危害后果,被告于2017年2月6日作出(东)食药监食责改[2017]18020607号《责令改正通知书》,责令第三人定期清理过期食品,不得销售超过保质期的食品。2017年2月12日,被告作出案涉(东)食药监投复[2017]18021251号《投诉举报答复函》,答复任某仓现场检查及询问调查情况,告知原告被告对第三人涉嫌经营超过保质期食品的行为立案调查，鉴于现场未发现超过保质期食品，同时第三人经营超过保质期食品的货值较低，没有造成危害后果，第三人也积极配合调查，故依据《行政处罚法》第 27 条第 2 款的规定，对第三人作出不予行政处罚的决定。对于原告在投诉举报中的奖励申请，根据东莞市食品安全举报奖励相关规定，以及结合案件查办情况，原告的举报线索不属于奖励情况，故对原告不予奖励。原告对上述《投诉举报答复函》不服，向法院提起诉讼。

【案件争点】

被告东莞市食药监局作出（东）食药监投复[2017]18021251 号《投诉举报答复函》的证据是否充足、合法。

【裁判要旨】

参照《食品药品投诉举报管理办法》第 5 条第 2 项的规定，地方各级食品药品监督管理部门主管本行政区域的食品药品投诉举报管理工作，主要履行的职责里包括调查处理本行政区域的食品药品投诉举报并发布相关信息。第 9 条规定，各级食品药品监督管理部门应当按照相关法律法规规定，对受理的投诉举报进行调查处理，并将处理结果反馈投诉举报人，及时解决和回应公众诉求。东莞市食药监局作为东莞市行政区域内的食品药品监督管理部门，依法享有对东莞市行政区域内的食品药品投诉举报进行调查处理并将处理结果反馈投诉举报人的法定职权。原告任某仓于 2016 年 9 月 27 日向被告东莞市食药监局进行投诉，被告受理后进行调查核实，进行延期并告知原告后，于 2017 年 2 月 12 日作出案涉《投诉举报答复函》并送达原告，其执法主体适格，程序合法。原告在第三人处消费，认为第三人存在销售过期食品的行为，遂持购物小票、实物照片等证据向被告投诉，要求被告对第三人的违法行为进行查处。被告提交了现场检查笔录、召回公告拟证明其对第三人进行了现场检查，未发现原告投诉的食品，且第三人同日针对被投诉食品作出了召回公告。但被告提交的上述证据，与被告现场检查的时间自相矛盾。首先，现场检查笔录上记录的检查时间，被检查人、执法人员的签名落款日期均为 2016 年 10 月 8 日，但检查笔录中出现"'香橙味美年达'4 瓶，其中 2 瓶生产日期为 2016 年 10 月 24 日（条形码：6922858233109，生产日期：2016 年 10 月 24 日，保质期：12 个月）"，即出现生产日期晚于检查日期的食品；其次，第三人的召回公告落款日期也为 2016 年 10 月 8 日，且第三人在该召回公告中表示"我公司也全力配合了食品药品监督管理局的检查工作"；最后，被告于庭后提交的情况说明中回复认为检查日期为"2016 年 10 月 8 日"为笔误，实际时间应为"2017 年 1 月 17 日"。被告对于其现场检查笔录的检查时间的说法相互矛盾,其检查时间难以确定,对被告提交的该份现场检查笔录、召回公告,审理法院认为缺乏真实性,不予采纳。故被告并未提交有效证据证明其有对第三人进行现场检查,从而被告在案涉《投诉举报答复函》中的调查情况中表示的已对第三人进行现场检查,在第三人的食品销售区未发现被投诉批次的食品的说法,缺乏事实依据和证据支持。因此,被告根据调查情况对第三人作出的不予行政处罚,进而对原告不予奖励答复的证据不足,审理法院不予支持。综上所述,被告作出案涉《投诉举报答复函》缺乏事实依据,主要证据不足。

三、裁判规则提要

(一)无论在行政决定中,还是诉讼过程中,证据的保护是至关重要的

对行政相对人而言,书证、物证、证人证言等证据的留存保护对维护自身合法权益是必不可少的。对行政机关及其工作人员来说,采集行政行为过程中的证据也能充分证明其行政行为的合法性、合理性。因此,针对诉讼过程中原被告各执一词的情况,证据的证明作用显得尤其重要。

(二)行政诉讼案件审理过程中,证据形式合法性直接关系到证据能否被法院采纳

行政诉讼中,认定案件事实的证据必须符合法律规定的要求,否则不具有证据效力。证据的合法性包括主体合法、形式合法、取得方式合法、程序合法。比如,证人应当出庭接受原被告双方的质询。凡是知道案件情况的单位和个人都有义务出庭作证,证明的事实与其年龄、智力状况或者健康状况相适应。一般情况下,证人应当出庭接受质询,证人确有困难不能出庭的,经人民法院许可,可以提交书面证言。若证人无“确有困难的”情况,未出庭接受质询,证据形式不合法,不能作为人民法院采纳的依据。

(三)利害关系人作为证人而作出的关联证明的证明力较弱

一份证据材料能否作为定案的根据,取决于是否具备证据能力以及证明力的大小。凡是知道案件情况的单位和个人都有义务出庭作证,生理上、精神上有缺陷或者年幼,不能辨别是非、不能正确表达的人,不能作证人。利害关系人可以作证人,但基于关联关系的影响,证明力相对非利害关系人较弱。然而,如果有其他证

据相印证,仍然可以作为定案的根据。

四、辅助信息

高频词条:

《行政诉讼法若干问题的解释》

第5条 行政诉讼法第三条第三款规定的“行政机关负责人”,包括行政机关的正职和副职负责人。行政机关负责人出庭应诉的,可以另行委托一至二名诉讼代理人。

第9条 复议机关决定维持原行政行为的,人民法院应当在审查原行政行为合法性的同时,一并审查复议程序的合法性。

作出原行政行为的行政机关和复议机关对原行政行为合法性共同承担举证责任,可以由其中一个机关实施举证行为。复议机关对复议程序的合法性承担举证责任。

食品药品纠纷案件裁判规则第13条：
食品药品监督管理部门行政行为违法导致消费者直接利益损害的，消费者可以提起行政赔偿诉讼或在行政诉讼中提出赔偿请求

〔**规则描述**〕：本规则的依据系《国家赔偿法》和《行政诉讼法》等，强调行政赔偿案件中易忽略的节点。食品药品监督管理部门行政行为违法导致消费者直接利益损害的，消费者可以提起行政赔偿诉讼或在行政诉讼中提出赔偿请求。根据最高人民法院《关于审理行政赔偿案件若干问题的规定》第4条的规定，行政诉讼可以一并提出赔偿请求，但行政赔偿诉讼须经赔偿义务机关先行处理。

一、类案检索大数据报告

截至2019年12月31日，以“消费者”“国家赔偿”为关键词，通过Alpha案例库、法信平台、北大法宝、中国裁判文书网等平台的对比分析，共检索并筛选到类案150件，整体情况如下：

如图13－1所示，从案件地域分布来看，涉案数最多的地域为北京市，共81件；其次为江苏省，共38件。

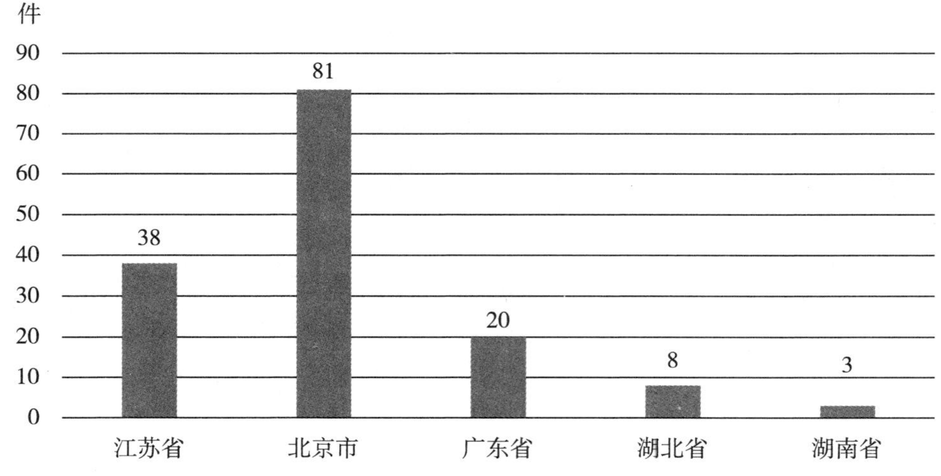

图13－1　案件地域分布情况

如图 13 －2 所示，从案件结案年份分布来看，最多的年份为 2015 年，共有 48 件；其次为 2016 年，共有 37 件。

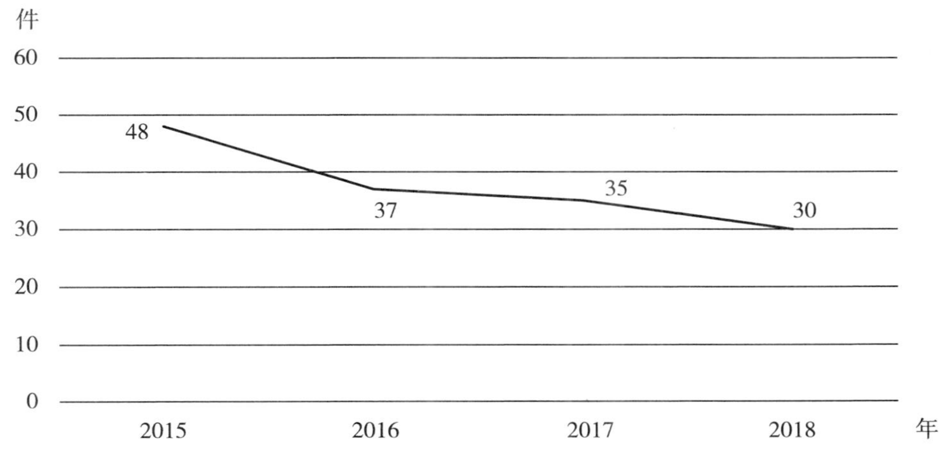

图 13 －2　案件结案年份分布情况

如图 13 －3 所示，从案件案由分类情况来看，行政其他最多，为 37 件；其次是行政复议，为 35 件。

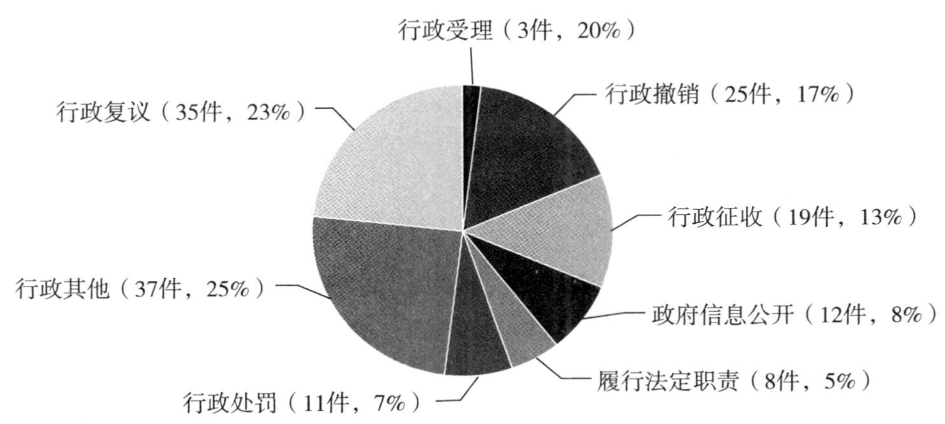

图 13 －3　案件案由分类情况

如图 13 －4 所示，从案件裁判结果分类情况来看，不支持的占 45%，部分支持的占 36%，其他的占 13%，未知的占 6%。

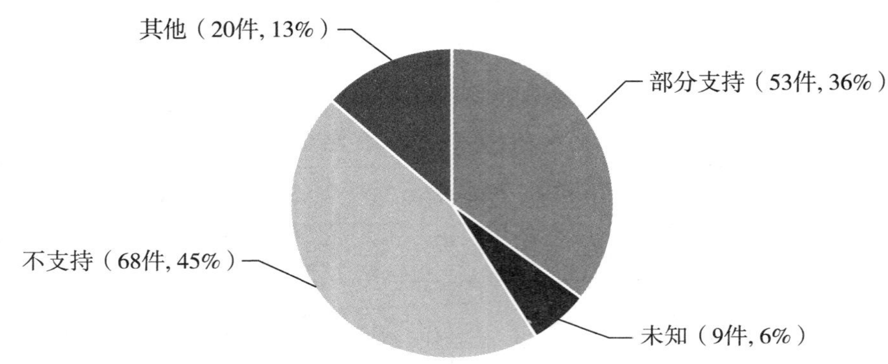

图 13－4　案件裁判结果分类情况

上述案例,均从正面印证了本裁判规则。

二、可供参考的例案

例案一 | 蔡某文与雷州市食品药品监督管理局食品药品安全行政管理案

【法院】

湛江经济技术开发区人民法院

【案号】

(2016)粤0891行初34号

【当事人】

原告:蔡某文

被告:雷州市食品药品监督管理局

法定代表人:姚某某,局长

【基本案情】

2015年10月13日凌晨,化州市桔丰肉品发展有限公司加工屠宰了17头生猪,该17头生猪的《动物检疫合格证明》显示的货主是雷州市泽惠食品有限公司,生产单位为化州市桔丰肉品发展有限公司(河西建设),目的地为广东省雷州市客路镇。雷州市泽惠食品有限公司将该生猪肉从广东省化州市桔丰肉品发展有限公司运回广东省雷州市客路镇前,向雷州市客路镇畜牧检疫站申请检疫,另外,猪胴体上盖有明显的检疫印章。原告从雷州市泽惠食品有限公司该批生猪中购进鲜生猪一头,进货价为11.40元一斤,即猪肉购进成本为11.40元×246斤=2558元,并取得了该头生猪的《广东省畜产品检验证明》,《广东省畜产品检验证明》显示的货主是雷州市泽惠食品有限公司,并盖有化州市桔丰肉品发展有限公司印章。原告将当天购得的生猪肉在客路镇农贸市场出售,被告雷州市食品药品监督管理局在客路镇农贸市场进行执法检查。被告执法人员检查原告猪肉时,原告出示了《广东省畜产品检验证明》原件和《动物检疫合格证明》复印件,被告认为原告等10人出示的《动物检疫合格证明》的货主为雷州市泽惠食品有限公司,不是原告本人名下的《动物检疫合格证明》,且是复印件,并以此为由,作出涉案的查封(扣押)决定书,于当日查扣了原告的鲜猪肉,查封物品期限是2015年10月13日至11月12日,并附有《查封(扣押)清单》。清单显示原告的鲜猪肉是56.5公斤,查封的方式为冷藏,但没有具体说明冷藏的条件和温度。至本案起诉之日,被告仍未就该鲜猪肉进行处理。原告称当天雷州市泽惠食品有限公司工作人员将化州市动物卫生监督所签发的《动物检疫合格证明》原件送到现场交被告方执法人员检查,并且原告在庭中出示了该《动物检疫合格证明》的原件。但被告称原告不配合调查,野蛮抗法,至本案起诉之日都没有提供《动物检疫合格证明》的原件,被告没有就该主张提供相应的依据。涉案的查封(扣押)决定书是被告以其名义作出的,被告称查封(扣押)原告的鲜猪肉的行为不需要审批,并且没有提供审批的依据。

【案件争点】

原告申请行政赔偿的诉讼请求是否有法律依据。

【裁判要旨】

参照广东省生猪定点屠宰厂管理制度相关规定,生猪屠宰后,经检疫、检验合格的,在生猪胴体上加盖检疫合格印章、肉品品质检验合格验讫印章,并发给《动物产品检疫合格证明》和《广东省畜产品检验证明》后方可出厂,货证同行,原告从雷州市泽惠食品有限公司购进的鲜猪肉,有屠宰厂签发的《广东省畜产品检验证明》和化州市动物卫生监督所签发的《动物检疫合格证明》,并且鲜猪肉还盖有检验检疫合格印章。原告称扣押当天雷州市泽惠食品有限公司工作人员将《动物检疫合格证明》原件送给被告方工作人员检查,并已经当庭出示了该证明的原件。被告称起诉之前无人提供《动物检疫合格证明》的原件,但没有提供相应的依据。即原告是在有《动物产品检疫合格证明》、《广东省畜产品检验证明》和生猪胴体上加盖了检疫合格印章的条件下在客路镇农贸市场出售生猪肉的。而被告称在市场出售的猪肉必须持有其本人名下的《动物检疫合格证明》原件,但在举证期限内没有提供相应依据。另外,依照《食品药品行政处罚程序规定》第27条规定:“食品药品监督管理部门在案件调查时,经分管负责人批准可以依法采取查封、扣押等行政强制措施,执法人员应当向当事人出具查封、扣押决定书。情况紧急,需要当场采取查封、扣押措施的,执法人员应当在查封扣押后24小时内向分管负责人报告,并补办批准手续。分管负责人认为不应当采取行政强制措施的,应当立即解除。"被告称该决定书已经单位负责人审批,但在举证期限内没有提供经分管负责人批准的依据,并称查封扣押原告的猪肉,不需要报批手续。因此,被告作出涉案的查封(扣押)决定书,依据不足。

被告作出涉案的查封(扣押)决定书违反法律规定,且至今仍未对查扣的鲜猪肉进行处理,远远超过查封的期限,因鲜猪肉属于新鲜食品,而被告没有提供冷藏条件和温度的依据,冷冻至今,已无法变现之前的价值。由此造成原告的损失,被告应当予以赔偿。被告查扣原告的鲜猪肉清单显示,原告被查扣的鲜猪肉是56.5公斤,即113斤。原告称过秤时其没有在场,并称每斤经营利润是1元,但没有提供相应的依据。依照《行政诉讼法》(2014年)第38条第2款:"在行政赔偿、补偿的案件中,原告应当对行政行为造成的损害提供证据。"的规定,原告的损失,应当以扣押清单的数额乘以成本价,又因购进鲜猪肉进货价为11.40元一斤,原告的损失为:113斤×11.40元=1288.20元。依照《行政诉讼法》(2014年)第76条,被告应赔偿原告经济损失1288.20元。

例案二 黄冈市兄弟粮油食品有限责任公司与黄冈市黄州区食品药品监督管理局食品药品安全行政管理案

【法院】

浠水县人民法院

【案号】

(2016)鄂1125行初49号

【当事人】

原告:黄冈市兄弟粮油食品有限责任公司

法定代表人:刘某某,董事长

被告:黄冈市黄州区食品药品监督管理局

法定代表人:柳某某,局长

【基本案情】

原告黄冈市兄弟粮油食品有限责任公司成立于2011年3月12日，其《企业法人营业执照》（注册号421100000020781）载明经营期限：2011年3月12日至2021年3月11日，经营范围包含预包装食品、散装食品以及大米（分装）销售等项。其《食品流通许可证》（编号SP4211001010000051）载明的经营方式为批发兼零售，经营项目是预包装食品、散装食品。2013年原告成为湖北省“放心粮油”黄冈配送中心的成员单位，承担全市放心粮油配送业务。

2015年5月4日，被告对原告进行现场检查时发现经营场所仓库的“成品区”存放有“瑞发茉莉香米”“希希桥米王”“嘉嘉乐二度梅香贡米”“大地丰歌七里香米”四种大米均超过保质期，随即认定上述大米处于待售状态，于当日以原告涉嫌销售超过保质期食品为由立案调查，并当场查封上述涉案大米1194包，后于2015年6月3日将查封期限延长至2015年7月2日。2015年7月1日，被告黄冈市黄州区食品药品监督管理局作出黄州食药监食罚［2015］J5015号《行政处罚决定书》，认定在原告销售场所（成品区）内发现上述涉案大米1194包均超过保质期，属于经营超过保质期食品行为，违反了《食品安全法》（2015年）第28条第1款第8项的规定，依据《食品安全法》（2015年）第85条第1款第7项的规定，对原告作出没收超过保质期的大米1194包并处以货值金额129,400元的5.1倍计659,940元罚款的行政处罚。《行政处罚决定书》以及《没收物品凭证》（黄州食药监食物凭［2015］SJ036号）于2015年7月1日送达原告，并将涉案大米没收异地存放。原告不服，于2015年7月9日向黄冈市人民政府申请行政复议，黄冈市人民政府于2016年1月22日作出黄复决字［2016］6号行政复议决定：撤销被告作出的黄州食药监食罚［2015］J5015号《行政处罚决定书》，责令被告依据《食品安全法》规定，处理该批超过保质期的涉案大米，消除食品安全隐患，防止其流入市场，并将处理情况以书面形式报告复议机关。该行政复议决定生效后，原告于2016年3月24日向被告申请行政赔偿，被告于2016年3月28日收到申请，但未作处理。2016年4月1日，被告在对此案进行再次讨论后，向被告送达了黄州食药监食罚告［2016］SJ003号《行政处罚事先告知书》。2016年4月11日被告作出黄州食药监食罚［2016］SJ007行政处罚决定：根据《食品安全法》（2015年）第87条第1款第4项的规定，责令改正，决定对原告作出警告的行政处罚。同日，被告对原告下达黄州食药食责改［2016］SJ5024号《责令改正通知书》，主要内容为：依据《行政处罚法》（2009年）第23条及《食品安全法》（2015年）第87条第1款第4项的规定，责令原告立即改正。

要求如下:(1)原告应当执行国家法律法规,严格建立和执行食品安全制度,完整记录食品进库、出库时间和贮存温度及其变化,遵循先进先出的原则,对库存食品定期检查,及时清理超过保质期的食品,发现变质和超过保质期食品应单独存放,做好标记并尽快处理,不得销售。(2)按照黄冈市人民政府黄复决字[2016]6号《行政复议决定书》的要求,对被告发现并前期扣押超过保质期的大米,应当在被告局的监督下处理,及时消除食品安全隐患,不得流入市场。原告不服,遂向法院提起本次诉讼。

【案件争点】

原告在本案中一并提出的行政赔偿请求应如何处理。

【裁判要旨】

被告黄冈市黄州区食品药品监督管理局是食品药品监督管理部门,其有权依照《食品安全法》的规定对本辖区内的食品经营活动实施食品监督管理。原告作为食品经营企业应当按照食品安全要求及时处理超过保质期的食品。本案中,被告在检查中发现原告没有定期检查并及时清理库存超过保质期的大米,有权依法对原告实施行政处罚,被告在其原行政决定被复议机关撤销后重新作出行政处罚不违背法律规定。《食品安全法》已于2015年4月24日进行了修订,自2015年10月1日起实施,修订后的《食品安全法》对被告适用的上述法律条文均已作出修改。该法对未按要求进行食品贮存的违法行为的罚则作了明确规定,被告于此后实施的行政管理行为也均应适用修订后的法律规定,但本案被告在2016年4月11日对原告做出的黄州食药监食罚[2016]SJ007号行政处罚决定、黄州食药食责改[2016]SJ5024号责令改正通知均适用修改前的法律规定,属于适用法律错误,依法应予以撤销。原告在提起行政诉讼的同时一并提出行政赔偿请求,但该赔偿请求的加害行为并非上述被诉行政行为,而是被告于2015年7月1日作出的黄州食药监食罚[2015]J5015号行政处罚决定,该处罚决定已被实际执行,且原告亦已在该行政处罚决定被复议机关撤销后向被告递交了国家赔偿申请,被告逾期未予赔偿,原告有权单独提起行政赔偿诉讼,故原告在本案中的赔偿请求应另案处理。

例案三　刘某雨与犍为县食品药品监督管理局食品药品安全行政管理(食品、药品)行政赔偿案

【法院】

乐山市市中区人民法院

【案号】

(2019)川 1102 行赔初 3 号

【当事人】

原告：刘某雨

被告：犍为县食品药品监督管理局

【基本案情】

2019 年 4 月 30 日，审理法院收到起诉人刘某雨的行政起诉状。诉状称：起诉人刘某雨在犍为县寿保乡花金村 7 组 34 号经营酒厂，被告犍为县食品药品监督管理局作出《查封决定书》，对起诉人的酒厂进行了查封，在查封期限届满的第二天，被告强行将起诉人的酒拉走，未出具相关合法手续，后又用不合格的塑料桶进行装运储存，造成起诉人的酒变质，甚至数量减少。现请求犍为县食品药品监督管理局赔偿因其违法实施行政行为给起诉人造成的损失 239,600 元。

【案件争点】

原告提出的行政赔偿请求是否符合法定条件。

【裁判要旨】

最高人民法院《关于审理行政赔偿案件若干问题的规定》第 21 条规定："赔偿请求人单独提起行政赔偿诉讼，应当符合下列条件：(1)原告具有请求资格；(2)有明确的被告；(3)有具体的赔偿请求和受损害的事实根据；(4)加害行为为具体行政行为的，该行为已被确认为违法；(5)赔偿义务机关已先行处理或超过法定期限不予处理；(6)属于人民法院行政赔偿诉讼的受案范围和受诉人民法院管辖；(7)符合法律规定的起诉期限。"根据该规定，加害行为为具体行政行为的，该行为已被确认为违法是单独提起行政赔偿诉讼的法定起诉条件之一，这既包含司法确认也包含行政确认。本案中，起诉人以犍为县食品药品监督管理局对其违法实施查封扣押，侵犯其合法权益为由向人民法院单独提起行政赔偿诉讼，但其未提交证据证明被诉的行政行为已被确认违法，因此，起诉人提起的行政赔偿诉讼不具备法定的起诉要件。

三、裁判规则提要

(一)消费者作为具体行政行为的行政相对人，在行政行为对其造成损害时有权获得救济

"有权利，必然有救济。"行政机关在管理、行使职权的过程中，应当严格遵守法

律法规的规定,在授权范围内严格控制权力,防止越权、滥用职权等严重损害行政机关权益、形象的行为发生。其中消费者作为有效的监督者之一,当行政行为损害其合法权益时,当然有权通过投诉、举报、行政复议、行政诉讼等合法途径进行救济。

(二)行政相对人对导致损害的行政行为可以在行政诉讼中提出赔偿请求,也可以经赔偿义务机关先行处理程序后,单独提出行政赔偿诉讼

食品药品监督管理部门的不作为致损、侵犯人身权或者财产权致损,消费者作为行政赔偿请求人可通过直接向行政赔偿义务机关提出赔偿请求或者提起行政复议、行政诉讼、行政赔偿诉讼的方式提出赔偿请求。行政赔偿诉讼区别于行政诉讼单独提出赔偿请求,该程序必须由赔偿义务机关实际处理,若仍不能达成一致,再提出行政赔偿诉讼。食品药品监督管理部门针对行政赔偿请求人的赔偿请求应在《国家赔偿法》规定的条件和期限内作出是否赔偿的决定。决定赔偿的,应就赔偿事由、款项根据国家标准及时作出赔偿决定书。

(三)侵犯财产权的行政行为最直接有效的赔偿方式应是积极依法返还、恢复原状

行政机关侵犯公民财产权的方式主要有以下几种:(1)违法实施罚款、吊销许可证和执照、责令停产停业、没收财物等行政处罚;(2)违法对财产采取查封、扣押、冻结等行政强制措施;(3)违反国家规定征收财物、摊派费用等。而对于违法罚款、吊销执照等侵权行为,依法返还罚没款项、恢复原状无疑是最有效的弥补途径。

(四)赔偿范围仅限于直接利益损害,损害可能的预期利益不是赔偿范围

行政赔偿是对行政行为造成行政相对人实际损害的补偿,若因为该行政行为造成了潜在的利益损失,因本身该利益是未可知的、不确定的,所以并不在行政赔偿的范围之内。

(五)行政赔偿诉讼中的举证责任倒置,由食品药品监督管理部门对行政行为合法负举证责任

根据《行政诉讼法》第32条的规定,被告对作出的具体行政行为负有举证责任,应当提供作出该具体行政行为的证据和所依据的规范性文件。根据《行政诉讼

法若干问题的解释》第 26 条的规定，在行政诉讼中，被告对其作出的具体行政行为承担举证责任。被告应当在收到起诉状副本之日起 10 日内提交答辩状，并提供作出具体行政行为时的证据、依据；被告不提供或者无正当理由逾期提供的，应当认定该具体行政行为没有证据、依据。最高人民法院《关于审理行政赔偿案件若干问题的规定》第 32 条规定，原告在行政赔偿诉讼中对自己的主张承担举证责任。被告有权提供不予赔偿或者减少赔偿数额方面的证据。行政赔偿诉讼中对是否存在违法行政行为实行举证责任倒置，由被告方举证。

作为行政相对人，对于行政机关的取证行为、如何作出行政行为的过程难以得到相关的证据来证明存在违法的行政行为。相关的证据均由行政机关收集、保管。因此，消费者无法在行政赔偿诉讼中提供有效的证据，由食品药品监督管理部门举证证明行政行为合法是合理的、高效的。

四、辅助信息

高频词条：

《国家赔偿法》

第 7 条 行政机关及其工作人员行使行政职权侵犯公民、法人和其他组织的合法权益造成损害的，该行政机关为赔偿义务机关。

两个以上行政机关共同行使行政职权时侵犯公民、法人和其他组织的合法权益造成损害的，共同行使行政职权的行政机关为共同赔偿义务机关。

法律、法规授权的组织在行使授予的行政权力时侵犯公民、法人和其他组织的合法权益造成损害的，被授权的组织为赔偿义务机关。

受行政机关委托的组织或者个人在行使受委托的行政权力时侵犯公民、法人和其他组织的合法权益造成损害的，委托的行政机关为赔偿义务机关。

赔偿义务机关被撤销的，继续行使其职权的行政机关为赔偿义务机关；没有继续行使其职权的行政机关的，撤销该赔偿义务机关的行政机关为赔偿义务机关。

食品药品纠纷案件裁判规则第 14 条：

食品经营者购进不符合食品安全标准的食品，其能够提供供货者食品合格证明文件，但采购食品未尽到充分的注意义务的，不能对其免予处罚

〔**规则描述**〕：食品经营者负有对采购食品的进货进行查验与记录的义务，当食品经营者违法经营时，应承担相应的法律责任，但是法律同时规定了食品经营者免予处罚的情形。食品经营者负有进货查验的义务，食品经营者购进不符合食品安全标准的食品，虽能够提供供货者食品合格证明文件，但采购食品未尽到充分的注意义务的，不能对其免予处罚。

一、类案检索大数据报告

截至 2019 年 12 月 31 日，以"生产经营者""供货者""合格证明""处罚"为关键词，通过 Alpha 案例库、法信平台、北大法宝、中国裁判文书网等平台的对比分析，共检索并筛选到类案 253 件，整体情况如下：

如图 14 – 1 所示，从案件地域分布来看，涉案数最多的地域为广东省，共 56 件；其次为北京市，共 43 件。

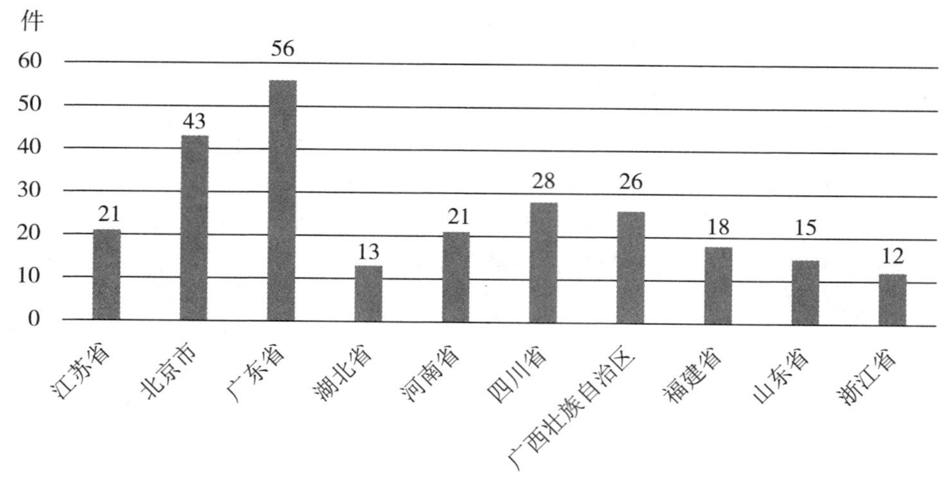

图 14 – 1 案件主要地域分布情况

如图 14－2 所示，从案件结案年份分布来看，最多的年份为 2019 年，共有 86 件；其次为 2018 年，共有 75 件。

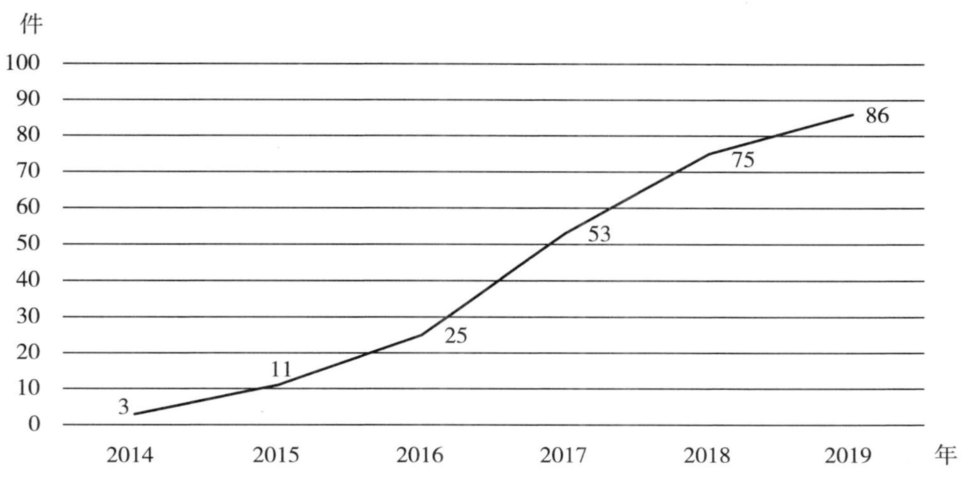

图 14－2　案件结案年份分布情况

如图 14－3 所示，从案件案由分类情况来看，涉及行政处罚的最多，共 80 件；其次是行政复议，共 65 件。

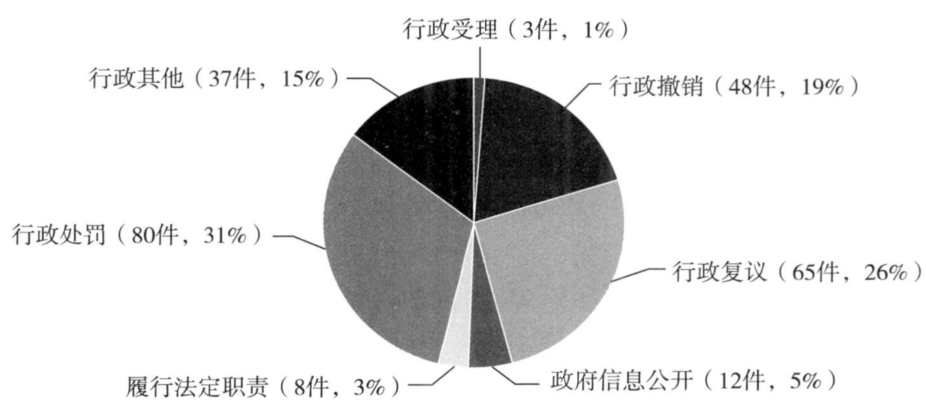

图 14－3　案件案由分类情况

如图 14－4 所示，从案件裁判结果分类情况来看，不支持的占 69%，完全支持的占 15%，部分支持的占 8%，未知的占 8%。

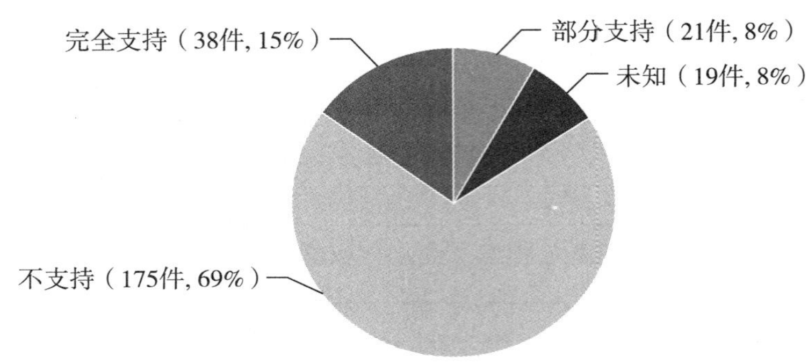

图 14－4　案件裁判结果分布

上述案例,均从正面印证了本裁判规则。

二、可供参考的例案

例案一　沃尔玛(浙江)百货有限公司绍兴柯桥笛扬路分店与洪某文行政处罚与行政复议纠纷

【法院】

浙江省高级人民法院

【案号】

(2017)浙行申1082号

【当事人】

再审申请人(二审被上诉人,一审第三人):沃尔玛(浙江)百货有限公司绍兴柯桥笛扬路分店

负责人:詹某某,总经理

再审被申请人(二审上诉人,一审原告):洪某文

二审被上诉人(一审被告):绍兴市柯桥区市场监督管理局

法定代表人:寿某某,局长

二审被上诉人(一审被告):绍兴市柯桥区人民政府

法定代表人:沈某某,区长

【基本案情】

2015年11月14日,洪某文向柯桥区市场监督管理局(以下简称柯桥区市场监管局)寄送《举报》一份,称其在沃尔玛(浙江)百货有限公司绍兴柯桥笛扬路分店

（以下简称沃尔玛笛扬店）购买的“其辉”牌相思干、五香切条均使用了食品添加剂阿斯巴甜（含苯丙氨酸），而食品安全国家标准取消了阿斯巴甜（含苯丙氨酸）在相关豆类制品中的使用许可，沃尔玛笛扬店属经营超范围使用食品添加剂的食品。同时，上述“其辉”豆干中使用的芝麻、辣椒未依照《预包装食品标签通则》的要求在配料表中如实标注，沃尔玛笛扬店属经营标签不符合食品安全国家标准的食品。故某志文要求柯桥区市场监管局予以查处。接到洪某文的举报信息后，柯桥区市场监管局执法人员于2015年11月25日对沃尔玛笛扬店进行检查，柯桥区市场监管局于同年11月26日对该案予以立案调查。经柯桥区市场监管局查明，上述相思干、五香切条和麻辣豆条三款产品由成都豆香食品有限公司生产，沃尔玛笛扬店系经由其总部配送进入店内销售。经检查，上述三款产品在其外包装标签配料和食品添加剂项标注的内容分别为：（1）相思干配料标注：大豆、水……食品添加剂：……阿斯巴甜（含苯丙氨酸）；（2）麻辣豆条配料标注：大豆、水……辣椒、花椒，食品添加剂：……阿斯巴甜（含苯丙氨酸）；（3）五香切条配料标注：大豆、水……食品添加剂：……阿斯巴甜（含苯丙氨酸）。检查证实原告举报反映的情况属实。被查获时，沃尔玛笛扬店销售的上述相思干、麻辣豆条、五香切条等三款产品的库存数量分别为173包、200包、163包。2015年11月27日，柯桥区市场监管局经对上述三款产品分别抽样后，委托绍兴市食品药品检验中心进行检验。2015年12月15日，绍兴市食品药品检验中心出具检验报告，检验结论为：所检项目符合GB 2760—2014《食品安全国家标准食品添加剂使用标准》要求，即上述三款产品均未检出阿斯巴甜成分。柯桥区市场监管局另查明，根据GB 2760—2014《食品安全国家标准食品添加剂使用标准》规定，食品添加剂阿斯巴甜不得用于豆类制品中；根据GB 7718—2011《预包装食品标签通则》的要求，产品配料应如实标注，而沃尔玛笛扬店所销售的五香切条产品未将配料芝麻在产品标签配料中进行如实标注。柯桥区市场监管局还查明，沃尔玛笛扬店提供了生产商成都豆香食品有限公司的营业执照、生产许可证和上述三款产品的产品质量检验报告，并在其食品电子台账中如实记录和提供了三款产品的进、销、存台账清单，履行了法律规定的进货查验和索证索票义务。

柯桥区市场监管局认为，沃尔玛笛扬店销售的上述三款产品在其外包装标签中标注有阿斯巴甜（含苯丙氨酸），但经检测实际在产品中未检出阿斯巴甜成分，五香切条产品未将配料芝麻在产品标签配料表中进行如实标注，其行为违反了《食品安全法》（2015年）第34条第13项的规定，根据该法第125条第1款第2项、第

136条的规定,柯桥区市场监管局决定没收上述库存的相思干173包、麻辣豆条200包、五香切条163包,并于2016年1月18日作出绍柯市监柯桥食罚[2016]24号行政处罚决定书。洪某文不服该处罚决定,依法向柯桥区人民政府申请行政复议。2016年5月23日,柯桥区人民政府经复议后作出绍柯区复决字(2016)第3号行政复议决定书,决定维持柯桥区市场监管局作出的行政处罚决定。洪某文仍不服,遂提起行政诉讼。

一审法院经审理认为,本案第三人沃尔玛笛扬店销售的三款涉案产品的外包装标签中,均标注有食品添加剂阿斯巴甜(含苯丙氨酸),但实际经检验未检出阿斯巴甜成分;销售的五香切条产品未在标签配料表中如实标注配料芝麻,其行为属经营标签不符合食品安全标准的食品的行为,依照《食品安全法》(2015年)第125条的规定应予处罚。《食品安全法》(2015年)第136条规定,食品经营者履行了本法规定的进货查验等义务,有充分证据证明其不知道所采购的食品不符合食品安全标准,并能如实说明其进货来源的,可以免予处罚,但应当依法没收其不符合食品安全标准的食品。本案中,沃尔玛分店销售的涉案产品均由其企业总部配送进入,依照《食品安全法》(2015年)第53条第3款的规定,可以由其企业总部统一查验供货者的许可证和食品合格证明文件,进行食品进货查验记录。且沃尔玛笛扬店亦能提供供货者的生产许可证、产品质量检验报告,并建立有涉案产品的进、销、存电子台账记录,已依法履行了进货查验义务。故可依照《食品安全法》(2015年)第136条的规定对沃尔玛笛扬店免予处罚,并对其不符合食品安全标准的食品予以没收。原告提出第三人未履行进货查验义务,其行为不属可以免予处罚的行为的意见,审理法院不予采纳。

二审法院经审理认为,《食品安全法》(2015年)第136条规定:"食品经营者履行了本法规定的进货查验等义务,有充分证据证明其不知道所采购的食品不符合食品安全标准,并能如实说明其进货来源的,可以免予处罚,但应当依法没收其不符合食品安全标准的食品;造成人身、财产或者其他损害的,依法承担赔偿责任。"据此,只有在食品经营者履行了进货查验等法定义务,不知道所采购的食品不符合食品安全标准,能如实说明进货来源的情况下,方可适用该规定。根据GB 2760—2014《食品安全国家标准食品添加剂使用标准》的规定,食品添加剂阿斯巴甜不得用于豆类制品中。虽然经绍兴市食品药品检验中心检测,涉案相思干、麻辣豆条、五香切条三款豆制品实际未含有阿斯巴甜成分,然上述三款食品的外包装标签"食品添加剂"一栏中明确标注有"阿斯巴甜(含苯丙氨酸)",清晰可见,食品经营者进货查验时稍加注意便能发现。但是，现有证据不能证明沃尔玛笛扬店或其总部已尽到必要充分的进货查验义务，被上诉人柯桥区市场监管局认定沃尔玛笛扬店已履行法定进货查验义务的依据不足，所作出的行政处罚决定属主要证据不足、适用法律错误，依法应予撤销。

【案件争点】

柯桥区市场监管局依据《食品安全法》(2015年)第136条的规定，作出被诉绍柯市监柯桥食罚〔2016〕24号行政处罚决定，证据是否充分、适用法律是否正确。

【裁判要旨】

根据《食品安全法》(2015年)第136条的规定可知，只有在食品经营者履行了进货查验等法定义务，且有充分证据证明其不知道或不应知道所采购的食品不符合食品安全标准，能如实说明进货来源的情况下，方可适用该规定。再审申请人虽能提供供货者的生产许可证、产品质量检验报告，并建立有涉案产品的进、销、存电子台账记录，但根据GB 2760—2014《食品安全国家标准食品添加剂使用标准》的规定，食品添加剂阿斯巴甜不得用于豆类制品中，而案涉三款食品的外包装标签“食品添加剂”一栏中明确标注有“阿斯巴甜(含苯丙氨酸)”。作为大型超市，再审申请人应具有比一般消费者甚至一般的食品经营者更高的注意义务，其以《食品安全国家标准食品添加剂使用标准》内容繁杂等为由主张不应知道所采购的食品不符合食品安全标准，理由并不充分，不能证明其尽到了必要充分的进货查验义务。

例案二 | 生命科技(中山)生物药业有限公司、广东省食品药品监督管理局食品药品安全行政管理案

【法院】

广东省高级人民法院

【案号】

(2016)粤行终1911号

【当事人】

上诉人(原审原告)：生命科技(中山)生物药业有限公司

法定代表人：吕某某，董事长

被上诉人(原审被告)：广东省食品药品监督管理局

法定代表人：骆某某，局长

被上诉人(原审被告):国家食品药品监督管理总局

法定代表人:毕某某,局长

【基本案情】

2004年1月17日,生命科技(中山)生物药业有限公司(以下简称生命科技公司)成立。该公司的经营范围是特殊营养食品、药品生产销售,经营期限至2024年1月17日。2010~2011年,生命科技公司多次向浙江省新昌县华星胶丸厂(以下简称华星厂)、新昌县瑞香胶丸有限公司(以下简称瑞香胶丸公司)购进空心胶丸,用于制造胶囊剂药品等。2011年1月1日,广东省食品药品监督管理局(以下简称广东食药监局)颁发编号为粤201103××的《药品生产许可证》,许可生命科技公司生产片剂,硬胶囊剂(含青霉素类、头孢菌素类),颗粒剂(含青霉素类),散剂,酒剂,糖浆剂的药品,有效期至2015年12月31日。2012年4月17日,国家药监局对华星厂等企业存在生产、销售铬超标空心胶囊的严重违法违规行为予以公告。从2012年4月18日起,中山市食品药品监督管理局(以下简称中山食药监局)对生命科技公司进行多次检查,对其库存的华星厂、瑞香胶丸公司等生产的空心胶囊,以及该公司使用上述空心胶囊生产的胶囊剂药品,进行查封和现场抽样。经中山市药品检验所检验,生命科技公司从2010年10月8日至2011年6月16日生产的5个品种共7批次胶囊剂药品中铬含量超过《中华人民共和国药典》(2010年版第2部)明胶空心胶囊项下检测项目"铬"的国家标准。2012年5月7日,中山食药监局向生命科技公司依法送达检验报告书,生命科技公司在法定期限内未提出复检申请。同日,中山食药监局为查清不合格产品生产情况及销售流向,向生命科技公司发送责令提供胶囊剂药品资料通知书,要求其于2012年5月8日17时前提供涉案的相关资料。生命科技公司逾期提供完整的会计账册、药品销售发票和相应的销售清单。2012年5月8日,中山食药监局执法人员依法对生命科技公司进行检查时,在其办公电脑中发现销售客户汇总表,执法人员当场要求销售部经理李某立即提供该表,李某以涉及企业经营秘密为由,指令档案管理人员拒绝提供,并拒绝在现场检查笔录上签字。中山食药监局执法人员邀请中山市卫生监督所火炬开发区分所工作人员到现场见证。僵持两个小时后,李某才在现场检查笔录上签字,并提供销售客户汇总表。为查清生命科技公司铬超标胶囊剂药品的销售流向,从2012年5月10日起,中山食药监局按照生命科技公司于2012年5月7日提供的销售流向中的16个购货企业名单,向企业所在地食品药品监督管理局发出协助召回药品函,部分地市食品药品监督管理局的回函证实,生命科技公司提供的铬超标胶囊剂药品销售情况与事实不符。

2012 年 5 月 15 日，中山食药监局向生命科技公司发送再次责令提供胶囊剂药品资料通知书，责令该司于 2012 年 5 月 16 日之前提供前述资料。生命科技公司于 2012 年 6 月 4 日才提供利福平等 10 个药品销售流向表，但未能完整提供 2010 年 10 月 1 日后，购进药用空心胶囊和所有销售胶囊剂药品的会计账册。中山食药监局经调查核实，生命科技公司生产的利福平胶囊、阿莫西林胶囊、奥美拉唑肠溶胶囊、氨苄西林胶囊、头孢拉定胶囊 5 个品种共 7 个批次铬超标胶囊剂药品违法所得共计 538,277.55 元。

2012 年 8 月 24 日，中山食药监局到生命科技公司办公场所送达中药罚先告（2012）82 号行政处罚事先告知书、中药听告（2012）45 号听证告知书，告知生命科技公司拟对其作出的处罚决定的事实理由、依据及生命科技公司享有的陈述、申辩权和于 3 日内要求听证的权利，因生命科技公司拒绝签收，中山食药监局留置送达。生命科技公司于 2012 年 8 月 29 日向中山食药监局邮寄一份签署日期为 2012 年 8 月 28 日的听证申请，中山食药监局认为听证申请超过法定期限，未组织听证。

2012 年 8 月 31 日，中山食药监局作出中药行罚（2012）180 号行政处罚决定（以下简称 180 号处罚决定），认为生命科技公司于 2010 年 10 月 8 日至 2011 年 6 月 16 日，生产的利福平胶囊、阿莫西林胶囊、奥美拉唑肠溶胶囊、氨苄西林胶囊、头孢拉定胶囊 5 个品种共 7 个批次铬超标胶囊剂药品，经中山市药品检验所检验，项目中铬含量超过国家标准，属劣药，且生命科技公司存在拒绝、逃避监督、检查等从重处罚情节，决定对该公司作出行政处罚。2012 年 11 月 2 日，生命科技公司申请行政复议，请求撤销 180 号处罚决定。广东食药监局经审理作出行政复议决定，维持 180 号处罚决定。2013 年 1 月 25 日，生命科技公司提起行政诉讼，请求撤销 180 号处罚决定。中山市第一人民法院作出（2013）中一法行初字第 71 号行政判决，认为中山食药监局认定生命科技公司生产涉案胶囊剂药品铬超标，按劣药处理并无不当，生命科技公司有拒绝、逃避监督检查和伪造、隐匿有关证据材料等法定从重处罚情节，180 号处罚决定合法，判决驳回生命科技公司的诉讼请求。生命科技公司上诉，中山市中级人民法院作出（2013）中法行终字第 85 号行政判决，判决驳回上诉，维持原判。

2012 年 9 月 10 日，中山食药监局认为生命科技公司生产劣药情节严重，向广东食药监局提请吊销生命科技公司药品生产许可证。2012 年 10 月 10 日，广东食药监局决定立案。2013 年 11 月 29 日，广东食药监局作出粤药罚先告（2013）14 号行政处罚事先告知书和粤食药监罚听告(2013)10号行政处罚听证告知书,告知生命科技公司拟对其作出吊销药品生产许可证的行政处罚,以及其依法享有陈述、申辩、听证权。生命科技公司提出听证申请,2014年6月4日,广东食药监局经重大案件集体讨论,于2015年6月8日作出粤药行罚(2015)1号《行政处罚决定》(以下简称1号吊证处罚),决定吊销生命科技公司药品生产许可证。2015年10月20日,生命科技公司申请行政复议。2016年4月20日,国家药监局作出食药监复决字(2015)128号行政复议决定,维持1号吊证处罚,并将行政复议决定书邮寄送达生命科技公司和广东食药监局。

【案件争点】

生命科技公司在生产药品前对药品原料、辅料进行了申报,药监部门审查后发放批准文号,能否减轻或免除其法律责任。

【裁判要旨】

法院经审理认为,《药品管理法》(2001年)第11条规定:"生产药品所需的原料、辅料,必须符合药用要求。"第12条规定:"药品生产企业必须对其生产的药品进行质量检验;不符合国家药品标准或者不按照省、自治区、直辖市人民政府药品监督管理部门制定的中药饮片炮制规范炮制的,不得出厂。"第49条规定:"禁止生产、销售劣药。药品成分的含量不符合国家药品标准的为劣药……"生命科技公司作为药品生产企业,应对其出厂药品在整体上符合药用安全标准承担责任,其于2010年10月8日至2011年6月16日生产的利福平胶囊、阿莫西林胶囊、奥美拉唑肠溶胶囊、氨苄西林胶囊、头孢拉定胶囊5个品种共7个批次胶囊剂药品经检测"铬"超标的事实清楚,主观上是否知悉空心胶囊"铬"超标不影响涉案产品属劣药的事实认定,也不是减轻或免除其作为药品生产者责任的法定理由。生命科技公司认为其主观上没有违法故意,处罚的主要证据不足的意见不能成立,其主张涉案药品胶囊铬含量超标责任在于上游厂家,该药品在生产时已经检验合格依据不足。

例案三 济南市市中区食品药品监督管理局与济南海满航商贸有限公司食品药品安全行政处罚案

【法院】

济南市中级人民法院

【案号】

2019 鲁 01 行终 48 号

【当事人】

上诉人(原审被告):济南市市中区食品药品监督管理局

法定代表人:汪某某,局长

被上诉人(原审原告):济南海满航商贸有限公司

法定代表人:孙某某,总经理

【基本案情】

2018 年 5 月 11 日,被告济南市市中区食品药品监督管理局(以下简称区食药监局)收到国家食药监总局内网下发的检验报告一份,样品为原告济南海满航商贸有限公司(以下简称海满航公司)在兖州大润发销售的鲤鱼,因为其中地西泮项目不符合农业部公告第 235 号《动物性食品中兽药最高残留限量》要求,检验结论为不合格。2018 年 5 月 11 日,被告区食药监局对原告进行现场检查,未发现 2018 年 4 月 17 日国家食品安全抽检不合格的鲤鱼,原告公司经理裴某令称该批鲤鱼共购进 60 斤,已全部售完毕。在调查过程中,原告称涉案鲤鱼是原告 2018 年 4 月 17 日从济宁市兖州区宁路水产商行购进的,并提供了供货商济宁市兖州区宁路水产商行的《营业执照》复印件、购买票据及进货查验台账记录。

被告于 2018 年 5 月 24 日向济宁市兖州区食品药品监督管理局要求协助调查:(1)济宁市兖州区宁路水产商行是否为该局辖区内的合法经营企业,请其提供其相关资质复印件;(2)原告向被告提供的济宁市兖州区宁路水产商行向其销售鲤鱼的单据是否真实有效。济宁市兖州区食品药品监督管理局复函并附《营业执照》、现场拍摄照片,复函及附件主要内容为:经营场所为济宁市兖州区息马地农贸市场一楼鱼市区 23 ~24 号为空摊位,无人经营;1 号摊位的墙壁上悬挂着经营者为徐某路的个体工商户营业执照,徐某路已经离开鱼市一个多月,摊位已转让给他人。因无法找到徐某路本人,无法确定销售鲤鱼的单据是否真实。2018 年 6 月 26 日,被告区食药监局立案调查,后向原告下达《行政处罚事先告知书》和《听证告知书》。根据原告申请,2018 年 7 月 20 日举行公开听证,2018 年 7 月 25 日作出《听证意见书》。2018 年 8 月 1 日,被告区食药监局作出(济市中)食药稽食罚[2018]54 号《行政处罚决定书》,对原告作出下列处罚:(1)没收违法所得肆拾贰元整(￥:42.00),其使用的工具、设备等物品不予没收;(2)处伍万元整(￥:50,000.00)罚款,罚没款合计伍万零肆拾贰元整(￥:50,042.00)的行政处罚,同时,依据《行政处罚法》第23条的规定,责令原告立即改正违法行为。另查明:济宁市兖州区食品药品监督管理局2018年6月28日作出(兖)食药监食流罚[2018]9号《行政处罚决定书》,被处罚人兖州大润发商业有限公司,因销售涉案鲤鱼被罚款5000元,没收非法所得30元。其中该处罚决定书认定:被处罚人违法所得较小,没有引发食品安全事件,事后积极改正,将被抽检散装鲤鱼及时下架并予以全部处理,未再销售。

【案件争点】

被上诉人海满航公司是否符合《食品安全法》第136条中规定的可以对食品经营者免予处罚的情形。

【裁判要旨】

《食品安全法》第136条规定:"食品经营者履行了本法规定的进货查验等义务,有充分证据证明其不知道所采购的食品不符合食品安全标准,并能如实说明其进货来源的,可以免予处罚……"《山东省食品药品监管系统执法办案指导意见(一)》第5条"关于食品经营者免予处罚的认定问题"对《食品安全法》第136条规定进行了进一步明确,即不合格食品经营者请求免予处罚应当同时满足以下三个条件:

(1)履行了《食品安全法》规定的进货查验等义务,农产品应当提供产地证明或者购货凭证,如实记录进货查验情况;

(2)有充分证据证实其不知道所采购的食品不符合安全标准;

(3)如实说明进货来源,提供供货方名称、地址、联系方式且经查证属实。

被上诉人海满航公司对其查验义务履行情况仅提供了《食品进货检查验收台账》一份予以证实,经核对,该台账仅记录了鲤鱼的查验情况,这与其提供的手写进货清单(收据)上所记载的进货情况(每次除鲤鱼外,另有草鱼等其他鱼种)并不一致,该证据的真实性和可信度较低。除此之外,被上诉人并未提供任何其他证据证实其履行了进货查验义务。而相关法律法规并未规定,对于生鲜产品,可以降低食品经营者的进货查验标准。因此,被上诉人对其已经依法适当履行进货查验义务的主张举证不足,该主张审理法院不予支持。

被上诉人海满航公司提供了供货商的营业执照、地址,但未提供联系方式。上诉人区食药监局依照国家食品药品监督管理总局《关于印发〈食品药品案件协查管理规定〉的通知》相关规定,委托违法行为发生地兖州区食品药品监督管理局进行协助调查,发现被上诉人提供的济宁市兖州区宁路水产商行已不在登记地经营。

被上诉人并未继续提供其他线索以供查明该水产商行或经营者徐某路的下落。《食品安全法》第 136 条之所以要求不合格食品的经营者提供上游食品经销商或者生产商，其目的在于追查上游不合格食品生产经营者并对其进行制裁，以惩治违法行为人、规范整顿食品经营市场。提供可以查证属实的上游生产经营者系不合格食品经营者是其请求免予处罚的重要条件之一，当然由其承担举证责任。执法机关应在职责范围内，对不合格食品经营者提供的信息进行查证。本案中，上诉人已通过合法方式调查取证仍无法查证属实，不利后果应当由被上诉人承担。同时，被上诉人作为食品经营企业，应依法规范经营，其仅提供手写进货清单（收据）一份，而未提供据以证实交易真实发生的购销合同、发票、支付凭证等证据，反映出被上诉人在经营管理方面的不规范和选择供货经销商方面的不慎重。依据现有证据，审理法院认为被上诉人未完成“如实说明进货来源并经查证属实”的举证责任，对其主张不予采信。

三、裁判规则提要

“民以食为天”，食品安全直接关乎每一个人的身体健康。一方面，在 2000 年至 2008 年数起严重的食品安全事件爆发后，消费者对中国食品安全产生了担忧，一些领域的市场信心受到挫伤；另一方面，中国出口的食品也曾因不符合进口国的食品安全标准而无法进入相关市场。在此背景下，全国人大常委会于 2009 年 2 月 28 日通过了《食品安全法》，而相关的免检制度也随之被废止。在“免检”时代，企业以获得该称号为荣，但这也为之后发生系统性食品安全风险埋下了祸根，《食品安全法》出台的目的就是以制度应对人性固有的缺陷，建立长效的、自动化的机制保障人民的饮食安全。在《食品安全法》中对相关的食品生产者、经营者规定了较重的法律责任，但这些惩戒并非目的而是手段，制度的设计实际上是为了营造安全放心的食品环境，因此在 2015 年对《食品安全法》进行修订之后，也规定了对食品经营者免予处罚的情形。在一些食品不符合食品安全标准的事件中，食品经营者或许本身并无主观恶意，也或许是囿于现有的技术手段或人员短缺，无法对所有采购的食品中不符合食品安全标准的部分作出甄别，不进行辨别而对所有的食品生产者、经营者苛以沉重的法律责任无疑是不妥的，为此《食品安全法》第 136 条规定了可以对食品经营者免予处罚之情形。应该注意的是，司法实践中对于该条之适用存在疑虑，主要的争议是食品经营者履行该条规定之义务应达到何种程度方能满足免予处罚的条件。

(一)食品经营者负有进货查验等义务

食品经营者采购食品,负有查验供货者的许可证和食品出厂检验合格证等合格证明文件的义务,还负有建立食品进货记录制度的义务,这些制度的建构设计旨在维护公众的人身安全,保护社会公共利益。2015 年 4 月 24 日修订的《食品安全法》第 53 条规定:食品经营者采购食品,应当查验供货者的许可证和食品出厂检验合格证或者其他合格证明(食品合格证明文件)。食品经营企业应当建立食品进货查验记录制度,如实记录食品的名称、规格、数量、生产日期或者生产批号、保质期、进货日期以及供货者名称、地址、联系方式等内容,并保存相关凭证。记录和凭证保存期限应当符合该法第 50 条第 2 款的规定,实行统一配送经营方式的食品经营企业,可以由企业总部统一查验供货者的许可证和食品合格证明文件,进行食品进货查验记录。从事食品批发业务的经营企业应当建立食品销售记录制度,如实记录批发食品的名称、规格、数量、生产日期或者生产批号、保质期、销售日期以及购货者名称、地址、联系方式等内容,并保存相关凭证。在原法律条文的基础上进一步规定了食品经营者的食品进货查验记录制度,从制度设计上加重了食品经营者的责任,体现了对社会公共利益的维护。

(二)某些食品经营者能够提供供货者的生产许可证、产品质量检验报告,并建立有涉案产品的进、销、存电子台账记录也不必然符合食品经营者免予处罚的情形

2015 年修订的《食品安全法》第 125 条规定了四类违法生产经营行为的法律责任,但是第 136 条又规定了对食品经营者免予处罚的情形,即食品经营者履行了该法规定的进货查验等义务,有充分证据证明其不知道所采购的食品不符合食品安全标准,并能如实说明其进货来源的,可以免予处罚,但应当依法没收其不符合食品安全标准的食品;造成人身、财产或者其他损害的,依法承担赔偿责任。从条文可知,食品经营者须满足如下三个条件方可免予处罚:(1)履行《食品安全法》规定的进货查验等义务;(2)有充分证据证明其不知道所采购的食品不符合食品安全标准;(3)能如实说明其进货来源。食品经营者能够提供《食品安全法》中规定的相关合格证明文件以及进、销、存电子台账记录仅仅是证明其不知道所采购食品不符合食品安全标准的要素之一。对于食品外包装的标注,食品经营者负有进货查验义务,尤其是在例案一中,涉案的再审申请人属于大型的超市,其配有专业的人

员进行检查，而对于外包装上的标注明显不符合《食品安全法》规定的食品，食品经营者稍加注意便能发觉，在现有的计算机系统辅助下，安全标准中涉及的种类繁多不应成为其抗辩不知道所采购的食品不符合食品安全标准的合理理由。此外，需要强调的是，大型食品经营者负有更高的注意义务并不意味着小规模的经营者能够降低其在食品生产经营过程中的检查、核验等责任，而是说，相较于小规模经营者，大型食品经营者具有更加专业的人员与更加丰富的资源及技术，其更应注意到食品是否符合安全标准。

（三）明确食品经营者的审查义务及范围是对消费者人身权益的保障

《食品安全法》中规定食品经营者的进货查验记录义务属于形式上的审查义务，在本案中亦未突破法律之规定给予食品经营者更重的审查义务，而是明确了对食品外包装标注信息的查验与注意亦属于食品经营者的进货查验范围，若食品外包装有显著标识的不符合食品安全标准的内容，食品经营者便没有充分的证据证明其不知道采购的食品不符合食品安全标准。将对外包装的注意义务归属到食品经营者的审查范围，能够防止食品经营者以其能提供相关合格证明为由逃避行政处罚，同时还能起到对公众身体健康以及生命安全保护的作用。对于较大规模的经营者，其涉及的消费者群体多，若发生危害波及面更加广泛，其应当承担更重的注意义务，当然，不能苛求每一环节的食品经营者对所有采购的食品进行检验以保证其全方面符合每一项食品安全标准，因为这既不经济也不现实，只要在食品经营者履行了合理注意义务范围内未能发现食品不符合安全标准，就应当判定其符合相应的免予处罚的条件。对食品经营者规定豁免条款，能够促使其在既定的标准下履行法律规定的查验义务，构建起我国食品安全领域的防范体系，从而降低发生食品安全事故的风险，保障每一个消费者的人身权益。

四、辅助信息

高频词条：

《食品安全法》

第34条 禁止生产经营下列食品、食品添加剂、食品相关产品：

（一）用非食品原料生产的食品或者添加食品添加剂以外的化学物质和其他可能危害人体健康物质的食品，或者用回收食品作为原料生产的食品；

（二）致病性微生物，农药残留、兽药残留、生物毒素、重金属等污染物质以及其

他危害人体健康的物质含量超过食品安全标准限量的食品、食品添加剂、食品相关产品;

(三)用超过保质期的食品原料、食品添加剂生产的食品、食品添加剂;

(四)超范围、超限量使用食品添加剂的食品;

(五)营养成分不符合食品安全标准的专供婴幼儿和其他特定人群的主辅食品;

(六)腐败变质、油脂酸败、霉变生虫、污秽不洁、混有异物、掺假掺杂或者感官性状异常的食品、食品添加剂;

(七)病死、毒死或者死因不明的禽、畜、兽、水产动物肉类及其制品;

(八)未按规定进行检疫或者检疫不合格的肉类,或者未经检验或者检验不合格的肉类制品;

(九)被包装材料、容器、运输工具等污染的食品、食品添加剂;

(十)标注虚假生产日期、保质期或者超过保质期的食品、食品添加剂;

(十一)无标签的预包装食品、食品添加剂;

(十二)国家为防病等特殊需要明令禁止生产经营的食品;

(十三)其他不符合法律、法规或者食品安全标准的食品、食品添加剂、食品相关产品。

第53条 食品经营者采购食品,应当查验供货者的许可证和食品出厂检验合格证或者其他合格证明(以下称合格证明文件)。

食品经营企业应当建立食品进货查验记录制度,如实记录食品的名称、规格、数量、生产日期或者生产批号、保质期、进货日期以及供货者名称、地址、联系方式等内容,并保存相关凭证。记录和凭证保存期限应当符合本法第五十条第二款的规定。

实行统一配送经营方式的食品经营企业,可以由企业总部统一查验供货者的许可证和食品合格证明文件,进行食品进货查验记录。

从事食品批发业务的经营企业应当建立食品销售记录制度,如实记录批发食品的名称、规格、数量、生产日期或者生产批号、保质期、销售日期以及购货者名称、地址、联系方式等内容,并保存相关凭证。记录和凭证保存期限应当符合本法第五十条第二款的规定。

第125条 违反本法规定,有下列情形之一的,由县级以上人民政府食品药品监督管理部门没收违法所得和违法生产经营的食品、食品添加剂,并可以没收用于违法生产经营的工具、设备、原料等物品；违法生产经营的食品、食品添加剂货值金额不足一万元的，并处五千元以上五万元以下罚款；货值金额一万元以上的，并处货值金额五倍以上十倍以下罚款；情节严重的，责令停产停业，直至吊销许可证：

（一）生产经营被包装材料、容器、运输工具等污染的食品、食品添加剂；

（二）生产经营无标签的预包装食品、食品添加剂或者标签、说明书不符合本法规定的食品、食品添加剂；

（三）生产经营转基因食品未按规定进行标示；

（四）食品生产经营者采购或者使用不符合食品安全标准的食品原料、食品添加剂、食品相关产品。

生产经营的食品、食品添加剂的标签、说明书存在瑕疵但不影响食品安全且不会对消费者造成误导的，由县级以上人民政府食品药品监督管理部门责令改正；拒不改正的，处二千元以下罚款。

第 136 条　食品经营者履行了本法规定的进货查验等义务，有充分证据证明其不知道所采购的食品不符合食品安全标准，并能如实说明其进货来源的，可以免予处罚，但应当依法没收其不符合食品安全标准的食品；造成人身、财产或者其他损害的，依法承担赔偿责任。

食品药品纠纷案件裁判规则第 15 条:

食品生产经营者从事食品生产经营活动应当依法取得许可,未依法取得许可的,由行政机关予以处罚,但行政机关仅以从食品生产经营者处取得的书证或说明作出处罚的,人民法院不予支持

〔**规则描述**〕:食品生产经营者从事食品经营,除销售食用农产品外,应当依法取得许可,未取得食品生产经营许可从事食品生产经营活动的,由行政机关给予相应的处罚,但是行政机关对食品生产经营者给予行政处罚必须建立在充分的证据之上,行政机关仅仅通过从食品生产经营者处取得的书证或说明进行处罚,而未向其他涉案人员进行全面调查的,不足以证明行政机关进行了充分的调查,其所作出的行政处罚证据不充分。

一、类案检索大数据报告

截至 2019 年 12 月 31 日,以“生产经营者”“书证”“行政处罚”为关键词,通过 Alpha 案例库、法信平台、北大法宝、中国裁判文书网等平台的对比分析,共检索并筛选到类案 29 件,整体情况如下:

如图 15 –1 所示,从案件地域分布看,涉案数最多的地域为江西省,共 10 件;其次为河南省,共 5 件。

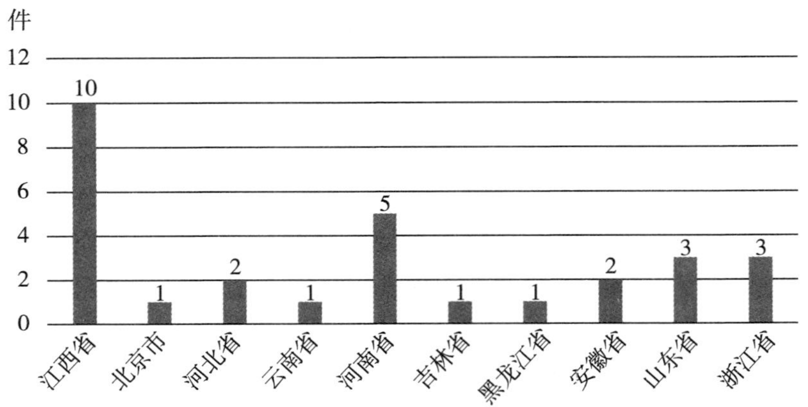

图 15 –1　案件地域分布情况

如图 15 －2 所示，从案件结案年份分布来看，最多的年份为 2018 年，共有 18 件；其次为 2017 年，共有 6 件。

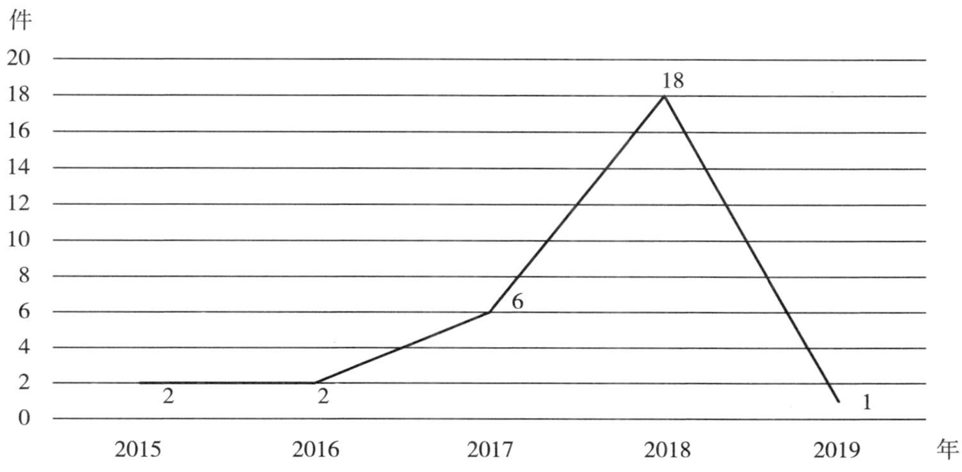

图 15 －2　案件结案年份分布情况

如图 15 －3 所示，从案件案由分布情况看，涉及行政处罚案件 10 件，合同、无因管理、不当得利纠纷案件 7 件，侵权责任纠纷案件 5 件，知识产权与竞争纠纷案件 3 件，行政复议案件 2 件，行政其他案件 1 件以及行政裁决案件 1 件。

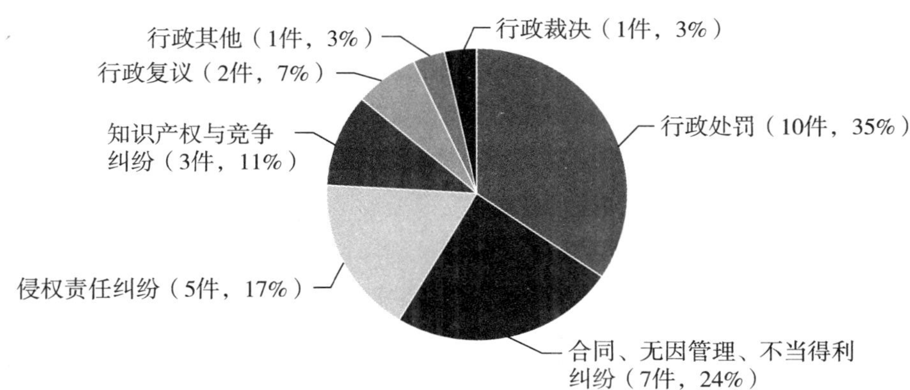

图 15 －3　案件案由分布情况

如图 15 －4 所示，从案件案由分类情况来看，不支持的占到 45%，完全支持的占 35%，部分支持的占 17%，未知的占 3%。

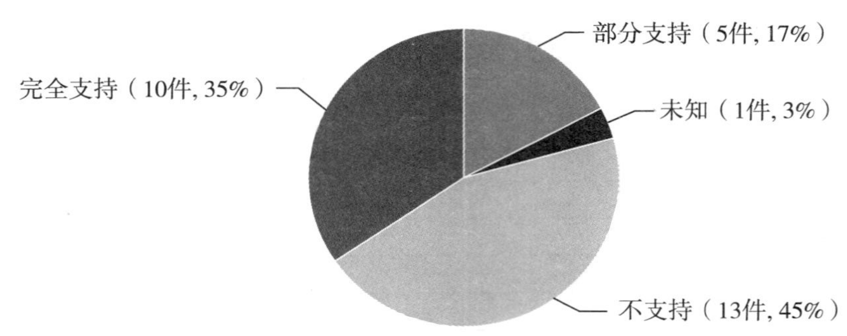

图 15-4 案件裁判结果分布

上述案例均支持了本裁判规则。

二、可供参考的例案

例案一 四川省川粮米业股份有限公司与德阳市食品药品监督管理局行政处罚案

【法院】

四川省德阳市中级人民法院

【案号】

(2015)德行终字第27号

【当事人】

上诉人(原审原告):四川省川粮米业股份有限公司

法定代表人:毛某某,董事长

被上诉人(原审被告):德阳市食品药品监督管理局

法定代表人:孙某,局长

【基本案情】

2013年1月4日,上诉人四川省川粮米业股份有限公司(以下简称川粮米业)以4050元/吨的价格从江苏省东海县平明镇汇盟米业有限公司购进120吨苏北香米。2014年5月26日,被上诉人德阳市食品药品监督管理局(以下简称德阳食药监局)对川粮米业进行监督检查时,发现川粮米业于2013年4月22日将其中的30吨苏北香米以4400元/吨的价格销售给了案外人重庆昌良商贸有限公司(以下简称重庆昌良公司),销售的货值金额为132,000元。查明川粮米业取得《全国工业产品生产许可证》，但未办理食品经营流通许可证。2014年9月25日，德阳食药监局依法组织了听证，川粮米业提出：一是德阳食药监局没有行政处罚权；二是食品生产企业取得食品生产许可证后不需要办理食品流通许可证；三是涉案的苏北香米购进价格为4050元/吨，实际销售价格为3860元/吨，还不包括运费、仓储、生产成本等费用，交易处于亏损状态，没有产生违法所得。德阳食药监局听证后认为：德阳食药监局对本案有管辖权；川粮米业购进销售的苏北香米并不是其生产的，不符合"取得食品生产许可的食品生产者在其生产场所销售其生产的食品，不需要取得食品流通的许可"的规定，应办理食品流通许可证；经核实销售给重庆昌良公司的价格为3860元/吨，货值金额为115,800元，实无违法所得。同年11月18日，德阳食药监局作出（德）食行罚（2014）16号行政处罚决定书，认定川粮米业未经许可从事食品流通的行为违反了《食品安全法》（2009年）第29条的规定，决定对其处以货值金额1.5倍，即人民币173,700元的罚款。

原审法院经审理认为，川粮米业作为粮食收购、大米生产、饲料生产等经营范围的企业，在其经营活动中，应当遵守有关法律、法规的规定。《食品安全法》（2009年）第35条第1～2款规定：国家对食品生产经营实行许可制度。从事食品生产、食品流通、餐饮服务，应当依法取得食品生产许可、食品流通许可、餐饮服务许可。取得食品生产许可的食品生产者在其生产场所销售其生产的食品，不需要取得食品流通的许可。从该款规定可知，取得食品生产许可的食品生产者在其生产场所销售非其生产的食品，需要取得食品流通的许可。本案中，川粮米业虽然持有全国工业产品生产许可证，但要销售非本公司生产的食品，必须取得食品流通的许可。川粮米业在未取得食品流通许可证的情况下，将从东海县平明镇汇盟米业有限公司购进的120吨苏北香米中的30吨直接销售给了重庆昌良公司，其行为违反了上述规定。川粮米业在庭审中称30吨苏北香米系加工后销售给重庆昌良公司，可是没有证据予以佐证，法院对此不予采信。德阳食药监局对川粮米业作出的行政处罚，于法有据。根据《食品安全法》（2009年）第84条规定："违反本法规定，未经许可从事食品生产经营活动，或者未经许可生产食品添加剂的，由有关主管部门按照各自职责分工，没收违法所得、违法生产经营的食品、食品添加剂和用于违法生产经营的工具、设备、原料等物品；违法生产的食品、食品添加剂货值金额不足一万元的，并处二千元以上五万元以下罚款；货值金额一万元以上的，并处货值金额五倍以上十倍以下罚款。"以及《四川省食品药品行政处罚裁量权适用规则》第7～8条的规定，德阳食药监局对川粮米业进行了减轻处罚，处罚货值金额1.5倍即

173,700 元的罚款,该处罚符合上述法律规定,幅度适当。

川粮米业不服原审法院上述行政判决,遂提起上诉。二审中,上诉人向法院提交了两份证据,一是四川省金熊粮油有限公司生产的“香尔佳”天津小站米实物一袋,证明大米的原产地和生产厂家可以是不同的,在包装袋上注明原产地和生产厂家以及生产许可证号就能进行销售,生产厂家进行翻袋再生产符合法律规定;二是重庆市南岸公证处的公证书,通过上诉人询问重庆昌良公司的法定代表人何某的调查笔录,该公司购买的苏北香米的包装袋照片的事实,证明重庆昌良公司购买的是川粮米业生产的苏北香米。二审法院对上诉人提供的两份证据予以确认。

【案件争点】

德阳食药监局对川粮米业作出行政处罚事实是否清楚,证据是否充分。

【裁判要旨】

法院经审理认为,行政机关作出行政处罚首先要事实清楚,证据确实充分。本案中,德阳食药监局的行政处罚认定川粮米业销售未经加工的苏北香米,所提供的证据中,仅凭川粮米业的业务人员在发货明细表上手写的“苏北香米直接销售 30 吨,加工销售 58 吨”和川粮米业的情况说明中“苏北香米是我公司于 2013 年 1 月购入作原粮使用,由于销售疲软未能如期加工销售完”的内容作出,但该情况说明也载明“购入作原粮使用”,而未对川粮米业相关人员进行调查,也未向购买方重庆昌良公司核实苏北香米的生产厂家、包装袋等主要事实,在向德阳食药监局听证时,川粮米业提出销售的苏北香米经过加工、仓储、生产,德阳食药监局对此也未予调查核实,德阳食药监局认定直接销售无充分证据。而川粮米业的内部调拨移库单载明 30 吨苏北香米是 4 月 19 日出库,同月 22 日发给重庆昌良公司,与川粮米业陈述的加工生产程序和购入作原粮使用一致,也与上诉人所提供的重庆南岸区公证处的公证书所载明的该批苏北香米的生产商是川粮米业的询问笔录和包装袋照片的证据相互印证。大米的生产、加工程序,生产厂家和原产地是否可以不一致?是否允许翻袋、除尘、抛光等事实,德阳食药监局也未提供证据证明。在诉讼中,德阳食药监局申请法院对本案相关证据进行调查取证,更进一步印证了作出行政处罚时,德阳食药监局的证据不够充分。故德阳食药监局作出行政处罚的主要证据不足。

例案二　青岛易泽莱贸易有限公司、青岛市市南区食品药品监督管理局行政管理案

【法院】

青岛市中级人民法院

【案号】

(2018)鲁02行终714号

【当事人】

上诉人(原审原告):青岛易泽莱贸易有限公司

法定代表人:向某,总经理

被上诉人(原审被告):青岛市市南区食品药品监督管理局

法定代表人:朱某某,局长

【基本案情】

2017年4月27日,因接到投诉举报,被上诉人对上诉人进行检查,发现上诉人销售的生产日期为2013年4月18日的"一叶释心"七叶绞股蓝(含茶制品),涉嫌不符合法定要求,并于当日立案调查。因接到案外人投诉举报,青岛市食品药品监督管理局执法人员于2017年5月5日对上诉人进行检查,在库房中发现生产日期为2013年4月18日的"一叶释心"七叶绞股蓝(含茶制品)13块,并依法扣押。2017年5月11日,青岛市食品药品监督管理局稽查支队向被上诉人出具了《青岛市食品药品监督管理局稽查支队投诉举报事项交办单》(青食药监函[2017]68号),将反映上诉人涉嫌经营不符合法定要求的产品的举报件转交被上诉人处理。经调查,涉案产品包装上标明配料为云南大叶种晒青毛茶与七叶绞股蓝,制造商为西双版纳车秀茶叶有限公司(车秀手工茶叶加工厂)。上诉人将涉案七叶绞股蓝(含茶制品)作为普通食品经营销售,上诉人取得的《食品流通许可证》的许可范围是批发预包装食品、散装食品、乳制品(含婴幼儿配方乳粉)。2017年5月23日,上诉人总经理孙某群在接受被上诉人询问调查时,称涉案产品该批次共购进39块,销售25块,送人1块,库存13块,购进价格215元/块,销售价格588元/块,其中库存的13块涉案产品均已被青岛市食品药品监督管理局扣押。2017年6月2日,被上诉人向上诉人作出(青市南)食药监食查扣(2017)12号扣押决定书,对涉案产品进行扣押,扣押期限自2017年6月2日至7月1日。2017年6月8日,山东出入境检验检疫局检验检疫技术中心受被上诉人委托出具涉案产品的检验报

告,检验结果为检出绞股蓝成分,序列配号率为99%,检测方法为SFPFATA02-2015,编制人为肖某志、审核人为孙某、批准人为王某堂。2017年6月19日,被上诉人作出(青市南)食药监食听告〔2017〕44号《听证告知书》及(青市南)食药监食罚告〔2017〕44号《行政处罚事先告知书》,其中告知了上述委托检验结果。2017年6月20日,被上诉人将上述文书送达上诉人,告知上诉人陈述、申辩及申请听证的权利。2017年6月23日,上诉人提出听证申请。2017年6月29日,被上诉人向上诉人送达(青市南)食药监食听通〔2017〕1号《听证通知书》。2017年7月6日,被上诉人组织召开涉案处罚听证会,听证过程中,被上诉人向上诉人出示作出涉案行政处罚的证据,其中包含上述山东出入境检验检疫局检验检疫技术中心的检验报告。2017年7月13日,被上诉人作出《听证意见书》,对申请人提出的行政处罚显失过当的意见不予采纳。2017年9月29日,被上诉人作出(青市南)食药监食罚〔2017〕44号《行政处罚决定书》。《处罚决定书》及《没收物品凭证》于当日送达上诉人。

原审另查明,山东出入境检验检疫局检验检疫技术中心具有检测机构资质认定证书,高某伟、孙某、肖某志具有相关领域的授权签字权。庭审中,上诉人明确表示对行政处罚的听证程序不再持有异议。

【案件争点】

被上诉人认定事实是否清楚,行政程序是否违法以及适用法律是否正确。

【裁判要旨】

卫生部《关于进一步规范保健食品原料管理的通知》、《关于罗布麻等物品不做为普通食品管理的通知》规定:罗布麻、苦丁茶、绞股蓝、银杏叶属于仅用于保健食品的物品。《食品安全法》(2015年)第75条规定,保健食品原料目录和允许保健食品声称的保健功能目录,由国务院食品药品监督管理部门会同国务院卫生行政部门、国家中医药管理部门制定、调整并公布。列入保健食品原料目录的原料,只能用于保健食品生产,不得用于其他食品生产。国务院《关于加强食品等产品安全监督管理的特别规定》第3条规定,生产经营者应当对其生产、销售的产品安全负责,不得生产、销售不符合法定要求的产品。本案中,被上诉人提交的《现场检查笔录》、《询问调查笔录》、《扣押物品清单》、《商品进销明细》、《查询库存商品账》、绞股蓝(含茶制品)外包装及食品销售、库存记录、发票、制造商资质、证明、食品流通许可证、《检验报告》等证据,能够证明以下事实:上诉人的经营范围是"批发预包装食品、散装食品、乳制品(含婴幼儿配方乳粉)",涉案产品外包装上印刷品名为"一叶释心(易泽莱)”,生产日期为2013年4月18日,产品名称为七叶绞股蓝(含茶制品),配料为云南大叶种晒青毛茶与七叶绞股蓝,生产许可证为QS532814020702,无保健食品批准文号,标注的产品执行标准为QCXC001S－2013,该标准正式实施日为2013年12月27日,制造商为西双版纳车秀茶叶有限公司(车秀手工茶叶加工厂),经销商为青岛易泽莱贸易有限公司。该批次涉案产品未取得保健食品注册证书,经被上诉人委托合法检测机构对涉案产品检测后的结论是含有绞股蓝成分,与涉案产品外包装注明的配料成分含绞股蓝相一致。综上所述,从2010年10月8日起,绞股蓝是仅用于保健食品的物品,不能作为普通食品对外进行销售。上诉人明知涉案茶制品中含有绞股蓝成分,在无经营保健食品资质的情况下,仍作为普通食品通过淘宝网开设的“易泽莱雅致生活店铺”对外共销售25块,显然构成了经营不符合法定要求的产品。另外,涉案产品生产日期为2013年4月18日,标注的产品执行标准为QCXC001S－2013,而该标准正式实施日为2013年12月27日。可见,上诉人未履行进货查验义务,生产商将还未正式实施的产品执行标准提前标注在外包装的涉案产品上对外销售,同样构成了经营不符合法定要求的产品。因此,被上诉人认定上诉人构成经营不符合法定要求的产品并无不当。

国务院《关于加强食品等产品安全监督管理的特别规定》属于行政法规,其中第2条规定,该规定所称产品除食品外,还包括食用农产品、药品等与人体健康和生命安全有关的产品。对产品安全监督管理,法律有规定的,适用法律规定;法律没有规定或者规定不明确的,适用该规定。第3条规定,生产经营者应当对其生产、销售的产品安全负责,不得生产、销售不符合法定要求的产品。依照法律、行政法规规定生产、销售产品需要取得许可证照或者需要经过认证的,应当按照法定条件、要求从事生产经营活动。不按照法定条件、要求从事生产经营活动或者生产、销售不符合法定要求产品的,由农业、卫生、质检、商务、工商、药品等监督管理部门依据各自职责,没收违法所得、产品和用于违法生产的工具、设备、原材料等物品,货值金额不足5000元的,并处5万元罚款;货值金额5000元以上不足1万元的,并处10万元罚款;货值金额1万元以上的,并处货值金额10倍以上20倍以下的罚款。本案中,上诉人销售不符合法定要求的产品货值为17,495元,违法所得为9325元,库存13块。被上诉人依据上述规定,处以没收违法所得及库存13块涉案产品,并以最低处罚额度处货值金额10倍的罚款,适用法律正确。《山东省食品药品行政处罚裁量基准》为规范性文件,是为了进一步规范食品药品行政处罚裁量权,在法律、法规和规章规定行政处罚的种类和幅度内,更细化裁量标准,保证行政处罚行为合法、适当,保证行政相对人的合法权益的。因此,被上诉人在作出行政处罚时参照《山东省食品药品行政处罚裁量基准》并无不当。上诉人认为被上诉人适用法律错误的理由不能成立,法院不予支持。

例案三 | 王某波与汤阴县食品药品监督管理局、汤阴县人民政府行政复议案

【法院】

河南省安阳市中级人民法院

【案号】

(2016)豫05行终117号

【当事人】

上诉人(原审原告):王某波

法定代表人:毛某某,董事长

被上诉人(原审被告):汤阴县食品药品监督管理局

法定代表人:李某某,局长

【基本案情】

2015年1月16日,汤阴县食品药品监督管理局接到汤阴县白营派出所通报:“在汤阴县产业集聚区一处院落内,有人对标示为娃哈哈锌爽歪歪营养酸奶饮品等食品涂改生产日期。”汤阴县食品药品监督管理局执法人员立即到现场进行检查,并制作了现场检查笔录,未发现该处有《食品流通许可证》。经查,该处储存食品属于王某波所有,因其不在现场,汤阴县食品药品监督管理局联系汤阴县白营镇人民政府及白营派出所干警到场,对该院落内王某波的食品及其经营食品的物品进行了查封、扣押,并制作了查封、扣押决定书。2015年1月22日,汤阴县食品药品监督管理局对王某波进行了询问,制作了询问笔录,该笔录记载:王某波看过现场检查笔录及查封、扣押物品清单后表示,与现场一致,无异议。2015年1月26日,汤阴县食品药品监督管理局对王某波涉嫌未经许可经营食品和经营超过保质期的食品案进行集体讨论,讨论决定:“该案移送司法机关处理,依法追究刑事责任。”2015年1月27日,经汤阴县食品药品监督管理局领导审批,制作了案件移送书,将该案移送汤阴县公安局处理。当日,汤阴县公安局受理该案。2015年1月29日,汤阴县公安局决定对王某波非法经营案立案侦查。当日,汤阴县食品药品监督管理局将查封、扣押物品一并移交汤阴县公安局。2015年2月2日,汤阴县公安局委托汤

阴县食品药品监督管理局对查封、扣押王某波的全部食品进行价格评估。2015 年 2 月 9 日，汤阴县食品药品监督管理局委托河南四方资产评估事务所有限公司进行评估。评估结论："在评估基准日 2015 年 1 月 16 日，汤阴县食品药品监督管理局申报评估的资产评估值为￥270，893. 00 元。"2015 年 3 月 20 日，汤阴县公安局将评估结论向王某波进行了告知，王某波对评估结论无异议。2015 年 4 月 7 日，汤阴县公安局与王某波共同对被查封、扣押中的伪劣（过期）食品进行清点检查。经检查，伪劣（过期）食品有：银鹭粥道 131 件，果粒橙 324 件，银鹭花生牛奶 105 件，冰糖甘蔗 200 件，蓝莓冰红茶 430 件，加多宝凉茶 6 件，巧香酥饼 24 箱，西番莲饮料 35 件，果粒多 18 件，五香蚕豆 1 箱，冰糖雪梨 27 件，香菠萝 20 件。王某波对检查结果无异议。2015 年 4 月 30 日，汤阴县公安局委托汤阴县食品药品监督管理局对查封、扣押王某波的食品进行随机抽检，进行安全风险评估。2015 年 5 月 6 日，汤阴县公安局委托汤阴县价格认证中心对清点检查中的伪劣（过期）食品进行价格鉴定。鉴定结论：伪劣（过期）食品鉴定价格 34，534 元。2015 年 5 月 7 日，汤阴县公安局对王某波进行了告知，并制作了告知鉴定意见笔录。王某波对鉴定结论无异议，未提出补充鉴定或者重新鉴定。2015 年 5 月 8 日，汤阴县公安局认为不应对王某波追究刑事责任，决定撤销此案。2015 年 5 月 11 日，汤阴县公安局将随案移送查封、扣押的物品移交于汤阴县食品药品监督管理局。2015 年 5 月 26 日，汤阴县食品药品监督管理局决定延长查封、扣押期限至 2015 年 6 月 25 日。2015 年 6 月 18 日，汤阴县食品药品监督管理局向王某波送达了听证告知书，王某波于 2015 年 6 月 20 日提出听证申请，2015 年 7 月 3 日，汤阴县食品药品监督管理局召开了听证会，并形成了听证意见："王某波经营超过保质期食品的行为证据不充分，其未经许可经营食品的行为事实清楚，证据充分。"2015 年 7 月 6 日，案件经过集体讨论，决定意见：（1）没收扣押的工具及合格证；（2）没收查封、扣押的食品及手提袋；（3）处以 236，359 元 8 倍即 1，890，872 元的罚款。2015 年 7 月 6 日，汤阴县食品药品监督管理局向王某波送达行政处罚事先告知书。2015 年 7 月 9 日，王某波进行了申辩。当日，汤阴县食品药品监督管理局对王某波的申辩意见进行复核，并作出（汤）食药监食罚（2015）48 号《行政处罚决定书》。王某波不服，向汤阴县人民政府申请行政复议，汤阴县人民政府受理后，经过审查、延长办案期限审批、集体讨论，于 2015 年 11 月 23 日作出汤政复决（2015）12 号《行政复议决定书》。王某波未向原审法院提供其在行政复议程序中向汤阴县人民政府申请听证的证据。另查明，王某波于 2011 年 8 月 25 日领取了《食品流通许可证》，名称为汤阴县城关镇长虹路玉波食品商店,经营场所为河南省汤阴县城关镇长虹路,负责人为王某波,主体类型为个体工商户,许可范围为批发兼零售,预包装食品兼散装食品、乳制品(不含婴幼儿配方乳粉),有效期限自2011年8月25日至2014年8月24日。王某波在《食品流通许可证》届满30日前未向相关行政机关提出延续申请。《食品流通许可证》届满后,王某波继续从事食品经营活动。

【案件争点】

被诉行政处罚决定认定事实是否清楚,程序是否合法,适用法律是否正确。

【裁判要旨】

《食品安全法》(2009年)第29条第1款规定:"国家对食品生产经营实行许可制度。从事食品生产、食品流通、餐饮服务,应当依法取得食品生产许可、食品流通许可、餐饮服务许可。"《食品流通许可证管理办法》第22条规定:"食品流通许可的有效期为3年。食品经营者需要延续食品流通许可的有效期的,应当在《食品流通许可证》有效期届满30日前向原许可机关提出申请,换发《食品流通许可证》。办理许可证延续的,换发后的《食品流通许可证》编号不变,但发证年份按照实际情况填写,有效期重新计算。"据此,从事食品经营依法应取得食品流通许可证且应在许可的有效期内经营。本案中,王某波在其取得的《食品流通许可证》(编号:SP4105231150012761)有效期届满前30日内未主动到原许可机关提出申请,换发《食品流通许可证》,且在该《食品流通许可证》有效期届满后继续经营食品直至被查处,故王某波主张其取得的上述《食品流通许可证》在有效期届满后被有权机关注销前效力待定,其在该期间从事食品经营行为不属于未经许可经营食品的理由不能成立,法院不予支持。王某波主张汤阴县食品药品监督管理局查封、扣押物品数量有出入,但其提供的证据不足以证明其主张,法院不予支持。由于汤阴县食品药品监督管理局2015年1月16日查封、扣押时已经联系王某波,但王某波未到场,且2015年1月22日询问其案情时王某波表示对查封、扣押清单无异议;汤阴县食品药品监督管理局对涉案物品的抽样属于案件稽查,不属于食品安全监督抽检和风险监测抽取样品,不应支付费用;公安机关在办理此案过程中分别于2015年3月20日、5月7日告知王某波被查封、扣押食品货值及伪劣(过期)食品货值;涉案物品依法应予没收,汤阴县食品药品监督管理局对涉案物品超期查封、扣押不影响被诉行政处罚决定的合法性。故王某波主张被诉处罚决定程序违法的理由不能成立,法院不予支持。《食品安全法》(2009年)第2条第1款规定:"在中华人民共和国境内从事下列活动,应当遵守本法:(一)食品生产和加工(以下称食品生产），食品流通和餐饮服务（以下称食品经营）；（二）食品添加剂的生产经营；（三）用于食品的包装材料、容器、洗涤剂、消毒剂和用于食品生产经营的工具、设备（以下称食品相关产品）的生产经营；（四）食品生产经营者使用食品添加剂、食品相关产品；（五）对食品、食品添加剂和食品相关产品的安全管理。”据此，汤阴县食品药品监督管理局依据该法第 84 条对王某波作出被处罚决定，适用法律并无不当。

三、裁判规则提要

食品生产经营的许可制度是保障我国食品安全的一项重要举措。从事食品生产经营需要具备相应的条件，因食品关乎大众健康，涉及公共利益，对食品生产经营需要设置更高的要求，而生产、经营过程中的许可制度则保障了食品生产经营者能够满足这些基本条件。从事食品生产经营，需要在卫生、人员、设施、安全等诸多方面达到标准，如果没有许可制度，许多本不符合安全标准，不宜从事食品生产、销售活动的主体也会进入市场，这将加剧食品安全的风险。在食品相关领域的许可具体涉及两方面。一是生产过程，仅取得食品生产许可的主体，可以从事食品生产活动，将自身生产的食品进行销售，但其不能将未进行加工的食品直接进行销售。二是销售过程，仅取得食品经营许可的主体，可以从事食品经营活动，将购进的食品进行销售，但本身并不具备生产食品的资格，2009 年至 2015 年，根据原国家工商行政管理总局令第 44 号《食品流通许可证管理办法》，从事食品流通领域应取得食品流通许可，此后，食品经营许可取代了过去的食品流通许可，对食品的销售流通过程予以规范。值得注意的是，食品经营又细分为诸多项目，如预包装食品、散装食品、特殊食品等，仅取得某些领域的食品经营许可不能从事超出该项或多项经营许可范围从事食品经营活动。

（一）行政机关发现食品生产经营者有依法应当给予行政处罚的行为的，必须全面、客观、公正的调查，收集有关证据

行政机关对食品生产经营者作出行政处罚必须以全面、客观、公正的调查为基础。《行政处罚法》第 36 条规定：“除本法第三十三条规定的可以当场作出的行政处罚外，行政机关发现公民、法人或者其他组织有依法应当给予行政处罚的行为的，必须全面、客观、公正地调查，收集有关证据；必要时，依照法律、法规的规定，可以进行检查。”确立了行政机关作出行政处罚时收集证据的要求。第 36 条的规定

也是对第30条规定的“行政机关必须查明事实”的呼应。当然,在《行政处罚法》中只是对证据收集进行了原则性的规定,而《治安管理处罚法》等法律、法规则进行了更为细致、可操作的规定,如《治安管理处罚法》第93条规定:“公安机关查处治安案件,对没有本人陈述,但其他证据能够证明案件事实的,可以作出治安管理处罚决定。但是,只有本人陈述,没有其他证据证明的,不能作出治安管理处罚决定。”这便是将《行政处罚法》中的原则性规定予以落实。仅依食品经营者自身生成的内部账证资料,不足以作为行政机关处罚食品经营者的依据,行政机关在认定食品经营者是否具有违法事实的过程中,需要从多方面获取证据,构成完整的证据链条,能够充分证明食品经营者符合处罚条件时才能予以处罚。

(二)行政机关认定食品经营者不符合食品经营相关规定,未全面调查、收集证据的,其作出行政处罚的证据不足

行政机关作出行政处罚,需要全面、客观、公正地调查,收集有关证据。全面意指要收集所有能够证明行政违法行为的证据,既要收集对当事人可以实施行政处罚的依据,也要收集有利于当事人的证据;既要收集原始证据,也要收集传来证据;既要收集直接证据,也要收集间接证据;既要收集书面证据,也要收集口头证据。在例案一中,食品药品监督管理部门在对川粮米业进行监督检查时,仅以川粮米业的业务人员在发货明细表上手写的“苏北香米直接销售30吨,加工销售58吨”和川粮米业的情况说明中“苏北香米是我公司于2013年1月购入作原粮使用,由于销售疲软未能如期加工销售完”的内容作出行政处罚,未对川粮米业相关人员调查,也未向购买方重庆昌良公司核实苏北香米的生产厂家、包装袋等主要事实,在食品药品监督管理部门听证时,川粮米业提出销售的苏北香米经过加工、仓储、生产,食品药品监督管理部门对此也未予调查核实,食品药品监督管理部门未进行全面的调查,作出行政处罚证据不够充分,依法应当予以撤销。而在例案二与例案三中,食品药品监督管理部门不仅进行了现场检查,还对涉案食品进行了查封扣押,甚至委托第三方进行检验,在程序完备且证据充分的情况下作出行政处罚,形式与内容上均符合法律规定。

(三)行政机关对食品生产经营者作出行政处罚必须以充分的证据为前提,既是对行政机关的监督,也是对食品生产经营者合法权益的保护

行政处罚是行政主体依照法定职权和程序对违反行政法规范,尚未构成犯罪

的相对人给予行政制裁的具体行政行为。从《行政处罚法》的立法目的看，其兼具监督行政机关有效实施行政管理，维护公共利益、社会秩序和保护公民、法人或者其他组织合法权益的目的。食品药品领域规定的行政处罚力度较之其他法律更大，一旦食品生产经营者遭受错误的处罚时，其受到的损失也更加严重。若行政机关在相关证据尚无法充分证明违法行为存在时即可对食品生产经营者作出处罚，难免会出现行政处罚权滥用之情形。且食品药品领域行政处罚力度更大的特点也就要求行政机关在执法过程中应当更加谨慎，而有国家强制力为后盾以及国家财政予以保障的行政机关在相关证据的收集方面亦更具优势，因此，规定行政机关作出处罚时必须以充分的证据为前提也存在现实可行性。

四、辅助信息

高频词条：

《食品安全法》

第35条 国家对食品生产经营实行许可制度。从事食品生产、食品销售、餐饮服务，应当依法取得许可。但是，销售食用农产品，不需要取得许可。

县级以上地方人民政府食品药品监督管理部门应当依照《中华人民共和国行政许可法》的规定，审核申请人提交的本法第三十三条第一款第一项至第四项规定要求的相关资料，必要时对申请人的生产经营场所进行现场核查；对符合规定条件的，准予许可；对不符合规定条件的，不予许可并书面说明理由。

第122条 违反本法规定，未取得食品生产经营许可从事食品生产经营活动，或者未取得食品添加剂生产许可从事食品添加剂生产活动的，由县级以上人民政府食品药品监督管理部门没收违法所得和违法生产经营的食品、食品添加剂以及用于违法生产经营的工具、设备、原料等物品；违法生产经营的食品、食品添加剂货值金额不足一万元的，并处五万元以上十万元以下罚款；货值金额一万元以上的，并处货值金额十倍以上二十倍以下罚款。

明知从事前款规定的违法行为，仍为其提供生产经营场所或者其他条件的，由县级以上人民政府食品药品监督管理部门责令停止违法行为，没收违法所得，并处五万元以上十万元以下罚款；使消费者的合法权益受到损害的，应当与食品、食品添加剂生产经营者承担连带责任。

《行政处罚法》

第30条 公民、法人或者其他组织违反行政管理秩序的行为，依法应当给予行政处罚的,行政机关必须查明事实;违法事实不清的,不得给予行政处罚。

第36条 除本法第三十三条规定的可以当场作出的行政处罚外,行政机关发现公民、法人或者其他组织有依法应当给予行政处罚的行为的,必须全面、客观、公正地调查,收集有关证据;必要时,依照法律、法规的规定,可以进行检查。

《食品生产许可管理办法》

第2条 在中华人民共和国境内,从事食品生产活动,应当依法取得食品生产许可。

食品生产许可的申请、受理、审查、决定及其监督检查,适用本办法。

食品药品纠纷案件裁判规则第 16 条：
举报人、投诉人针对食品、药品安全等向食品药品监督管理部门进行举报、投诉，被举报、被投诉事项合法性不确定时，行政机关作出不予立案决定的，人民法院不予支持

〔**规则描述**〕：食品药品监督管理部门负有调查处理食品药品投诉举报并发布相关信息的职责，其对公民、法人或者其他组织投诉、举报的事项应当及时进行调查处理，符合立案条件的应当立案。对于立案条件的判断，相关规章进行了具体规定。实践中存在行政机关对被举报、投诉事项不予立案的情形，当是否存在违法事实的情况不确定时，食品药品监督管理部门作出不予立案决定的，人民法院不予支持。

一、类案检索大数据报告

截至 2019 年 12 月 31 日，以“食品药品监督管理”“举报”“不予立案”为并列关键词，通过 Alpha 案例库、法信平台、北大法宝、中国裁判文书网共检索到 387 件行政案件，剔除无关联案件和同一案件不同审级形成的多个文书，实际共查找到高度关联的 13 件案例裁判文书。整体情况如下：

如图 16－1 所示，从案件主要地域分布看，分布比较分散，其中北京市、江苏省 3 件；山东省、浙江省各 2 件；湖北省、四川省、福建省各 1 件。

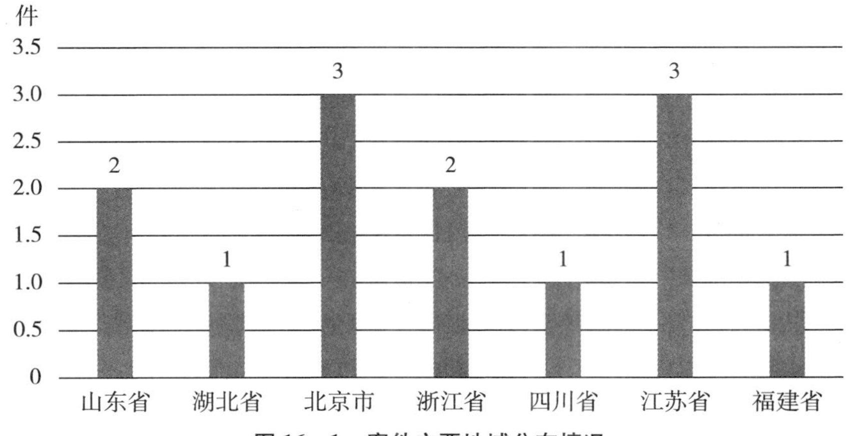

图 16－1　案件主要地域分布情况

如图 16－2 所示,从案件结案年份分布看,该案件类型发生率较低,2015 年至 2019 年均有发生,其中 2019 年数量最多,为 5 件;2018 年 3 件;2016 年、2017 年各 2 件;2015 年 1 件。

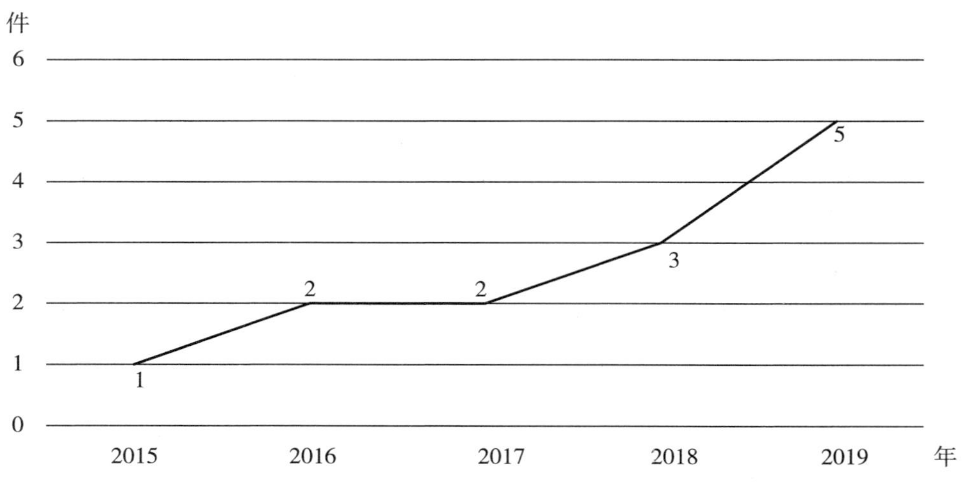

图 16－2　案件结案年份分布情况

如图 16－3 所示,从案件案由分布来看,4 件为行政受理,4 件为不履行法定职责,3 件为行政复议,2 件为行政处罚。

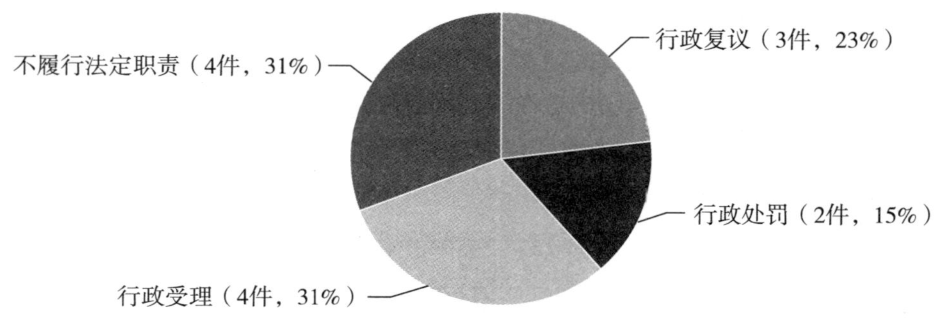

图 16－3　案件案由分布情况

如图 16－4 所示,从裁判结果看,6 件为驳回原告诉讼请求,主要是被告行政机关接到举报后调查核实发现被举报人不存在被举报的违法行为,对其不予行政处罚,原告的诉讼请求没有法律依据。2 件为确认行政机关作出的行政行为违法,5 件为撤销已作出的行政行为,这主要是由于行政机关在处理举报人的举报或投诉时,对于违法事实认定不清。

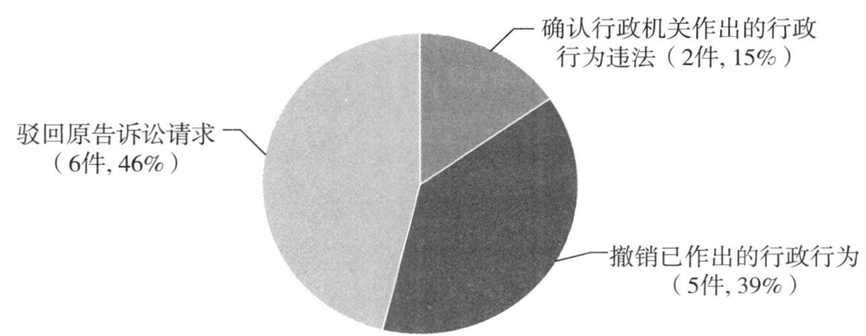

图16-4　案件裁判结果分布情况

上述案例均支持了本裁判规则。

二、可供参考的例案

例案一　刘某玉与东莞市食品药品监督管理局食品药品安全行政管理（食品、药品）案

【法院】

广东省东莞市第一人民法院

【案号】

（2017）粤1971行初317号

【当事人】

原告：刘某玉

被告：东莞市食品药品监督管理局

法定代表人：尹某某，局长

第三人：广东省东莞国药集团仁济堂药业有限公司

法定代表人：谭某

【基本案情】

2017年3月6日，原告向被告提交了一份《关于对东莞国药集团仁济堂药业有限公司销售非法进口中药材之举报（投诉）》，称其在第三人处购买大韩“正官庄”地字15支高丽参（600g）1盒，15,580元/盒，“正官庄”天字20支高丽红参（600g）1盒，23,940元/盒，共计39,520元，由于上述药材属于非法进口，违反了《药品管理法》第40条等相关规定，要求被告在法定期限内履行受理、查处与奖励

职责,并提交了身份证复印件、销售小票和收据等证据。2017年3月14日,被告作出东食药监投受[2017]0132号《投诉举报受理告知书》并送达原告,决定对原告的投诉进行受理。2017年3月17日,被告对第三人进行现场检查,并制作了《现场检查笔录》。2017年3月29日,被告对第三人员工温某君进行调查询问,并制作了《调查询问笔录》。第三人在调查期间向被告提供了公司的《药品经营许可证》《药品经营质量管理规范认证证书》、商品质量验收记录单、发票,龙门医药有限公司的销售单、《药品经营许可证》、《药品经营质量管理规范认证证书》,国家食品药品监督管理局《进口药材批件》《进口检验报告书》等证据。2017年3月21日,被告向惠州市食品药品监督管理局作出《关于协查高丽红参有关情况的函》,请求该单位核查龙门医药有限公司经营资质以及是否销售过上述药材给第三人等相关情况。2017年4月14日,惠州市食品药品监督管理局向被告作出惠食药监稽函[2017]192号《关于协查高丽参有关情况的复函》,并提供了龙门医药有限公司《企业法人营业执照》《药品经营许可证》《企业名称核准变更登记通知书》《药品经营质量管理规范认证证书》等证据。2017年3月21日,被告向上海市食品药品监督管理局作出《关于协查高丽红参情况的函》,请求该局协查上海市药材有限公司经营资质,是否取得《进口药材批件》等相关情况。2017年4月21日,上海市黄浦区市场监督管理局向被告作出《关于协查高丽红参情况的复函》,称上海市药材有限公司取得了《药品经营许可证》和《进口药材批件》,受正官庄六年根商业(上海)有限公司委托,系韩国人参公社生产的"正官庄牌高丽红参"的进口代理商,并提交了药品经营许可证(上海市药材有限公司)、营业执照(正官庄流年根商业(上海)有限公司)、《委托代理进口协议》《进口药材批件》《检验报告书》等证据。上述委托代理进口协议由正官庄六年根商业(上海)有限公司(甲方)、上海市药材有限公司(乙方)、韩国人参公社三方(丙方)签订,约定乙方根据甲方的委托向丙方进口高丽红参。上述《进口药材批件》(YJ20090160)系由国家食品药品监督管理局作出,批准上海市药材有限公司向韩国人参某社进口高丽红参(英文名称:RADIXGINSENGRUBRA)。2017年5月19日,被告向原告作出(东)食药监投复[2017]0132号《投诉举报答复函》并送达原告,告知原告:第三人是一家合法的药品经营企业,第三人销售的上述药材来源合法,购销过程未存在违法行为,依据《食品药品行政处罚规定》第18条第1款的规定,决定不予立案;根据《食品药品违法行为举报奖励办法》第4条的规定,原告的投诉不符合奖励条件。

另查明,地支15支(600克)规格药材的中文标签显示:(1)产品名称为高丽参;(2)进口药材批件文号:YJ20090160;(3)经销商:韩国高丽参(中国)有限公司,电话:(852)25460044;(20)83365092。天支 20 支(600 克),除产品名称为高丽红参外,其他内容均与地字 15 支(600 克)一致。另外,上述两种药材的外包装均有“高麗参”“KOREANREDGINSENG”“大韓民國人参公社”的字样。

广东省东莞市第一人民法院于 2017 年 12 月 1 日判决撤销被告东莞市食品药品监督管理局于 2017 年 5 月 19 日作出的(东)食药监投复[2017]0132 号《投诉举报答复函》;责令被告东莞市食品药品监督管理局于本判决生效之日起在法定期限内就原告刘某玉的投诉举报重新调查处理。

【案件争点】

被告东莞市食品药品监督管理局作出案涉《投诉举报答复函》是否合法有据。

【裁判要旨】

法院经审理认为,第一,根据被告提交的第三人《药品经营许可证》《药品经营质量管理规范认证证书》、商品质量验收记录单、发票,龙门医药有限公司的销售单、《药品经营许可证》《药品经营质量管理规范认证证书》,国家食品药品监督管理局《进口药材批件》《进口检验报告书》、惠食药监稽函[2017]192 号《关于协查高丽参有关情况的复函》等证据,可知证明第三人系具有法定资质的药品经营企业;第三人向原告销售的涉案药材系由具有法定经营资质的供货商惠州市龙之源医药有限公司(原龙门医药公司)供货。第二,原告主张第三人存在销售非法进口中药材的行为。因此,被告作出的涉案《投诉举报答复函》是否合法,关键在于涉案药品是否为合法进口。根据《药品管理法》(2015 年)第 39 ~ 41 条等条款以及《进口药材管理办法(试行)》有关条文的规定,中药材的合法进口必须经过进口批准、备案登记和检验合格等程序,需要取得《进口药材批件》《进口药品通关单》《进口药材检验报告书》等相关文件。本案中,被告在诉讼过程中已经向法院提供了上海市药材有限公司取得的中文名称为高丽红参、英文名称为 RADIXGINSENGRUBRA 的药材的《进口药材批件》(JY20090610 号),上海市食品药品检验针对地字(600 克)高丽红参作出的《检验报告书》(报告书编号:YJ201105983)、上海市食品药品检验针对天字(600 克)高丽红参作出的《检验报告书》(报告书编号:YJ201110924),《进口药品通关单》(07T2010B00013),根据这三份法律文件可知上海市药材有限公司进口的韩国人参公社生产的高丽红参地字(600 克)、高丽红参天字(600 克)是经过国家食品药品监督管理局批准进口、经过登记备案和检验合格的药材。第三,涉案药品分为两种,一种为地字 15 支(600 克),另一种为天字 20

支(600 克)。两种药品标签中均有标明进口药材批件号为:JY20090610。该药材批件号与上海市药材有限公司取得的中文名称为高丽红参、英文名称为 RADIX-GINSENGRUBRA 的药材的《进口药材批件》(JY20090610 号)相互一致。但问题在于,地字 15 支(600 克)标签中显示产品名称为“高丽参”,且两种药品外包装中均标示为“高丽参”和“KOREANREDGINSENG,与上述进口药材批件的内容不一致。此外,标签中显示的经销商为韩国高丽参(中国)有限公司,而非《委托代理进口协议》中的委托方正官庄六年根商业(上海)有限公司,且该两个公司之间的关系仅有相关方的书面陈述,并无确凿的证据予以证明。因此,根据现有证据,涉案药品是否属于上海市药材有限公司合法进口存疑,被告提交的涉案证据尚无法充分证明第三人向原告销售的涉案药材属于合法进口药材,而其作出的涉案《投诉举报答复函》认定第三人销售的涉案药材来源合法且履行了《药品管理法》规定的主体责任,购销过程未存在有违法行为,决定不予立案和认为原告的投诉举报不符合奖励条件,主要证据不足,依法应予撤销,并应当重新进行调查处理。

例案二 | 樊某诉成都市青羊区市场和质量监督管理局食品药品安全行政管理案

【法院】

成都市青羊区人民法院

【案号】

(2017)川 0105 行初 49 号

【当事人】

原告:樊某

被告:成都市青羊区市场和质量监督管理局

法定代表人:张某某,局长

第三人:成都市人人乐商业有限公司新华购物广场

负责人:洪某某,总经理

【基本案情】

2016 年 10 月 17 日,成都市青羊区市场和质量监督管理局(以下简称青羊区市场监管局)向樊某作出一份《投诉举报受理结果反馈书》,主要内容是:樊某于 2016 年 7 月 20 日投诉成都市人人乐商业有限公司新华购物广场(以下简称人人乐新华购物广场)销售的“恒大兴安芥花籽橄榄油食用调和油”在产品标签正面有橄榄和芥花籽图案,产品配料表中标识“一级芥花籽油和特级初榨橄榄油,执行标准SB/T10292”,不符合GB 7718—2011《预包装食品标签通则》第3.4条及第4.1.4.1条的规定,违反了《食品安全法》的规定。青羊区市场监管局收到投诉举报后,于2016年8月2日对人人乐新华购物广场进行了现场检查,发现“恒大兴安芥花籽橄榄油食用调和油”在售,经查,“恒大兴安芥花籽橄榄油食用调和油”系江苏金太阳油脂有限公司生产,恒大粮油集团有限公司出品,人人乐新华购物广场提供了生产商的营业执照、食品生产许可证、进货记录以及批次检验合格报告等资料。青羊区市场监管局函告生产商所在地的监管部门——如东县市场监督管理局进行协查。如东县市场监督管理局回函称,江苏金太阳油脂有限责任公司仅负责代加工,产品外包装系恒大粮油集团有限公司设计制作,并提供了被投诉举报产品的标签检验合格报告。综上所述,青羊区市场监管局认为樊某投诉举报的违法事实不成立,决定不予立案。2016年10月27日,青羊区市场监管局向樊某作出一份《投诉举报受理结果反馈书补正件》,主要内容是:樊某对青羊区市场监管局于2016年10月17日作出的《投诉举报受理结果反馈书》有异议,并补充提供了两份北京市丰台区法院判例,青羊区市场监管局就樊某的异议及补充材料作补正答复。(1)如东县市场监督管理局提供的标签检验合格报告所检测的标签与樊某投诉举报的产品标签不属于同一版本,故该标签检验报告不作为不予立案的依据。(2)被举报投诉的产品未违反GB 7718—2011第4.1.4.1条的规定,理由包括:①最高人民法院指导性案例中诉争的产品“金龙鱼牌橄榄油原香食用调和油”的标签以图形、字体、文字说明等方式突出了“橄榄”二字,且在吊牌上有“添加了来自意大利的100%特级初榨橄榄油”等文字叙述,因此构成“强调”,与樊某投诉举报的商品标签不同;②樊某提供的北京市丰台区法院案例“(2016)京0106民初13792号”和“(2016)京0106民初13793号”,其中,“(2016)京0106民初13793号”诉争产品的标签与樊某投诉举报产品的标签是否完全一致无法判断,“(2016)京0106民初13792号”诉争产品的标签与樊某投诉举报产品的标签不一致。樊某投诉举报的产品标签并未通过名称、色差、字体、字号、图形、排列顺序、文字说明、同一内容反复出现或多个内容都指向同一事物等形式进行着重标示,亦无任何宣传“芥花籽”和“橄榄油”具有特别价值或特性的词语,《SB/T10292食用调和油》中将食用调和油定义为“根据食用油的化学组分,以大宗高级食用油为基质油,加入另一种或一种以上具有功能特性食用油,经科学调配具有增进营养功效的食用油”,被投诉举报的“芥花籽橄榄油食用调和油”即由芥花籽油和橄榄油调配而成,其命名符合GB 7718—

2011第4.1.2.1条“应在食品标签的醒目位置,清晰地标示反映食品真实属性的专用名称”的规定,且根据GB 7718—2011第4.1.4.3条的规定:“食品名称中提及的某种配料或成分而未在标签上特别强调,不需要标示该种配料或成分的添加量或在成品中的含量。”被举报投诉产品的标签内容不构成特别强调,故其未标注成分含量符合GB 7718—2011的相关规定。综上所述,由于查无违法事实,青羊区市场监管局依据《食品药品行政处罚程序规定》第18条的规定,作出不予立案决定,并已将此情况函告出品商所在地监管部门。

原告诉称:原告于2016年7月18日向被告举报人人乐超市销售的“恒大兴安芥花籽橄榄油”违反《食品安全法》,于10月20日收到被告作出的《投诉举报受理结果反馈书》,告知原告“决定不予立案”,后又收到被告作出的《投诉举报受理结果反馈书补正件》。原告认为:(1)被告未在法定期限答复原告,违反了《食品安全法》(2015年)第115条及《食品药品投诉举报管理办法》第20条关于“投诉举报承办部门应自投诉举报受理之日起60日内向投诉举报人反馈结果”的规定;(2)被告实体处理违法,原告投诉的涉案食品标签标识不符合GB 7718—2011《预包装食品标签通则》第3.4条“预包装食品标签应真实、准确,不得以虚假、夸大、使消费者误解或欺骗性的文字、图形等方式介绍食品,也不得利用字号大小或色差误导消费者”的规定,及第4.1.4.1条“如果在食品标签或食品说明书上特别强调添加了或含有一种或多种有价值、有特性的配料或成分,应标示所强调配料或成分的添加量或在成品中的含量”的规定,违反了《食品安全法》,属于不符合食品安全标准的食品。故请求法院判令被告履行法定职责,责令被告限期对销售违法食品企业作出行政处罚。

被告辩称:(1)依据《食品药品投诉举报管理办法》第5条的规定,被告具有处理辖区内食品药品投诉举报的行政职权。(2)被告在法定期限内对原告作出答复,处理原告投诉举报的程序合法。根据《食品药品投诉举报管理办法》第38条的规定,被告办理食品药品举报投诉的期限以工作日计算;被告于2016年7月20日收到《投诉举报案件转办单》及原告的投诉举报材料,7月26日作出受理决定,符合《食品药品投诉举报管理办法》第15条第1款关于“5日内作出是否受理的决定”的规定;被告于2016年7月26日对人人乐新华购物广场进行了现场检查,因案情需要,于2016年8月12日根据《食品药品行政处罚程序规定》第15条的规定,向涉案食品生产商所在地监管部门邮寄了《案件协查函》,于8月26日收到协查单位回函,根据《食品药品投诉举报管理办法》第20条第3款第3项的规定,其他部门协助调查所需时间不计入办案时限；2016年10月17日，被告通过反馈书告知原告不予立案的决定，10月27日对反馈书进行了补正，符合《食品药品投诉举报管理办法》第20条第1款关于“受理之日起60日内向投诉举报人反馈办理结果”的规定；同时，被告于2016年10月26日将案件线索移送至涉案食品出品商“恒大粮油集团有限公司”所在地监管部门，符合《食品药品投诉举报管理办法》第13条第1款“食品药品监督管理部门发现案件不属于本部门管辖的，应当及时移送有管辖权的食品药品监督管理部门或者相关行政管理部门处理”的规定。(3)被告作出不予立案的处理符合法律规定。2016年7月26日被告对人人乐新华购物广场进行了现场检查，对涉案食品进行了拍照取证，并向人人乐新华购物广场调取了人人乐新华购物广场的营业执照及食品流通许可证等资质材料、涉案食品生产商的营业执照及食品生产许可证等资质材料、涉案食品出品商和供货商的营业执照及食品流通许可证等资质材料、涉案食品的进销台账及批次检验报告等资料。被告对涉案食品标签进行了审查，涉案食品标签的信息为：从上到下印有“恒大兴安”“放心粮放心油”“非转基因黄金产地”“芥花籽橄榄油”“食用调和油”字样，并配有绿色果实、黄色花朵图案；右侧下方印有：“食品名称：恒大兴安芥花籽橄榄油食用调和油”；标签其余部分，是对食品基本信息的罗列，包括产品执行标准、营养成分表、出品商、生产商等信息。根据涉案食品的产品执行标准《SB/T10292 食用调和油》，涉案食品的名称“芥花籽橄榄油食用调和油”反映了涉案食品的真实属性，符合GB 7718—2011《预包装食品标签通则》第4.1.2.1条“应在食品标签的醒目位置，清晰地标识反映食品真实属性的专用名称。”的规定；涉案食品标签并未特别突出强调“芥花籽”“橄榄油”，未使用虚假、夸大等使消费者误解或欺骗性文字、图形等方式介绍食品，并不会误导消费者选购食用调和油，根据GB 7718—2011《预包装食品标签通则》第4.1.4.3条“食品名称中提及的某种配料或成分而未在标签上特别强调，不需要标示该种配料或成分的添加量或在成品中的含量”的规定，涉案食品未标注含量符合规定，且协查单位回函附件中提供了涉案食品的标签检验报告，认定涉案食品标签符合GB 7718—2011的规定。因此被告认真履行了监管职责，作出不予立案决定符合法律规定，请求法院判决驳回原告的诉讼请求。

第三人答辩称：被告认定事实清楚，适用法律正确，不存在违法；第三人对涉案产品生产厂商等进行了审查后，认为涉案产品符合《食品安全法》的规定才进行销售，故第三人也不存在违法。综上所述，请求法院判决驳回原告的诉讼请求。

法院对上述证据认证如下：被告提交的第10项证据中的《检验报告》，因被告在《投诉举报受理结果反馈书补正件》中已明确该检验报告所检产品标签与原告举报投诉产品标签不属于同一版本,不作为不予立案的依据,故该项证据与本案不具有关联性,法院不予确认;被告提交的第14项证据中的《投诉举报受理结果反馈书》和第16项证据中的《投诉举报受理结果反馈书补正件》,原告对其合法性有异议,实际是对被告作出的行政行为的合法性有异议,该两份证据符合证据三性,法院予以确认;被告提交的其他证据,原告和第三人均对三性无异议,法院予以确认。原告提交的第1~4项证据,符合证据三性,法院予以确认;原告提交的第5~6项证据,与本案被诉行政行为无关,不具关联性,法院不予确认;原告提交的第7项、第10项证据系生效裁判文书,第8项证据系指导性案例,法院对其真实性予以确认;原告提交的第9项证据,与本案并无关联,法院不予确认。第三人提交的第1~3项证据,法院对其真实性予以确认;第三人提交的第4~6项证据,与本案无关联,法院不予确认。

经审理查明,樊某于2016年7月18日向四川省食品药品监督管理局投诉举报中心投诉举报称,其在人人乐新华购物广场购买的5L装"恒大兴安芥花籽橄榄油食用调和油"标签标识违反《食品安全法》的相关规定。四川省食品药品监督管理局投诉举报中心于同日作出川食药监举报转[2016]423号《食品药品投诉举报转办通知书》,将樊某的投诉举报转送成都市食品药品监督管理局,要求该局进行调查处理并于2016年9月18日前将处理情况告知投诉举报人和回复四川省食品药品监督管理局投诉举报中心。成都市食品药品监督管理局收到转办通知后,将樊某的投诉举报转送青羊区市场监管局。

青羊区市场监管局于2016年7月26日作出成青市监告[2016]第7010号《受理投诉举报告知书》,受理了樊某的投诉举报,并于同日作出成青市监草[2016]第010号《消费者权益争议调解通知书》,通知樊某于规定时间参加该局组织的调解。青羊区市场监管局还于2016年7月26日到人人乐新华购物广场进行现场检查,对其在售的5升装"恒大兴安芥花籽橄榄油食用调和油"的产品情况作了记录,对销售现场及涉案产品标识进行了拍照,调取了"恒大兴安芥花籽橄榄油食用调和油"的进货台账,查验了人人乐新华购物广场的营业执照和食品流通许可证,并查验了人人乐新华购物广场留存的涉案产品生产商、出品商、供货商的营业执照、工业产品生产许可证、食品生产许可证、食品流通许可证等相关证照的复印件,以及涉案产品的多份出厂检验报告。

2016年8月10日,青羊区市场监管局组织樊某与人人乐新华购物广场进行调解。人人乐新华购物广场于2016年9月2日函告青羊区市场监管局不再接受调解。青羊区市场监管局于2016年9月26日作出成青市监草(2016)第7010号《终止消费者权益争议调解告知书》，告知樊某终止调解。

2016年8月12日，青羊区市场监管局向涉案产品生产商江苏金太阳油脂有限责任公司住所地的市场监管部门——如东县市场监督管理局邮寄了一份《案件协查函》，请求该局对涉案产品标签标识是否符合法律、法规和国家安全标准进行协助调查。如东县市场监督管理局于2016年8月22日向青羊区市场监管局回函称涉案产品为恒大粮油集团有限公司委托江苏金太阳油脂有限责任公司生产，产品外包装由恒大粮油集团有限公司自行设计和采购，并由恒大粮油集团有限公司自行销售，并随函附了一份农业部谷物及制品质量监督检验测试中心于2016年7月25日对5升装"恒大兴安芥花籽橄榄油(食用调和油)"作出的《检验报告》，结论是样品按GB 7718—2011标准检验合格。该《检验报告》中所附的送检"恒大兴安芥花籽橄榄油(食用调和油)"标签与原告投诉的"恒大兴安芥花籽橄榄油(食用调和油)"标签的版本存在一定的区别，但"配料"中亦未标注"一级芥花籽油"和"特级初榨橄榄油"的含量。青羊区市场监管局于2016年8月26日收到上述回函和附件。

2016年10月17日，青羊区市场监管局作出并向樊某邮寄了《投诉举报受理结果反馈书》，告知该局认为樊某投诉举报的违法事实不成立，决定不予立案。2016年10月26日，青羊区市场监管局向涉案产品出品商恒大粮油集团有限公司住所地市场监管部门——深圳市市场监督管理局罗湖分局邮寄了一份《关于"恒大兴安芥花籽橄榄油食用调和油"的产品标签问题的函》，将相关投诉举报材料和协查材料抄送该局。2016年10月27日，青羊区市场监管局作出并向樊某邮寄了《投诉举报受理结果反馈书补正件》，对不予立案的理由进行了补正说明。

另查明，樊某投诉举报的5升装"恒大兴安芥花籽橄榄油食用调和油"标签标识信息为：从上到下印有"恒大兴安""放心粮放心油""非转基因黄金产地""芥花籽橄榄油""食用调和油"字样，并配有绿色果实、黄色花朵图案；右侧上方印有"营养成分表"；右侧下方印有食品名称、产品标准号、质量等级、配料、生产日期、保质期，存储条件，其中配料处注明："一级芥花籽油特级初榨橄榄油"。

成都市青羊区人民法院于2017年10月23日判决驳回原告樊某的诉讼请求。

【案件争点】

被告受理原告举报投诉后，经过调查，认定原告投诉举报的违法事实不成立，作出不予立案决定,并将这一处理结果反馈原告,该行政行为的证据是否充分,适用法律是否适当。

【裁判要旨】

法院经审理认为,根据《食品安全法》(2015年)第6条第2款、第115条第1款的规定,并参照国家食品药品监督管理总局令第21号《食品药品投诉举报管理办法》第5条的规定,被告作为区级市场和质量监督管理机关,对于举报投诉人就辖区内涉嫌违反食品安全法律规定的行为进行的举报投诉,具有受理并作出处理的行政职权。

被告受理原告举报投诉后,经过调查,认定原告投诉举报的违法事实不成立,作出不予立案决定,并将这一处理结果反馈原告,该行政行为的证据是否充分,适用法律是否适当,是本案的争议焦点之一。对此,法院经审理认为,首先,根据《食品安全法》(2015年)第53条第1~2款的规定,食品经营者采购食品,应当查验供货者的许可证和食品出厂检验合格证或者其他合格证明,食品经营企业应当建立食品进货查验记录制度。据此,被告受理原告举报投诉后,到第三人处进行了现场检查,调取并查验了第三人的相关证照,第三人制作的涉案产品进货台账,第三人留存的涉案产品生产商、出品商、供货商的相关证照及涉案产品的出厂检验报告等,认定第三人尽到了《食品安全法》(2015年)第53条规定的进货查验义务。该事实认定清楚,证据充分,适用法律正确。其次,针对原告投诉的涉案商品标识问题,根据《食品安全法》(2015年)第67条第1款、第3款的规定,预包装食品的包装上应当有标签,标签应当标明法律、法规或食品安全标准规定应当标明的事项,食品安全国家标准对标签标注事项另有规定的,从其规定;另根据《食品安全法》(2015年)第71条的规定,生产经营者对其提供的标签、说明书的内容负责。据此,被告对涉案食品及其标签标识进行了拍照取证,并根据《食品安全法》的上述规定,以及《食品安全国家标准预包装食品标签通则》(GB 7718—2011)的相关规定,对涉案食品标签进行了审查,认定第三人并不存在违法。该事实认定亦基本清楚,证据基本充分,适用法律并无不当。对此,需要说明的是,虽然原告提供了法院作出的(2016)川0105民初5965号民事判决书和四川省成都市中级人民法院作出的(2017)川01民终6171号民事判决书,欲证明法院生效判决已认定,涉案商品标识中未标注配料橄榄油添加量,违反了《预包装食品标签通则》(GB 7718—2011)第4.1.4.1条"如果在食品标签或食品说明书上特别强调添加了或者含有一种或多种有价值、有特性的配料或成分,应标示所强调配料或成分的添加量或在成品中的含量"的规定，但是，法院经审理认为，上述民事判决并不能作为被告应当认定第三人存在行政违法行为并给予其行政处罚的证据和依据，理由如下：民事责任与行政责任并非完全相同，承担行政责任的前提是行为人存在行政违法，而认定行政违法并给予行政处罚应以行为人存在主观过错为前提，本案中，认定作为涉案商品经销者的第三人是否存在行政违法，也应该考虑其销售过程中是否存在主观过错，结合本案案情即应考虑第三人是否对所售商品标签标识尽到了其应有的审查和注意义务，对此，《食品安全国家标准预包装食品标签通则》GB 7718—2011 第 4.1.4.1 条虽然规定，"如果在食品标签或食品说明书上特别强调添加了或者含有一种或多种有价值、有特性的配料或成分，应标示所强调配料或成分的添加量或在成品中的含量"，但同时 GB 7718—2011 第 4.1.4.3 条也规定："食品名称中提及的某种配料或成分而未在标签上特别强调，不需要标示该种配料或成分的添加量或在成品中的含量。"可见，某种配料的添加量或在成品中的含量是否需标注取决于食品标签或说明书中是否特别强调了该种配料，这就需要根据商品标签或说明书的文字、图案等对其是否构成"特别强调"作出判断，这一判断带有一定的主观性和复杂性，甚至有时存在一定的争议，正如本案作为行政机关的被告和作出民事判决的法院对"涉案商品标签是否对橄榄油进行了强调"亦存在不同的认识，在这种情况下，如果简单地以法院民事生效判决认定了"涉案商品标签对橄榄油进行了强调"为由，而认为第三人作为销售者也应该认识到"涉案商品标签对橄榄油进行了强调"，由此认定其存在主观过错和行政违法，无疑是对商品销售者苛以了过重的甚至超出其能力和职责范围的审查和注意义务，并非《食品安全法》的立法本意，因此，鉴于本案标签标识是否存在违法的判断存在一定难度，第三人作为销售者已尽到了其进货查验义务和对标签标识应有的审查注意义务，本案第三人并不存在行政违法。另外，原告提交了最高人民法院第12批指导性案例中第60号指导性案例，认为本案应参照适用。对此，法院未予参照适用的理由在于，指导性案例中的涉案商品与本案涉案商品并不是同一商品，其标签文字、图案等并不相同，判定两案标签是否对橄榄油进行了强调的难易程度亦不相同，从而导致对销售者是否尽到了审查和注意义务的认定亦不相同，由此，对销售者是否存在行政违法的认定亦不相同，因此，不宜参照适用。综上所述，被告根据其调取的证据和查明的事实，并依据《食品安全法》和《预包装食品标签通则》（GB 7718—2011）的相关规定，认定第三人不存在违法行为，并作出不予立案的决定，并无不当。

被告向原告反馈调查处理结果的时间是否超过法定期限而存在程序违法，是本案的另一个争议焦点。对此,法院经审理认为,原告于2016年7月18日向四川省食品药品监督管理局投诉举报中心进行举报投诉,四川省食品药品监督管理局投诉举报中心通过成都市食品药品监督管理局将原告的举报投诉转送被告办理存在一个过程,因此被告称其于2016年7月20日收到成都市食品药品监督管理局转送的原告举报投诉符合实际。被告收到原告的举报投诉后,于2016年7月26日作出受理决定,符合国家食品药品监督管理总局令第21号《食品药品投诉举报管理办法》第15条第1款关于"5日内作出是否受理的决定"的规定。被告受理原告举报投诉后立即开展调查,并于2016年8月12日向涉案产品生产商住所地的市场监管部门发送协查函,请求协助调查,2016年8月26日收到协查单位的回函后于2016年10月17日作出并向原告邮寄了《投诉举报受理结果反馈书》,在原告提出异议后,又于2016年10月27日作出并向原告邮寄了《投诉举报受理结果反馈书补正件》。根据国家食品药品监督管理总局令第21号《食品药品投诉举报管理办法》第20条第1款、第3款第3项,第38条的规定,投诉举报承办部门应当自投诉举报受理之日起60个工作日内向投诉举报人反馈办理结果,其他部门协助调查所需时间不计算在投诉举报办理期限内,故被告2016年7月26日受理举报投诉至2016年10月27日作出最终反馈结果的期间,扣除2016年8月12日至26日协查单位协助调查的期间,并未超过60个工作日的法定期限,被告处理原告举报投诉的程序符合法律规定。虽然四川省食品药品监督管理局投诉举报中心作出的川食药监举报转[2016]423号《食品药品投诉举报转办通知书》载明"将处理情况于2016年9月18日前告知投诉举报人并回复我局",但上述期限系上级行政机关对下级行政机关的内部要求,不能因为未达到内部要求而认定行政行为违法。

例案三 | 邓某诉宁波市江北区市场监督管理局、宁波市江北区人民政府等不履行行政处罚法定职责纠纷

【法院】

浙江省宁波市中级人民法院

【案号】

(2016)浙02行终321号

【当事人】

上诉人(一审原告):邓某

被上诉人（一审被告）：宁波市江北区市场监督管理局

被上诉人（一审被告）：宁波市江北区人民政府

【基本案情】

原告邓某于2015年8月25日在第三人杭州联华华商集团有限公司宁波康庄南路店（以下简称康庄南路店）购买了“佳惠精制八宝茶”8包，金额为8.90元/包，共计消费71元。2015年9月5日，邓某以挂号信形式向被告宁波市江北区市场监督管理局（以下简称江北市场监管局）举报，认为康庄南路店销售“佳惠精制八宝茶”含有莲子芯（莲子的干燥幼叶及胚根），构成生产销售不符合食品安全法定要求食品的违法行为，要求江北市场监管局依法责令其召回所有问题产品并对其作出行政处罚；依法责令康庄南路店退还邓某购物款71元，赔偿710元及打印费、复印费、邮寄费等，共计2000元；根据食品安全举报奖励办法给予奖励；将处理结果书面予以反馈。

江北市场监管局2015年9月6日收到上述举报投诉后，于2015年9月10日作出受理消费者举报告知书，经调查于2015年10月28日作出消费者投诉举报案件处理结果告知函。其认为，根据《中华人民共和国药典》（2010年版），莲子心是莲子一部分。根据卫生部《关于进一步规范保健食品原料管理的通知》，莲子属于既是食品又是药品的物品，作为莲子的一部分，莲子心也可以食用。农公开（质）[2015]12号《农业部信息公开申请答复书》明确农业行业标准《绿色食品代用茶》（NY/T2140－2012）中的莲子心实为《中华人民共和国药典》（2010年版）中的莲子。根据NY/T12140－2012标准和《关于印发食用植物油等26个食品生产许可证审查细则的通知》附件《代用茶产品生产许可证审查细则》的术语解释，代用茶指选用可食用植物的花、叶、果、根茎等为原料加工制作而成，莲子心作为莲子的干燥幼叶及胚根，经加工制成代用茶符合NY/T2140－2012标准，也符合被举报食品精制八宝茶明示的产品标准杭州优润茶业有限公司企业标准《代用茶》（Q/HYC0001S－2012）。根据上述规定，没有明确证据证明莲子心作为代用茶原料会危害人体健康，且莲子心作为代用茶原料符合农业行业标准和产品标示的企业标准。据此，对康庄南路店进行查处依据不充分，因此对康庄南路店作出不予立案的处理决定，同时无须责令第三人康庄南路店召回所售的食品，邓某要求康庄南路店支付2000元的要求属于消费纠纷范畴，已通知双方当面调解。

邓某对江北市场监管局作出的消费者投诉举报案件处理结果不服，于2015年11月25日向被告宁波市江北区人民政府（以下简称江北区政府）提起行政复议申请,要求确认江北市场监管局未依法履行法定职责的行为属于行政违法行为。江北区政府于2015年11月25日收到原告的行政复议申请,受理申请后,经审查于2016年1月20日作出了行政复议决定。江北区政府认为,复议决定书中查明的事实符合当前关于莲子芯的认识,莲子属于食药同源的物品。江北区政府认为被告江北市场监管局已经履行行政职责,事实清楚,证据确凿,适用依据正确,程序合法,驳回邓某的行政复议申请。

邓某对该复议决定仍不服,遂向法院提起行政诉讼,邓某认为:"莲子芯"在《中华人民共和国药典》中属于药品,不在卫生部既是食品又是药品的名单内。康庄南路店销售的精制八宝茶内含配料"莲子芯"的行为属于违反了《食品安全法》(2009年)第50条规定的生产经营的食品中不得添加药品,但是可以添加按照传统既是食品又是中药材的物质。按照传统既是食品又是中药材的物质的目录由国务院卫生行政部门制定、公布。农业部发布的《中华人民共和国农业行业标准》(NY/T2140-2012)中所称的"莲子心"是指去掉外壳的莲子(果实),不是莲子中间青绿色的胚芽(莲子芯)。该标准中的"莲子心"与卫生部办公厅《关于莲芯及莲子芯精华作为普通食品原料问题的复函》所述莲芯物质不同。根据农业部《关于绿色食品产品标准执行问题的有关规定》第1条第2款的规定,初次申报产品在"产品目录"范围内,但产品本身或产品配料成分属于卫生部发布的"可用于保健食品的物品名单"中的产品(其中已获卫生部批复可作为普通食品管理的产品除外),需取得国家相关保健食品或新食品原料的审批许可后方可进行申报。而本案诉争的涉案产品显然没有取得国家相关保健食品或新食品原料的审批许可。同时,根据《新食品原料安全性审查管理办法》的规定,只有符合"在省辖区内有30年以上作为定型或者非定型包装食品生产经营的历史,并且未载入《中华人民共和国药典》"才能作为新资源产品。从涉案产品在浙江省卫生厅备案的产品执行标准内容来看,其产品并不符合备案内容(涉案产品在浙江省卫生厅备案的产品标准Q/HYC0001 S里并没有"莲子芯"原料)。康庄南路店也未尽到食品安全法定要求的审查义务审查其销售的产品的相关文件和检测合格报告。原告邓某向法院提起诉讼,请求撤销被告江北市场监管局作出的投诉举报案件处理结果告知函,并限期重新处理;撤销被告江北区政府北区政行复[2015]14号行政复议决定。

【案件争点】

被告受理原告举报投诉后,经过调查,认定原告投诉举报的违法事实不成立,作出不予立案决定，并将这一处理结果反馈原告，该行政行为的证据是否充分，适用法律是否适当。

【裁判要旨】

法院生效判决认为，《食品安全法》（2009年）第5条第2款的规定，被告江北市场监管局具有履行食品安全监督管理的法定职责。根据《食品药品投诉举报管理办法（试行）》第12条、第22条的规定，被告江北市场监管局于2015年9月6日收到原告的要求其履行对第三人康庄南路店销售“佳惠精制八宝茶”所含莲子芯的行为给予行政处罚法定职责等的举报后，于2015年9月10日作出《受理消费者举报告知书》，后又于2015年10月28日作出《消费者投诉举报案件处理结果告知函》，对第三人康庄南路店不予立案。被告江北市场监管局的上述行为符合法律法规规定的程序要求。根据《行政处罚法》（2009年）第30条、第38条第1款第3项的规定，违法事实不清的或不能成立的，不得给予行政处罚。行政机关给予行政处罚的，应当查明违法事实。本案中，没有明确证据证明莲子芯作为代用茶原料会危害人体健康；莲子芯没有被列入历次禁止在食品中添加的物品名单中以及不属于《食品安全法》（2009年）第28条规定的禁止生产经营的食品；无明确证据证明莲子芯不属于既是食品又是药品的物品。因故，对于第三人康庄南路店销售含有“莲子芯”的“佳惠精制八宝茶”给予处罚的证据不足，被告江北市场监管局对于第三人康庄南路店的上述销售行为作出不予立案的处理决定符合法律规定，被告江北市场监管局已履行相应法定职责。根据《行政复议法实施条例》第48条第1款第1项的规定，被告江北区政府经审查，认为被告江北市场监管局已经履行了相关行政职责，事实清楚，证据确凿，适用依据正确，程序合法，作出驳回原告邓某提起的行政复议申请。法院经审理认为该行政复议决定符合法律规定。

综上所述，原告申请被告江北市场监管局履行对第三人康庄南路店销售“佳惠精制八宝茶”中含有“莲子芯”行为予以行政处罚的理由不成立，被告江北市场监管局作出的投诉举报案件处理结果告知行为证据确凿，适用法律、法规正确，符合法定程序。被告江北区政府作出的复议决定符合法律的规定。据此，依照《行政诉讼法》（2014年）第69条的规定，判决驳回原告邓某的诉讼请求。

三、裁判规则提要

依法投诉举报，是公民、消费者的法定权利。依法立案受理，是行政机关的法定职责。出于鼓励公民、消费者积极主动监督市场环境，投诉举报的立案受理标准不能过于严苛。行政机关应当积极受理公民、消费者的投诉举报,维护市场竞争秩序。

(一)公民或消费者有投诉举报的法定权利

根据《消费者权益保护法》《食品安全法》《食品药品投诉举报管理办法》《市场监督管理投诉举报处理暂行办法》等,公民或消费者有就生产者、经营者的生产经营行为向有关部门进行投诉举报的权利。过于严苛的投诉举报立案受理标准,会实质上侵害公民、消费者投诉举报的法定权利。被投诉举报事项的合法性尚不确定时,就意味着该行为的合法性存疑,即存在违法可能性。在这种情况下,公民、消费者无法确定其合法性,影响消费预期,甚至会对社会公共利益产生影响。因此,允许公民、消费者就合法性不确定的事项向有关行政机关投诉举报,是符合法律法规赋予公民、消费者投诉举报权的基本内涵和内在精神的。行政机关若以被投诉举报事项合法性不确定为由,作出不予立案决定的,便存在立案受理标准过于严苛的问题,涉嫌侵害公民、消费者投诉举报的法定权利。

(二)食品药品监督管理部门负有对投诉、举报食品、药品方面的事项进行查处的法定职责

为了保障食品药品安全,国家设立食品药品监督管理部门对食品药品监督管理工作负责。行政机关的资源力量有限,为了推动社会共治,《食品药品投诉举报管理办法》《市场监督管理投诉举报处理暂行办法》明确了食品药品投诉举报的办法。这些行政法规及部门规章的制定,实际上是为《食品安全法》和《药品管理法》构建相应的配套措施,进一步保障社会公共利益,严惩食品药品领域的违法行为。据此,食品药品监督管理部门负有对投诉、举报食品、药品方面的事项进行查处的法定职责。因此,食品药品监督管理部门在收到公民、法人或非法人组织的举报后应当切实履行其法定职务,对被举报事项进行依法调查处理并发布相关信息。若食品药品监督管理部门未按照法律法规的相关规定,依法履行其调查处理并发布相关信息的法定职责的,该行为不合法。投诉人、举报人以此为由向人民法院提起诉讼的,人民法院应当判令行政机关重新作出行政行为。

(三)只有在确无违法事实存在时,食品药品监督管理部门才能作出不予立案的决定

根据《食品药品行政处罚程序规定》《市场监督管理行政处罚程序暂行规定》

的规定,食品药品监督管理部门应当对公民、法人或者其他组织投诉、举报的事项进行调查处理。在相关案件中,有争议的地方在于违法事实是否存在。法院根据原被告双方所提供的证据,认为被告所提供的证据不足以证明第三人的行为合法,即未能证明违法事实不存在,被告应当承担举证不能的法律后果。法院这一判断看似与传统的"谁主张积极的事实,谁负举证责任"相悖,实际上是与行政诉讼中由被告对其行政行为合法性负担举证责任规则契合的。行政机关若无法对自己作出不予立案的行为提供充分的证据及所依据的规范性文件,就应承担败诉之风险。因此,食品药品监督管理部门针对举报、投诉人的举报、投诉作出相应行政行为时,应当严格按照法定程序,履行法定义务,同时充分做好过程管理和痕迹管理,为本单位所作行政行为的合法性与合理性提供充分的证据支持。若没有充分的证据保证,无论行政机关所作行政行为在事实上是否具有合法性与合理性,都将因其举证不力,而在诉讼中承担败诉后果。

(四)将不存在违法事实的证明责任归于食品药品监督管理部门能防止其随意推诿,保障当事人合法权益与社会公共利益,但亦要考虑行政机关的举证可能性

食品药品安全关系个人切身利益,更关乎社会公众利益,国家规定投诉、举报办法并明确食品药品监督管理部门的责任就是要切实保障公民合法权益及社会公共利益。在现实生活中,由于行政机关不重视或其他原因,一些食品药品监督管理部门对投诉、举报事项比较懈怠,在未进行充分调查的情况下作出不予受理的决定,或者调查也仅进行形式上的调查。将不存在违法事实的证明责任归于食品药品监督管理部门能极大减轻公民、法人或其他组织的举证难度,保障食品药品领域的举报工作顺利开展,促进食品药品领域的健康发展。当然所谓不存在违法事实,毕竟是一项消极事实,若要行政机关进行绝对的证明是不现实的,至少行政机关无法穷尽当事人的所有行为,更无法一一确定其合法性。因此,行政机关的举证所涉事项应当有一定的标准和范围。一是举投诉中所涉的具体事项;二是行政机关检查督查的日常事项。若行政机关能在以上两个范围内充分举证,人民法院应当认定行政机关对此项争议充分履行了举证责任。

四、辅助信息

高频词条：

《药品管理法》

第 64 条 药品应当从允许药品进口的口岸进口，并由进口药品的企业向口岸所在地药品监督管理部门备案。海关凭药品监督管理部门出具的进口药品通关单办理通关手续。无进口药品通关单的，海关不得放行。

口岸所在地药品监督管理部门应当通知药品检验机构按照国务院药品监督管理部门的规定对进口药品进行抽查检验。

允许药品进口的口岸由国务院药品监督管理部门会同海关总署提出，报国务院批准。

第 68 条 国务院药品监督管理部门对下列药品在销售前或者进口时，应当指定药品检验机构进行检验；未经检验或者检验不合格的，不得销售或者进口：

（一）首次在中国销售的药品；

（二）国务院药品监督管理部门规定的生物制品；

（三）国务院规定的其他药品。

《行政诉讼法》

第 70 条 行政行为有下列情形之一的，人民法院判决撤销或者部分撤销，并可以判决被告重新作出行政行为：

（一）主要证据不足的；

（二）适用法律、法规错误的；

（三）违反法定程序的；

（四）超越职权的；

（五）滥用职权的；

（六）明显不当的。

食品药品纠纷案件裁判规则第 17 条：

药品采购单位仅持有随货同行单，但未持有供货单位销售人员合法资格以及质量保证协议的，不属于合法购进药品、医疗器械的情形，行政机关作出处罚的，符合法律规定

〔**规则描述**〕：药品经营企业购进药品，除购进没有实施批准文号管理的中药材外，均需要从具有药品生产、经营资格的企业购进药品。药品经营企业采购药品需要符合国家关于药品质量控制措施和药品追溯系统的有关规定，包括核验身份及资质、索证索票等，以确保药品质量安全。

一、类案检索大数据报告

截至 2019 年 12 月 31 日，以“药品采购”“随货同行单”“行政”为并列关键词，通过 Alpha 案例库、法信平台、北大法宝、中国裁判文书网共检索到 122 件行政案件，剔除无关联案件和同一案件不同审级形成的多个文书，实际共查找到高度关联的 15 件案例裁判文书。整体情况如下：

如图 17 －1 所示，从案件主要地域分布看，广东省最多，为 5 件；北京市 3 件；浙江省、山东省各 2 件；安徽省、河南省、福建省各 1 件。

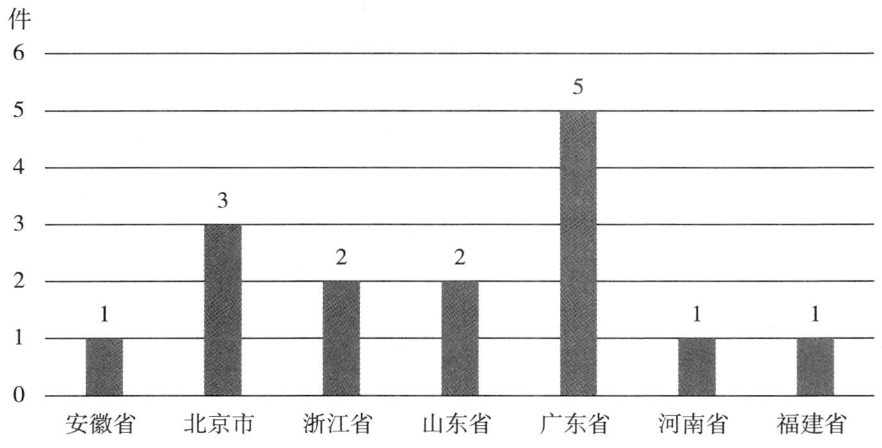

图 17 －1　案件主要地域分布情况

如图 17 -2 所示,从案件结案年度分布看,主要集中在 2018 年、2019 年,均有 5 件;2017 年有 3 件;2016 年有 2 件。

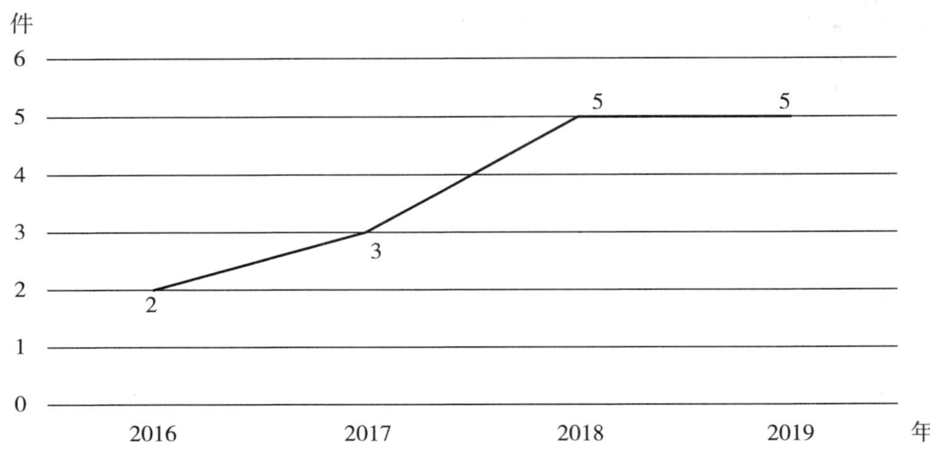

图 17 -2　案件结案年份分布情况

如图 17 -3 所示,从案件案由分布看,行政处罚 6 件,行政复议 5 件,行政撤销 3 件,行政其他 1 件。

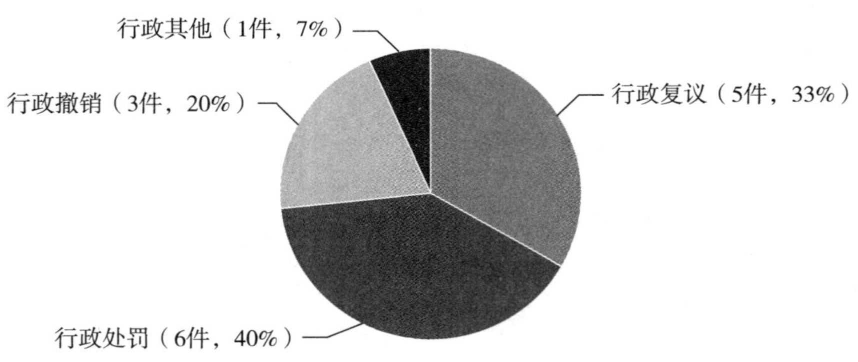

图 17 -3　案件案由分布情况

如图 17 -4 所示,从案件裁判结果分布看,8 件为驳回原告诉讼请求;4 件为确认行政行为违法,但不撤销;3 件为撤销行政行为。

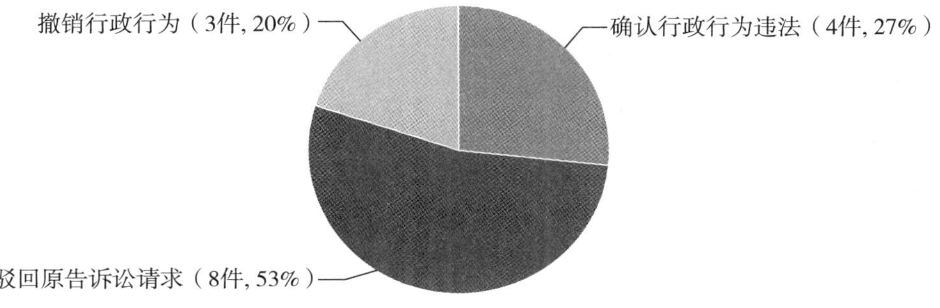

图 17－4 案件裁判结果分布情况

上述案例均支持了本裁判规则。

二、可供参考的例案

例案一 广西华大康元医药连锁有限责任公司武宣普康店、武宣县市场监督管理局药品管理没收处罚案

【法院】

来宾市中级人民法院

【案号】

(2017)桂 13 行终 62 号

【当事人】

上诉人(原审原告)：广西华大康元医药连锁有限责任公司武宣普康店

负责人：何某，经营者

被上诉人(原审被告)：武宣县市场监督管理局

法定代表人：熊某，局长

【基本案情】

广西华大康元医药连锁有限责任公司武宣普康店(以下简称武宣普康店)是广西华大康元医药连锁有限责任公司的加盟连锁店，成立于 2010 年 6 月 30 日。2016 年 9 月 20 日，武宣县食品药品监督管理局进行日常监督检查时，何某对本店销售的天和骨通贴膏、葡萄糖酸钙片等 71 个品规药品无法提供合法的购进票据和供货商的资质证明材料；何某、潘某荣分别于 2016 年 9 月 21 日、10 月 26 日提供了药品出库复核单(随货同行单)共计 238 张，开单单位是吴大药业，客户名称分别是

梁某行诊所、陆某群诊所、柳州二运骨伤医院,开单日期在2015年5月至2016年6月。武宣县食品药品监督管理局以武宣普康店涉嫌违法购进药品予以立案查处。在查处过程中,武宣县食品药品监督管理局依法扣押了武宣普康店价值2299元的物品,并确认涉案的238张随货同行单共有996个品规药品,总货值84,877元;同时认定武宣普康店违法所得82,578元。2016年11月2日,武宣县食品药品监督管理局向柳州市柳南区食品药品监督管理局发函,请求协查吴大药业是否向武宣普康店销售药品。2016年11月16日,柳州市柳南区食品药品监督管理局的《复函》证实,吴大药业与武宣普康店无实际业务往来;涉案238张出库复核单虽为吴大药业开具,但单据上的药品均只销售发往单据上"客户名称"所示的陆某群诊所、梁某行诊所、柳州二运骨伤医院三个单位。《复函》同时附有吴大药业出具的书面《声明》,称"2016年11月11日柳南食药监到本公司核查,经核对柳南食药监所提供的单号XHCX00000022649、XHCX00000025688等238张出库复核单确实为我公司药品销售凭证,这些凭证所销售的发货单据上的药品,只发给上述单据上的陆某群诊所、梁某行诊所、柳州二运骨伤医院三家单位。2015年度至2016年度我公司从未销售药品给武宣普康店。"2016年12月20日,武宣县市场监督管理局根据武宣普康店的申请举行公开听证。2017年1月9日,武宣县市场监督管理局作出(武)市监药罚[2016]13号《行政处罚决定》,对武宣普康店处以没收2016年9月20日被扣押的药品(详见扣押物品清单)、并处总货值一倍的罚款84,877元、没收违法所得82,578元的行政处罚。2017年1月17日,武宣普康店主动缴交了违法所得82,578元,同时向武宣县市场监督管理局提出分期缴款的书面申请。2017年3月23日,武宣普康店以(武)市监药罚[2016]13号《行政处罚决定》认定事实不清,证据不足,适用法律错误为由诉至法院,要求予以撤销。另查明,根据武宣县人民政府武政发[2016]28号文件和武宣县市场监督管理局武市监管函[2016]1号文件,武宣县人民政府于2016年10月12日决定组建武宣县市场监督管理局,将原武宣县食品药品监督管理局、原武宣县工商行政管理局和质量技术监督局整合划入武宣县市场监督管理局,并定于2016年11月14日起启用武宣县市场监督管理局公章,同时停用原单位的旧公章。

来宾市武宣县人民法院于2017年作出一审判决:驳回武宣普康店的诉讼请求。原告武宣普康店不服,提起上诉;来宾市中级人民法院于2017年11月14日作出二审判决,驳回上诉,维持原判。

【案件争点】

被上诉人武宣县市场监督管理局作出的(武)市监药罚[2016]13 号行政处罚决定书，是否有事实和法律依据。

【裁判要旨】

法院经审理认为，本案中，武宣普康店作为药品经营企业，在武宣县食品药品监督管理局进行日常监督检查时，对涉案药品无法提供合法的购进票据和供货商的资质证明材料。武宣县市场监督管理局根据当事人的陈述、询问笔录、复函、出库复核单(随货同行单)、物品核对清单、照片及视频资料等证据，认定武宣普康店违法购进药品，事实清楚，证据确凿充分。上诉人武宣普康店主张涉案药品系其通过广西全民药业有限责任公司业务员隆某在具有资质的广西柳州吴大药业有限公司购买，药品购进渠道合法。但隆某并非广西柳州吴大药业有限公司的业务员，不具备供货单位销售人员的合法资格。且武宣普康店提供的涉案药品出库复核单上客户名称并非武宣普康店，柳州市柳南区食品药品监督管理局的《复函》及广西柳州吴大药业有限公司出具的《声明》均证实：武宣普康店与广西柳州吴大药业有限公司无实际业务往来；涉案 238 张出库复核单虽为吴大药业有限公司开具，但单据上的药品均只销售发往单据上“客户名称”所示的陆某群诊所、梁某行诊所、柳州二运骨伤医院三个单位。武宣普康店未尽进货查验义务，通过隆某个人，购进并销售没有药品经营资格的梁某行诊所、陆某群诊所、柳州二运骨伤医院名下的药品，视为其从没有药品经营资格的企业购进药品。被上诉人武宣县市场监督管理局在查明事实的情况下，依据《药品管理法》(2015 年)第 79 条、《行政处罚法》(2009 年)第 27 条第 1 款第 4 项之规定，作出的行政处罚决定书，认定事实清楚，适用法律正确，处理程序合法，处罚结果恰当。上诉人武宣普康店主张其药品购进渠道合法，与事实不符，理由不能成立。

例案二 | 桂林高新区兴中光电仪器有限责任公司与桂林市食品药品监督管理局行政处罚案

【法院】

广西壮族自治区桂林市中级人民法院

【案号】

(2016)桂 03 行终 90 号

【当事人】

上诉人(一审原告):桂林高新区兴中光电仪器有限责任公司

法定代表人:吕某某,总经理

被上诉人(一审被告):桂林市食品药品监督管理局

负责人:张某,副局长

【基本案情】

2014年11月7日,原告桂林高新区兴中光电仪器有限责任公司(以下简称兴中公司)投标并中标编号为GLZFCG2014A0239(重)的医疗采购项目,确定为该项目C分标中标供应商,中标金额为207,880元。同月19日,原告兴中公司与案外人科仿康(上海)贸易有限公司(以下简称科仿康公司)签订《购销合同》,约定由科仿康公司向原告提供一套原装进口以色列的Sunlight Omnisense7000型超声骨强度仪,并随机附带装箱清单、保修卡、质量检验证明书、进口报关单、中文说明书等。2015年1月23日,原告兴中公司向采购人桂林市第三人民医院交付中标产品。在验收货物时,桂林市第三人民医院发现原告所提供货物中的医疗器械Sunlight Omnisense7000型超声骨强度仪(S/N:2014095428)无中文说明书、中文标签、报关单、检验检疫合格证明等文件,原告兴中公司便自行打印了中文标签并上网下载翻译了一份中文说明书交给桂林市第三人民医院。桂林市第三人民医院提出质疑并致电Sunlight Omnisense7000型超声骨强度仪的售后服务机构上海毕迈电子科技有限公司核实该设备是否为原厂正装设备。同日,上海毕迈电子科技有限公司回函桂林市第三人民医院确认该公司从未进口过SN编号为2014095428的超声骨强度仪。2015年1月26日,上海毕迈电子科技有限公司向被告桂林市食品药品监督管理局(以下简称市食药局)举报有医疗器械公司向桂林市第三人民医院非法销售医疗器械。被告市食药局根据上海毕迈电子科技有限公司的举报于2015年3月13日向上海市徐汇区食品药品监督管理局发函,请求协查科仿康公司是否向原告兴中公司销售过涉案的骨强度仪等情况。2015年4月8日,上海市徐汇区食品药品监督管理局复函被告市食药局,查实涉案骨强度仪系科仿康公司向孔某涛购进后销售给原告兴中公司,至今无法提供该骨强度仪的报关单、通关单、入境货物检验检疫等证明。2015年6月4日,被告市食药局对原告兴中公司违反《医疗器械监督管理条例》第40条的规定销售无合格证明文件的第二类医疗器械的行为予以立案调查,并依法对涉案的骨强度仪予以扣押。2015年7月6日,被告向原告下发了《行政处罚事先告知书》《听证告知书》《责令改正通知书》。2015年7月8日,原告向被告提交了《听证申请书》。2015 年 7 月 31 日，被告举行了听证会议。2015 年 8 月 3 日，被告作出《行政处罚听证意见书》维持了原作出的《行政处罚事先告知书》。2015 年 8 月 19 日，被告市食药局作出（桂林）食药监械罚（2015）6 号《行政处罚决定书》。

另查明，Beam Med Ltd 生产的 Sunlight Omnisense7000 型超声骨强度仪已于 2010 年 11 月 30 日经国家食品药品监督管理局注册登记，注册代理为中国医药对外贸易公司，售后服务机构为上海毕迈电子科技有限公司。本案涉案的骨强度仪后面板张贴有一张激光防伪出厂检验合格标识。

桂林市叠彩区人民法院作出一审判决，驳回原告兴中公司的诉讼请求。原告不服，提出上诉。后桂林市中级人民法院于 2016 年 9 月 20 日作出二审判决，驳回上诉，维持原判。

【案件争点】

原告兴中公司销售给桂林市第三人民医院的骨强度仪是否具有进口医疗器械的合格证明文件。

【裁判要旨】

法院经审理认为，生命、健康权是人的基本权利。2014 年 2 月 12 日修订通过、2014 年 6 月 1 日起施行的《医疗器械监督管理条例》第 1 条规定了其立法目的是保证医疗器械的安全、有效，保障人体健康和生命安全。修订后的《医疗器械监督管理条例》已将原条例中的“合格证明”修订为“合格证明文件”。在有权机关作出明确解释之前，对“合格证明文件”这一用语含义的理解，应当符合修订后的《医疗器械监督管理条例》的立法目的。由于各国国情存在诸多不同，如人种不同、国人体质参数数据不同、使用电源模式不同、语言不同等，因此，各国对医疗器械的强制性标准也不尽相同。医疗器械制造商在生产医疗器械时，都是依据出口到岸国家或地区的标准进行生产，否则，进口的医疗器械在到岸国家或地区将难以发挥其医疗、诊断目的，严重时甚至危及操作者和患者的人身安全。由此可见，在我国境内经营进口医疗器械，须遵循的《医疗器械监督管理条例》中规定的合格证明文件其含义显然不仅是出厂合格证明，还应包括符合我国医疗器械标准的其他合格证明文件。唯此，才能实现保证我国境内医疗器械的安全、有效，保障我国人民人体健康和生命安全的立法目的。虽然本案涉案骨强度仪上张贴有一枚出厂检验合格标识，该标识系境外医疗器械生产企业对其产品合格出厂的标识，仅能证明涉案骨强度仪出厂时是合格产品。但上诉人至今未能提供任何证明文件证明涉案骨强度仪是符合我国医疗器械标准的合格产品。因此,上诉人2015年1月23日向桂林市第三人民医院交付涉案骨强度仪的行为,属经营无合格证明文件医疗器械行为。

例案三 市北健民医院杭州路诊所、青岛市食品药品监督管理局食品药品安全行政管理(食品、药品)纠纷

【法院】

山东省青岛市中级人民法院

【案号】

(2018)鲁02行终216号

【当事人】

上诉人(原审原告):青岛市北健民医院杭州路诊所

法定代表人:刘某某,院长

委托代理人:杨某,山东麒正律师事务所律师

被上诉人(原审被告):青岛市食品药品监督管理局

法定代表人:孙某某,局长

委托代理人:李某,青岛市食品药品监督管理局工作人员

委托代理人:王某,山东齐鲁(青岛)律师事务所律师

【基本案情】

2014年12月至2015年2月,原告购进药品缬沙坦胶囊(代文)共计220盒,购进价格40.50元/盒,使用价格44.00元/盒,至2015年5月12日已全部使用完毕,销售所得金额9680元。上述缬沙坦胶囊的3张销售发票的开具方系“天合市南”,3张销售单抬头为“青岛市南天合医药集团股份有限公司市南分公司”(与青岛天合医药集团股份有限公司市南分公司名称不符,以下简称天合市南)。原告主张上述药品系从天合市南业务员孔某某处购进。2015年6月24日,天合市南向被告出具情况说明:其与青岛市北健民医院有业务往来,与市北健民医院杭州路诊所无直接业务往来。孔某某为天合市南正式员工,约2012年入职,现从事销售员岗位。上述缬沙坦胶囊的3张发票和3张销售单均不是天合市南出具,销售单上的药品也不是其公司销售。2015年9月15日,在被告对孔某某的调查询问中,孔某某称,其大约2014年1月开始负责青岛市北健民医院的业务,与青岛市北健民医院鞍山路诊所、市北健民医院杭州路诊所、市北健民医院人民路门诊部无直接业务往来,

这三家的药品应该是由青岛市北健民医院统一代购的。因天合市南不经营缬沙坦胶囊，其从案外人徐某登(未提供单位资质证明文件)手中购进药品缬沙坦胶囊，销售给原告，共销售了4120盒，从中抽取费用，随货同行的发票和销售单不是通过天合市南开具的，都是徐某登开好后给孔某某，孔某某将单据及药品一并给青岛市北健民医院送去。原告处保存有加盖天合市南原印章的营业执照、药品经营许可证、药品经营质量管理规范认证证书等资质证明文件的复印件及印章备案，没有孔某某的法人授权委托书。听证中，原告提交了"天合市南"向青岛四方健民医院(青岛市北健民医院)出具的3份发票，认为该等发票系购进涉案缬沙坦胶囊对应的有效票据。被告将上述发票信息在青岛市国家税务局网上办税厅查询，均显示与国税局保存的信息不一致，可能为假发票。被告主张其2016年1月20日向青岛市国家税务局发函，协查原告提供的"天合市南"开具的涉案发票的真伪，未果。

2013年4月至2014年10月，原告购进药品共计319,900.64元，已全部使用完毕，所得金额367,885.74元。上述药品所附133份销售(出库)复核单，出具单位为"华润山东"。原告主张上述药品系从华润山东医药有限公司(以下简称华润山东)业务员耿某某处购进。2015年6月5日，被告向济南市食品药品监督管理局出具《关于协查"华润山东医药有限公司"的函》。2015年6月9日，济南市食品药品监督管理局向被告复函：(1)华润山东是我辖区合法药品经营企业，随函所附华润山东的资质不是该公司出具；(2)某某、耿某某不是该公司业务员，随函所附授权委托书不是该公司开具；(3)该公司未与青岛市北健民医院开展业务，随函所附华润山东销售(出库)复核单及增值税发票不是该公司出具。上述复函还提供了华润山东2015年6月9日的情况说明和公司资质及法人销售授权委托书。该2015年6月9日情况说明系华润山东向济南市食品药品监督管理局出具，说明：我公司从未与"青岛市北健民医院鞍山路诊所""市北健民医院人民路门诊部""青岛市北健民医院""市北健民医院杭州路诊所"开展业务；随函所附的标示上述购货单位的单据共计675张均不是我公司出具；"某某""耿某某"均不是我公司员工，随函所附委托书格式与我公司不一致；随函所附公司证照不是我公司出具，均系伪造。

原告处保存有加盖"华润山东"原印章的企业法人营业执照、药品经营许可证、药品经营质量管理规范认证证书等资质证明文件的复印件，某某的法人授权委托书。上述原告保存的企业资质文件与济南市食品药品监督管理局复函中所附的资质文件完全不同，虽然两组资质文件的部分有效期间不同，但是在营业执照上所显示的公司成立时间、营业期限完全不相同,原告处保存的《企业法人营业执照》显示公司成立时间为2002年9月15日,营业期限为2002年9月15日至2022年9月14日,而复函提供的《营业执照》显示公司成立时间为2000年2月28日,营业期限为2000年2月28日至2015年2月12日。听证中,原告等四家医疗机构向被告提交了《华润山东医药有限公司销售(出库)复核单》1份和发票76份。2016年1月20日,被告向济南市食品药品监督管理局出具协查函。2016年2月1日,济南市食品药品监督管理局向被告复函:(1)随函所附76张增值税发票均不是华润山东开具,该公司开具过13张对应发票号的发票,但购货单位名称、开票日期等内容均与协查票据不同;(2)随函所附《华润山东医药有限公司销售(出库)复核单》不是华润山东出具的,该公司随货同行单及印章样式见附件。该复函附华润山东向济南市食品药品监督管理局出具的情况说明中还提交了上述13张发票明细。被告主张其2016年1月20日向济南市槐荫国家税务局发函,协查原告提供的“华润山东”开具给原告及青岛四方(市北)健民医院鞍山路诊所、四方区泰诚诊所、青岛四方(市北)健民医院杭州路诊所的76份发票的真伪,未果。

2013年2月至2014年1月,原告购进药品共计366,757.80元,已全部销售完毕,销售金额421,771.47元。上述药品所附94张销售单出具单位为“天合四方”。原告主张上述药品系从青岛天合医药集团股份有限公司四方分公司(以下简称天合四方)业务员仲某某处购进。2015年5月20日,天合四方向被告出具情况说明:天合四方与青岛市北健民医院杭州路诊所有业务往来,业务员仲某某于2012年12月13日至2013年8月26日由天合四方授权与该公司合作,负责销售回款工作;2013年8月27日至2014年8月31日由公司销售配送。上述94页销售单并非天合四方出具,单据上开具的药品非天合四方销售。2015年12月18日,天合四方出具证明:仲某某在2013年1月至2014年12月为我公司委托人,负责与健民医院等相关单位进行药品谈判及结账等相关业务,在业务期间所做的违规行为系个人行为,与本公司及健民医院等单位无关。原告处保存有加盖天合四方原印章的营业执照、药品经营许可证、药品经营质量管理规范认证证书等资质证明文件的复印件及印章备案、销售单样本、发票样本,没有仲某某的法人授权委托书。涉案94张销售单与原告存档的销售单样本格式不一致,且销售单上加盖的“出库专用章”与备案印章大小明显不一致,2014年1月销售单未加盖印章。

2014年6月至7月,原告购得药品5935元,已全部销售完毕,销售金额6825.25元。上述药品涉及的5张销售单显示出具单位均为“东惠”。原告主张上述药品系从山东东惠青岛公司药品经营部（以下简称东惠）业务员仲某某、杨某、陈某某处购进。2015 年 5 月 29 日，东惠向被告出具情况说明：东惠与市北健民医院杭州路诊所有业务往来，销售人员包括侯某某、陈某、门某某、宫某某、朱某某、杨某某。涉案 5 张销售单据并非东惠出具，东惠未向青岛市北健民医院杭州路诊所销售过以上单据的药品。2015 年 7 月 7 日，东惠向被告出具说明陈某等人为我公司正式员工，陈某某、杨某、仲某某非我公司正式员工。2015 年 7 月 8 日，侯某某、陈某分别出具说明：由于社区业务较繁多，在业务忙不过来的情形下，偶尔让杨某、陈某某帮忙送货，所送药品都为本公司正规验收、入库、出库产品。如有其他业务（不在本公司正规验收、入库、出库的任何产品）与本公司无任何关系。东惠在上述说明上加盖公章。原告处保存有加盖东惠原印章的营业执照、药品经营许可证、药品经营质量管理规范认证证书等证明文件的复印件，以及侯某某法人授权委托书（2015 年 1 月 1 日至 12 月 31 日）、陈某法人授权委托书（2015 年 5 月 1 日至 2017 年 4 月 30 日）。原告处还存档有东惠的印章模式证明、销售单样本、发票样本。涉案销售单与原告存档的销售单样本格式不一致，其中 4 张销售单上所盖公章与备案印章明显不符，东惠表示另 1 张销售单（GSSP140618 －0011B）上所列心可舒胶囊并非东惠经营。听证中，原告提交发票若干，主张该等发票系涉案 5 张销售单对应的发票。2016 年 1 月 22 日，东惠出具《关于山东东惠青岛公司药品经营部证据原件清单说明》，2016 年 3 月 31 日，东惠出具补充说明，该两份说明对原告提供发票的真实性予以确认，但指出该等发票对应的销售单据并非涉案 5 张单据，并提供了发票对应的销售单据。东惠再次表明涉案 5 张单据并非其出具，上述销售单上所列心可舒胶囊并非东惠经营，其余销售清单上所列均为东惠所经营品种。GSSP140618 －0011B 销售单中所列硝苯地平缓释片（130 元）与东惠留存单据上药品的品名、数量、批号、金额一致，被告认定为东惠所供，单据系业务员伪造，并从最终认定的违法购进药品中剔除。

2015 年 6 月 23 日，刘某持原告授权委托书接受被告询问调查。刘某称：（1）从药品经营企业（天合市南、天合四方、东惠、华润山东）购进药品时没有对上述单位的资质、业务员的法人委托书及发票、随货同行进行过核实。（2）2014 年年底之前货款直接支付给业务员（孔某某、仲某某、杨某、耿某某、陈某某）个人，从 2015 年起货款通过单位对公账户汇给医药企业。（3）从上述单位购进的药品均已销售完毕，没有库存，一般是购进价格加价 15% 对外销售。

2015 年 7 月 6 日，被告作出案件调查终结报告。2015 年 12 月 1 日，被告向原告送达《行政处罚事先告知书》和《听证告知书》。经原告申请,2015 年 12 月 23 日,被告对涉案行政处罚组织听证。听证中,原告称还有部分发票、销售清单等证据需要提供,证据原件需要整理。被告中止本次听证。2016 年 1 月 8 日,被告恢复听证。2016 年 1 月 13 日,听证主持人和听证员出具《处罚听证意见书》,建议对原告新提交的证据进行甄别确认。2016 年 4 月 11 日,被告青岛市食品药品监督管理局向原告市北健民医院杭州路诊所作出(青)食药监药罚[2015]Y008 号《行政处罚决定书》。原告不服,遂提起本案行政诉讼。

2014 年 12 月 8 日,青岛市公安局市北分局对仲某某非法经营案立案侦查,2015 年 6 月 17 日决定对其执行拘留。2015 年 5 月 10 日,青岛市公安局食品药品与环境犯罪侦查支队向被告稽查支队出具《关于通报仲某某非法经营药品案相关线索的函》,函中载明市北分局食药环侦大队在办理"仲某某非法经营药品案"过程中,发现犯罪嫌疑人仲某某向市北健民医院等医疗机构非法销售药品。被告根据上述移送线索,展开本案调查。2015 年 6 月 10 日、7 月 6 日,被告分别向青岛市公安局食品药品与环境犯罪侦查支队出具两份《案件线索移送函》,将其在办理本案及相关案件中发现的耿某某、孔某某涉嫌无《药品经营许可证》销售药品的线索移送。2015 年 6 月 19 日,青岛市公安局市北分局决定对耿某某、张某某非法经营案立案侦查。

【案件争点】

上诉人购进涉案药品时是否履行了审查义务,被上诉人作出的行政处罚决定是否合法。

【裁判要旨】

法院经审理认为,《药品管理法》(2015 年)第 2 条规定,在中华人民共和国境内从事药品的研制、生产、经营、使用和监督管理的单位或者个人,必须遵守该法。第 26 条规定,医疗机构购进药品,必须建立并执行进货检查验收制度,验明药品合格证明和其他标识;不符合规定要求的,不得购进和使用。第 34 条规定,药品生产企业、药品经营企业、医疗机构必须从具有药品生产、经营资格的企业购进药品;但是,购进没有实施批准文号管理的中药材除外。本案中,上诉人作为医疗机构,其在购进药品过程中,应当按照上述规定建立并执行进货检查验收制度,验明药品合格证明和其他标识,对于不符合规定要求的,不得购进和使用。《医疗机构药品监督管理办法(试行)》第 7 条规定,医疗机构购进药品,应当查验供货单位的《药品生产许可证》或者《药品经营许可证》和《营业执照》、所销售药品的批准证明文件等相关证明文件，并核实销售人员持有的授权书原件和身份证原件。《山东省药品使用条例》第8条规定："……用药人购进药品，应当先行验明、核实供货单位的药品生产许可证或者药品经营许可证、营业执照、授权委托书等有效证明文件，妥善保存加盖供货单位原印章的复印件，并应当验明药品合格证明。"上述规定，明确规定了医疗机构购进药品时，应当查验的《药品经营许可证》、《营业执照》、所销售药品的批准证明等相关证明文件，还应当核实销售人员持有的授权书原件和身份证原件。而本案上诉人在购进涉案药品时，销售人员给上诉人提供查验的天合市南、天合四方、东惠等药品销售公司的涉案发票、销售单，经有关公司核对，确认非相应药品销售公司出具，且销售单上的涉案药品也非相应药品销售公司销售。销售人员给上诉人提供查验的华润山东经营资质等证明文件，经被告委托华润山东所在地济南市的食品药品监督管理部门协查，并经华润山东核对，确认不是华润山东出具，销售人员并非华润山东员工，其授权委托书及购货单据也非华润山东公司所出具，该公司与上诉人未开展业务。以上查明的事实，说明上诉人在购进涉案药品时并未验明、核实供货单位的药品经营许可证、营业执照、授权委托书等有效证明文件，不能证明上诉人所购涉案药品系从具有药品经营资格的企业购进，其购进涉案药品的行为违反上述规定，依法应予处罚。

对于上诉人所提上诉理由，其主要针对被上诉人据以认定事实的证据和质证的程序提出异议，认为被上诉人作出涉案行政处罚的事实不清，与上诉人在原审质证当中提出的主要质证意见基本相同，对此，原审在判决中均已经予以分析、认定，法院同意原审法院对此的认定意见。因本案被上诉人系因上诉人购进涉案药品时未按照法律规定履行应当先行验明、核实供货单位的药品生产许可证或者药品经营许可证、营业执照、授权委托书等有效证明文件的义务，未从具有药品经营资格的企业购进涉案药品而对上诉人作出相应的行政处罚，虽然上诉人提交证据证明其收取了涉案购进药品的证明文件，但因其未对收取的证明文件材料向有关供货单位或管理机构履行法定的验明、核实义务，未能提交证据证明其所购进的涉案药品系从具有药品生产或经营资格的企业购进，其作为医疗机构未尽到对患者生命、健康予以充分保障的责任，被上诉人对此违法行为作出处罚，有充分的事实和法律依据，故上诉人的上诉理由均不成立，法院不予支持。

《药品管理法》(2015年)第79条规定，药品的生产企业、经营企业或者医疗机构违反该法第34条的规定，从无《药品生产许可证》《药品经营许可证》的企业购进药品的，责令改正，没收违法购进的药品，并处违法购进药品货值金额二倍以上五倍以下的罚款;有违法所得的,没收违法所得;情节严重的,吊销《药品生产许可证》《药品经营许可证》或者医疗机构执业许可证书。《青岛市食品药品行政处罚裁量标准》第44条规定,药品生产、经营、医疗机构从无《药品生产许可证》《药品经营许可证》的企业购进药品的:……(三)裁量标准2、一般标准规定,未履行审核职责造成违法后果的,有违法所得的,没收违法所得;处货值金额3倍罚款。本案中,上诉人作为医疗机构,未履行法定审核职责,从不具有药品经营许可证的企业购进药品并予以销售,违反《药品管理法》(2015年)第34条的规定,被上诉人依据上述规定,并根据上诉人涉案药品的货值作出相应处罚,量罚适当。

综上所述,原审判决认定事实清楚,适用法律正确,审判程序合法,法院予以维持。上诉人的上诉理由不成立,法院不予支持。依照《行政诉讼法》第89条第1款第1项之规定,驳回上诉,维持原判。

三、裁判规则提要

药品安全问题,关涉国计民生,与社会公共利益密切相关。因此法律对药品的采购设置了市场准入、职业准入等一系列的门槛标准和监管措施。行政机关在判断药品、医疗器械采购行为的合法性时,应当严格按照法律规定进行审查。同时,药品经营者,也要做好企业合规,依法依规采购药品或医疗器材。否则,潜在的违法可能,会给企业带来更大的风险。

(一)药品经营企业采购药品需要履行进货查验义务以及法律、行政法规、部门规章等规定的其他义务

从《药品管理法》可知,药品经营企业经营药品需要符合国家食品药品监督管理总局颁布的《药品经营质量管理规范》的规定。根据《药品经营质量管理规范》第2条的规定,企业在药品采购环节应采取有效的质量控制措施,在该规章的分则中对如何进行质量控制进行了具体的规定,如第61条第1款规定:“企业的采购活动应当符合以下要求:(一)确定供货单位的合法资格;(二)确定所购入药品的合法性;(三)核实供货单位销售人员的合法资格;(四)与供货单位签订质量保证协议。”在第66条、第67条中分别规定了购货单位应履行的索要发票及查验等义务,以多层次的方式构建我国药品经营的管理体系,确保药品安全。药品是关乎国计民生的极其重要的领域,因此在每一个环节都要加以严格的管理和控制。在采购环节,对采购方课加义务,是为了保证采购方作为药品购销环节中相对专业的一方

主体，能够对其上游企业进行相应的监督。如此下游企业对上游企业一环扣一环的监督，能够维护整个药品供销链的健康。否则，上游企业的不法行为，最终会污染整个行业环境，导致整个行业趋于瓦解。因此，为了避免双输局面的产生，最大限度上谋求互利共赢，下游企业对上游企业一环扣一环的监督是成本最低，效益最好的方式。

（二）药品经营企业仅持有随货同行单，却无其他证明药品合法来源材料的，属违法购进药品

根据前述法律规范，企业在进行药品采购时，需核实供货单位销售人员的合法资格并与供货单位签订质量保证协议。在此处的相关案件中，食品药品监督管理部门对原告进行检查时，原告仅提供了药品出库复核单（随货同行单）原件，却无法提供供货单位的合法资格、销售人员的合法资格、质量保证协议，其并未按照相关法律、规则的规定采购药品。在原告提供的单据中载明案涉药品系出售给无药品经营资格的企业，原告通过不具备供货单位销售人员合法资格的主体购进涉案药品，原告的行为视为其从没有药品经营资格的企业购进药品，根据《药品管理法》第 129 条的规定，应当受到处罚。作为药品经营企业，其具备对其所购药品进行检验的能力和法定义务，其未能良好履行这一义务，实际上是对药品来源合法性与否的放任和姑息，进一步讲，这也是采购方作为非法药品供销链上的成员的间接证据。另外，下游企业对上游企业的姑息和放任，对整个市场秩序有害，让下游企业对上游企业负有一定程度的监督义务，并让其在一定条件下承担相应责任，是有积极意义的。因此，对采购企业附加此项义务，具有合理性，对维护我国药品市场的安全与秩序意义重大。行政机关、司法机关在认定药品采购企业采购行为合法性时，应当严格按照法律法规的规定，充分审查相关采购手续和证明材料。对于某一个或几个环节存在疑问的，若采购单位无法提供证据证明，行政机关、司法机关应当认定采购行为违法。

（三）严格维护药品经营管理与质量控制制度，是确保我国药品安全的重要一环

药品安全涉及国计民生，更关系每一个人的切身利益，不规范的药品经营即便不会立即招致严重的后果，从长远来看必将引发系统性的药品危机。建立法治社会就是要构建合理的制度并妥善地执行、遵守，在药品采购方面，企业亦应当严格

遵守法律法规等关于药品经营管理与质量控制方面的规定。曾经的经验告诉我们,不受监督制约的领域必定会产生异化,《药品经营质量管理规范》通过给供货单位、购货单位施加查验义务、索证索票义务等,能在较大程度上降低药品质量问题的风险,保证药品来源可追溯。违反这些制度规定,并不一定意味着药品不符合相关产品合格标准,不必然会立即造成人身损害的后果,但若不加以规制,在将来很可能会引发结构性、系统性的崩坏,造成更大的损失。药品领域毕竟是关乎国计民生的极其重要的领域,不能完全按照市场的规则进行运作。复杂、严格的手续,无疑是企业的成本开支。企业出于成本控制和收益最大化,自然趋向于简化药品采购流程和标准。或许企业在采购伊始,会充分审查合作企业的相关情况。但在有稳定合作关系的商业合作伙伴之间,企业会出于信赖和成本压缩的考量,使这一简化趋向更为明显。但是,简化的标准难免会导致不良产品的混入,最终可能出现劣币驱逐良币的严重后果。因此国家和政府在其中一定要发挥积极作用,主动履行相应的监督管理职责,为药品市场设定严格的市场规范,并强制企业予以遵守。否则药品经营者无底线的非法行为,即使未来会在市场机制的作用下被市场淘汰,但过程中对社会所造成的危害,也是全社会无法接受的。所以我们应当严格遵守相关规定,企业应当遵守法律、法规等规定,监管部门也应依法履职,坚决查处不符合规范的事项。

四、辅助信息

高频词条:

《药品管理法》

第129条 违反本法规定,药品上市许可持有人、药品生产企业、药品经营企业或者医疗机构未从药品上市许可持有人或者具有药品生产、经营资格的企业购进药品的,责令改正,没收违法购进的药品和违法所得,并处违法购进药品货值金额二倍以上十倍以下的罚款;情节严重的,并处货值金额十倍以上三十倍以下的罚款,吊销药品批准证明文件、药品生产许可证、药品经营许可证或者医疗机构执业许可证;货值金额不足五万元的,按五万元计算。

《药品经营质量管理规范》

第61条 企业的采购活动应当符合以下要求:

(一)确定供货单位的合法资格;

(二)确定所购入药品的合法性;

（三）核实供货单位销售人员的合法资格；

（四）与供货单位签订质量保证协议。

采购中涉及的首营企业、首营品种，采购部门应当填写相关申请表格，经过质量管理部门和企业质量负责人的审核批准。必要时应当组织实地考察，对供货单位质量管理体系进行评价。

第 73 条 药品到货时，收货人员应当核实运输方式是否符合要求，并对照随货同行单（票）和采购记录核对药品，做到票、账、货相符。随货同行单（票）应当包括供货单位、生产厂商、药品的通用名称、剂型、规格、批号、数量、收货单位、收货地址、发货日期等内容，并加盖供货单位药品出库专用章原印章。

食品药品纠纷案件裁判规则第 18 条：

针对举报人、投诉人要求食品药品监督管理部门对其投诉事项组织调解、责令退赔的诉讼请求，人民法院不予支持

〔**规则描述**〕：食品药品监督管理部门负有对食品生产经营活动实施监督管理的职责，其对接到的咨询、投诉、举报内容中属于本部门职责的事项应当进行处理，并对违法行为依法予以处罚。食品药品监督管理部门并不负有对举报、投诉事项组织民事调解、责令第三人退赔的法定职责，故在一些案件里，当事人在投诉、举报过程中提出要求食品药品监督管理部门组织调解、责令被举报单位退赔的请求，且食品药品监督管理部门依照法定程序进行了回复的，当事人再起诉请求食品药品监督管理部门履行前述义务或请求确认其不履行前述义务的行为违法的，人民法院不予支持。

一、类案检索大数据报告

截至 2019 年 12 月 31 日，以“食品药品监督管理”“组织调解”“行政”为并列关键词，通过 Alpha 案例库、法信平台、北大法宝、中国裁判文书网共检索到 97 起行政案件，剔除无关联案件和同一案件不同审级形成的多个文书，实际共查找到高度关联的 14 起案例裁判文书。整体情况如下：

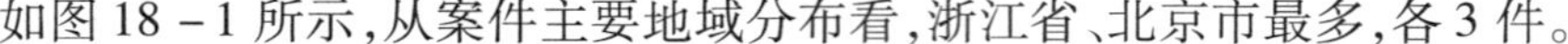

如图 18 - 1 所示，从案件主要地域分布看，浙江省、北京市最多，各 3 件。

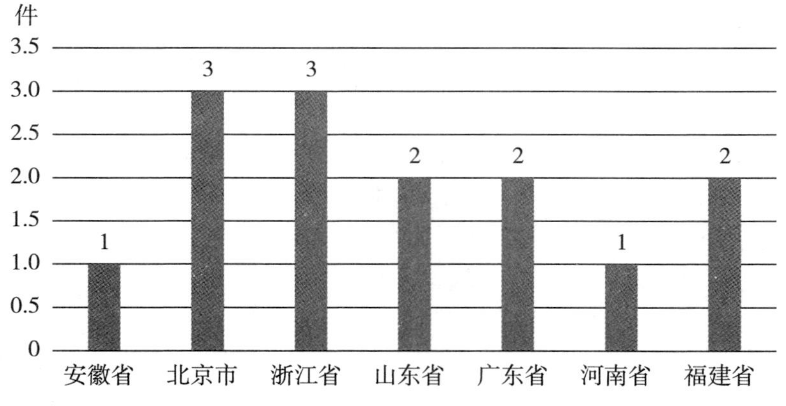

图 18 - 1　案件主要地域分布情况

如图 18－2 所示，从案件结案年份分布看，2018 年最多，共 6 件。

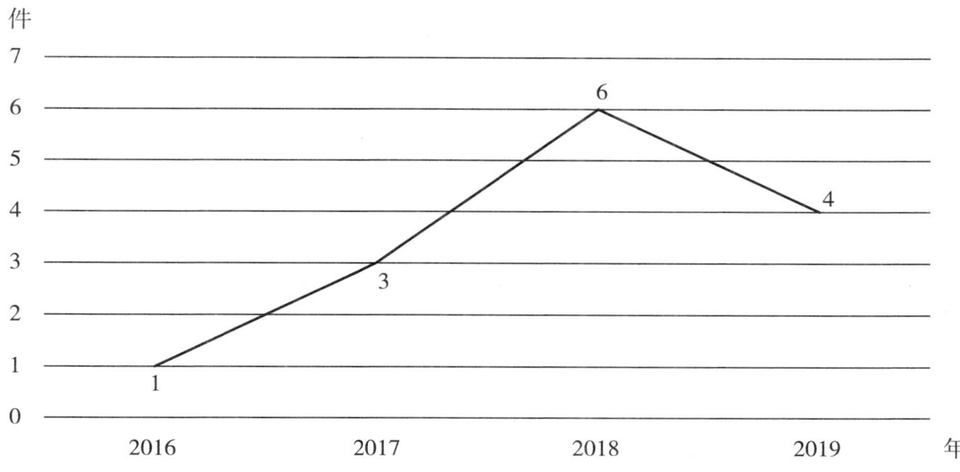

图 18－2　案件结案年份分布情况

如图 18－3 所示，从案件案由分类情况来看，行政复议最多，为 6 件。

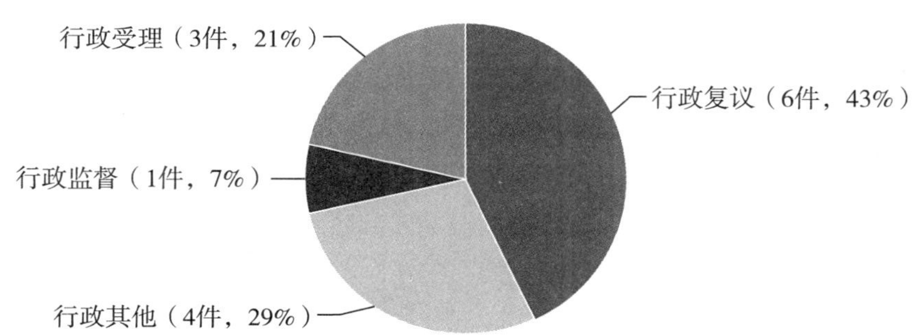

图 18－3　案件案由分类情况

如图 18－4 所示，从案件裁判结果看，约 57% 的裁判结果为驳回原告诉讼请求，主要是因为食品药品监督管理机关不负有组织调解、责令退赔的法定职责，原告的诉讼请求缺乏法律依据。21% 的案件裁判结果为撤销行政行为，责令重作。22% 的案件裁判结果为确认违法。

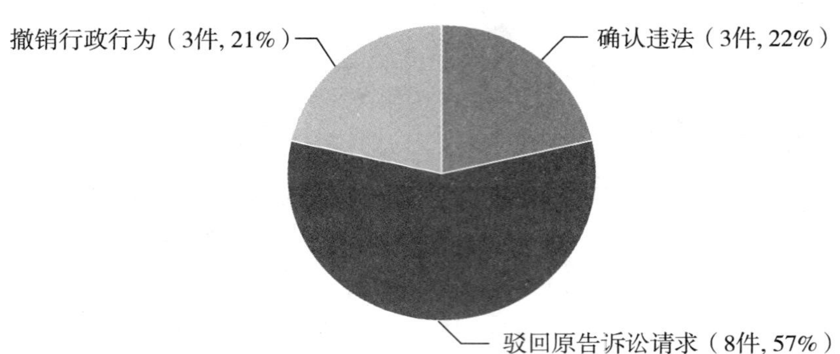

图 18－4 案件裁判结果分布

上述案例均支持了本裁判规则。

二、可供参考例案索引

例案一 广州市食品药品监督管理局、张某食品药品安全行政管理（食品、药品）案

【法院】

广州铁路运输中级法院

【案号】

(2016)粤71行终1280号

【当事人】

上诉人(原审被告):广州市食品药品监督管理局

法定代表人:张某洁,局长

被上诉人(原审原告):张某

原审被告:广州市黄埔区食品药品监督管理局

法定代表人:张某东,局长

原审第三人:广州市宏丽黄埔百货有限公司

【基本案情】

2015年7月18日,张某向广州市黄埔区食品药品监督管理局(以下简称黄埔区食药监局)邮寄了一份《申诉举报函》[穗群申举(2015)042号],书面投诉广州市宏丽黄埔百货有限公司(以下简称宏丽黄埔百货公司)销售的“椰树牌椰汁1L装”行为违法,请求黄埔区食药监局:(1)依法确定宏丽黄埔百货公司所销售的“椰

树牌椰汁1L装”不符合食品安全标准；(2)依法对宏丽黄埔百货公司的违法行为予以处罚，处罚完毕后奖励张某；(3)依法组织民事调解，责令宏丽黄埔百货公司退回购物款10.6元，赔偿500元，并承担本案各项必然费用12,365元；(4)依法限期分别书面受理张某的投诉和举报，并在案件办结后答复张某。2015年7月19日，黄埔区食药监局收到张某提交的《申诉举报函》后，于2015年7月27日向张某作出《关于反映“椰树牌椰汁1L装”有关事项的答复》，称张某反映在宏丽黄埔百货公司购买的“椰树牌椰汁1L装”涉嫌违法的投诉及相关事项，黄埔区食药监局已受理，处理完成后将给予张某书面答复。2015年8月19日，黄埔区食药监局派员现场检查及抽样送检。2015年10月9日，黄埔区食药监局向张某作出《关于“正宗椰树牌椰汁1L装”投诉举报处理情况的答复》称：“检测报告显示，该产品标签的‘配料的定量标示’这一检查项目不符合GB 7718—2011中第4.1.4.2条的要求。你的投诉属实，我局已依法立案进行调查。你提出的奖励请求，不符合《广州市食品药品监管系统食品药品违法行为举报奖励办法》第6条第6项的规定，我局不给予奖励金。”并将该答复于2015年10月14日邮寄给张某，张某不服，于2015年10月17日向广州市食品药品监督管理局（以下简称广州市食药监局）申请行政复议，请求：(1)确认黄埔区食药监局作出的《关于“正宗椰树牌椰汁1L装”投诉举报处理情况的答复》违法；(2)撤销黄埔区食药监局作出的《关于“正宗椰树牌椰汁1L装”投诉举报处理情况的答复》并责令其重做。广州市食药监局于2015年12月17日作出了穗食药监行复(2015)107号《行政复议决定书》，决定维持黄埔区食药监局于2015年10月9日作出的《关于“正宗椰树牌椰汁1L装”投诉举报处理情况的答复》。

原审法院经审理认为，从张某向黄埔区食药监局提交的《申诉举报函》的内容看，张某的申诉举报请求有四项：(1)依法确定宏丽黄埔百货公司所销售的“椰树牌椰汁1L装”不符合食品安全标准；(2)依法对宏丽黄埔百货公司的违法行为予以处罚，处罚完毕后奖励张某；(3)依法组织民事调解，责令宏丽黄埔百货公司退回购物款10.6元，赔偿500元，并承担本案各项必然费用12,365元；(4)依法限期分别书面受理张某的投诉和举报，并在案件办结后答复张某。故原审法院应针对张某的全部请求全面审查黄埔区食药监局是否履行了法定职责。黄埔区食药监局受理了张某的申诉举报后，即派员到现场对宏丽黄埔百货公司销售的涉案产品进行检查及抽样送检。经检验黄埔区食药监局判定涉案产品不符合GB 7718—2011《预包装食品标签通则》的要求后立案调查，并对张某进行了答复，黄埔区食药监局的上述查处行为并无不当。但黄埔区食药监局还应对宏丽黄埔百货公司是否违法销售涉案产品作出认定处理,对是否给予张某奖励,是否应组织民事调解,是否责令宏丽黄埔百货公司退回购物款及赔偿等问题也要进行处理。黄埔区食药监局作出的《关于"正宗椰树牌椰汁1L装"投诉举报处理情况的答复》未对张某的第3项请求作出答复处理违法。

广州市黄埔区人民法院作出一审判决:(1)撤销黄埔区食药监局《关于"正宗椰树牌椰汁1L装"投诉举报处理情况的答复》中不给予张某奖励的内容;(2)黄埔区食药监局在判决书生效之日起60日内对张某要求的奖励、组织民事调解、责令退回购物款、赔偿的请求重新作出处理;(3)撤销广州市食药监局作出的穗食药监行复[2015]107号《行政复议决定书》中不给予张某奖励的决定。后广州市食药监局不服,提起上诉。广州铁路运输中级法院于2016年12月19日作出二审判决,撤销广州市黄埔区人民法院(2015)穗黄法行初字第128号行政判决;驳回被上诉人张某的诉讼请求。

【案件争点】

黄埔区食药监局向张某作出的《关于"正宗椰树牌椰汁1L装"投诉举报处理情况的答复》中未对"组织民事调解、责令退回购物款、赔偿"的内容进行回复是否合法。

【裁判要旨】

法院经审理认为,根据《食品安全法》(2015年)第115条第1款规定:"县级以上人民政府食品药品监督管理、质量监督等部门应当公布本部门的电子邮件地址或者电话,接受咨询、投诉、举报。接到咨询、投诉、举报,对属于本部门职责的,应当受理并在法定期限内及时答复、核实、处理;对不属于本部门职责的,应当移交有权处理的部门并书面通知咨询、投诉、举报人。有权处理的部门应当在法定期限内及时处理,不得推诿。对查证属实的举报,给予举报人奖励。"针对黄埔区食药监局对张某第3项申诉内容处理的合法性审查问题,张某在《申诉举报函》中的第3项申诉内容系"依法组织民事调解,责令宏丽黄埔百货公司退回购物款10.6元,赔偿500元,并承担本案各项必然费用12,365元"。因无法律法规、规章规定县级以上食品药品监督管理部门对投诉事项负有组织民事调解、责令第三人退赔的法定职责或法定程序,故黄埔区食药监局在涉案答复函中未对张某第3项申诉内容作出回复对张某的合法权益并不产生实际影响。原审法院对此认定事实不清,适用法律错误,二审法院予以纠正。

例案二 包某军与武汉市硚口区食品药品监督管理局食品药品安全行政管理（食品、药品）案

【法院】

武汉市硚口区人民法院

【案号】

（2016）鄂0104行初12号

【当事人】

原告：包某军

被告：武汉市硚口区食品药品监督管理局

法定代表人：张某某，局长

【基本案情】

2015年9月23日，原告在武汉普安医药有限公司普安药房体育馆店购买了自然之宝膳食纤维营养胶囊8瓶。自然之宝膳食纤维营养胶囊的配料：车前籽壳、硬脂酸镁、龙胆根等。原告认为，产品中添加的硬脂酸镁和龙胆根不符合我国食品安全标准，于2015年9月23日向被告举报（申诉），请求：（1）认定被举报人售给原告的自然之宝膳食纤维营养胶囊不符合我国食品安全标准，书面回复原告；（2）对被举报人销售不符合食品安全标准的行为进行查处，查处结果书面回复原告，并根据处罚情况对原告进行奖励。2015年10月21日，被告作出书面回复。原告不服向硚口区政府申请行政复议。2016年1月14日硚口区政府作出硚复决字（2015）第18－3号行政复议决定，撤销被告作出的回复，责令被告在收到决定书之日起60日内对原告的投诉举报重新作出处理。2016年3月11日被告作出（武硚）食药监食罚（2015）J28号行政处罚决定：没收召回的自然之宝膳食纤维营养胶囊8瓶。原告认为，被告未履行行政调解的法定职责，属于行政不作为，违反了《消费者权益保护法》第31～32条、国务院《关于印发〈全面推进依法行政实施纲要〉的通知》和国务院《关于加强法治政府建设的意见》的有关规定，故起诉请求判令被告履行调解的法定职责。

武汉市硚口区人民法院于2016年7月28日作出判决，驳回原告包某军关于判令被告武汉市硚口区食品药品监督管理局履行调解法定职责的诉讼请求。

【案件争点】

对投诉举报事项组织双方调解是否属于被告武汉市硚口区食品药品监督管理局的法定职责。

【裁判要旨】

法院经审理认为,依照《食品安全法》(2015年)第6条第2款:“县级以上地方人民政府依照本法和国务院的规定,确定本级食品药品监督管理、卫生行政部门和其他有关部门的职责。有关部门在各自职责范围内负责本行政区域的食品安全监督管理工作。”以及《食品药品投诉举报管理办法》第5条“地方各级食品药品监督管理部门主管本行政区域的食品药品投诉举报管理工作”的规定,武汉市硚口区食品药品监督管理局依法行使本行政区域范围内食品药品投诉举报管理的法定职责。本案争议的焦点:调解是不是被告的法定职责;亦即法律、行政法规对被告办理举报申诉,有何具体规定。依照职权法定的原则,行政机关的权力来自法律,法定程序亦应由法律明确规定。《食品安全法》《食品药品投诉举报管理办法(试行)》等相关法律、行政法规均无关于食品药品投诉举报管理部门在办理投诉举报案件过程中应当调解的相关规定,故调解非被告办理投诉举报案件的法定程序。在法律无明确规定的情况下,被告在职权范围内,可以根据具体情况决定是否调解。本案被告根据原告前述第2项举报投诉请求,依职权调查后作出答复的程序并无不当。原告以《消费者权益保护法》、国务院《关于加强法治政府建设的意见》等有关法律、文件为依据,认为被告在行政程序中负有调解的法定职责,系原告对法律和国务院有关文件的误解,法院不予采信。

例案三 | 张某与广州市黄埔区食品药品监督管理局食品药品安全行政管理(食品、药品)案

【法院】

广州铁路运输中级法院

【案号】

(2016)粤71行终1896号

【当事人】

上诉人(原审原告):张某

被上诉人(原审被告):广州市黄埔区食品药品监督管理局

负责人:张某东,局长

被上诉人(原审被告):广州市食品药品监督管理局

负责人:张某洁,局长

【基本案情】

2015年7月1日，张某在广州市宏丽黄埔百货有限公司购买“多维蛋面”一箱。2015年7月19日，张某以其购买的“多维蛋面”产品标签未依照GB 7718—2011《预包装食品标签通则》的规定进行标示，不符合国家食品安全标准为由向黄埔区食品药品监督管理局书面投诉举报，投诉举报请求：(1)依法确定被举报人所销售的多维蛋面不符合食品安全标准；(2)依法对被举报人的违法行为予以处罚，处罚完毕后奖励举报人；(3)依法组织民事调解，责令被举报人退回购物款9.9元，赔偿500元，并承担本案各项必然费用12,365元；(4)法定期限内分别书面受理举报人的投诉举报，并在案件办结后答复举报人。黄埔区食品药品监督管理局于2015年7月27日作出《关于反映“多维蛋面”有关事项的答复》，告知张某其投诉举报已受理。2015年8月19日，黄埔区食品药品监督管理局执法人员到被举报人处进行现场检查，检查发现被举报人确实在销售被投诉产品“多维蛋面”，并可提供产品的进货台账、进货单据等索证索票资料。黄埔区食品药品监督管理局对该产品进行抽样，并委托广州市标准化研究院对该产品标签进行检测。该院后出具NO. IB0143SW346215《食品标签检查报告》，检查结论为该产品标签不符合GB 7718—2011《预包装食品标签通则》的要求。2015年10月9日，黄埔区食品药品监督管理局对被举报人依法进行立案调查，并作出《关于“多维蛋面”投诉举报处理情况的答复》，称：“1. 调查情况。(1)广州市宏丽黄埔百货有限公司持有《营业执照》(注册号440101000175322)及《食品流通许可证》(许可证编号SP4401121110000083)。(2)根据你反映的情况，我局对被投诉产品‘多维蛋面’进行了抽样，并委托广州市标准化研究院对该产品标签进行检测。9月29日，我局收到该院出具的检测报告(报告编号:IB0143SW346215)。检测报告显示，该产品标签的‘配料的定量标示’等检查项目不符合GB 7718—2011中第4.1.4.2条的要求。2. 调查结论。你的投诉属实，我局已依法立案进行调查。3. 其他情况。你提出的奖励请求，不符合《广州市食品药品监管系统食品药品违法行为举报奖励办法》第6条第6项的规定，我局不给予奖励金……”并于2015年10月14日送达给张某。2015年10月13日，黄埔区食品药品监督管理局再次对被举报人进行现场检查，并同日作出《责令改正通知书》。2015年12月7日，黄埔区食品药品监督管理局对被举报人作出(穗黄)食药监食罚决[2015]W06号《行政处罚决定书》。2016年1月13日，黄埔区食品药品监督管理局向张某作出《关于反映广州市宏丽黄埔百货有限公司销售标签不符合规定的食品“多维蛋面”有关事项的答复》，告知张某行政处罚办结情况。张某不服,于2016年2月17日广州向市食品药品监督管理局申请行政复议,复议请求确认黄埔区食品药品监督管理局未依照《消费者权益保护法》组织调解、责令退赔,超期作出处理的行为违法。2016年2月23日,广州市食品药品监督管理局分别向张某及黄埔区食品药品监督管理局作出《行政复议受理通知书》及《提出行政复议答复通知书》。2016年3月1日,黄埔区食品药品监督管理局提交《行政复议答复书》及相关证据材料。广州市食品药品监督管理局于3月2日将《行政复议答复书》送达给张某,4月13日将黄埔区食品药品监督管理局提交的相关证据送达给张某。2016年4月16日,广州市食品药品监督管理局作出穗食药监行复[2016]48号《行政复议决定书》,驳回张某的行政复议申请,并于4月18日送达给张某及黄埔区食品药品监督管理局。张某不服,诉至原审法院。审理过程中,张某明确本案诉讼请求为:(1)依法确定黄埔区食品药品监督管理局在处理投诉过程中未组织调解,未按照《消费者权益保护法》第56条履行法定职责,超期对投诉作出处理的行为违法;(2)撤销广州市食品药品监督管理局作出的穗食药监行复[2016]48号《行政复议决定书》;(3)本案诉讼费由两原审被告承担。

原审法院经审理认为,《食品药品投诉举报管理办法(试行)》第4条第4款规定:"设区的市级、县级食品药品监督管理部门应具备投诉举报机构或指派专门机构和人员,具体承担本行政区域食品药品投诉举报管理工作。"因此,黄埔区食品药品监督管理局具有对张某的举报投诉作出调查核实并答复的法定职权。

《广州市行政调解规定》第7条规定:"行政机关可以对下列争议纠纷进行调解:(一)法律、法规、规章规定的可以调解的行政机关与公民、法人或者其他组织之间产生的行政争议;(二)法律、法规、规章规定应当由行政机关裁决或者调处的民事纠纷;(三)公民、法人或者其他组织之间产生的与行政管理有直接关系的争议纠纷。"第9条规定:"下列行政调解申请不予受理:(一)一方当事人不愿意调解的……"因此,行政机关在处理投诉举报过程中的调解并非法定程序。而且,本案中被投诉商家明确拒绝调解。因此,黄埔区食品药品监督管理局未组织张某与被投诉商家进行调解的行为并无不当。《消费者权益保护法》第56条第1款规定:"经营者有下列情形之一,除承担相应的民事责任外,其他有关法律、法规对处罚机关和处罚方式有规定的,依照法律、法规的规定执行;法律、法规未作规定的,由工商行政管理部门或者其他有关行政部门责令改正,可以根据情节单处或者并处警告、没收违法所得、处以违法所得一倍以上十倍以下的罚款,没有违法所得的,处以五十万元以下的罚款;情节严重的,责令停业整顿、吊销营业执照……(八)对消费者提出的修理、重作、更换、退货、补足商品数量、退还货款和服务费用或者赔偿损失的要求，故意拖延或者无理拒绝的……”根据前述规定，黄埔区食品药品监督管理局未责令被投诉商家退赔的行为并无不当。关于张某认为黄埔区食品药品监督管理局超期答复的问题。原审法院经审理认为，答复是否超期作出属于对答复行为合法性全面审查范围之一。张某就该答复的行政行为已向法院提起行政诉讼，且已经法院判决，故在本案中原审法院不予审查。《行政复议法》(2009年)第12条第1款规定：“对县级以上地方各级人民政府工作部门的具体行政行为不服的，由申请人选择，可以向该部门的本级人民政府申请行政复议，也可以向上一级主管部门申请行政复议。”张某不服黄埔区食品药品监督管理局的行政行为，向广州市食品药品监督管理局申请行政复议，广州市食品药品监督管理局有权受理张某的行政复议申请。

《行政复议法》(2009年)第28条规定：“行政复议机关负责法制工作的机构应当对被申请人作出的具体行政行为进行审查，提出意见，经行政复议机关的负责人同意或者集体讨论通过后，按照下列规定作出行政复议决定：(一)具体行政行为认定事实清楚，证据确凿，适用依据正确，程序合法，内容适当的，决定维持……”黄埔区食品药品监督管理局在处理投诉举报过程未组织调解、未责令退赔的行为并未违反相关法律、法规、规章的规定，广州市食品药品监督管理局作出穗食药监行复[2016]48号《行政复议决定书》，决定驳回张某的行政复议申请，符合上述法律规定。经审查，广州市食品药品监督管理局作出行政复议决定的程序合法。因此，张某请求撤销穗食药监行复[2016]48号《行政复议决定书》，理由不成立，原审法院不予支持。上诉人张某不服原审判决，提出上诉。

广州铁路运输中级法院于2016年12月29日作出二审判决，驳回上诉，维持原判。

【案件争点】

被告黄埔区食品药品监督管理局未组织原告张某与被投诉商家进行调解的行为是否违法。

【裁判要旨】

一审法院经审理认为，《食品药品投诉举报管理办法(试行)》第4条第4款规定：“设区的市级、县级食品药品监督管理部门应具备投诉举报机构或指派专门机构和人员，具体承担本行政区域食品药品投诉举报管理工作。”因此，黄埔区食品药品监督管理局具有对张某的举报投诉作出调查核实并答复的法定职权。

《广州市行政调解规定》第7条规定:“行政机关可以对下列争议纠纷进行调解:(一)法律、法规、规章规定的可以调解的行政机关与公民、法人或者其他组织之间产生的行政争议;(二)法律、法规、规章规定应当由行政机关裁决或者调处的民事纠纷;(三)公民、法人或者其他组织之间产生的与行政管理有直接关系的争议纠纷。”第9条规定:“下列行政调解申请不予受理:(一)一方当事人不愿意调解的……”因此,行政机关在处理投诉举报过程中的调解并非法定程序。而且,本案中被投诉商家明确拒绝调解。因此,黄埔区食品药品监督管理局未组织张某与被投诉商家进行调解的行为并无不当。《消费者权益保护法》第56条第1款规定:“经营者有下列情形之一,除承担相应的民事责任外,其他有关法律、法规对处罚机关和处罚方式有规定的,依照法律、法规的规定执行;法律、法规未作规定的,由工商行政管理部门或者其他有关行政部门责令改正,可以根据情节单处或者并处警告、没收违法所得、处以违法所得一倍以上十倍以下的罚款,没有违法所得的,处以五十万元以下的罚款;情节严重的,责令停业整顿、吊销营业执照……(八)对消费者提出的修理、重作、更换、退货、补足商品数量、退还货款和服务费用或者赔偿损失的要求,故意拖延或者无理拒绝的……”根据前述规定,黄埔区食品药品监督管理局未责令被投诉商家退赔的行为并无不当。关于张某认为黄埔区食品药品监督管理局超期答复的问题。原审法院经审理认为,答复是否超期作出属于对答复行为合法性全面审查范围之一。张某就该答复的行政行为已向法院提起行政诉讼,且已经法院判决,故在本案中原审法院不予审查。

《行政复议法》(2009年)第12条第1款规定:“对县级以上地方各级人民政府工作部门的具体行政行为不服的,由申请人选择,可以向该部门的本级人民政府申请行政复议,也可以向上一级主管部门申请行政复议。”张某不服黄埔区食品药品监督管理局的行政行为,向广州市食品药品监督管理局申请行政复议,广州市食品药品监督管理局有权受理张某的行政复议申请。

《行政复议法》(2009年)第28条规定:“行政复议机关负责法制工作的机构应当对被申请人作出的具体行政行为进行审查,提出意见,经行政复议机关的负责人同意或者集体讨论通过后,按照下列规定作出行政复议决定:(一)具体行政行为认定事实清楚,证据确凿,适用依据正确,程序合法,内容适当的,决定维持……”黄埔区食品药品监督管理局在处理投诉举报过程未组织调解、未责令退赔的行为并未违反相关法律、法规、规章的规定,广州市食品药品监督管理局作出穗食药监行复[2016]48号《行政复议决定书》,决定驳回张某的行政复议申请,符合上述法律规定。经审查,广州市食品药品监督管理局作出行政复议决定的程序合法。因此,张某请求撤销穗食药监行复[2016]48 号《行政复议决定书》,理由不成立,原审法院不予支持。

二审法院经审理认为,根据《行政复议法》(2009 年)第 12 条第 1 款、第 28 条第 1 款、第 31 条的规定,该案中,黄埔区食品药品监督管理局作为区一级的食品药品监管部门负有对投诉人、举报人的投诉、举报进行处理,并予以回复的行政职权。广州市食品药品监督管理局作为黄埔区食品药品监督管理局的上一级行政机关,有受理张某对黄埔区食品药品监督管理局的回复不服所提起的行政复议的职权。张某于 2016 年 2 月 17 日向广州市食品药品监督管理局提出行政复议申请,广州市食品药品监督管理局受理后于 2016 年 4 月 16 日作出涉案行政复议决定,认定事实清楚,适用法律正确,程序合法,法院予以支持。

关于黄埔区食品药品监督管理局未组织张某与被投诉商家进行调解的问题。根据《广州市行政调解规定》第 7 条、第 9 条第 1 项规定,调解并非食品药品监督管理部门在处理投诉举报过程中的法定程序,且被投诉商家明确拒绝调解。黄埔区食品药品监督管理局未组织张某与被投诉人进行调解,并无不当。

关于上诉人张某上诉提出因被投诉人拒绝退回货款并赔偿损失,黄埔区食品药品监督管理局应当对被投诉人加大处罚的主张。根据《消费者权益保护法》第 56 条第 1 款的规定,对无理由拒绝退还货款或拒绝赔偿消费者损失的经营者,按照法律、法规的规定由有处罚权的行政机关对其进行处罚;法律法规没有对处罚机关和处罚方式作出规定的,由有关行政机关责令改正,可以根据情节单处或并处警告、没收违法所得、罚款,没有违法所得的,处以五十万元以下的罚款;情节严重的责令停业整顿、吊销营业执照。《食品安全法》(2009 年)第 42 条第 1 款第 2 项、第 86 条规定,行政机关按照各自的职责分工对经营标签不符合规定的食品的经营者,按照货值金额处以罚款,情节严重的,责令停产停业、吊销许可证。根据以上规定,责令退回货款以及赔偿损失是在法律、法规未对行政机关的处罚方式和处罚权进行规定的情形下,才得以适用。结合已查明事实,张某投诉举报的商品系标签不符合法律规定,针对此种违法情形,《食品安全法》(2009 年)第 86 条已经对行政机关的处罚权、处罚方式作出了规定,应当适用《食品安全法》(2009 年)第 86 条规定进行处罚。故上诉人张某的该项主张不能成立,法院不予支持。

三、裁判规则提要

(一)食品药品监督管理部门应当依法履行法律、法规、规章赋予的职责

食品药品监督管理部门是国家设立的对食品生产经营活动实施监督管理的行政机关,应当在其职责范围内负责食品安全监督管理工作。对于食品安全监督管理,除食品药品监督管理部门主动启动监督管理程序外,还可以根据消费者的举报启动监督程序,《食品安全法》第115条第1款规定:"县级以上人民政府食品药品监督管理、质量监督等部门应当公布本部门的电子邮件地址或者电话,接受咨询、投诉、举报。接到咨询、投诉、举报,对属于本部门职责的,应当受理并在法定期限内及时答复、核实、处理;对不属于本部门职责的,应当移交有权处理的部门并书面通知咨询、投诉、举报人。有权处理的部门应当在法定期限内及时处理,不得推诿。对查证属实的举报,给予举报人奖励。"由此可见食品药品监督管理部门负有在本部门职责范围内对举报事项进行处理的职责。在《食品药品投诉举报管理办法》中进一步明确规定了食品药品监督管理部门在投诉举报等事项中的职责。如其第4条第2项、第5条第2项分别规定国务院食品药品监督管理部门和地方各级食品药品监督管理部门的职责分别为"调查处理全国范围内有重大影响的食品药品投诉举报并发布相关信息"和"调查处理本行政区域的食品药品投诉举报并发布相关信息",同时,第9条规定:"各级食品药品监督管理部门应当按照相关法律法规规定,对受理的投诉举报进行调查处理,并将处理结果反馈投诉举报人,及时解决和回应公众诉求。"这说明食品药品监督管理部门需要履行法律、法规、规章等规定的其应当履行的职责。

(二)对举报、投诉事项进行调解和责令被举报、投诉单位退赔不属于食品药品监督管理部门的法定职责

根据前述规定,食品药品监督管理部门负有在其职责范围内履行职责的义务。若当事人在投诉举报时请求食品药品监督管理部门组织调解或责令被投诉单位退赔,食品药品监督管理部门是否有义务组织双方调解或是责令被投诉单位退赔,换言之,组织调解与责令退赔是否属于食品药品监督管理部门的法定职责范畴。从《食品安全法》《食品药品投诉举报管理办法》等法律、法规及其他规范性文件看,食品药品监督管理部门负有在其职责范围内就公民、法人、其他组织向其投诉举报的食品药品安全事项进行处理的义务,但未规定其具有组织调解和责令退赔的职

责。从现有法律对于组织调解的规定看，对于组织调解的主体，相关法律等均明确进行了规定，如在《中华人民共和国民事诉讼法》《中华人民共和国刑事诉讼法》中关于人民法院进行调解的规定，《中华人民共和国妇女权益保障法》中关于乡镇政府组织调解的规定等。对于责令退赔方面亦是如此，有关食品药品监督管理部门的职责中仅有责令召回、责令停止违法行为、责令改正、责令停产停业等规定，并未有责令被举报人退赔等方面的规定。根据职权法定原则，行政机关的权力来自法律，其职责也应当源自法律，所谓"法无明文规定不可为"，这也是限制行政机关滥用行政权力的必要保障。食品药品监督管理部门在法定职权范围内履行职责，组织调解、责令第三方退赔并非其法定职责和必须履行的法定程序。

（三）应当科学划分和明确食品药品监督管理部门法定职责范围

明晰食品药品监督管理部门的职责范围才能提升其工作效率，达到理想的执法效果。食品药品监督管理部门是专门负责进行食品药品安全监督管理的行政机关，但行政机关的资源是有限的，要保证其充分履行法定职责，发挥其应有的功能，必须做到资源与职责相一致，在固定的资源配置下如果施加过度的职责，反而会带来效率降低的不良后果，导致食品药品监督管理部门专门进行食品、药品安全管理的目的无法达到。因此，需要厘清食品药品监督管理部门的法定职责，在职责范围内的，食品药品监督管理部门必须严格依法履职，不属于其职责的，不应进行苛求。投诉、举报人可通过民事诉讼、调解等途径维护自己的合法权益。

综上所述，组织调解与责令退赔不属于食品药品监督管理部门的法定职责，当事人请求食品药品监督管理部门履行这些职责的，食品药品监督管理部门对这些请求未组织调解、责令退赔但依法向投诉、举报人作出回复的，不属于行政不作为，不对当事人合法权益产生实际影响。故对于投诉、举报人请求法院判令食品药品监督管理部门组织调解、责令退赔或请求法院确认食品药品监督管理部门未组织调解、责令第三人退赔的行为违法的诉讼请求，人民法院不予支持。

四、辅助信息

高频词条：

《食品安全法》

第115条 县级以上人民政府食品安全监督管理等部门应当公布本部门的电子邮件地址或者电话，接受咨询、投诉、举报。接到咨询、投诉、举报，对属于本部门职责的,应当受理并在法定期限内及时答复、核实、处理;对不属于本部门职责的,应当移交有权处理的部门并书面通知咨询、投诉、举报人。有权处理的部门应当在法定期限内及时处理,不得推诿。对查证属实的举报,给予举报人奖励。

有关部门应当对举报人的信息予以保密,保护举报人的合法权益。举报人举报所在企业的,该企业不得以解除、变更劳动合同或者其他方式对举报人进行打击报复。

《食品药品投诉举报管理办法》

第7条 地方各级食品药品监督管理部门投诉举报机构负责本行政区域的食品药品投诉举报管理的具体工作,主要履行下列职责:

(一)对直接收到的食品药品投诉举报进行受理、转办、移送、跟踪、督促、审核等;

(二)对上级转办的食品药品投诉举报进行转办、移送、跟踪、督促、审核、上报等;

(三)对下级食品药品投诉举报机构进行业务指导;

(四)收集、汇总、分析本行政区域的食品药品投诉举报信息,按要求定期向上一级食品药品投诉举报机构报告;

(五)承担本行政区域的食品药品投诉举报宣传、培训工作。

第9条 各级食品药品监督管理部门应当按照相关法律法规规定,对受理的投诉举报进行调查处理,并将处理结果反馈投诉举报人,及时解决和回应公众诉求。

第12条 对符合本办法第二条规定的投诉举报,食品药品投诉举报机构或者管理部门应当依法予以受理。

投诉举报具有下列情形之一的,不予受理并以适当方式告知投诉举报人:

(一)无具体明确的被投诉举报对象和违法行为的;

(二)被投诉举报对象及违法行为均不在本食品药品投诉举报机构或者管理部门管辖范围的;

(三)不属于食品药品监督管理部门监管职责范围的;

(四)投诉举报已经受理且仍在调查处理过程中,投诉举报人就同一事项重复投诉举报的;

(五)投诉举报已依法处理,投诉举报人在无新线索的情况下以同一事实或者理由重复投诉举报的;

(六)违法行为已经超过法定追诉时限的;

（七）应当通过诉讼、仲裁、行政复议等法定途径解决或者已经进入上述程序的；

（八）其他依法不应当受理的情形。

投诉举报中同时含有应当受理和不应当受理的内容，能够作区分处理的，对不应当受理的内容不予受理。

食品药品纠纷案件裁判规则第19条：

食品药品监督管理部门对于投诉举报人的相关信息应当予以保密，保护其合法权益。投诉举报人向人民法院起诉请求确认食品药品监督管理部门擅自泄露其举报信息或未依法对举报信息按保密规定进行管理的行为违法的，人民法院应当予以支持

〔**规则描述**〕：投诉举报人向政府有关部门举报食品、药品安全相关问题的，有关部门应当对投诉举报人的个人信息予以保密，依法对举报信息按保密规定进行管理，保护其合法权益。未经投诉举报人同意，不得以任何方式将举报人姓名、身份、住址和匿名举报人的身份验证信息以及举报情况等公开或泄露。对于食品药品监督管理部门擅自泄露举报信息或未对举报信息按保密规定进行管理的行为，投诉举报人向法院请求确认其违法的，人民法院应当予以支持。

一、类案检索大数据报告

截至2019年12月31日，以“食品药品监督管理”“举报人”“保密”“行政”为并列关键词，通过Alpha案例库、法信平台、北大法宝、中国裁判文书网共检索到89起行政案件，剔除无关联案件和同一案件不同审级形成的多个文书，实际共查找到高度关联的12起案例裁判文书。整体情况如下：

如图 19－1 所示，从案件地域分布上看，浙江省、广东省最多，各为 3 件。

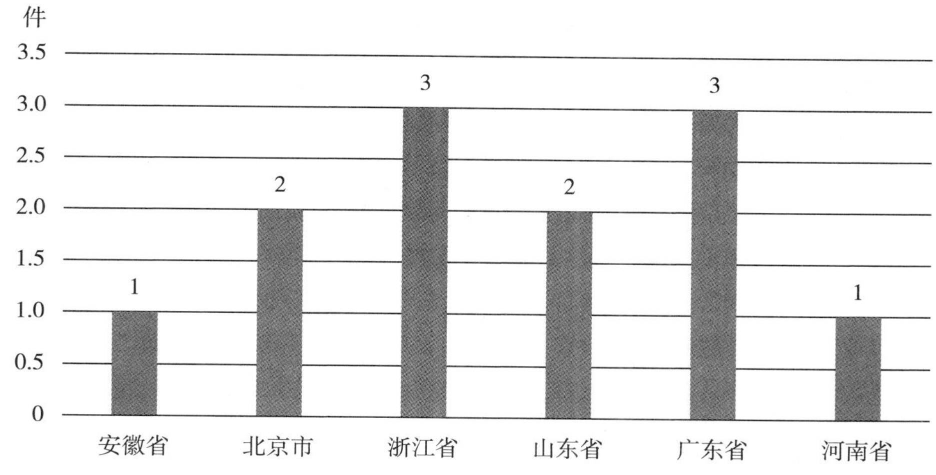

图 19－1　案件地域分布情况

如图 19－2 所示，从案件结案年份分布看，集中在 2015 年至 2019 年，该案件类型发生率较低，2019 年最多，为 4 件。

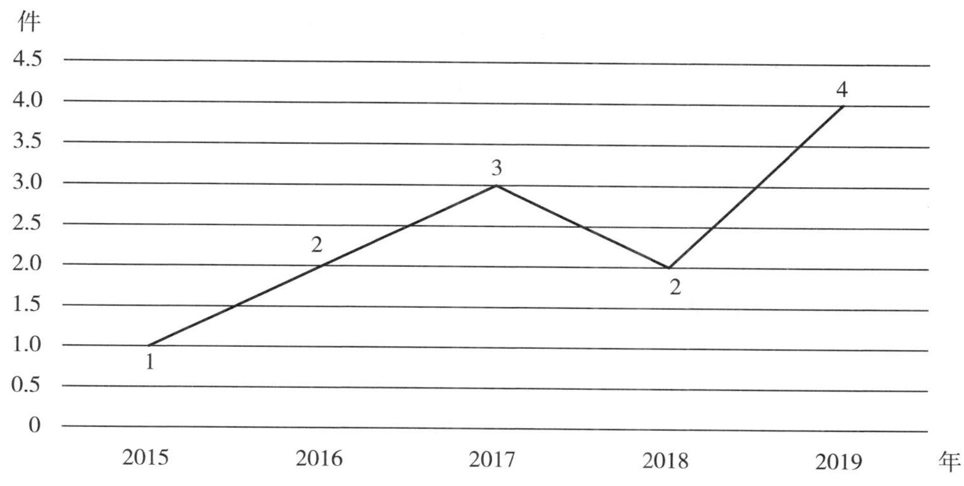

图 19－2　案件结案年份分布情况

如图 19－3 所示，从案件案由分类情况来看，行政复议最多，为 7 件。

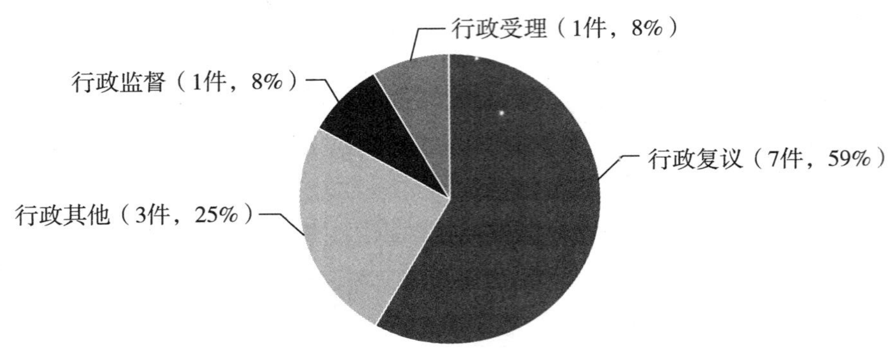

图 19－3　案件案由分布情况

如图 19－4 所示，从裁判结果看，以驳回原告诉讼请求为主，此外，还有确认行政机关违法和撤销行政行为的裁判结果。

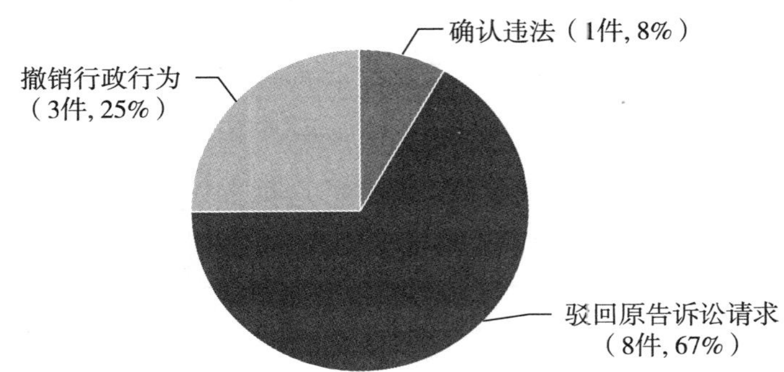

图 19－4　案件裁判结果分布情况

上述案例均支持了本裁判规则。

二、可供参考的例案

例案一　赵某军与郑州市食品药品监督管理局、郑州市食品药品监督管理局经开分局食品药品安全行政管理（食品、药品）案

【法院】

郑州市金水区人民法院

【案号】

（2017）豫 0105 行初 127 号

【当事人】

原告：赵某军

被告：郑州市食品药品监督管理局

法定代表人：周某，局长

被告：郑州市食品药品监督管理局经开分局

诉讼代表人：程某某，局长

【基本案情】

2015年11月16日原告向郑州市食品药品监督管理局（以下简称市食药局）实名举报食品经营者郑州丹尼斯航海店等涉嫌销售多项违法产品，其中包含好想你枣业股份有限公司产品。市食药局将该举报件转交郑州市食品药品监督管理局经开分局（以下简称经开分局）处理，经开分局依职权核查处理，并将案件线索移送新郑市食品药品监督管理局等单位。好想你枣业股份有限公司2016年2月起诉原告侵犯名誉权，提供的证据中含有原告2015年11月16日的举报书。

郑州市金水区人民法院于2017年8月15日作出判决，确认被告市食药局、被告经开分局没有对原告的举报信息进行保密管理的行为违法。

【案件争点】

被告市食药局、经开分局是否存在泄露举报人个人信息的违法行为。

【裁判要旨】

法院经审理认为，《食品安全法》（2015年）第115条规定，有关部门应当对举报人的信息予以保密，保护举报人的合法权益。《河南省食品安全举报奖励办法（试行）》第10条规定，受理举报的食品安全监管部门应建立严格的举报保密制度，按照国家保密规定管理举报材料和记录。未经举报人同意，不得以任何方式将举报人姓名、身份、住址和匿名举报人的身份验证信息以及举报情况等公开或泄露。本案中，原告向被告市食药局举报时提供有举报书，被告市食药局将该举报转办给被告经开分局，未对举报书作保密处理，后该举报书后被举报产品的生产企业复制持有，并作为诉讼证据使用。二被告均陈述严格履行了举报信息的保密制度，不存在泄露信息的行为，但二被告均不能提供对相关举报材料进行保密管理的证据，也不能提供证据证明属于其他渠道泄露了相关信息，因此对于二被告均没有对举报信息按保密规定进行管理的行为应当依法确认违法。

例案二 | 樵某与广东省食品药品监督管理局行政不作为案

【法院】

广州市中级人民法院

【案号】

(2014)穗中法行初字第238号

【当事人】

原告:樵某

被告:广东省食品药品监督管理局

法定代表人:段某某,局长

【基本案情】

原告于2014年4月11日通过广东省人民政府网站的“广东省政府信息依申请公开系统”,向被告提交《政府信息公开申请表》,申请内容为:“我于2012年年中向你局提交了对深圳市市场监督管理局下属的南山分局、宝安分局、罗湖分局、龙某分局的下属多个监管所,在未取得‘餐饮服务许可’的情况下就从事餐饮服务的违法事项后,你局给我作出了回复告知。因我保管不善,将我向你局提交的‘举报书’的内容丢失,现有需要该信息作为行政复议、诉讼的证据使用,故请你局将我向你局提交的‘举报书’的内容,复制后通过邮政速递给我公开。”被告于2014年4月21日作出《关于政府信息公开申请的答复》[(2014)第37号],答复如下:“本机关于2014年4月11日收到您提交的政府信息公开申请。经审核,您提出的政府信息公开申请是以政府信息公开名义申请查阅案卷材料,请您按照相关规定携带本人有效身份证明来我局办理。”被告作出答复后在法定期限内将上述答复邮寄送达给原告。原告不服该答复,向国家食品药品监督管理总局提起行政复议,国家食品药品监督管理总局作出食药监复决字(2014)15号《行政复议决定书》,维持了被告作出的《关于政府信息公开申请的答复》[(2014)第37号]。原告仍不服,遂向法院提起行政诉讼。

广州市中级人民法院于2015年8月12日作出判决,驳回原告樵某的诉讼请求。

【案件争点】

被告广东省食品药品监督管理局以对举报人信息保密为由未按照原告要求将“举报书”复印并寄送给原告的行政行为是否违法。

【裁判要旨】

法院经审理认为：《政府信息公开条例》(2007年)第13条规定："除本条例第九条、第十条、第十一条、第十二条规定的行政机关主动公开的政府信息外，公民、法人或者其他组织还可以根据自身生产、生活、科研等特殊需要，向国务院部门、地方各级人民政府及县级以上地方人民政府部门申请获取相关政府信息。"第26条规定："行政机关依申请公开政府信息，应当按照申请人要求的形式予以提供；无法按照申请人要求的形式提供的，可以通过安排申请人查阅相关资料、提供复制件或者其他适当形式提供。"《广东省食品安全举报奖励办法》第9条第6项规定，未经举报者同意，不得以任何方式公开或泄露举报者有关信息，违者应当承担相应的法律责任。本案中，原告通过广东省人民政府网站申请信息公开，要求被告将其向被告提交的相关"举报书"，复制后邮寄给原告。鉴于互联网络的虚拟性，被告认为无法核实确认原告是否举报者本人，因此，要求原告携带本人有效身份证明来被告处办理，符合上述规定，并无不当。原告认为被告未按照其要求的形式为其公开涉案的政府信息违法的请求缺乏事实和法律依据，法院不予支持。

例案三　赵某军与郑州市二七区市场监督管理局食品药品安全行政管理(食品、药品)案

【法院】

郑州市金水区人民法院

【案号】

(2017)豫0105行初127号

【当事人】

原告：赵某军

被告：郑州市二七区市场监督管理局

法定代表人：孟某某，局长

【基本案情】

2018年5月28日，原告因向被告(原郑州市二七区食品药品监督管理局)投诉大商京广店销售的初饮初乐柚子味配制酒、新真露竹炭酒、摩咕摩咕等食品不符合食品安全标准，要求处罚和奖励。2019年1月22日，原告申请行政复议后在查阅证据时发现被告提供的证据有乐天酒业(北京)有限公司于2018年6月12日向

被告出具的一份情况说明,其中显示有投诉人赵某军即原告的名字,以及针对原告每一投诉事项进行了说明。后原告向法院起诉,要求确认被告的行为违法。

郑州市中原区人民法院于2019年5月13日作出判决,确认被告郑州市二七区市场监督管理局泄露原告赵某军身份、举报信息的行为违法。

【案件争点】

被告郑州市二七区市场监督管理局泄露举报人个人信息的行为是否违法。

【裁判要旨】

法院经审理认为,《食品安全法》(2015年)第115条第2款规定,有关部门应当对举报人的信息予以保密,保护举报人的合法权益。《河南省食品安全举报奖励办法(试行)》第10条规定,受理举报的食品安全监管部门应建立严格的举报保密制度,按照国家保密规定管理举报材料和记录。未经举报人同意,不得以任何方式将举报人姓名、身份、住址和匿名举报人的身份验证信息以及举报情况等公开或者泄露。《食品药品投诉举报管理办法》第33条规定,严禁泄露投诉举报人的相关信息,严禁将投诉举报人信息透露给被投诉举报对象。被告向行政复议机关提供的证据即被投诉企业乐天酒业(北京)有限公司于2018年6月12日出具的情况说明中明显已对原告投诉人身份及投诉事项完全知悉。在原告并未同意的情况下,被告未对举报人的信息予以保密,违反了上述法律、法规的规定,应当被确认违法。被告辩称情况说明是针对中原区食药局作出的,明显与事实不符,法院对此辩称不予采信。

三、裁判规则提要

(一)举报人信息保密是食品药品安全投诉举报制度得以运行的保障

食品药品安全关系到国计民生,保障食品、药品安全需要全社会的共同努力。其中,政府在维护食品市场稳定、保障食品药品安全方面承担主要职责。从执法来看,政府部门通过各自执法活动和途径查处食品、药品生产、经营者的违法犯罪行为,对食品药品安全进行监督管理。但监管部门履行职责也具有一定的局限性,违法行为存在一定的信息不对称,导致市场中的违法生产、经营食品药品的行为无法及时被发现。而消费者、公民在日常生活中往往更能获得有效的信息。从这一角度考虑,建立食品药品安全有奖举报制度,通过奖励的方式鼓励消费者、公民积极向监管部门提供信息和线索,以此来弥补政府监管部门在监督管理中存在的滞后性和漏洞,最终达到加强食品药品安全监管、保障食品安全的目的。与其他监督方式不同的是，食品安全有奖举报制度具有主动性，其主要表现形式为相关信息掌握者自发、主动向政府监管部门提供相关违法信息。因此要充分发挥食品安全有奖举报制度的优势，则必须保障这一制度的主动性。

从制度实施来看，投诉、举报人在向政府监督管理机关投诉、举报的过程中，从提供相关案件的信息和线索到具体奖励的落实和分发的整个过程可能涉及调查取证以及相关程序的处理，从举报、投诉信息的调查、落实，到奖励落实的财政审批，这一过程中大量群体能够接触到举报人个人信息以及相关举报信息。而投诉、举报人个人信息和相关举报信息的泄露可能会给投诉举报人带来不便，甚至不排除可能举报人遭受打击报复的可能性。因此消费者在开始其举报、投诉行为之前往往会担心其个人信息以及举报信息泄露为其带来的不便，这使消费者向行政监督管理机关提供相关案件信息、线索的主动性大大降低，从而使食品安全有奖举报制度的实际效果大打折扣。因此保障食品安全有奖举报制度有效运行，必须完善有奖举报中行政监管机关对投诉、举报事项的保密制度，以此保障投诉、举报人个人信息、举报信息安全，以消除其后顾之忧，避免伤害食品安全有奖举报制度之主动性。

《食品安全法》第115条明确规定，有关部门应当对举报人的信息予以保密，保护举报人的合法权益。举报人举报所在企业的，该企业不得以解除、变更劳动合同或者其他方式对举报人进行打击报复。各地制定的食品安全举报奖励办法中大部分也对食品药品监督管理部门保密义务作出了比较详细的规定。现有法律制度之下所规定的食品安全举报中的投诉、举报人个人信息保护更应当在执法中得到贯彻落实，法律法规、规章赋予行政机关的保密义务更应当严格履行，这样才能保护公民监督积极性，发挥群众监督之优势。因此，政府相关部门在处理投诉、举报人的投诉、举报时，必须依法对举报人个人信息以及相关举报信息、举报材料进行严格的保密管理，不得随意泄露举报人信息。因此当举报人与行政机关之间因信息保密制度落实产生争议或纠纷而诉诸法院时，人民法院应当严格审查相关行政机关在处理投诉、举报过程中是否依法履行了法律赋予的保密义务，是否违法泄露举报人信息，以保障举报人信息保密的合法权益，纠正行政机关违法行为，为合法权益受到侵害的投诉、举报人提供司法救济途径。同时通过司法判例起到指导、示范作用，促使行政机关遵守食品安全有奖举报保密制度，以期增加消费者或公民安全感，提高其提供相关信息、线索的积极性和主动性，使食品安全有奖举报制度更有生命力。

(二)合理分配泄露举报人信息行为的证明责任,由被告行政机关举证证明其并未泄露举报人信息

举报人向行政机关提供市场经营者的违法线索,行政机关应当依照相关保密制度规定妥善管理和保护举报人信息。在举证责任分配上,投诉、举报人主张其个人信息被泄露,首先,从证据距离来看,举报、投诉人向食品药品监督管理部门提供违法行为的线索后,其个人相关信息进入监管部门,之后的管理、保护均在监管部门掌握之中,很明显,食品药品监督管理部门距离证据源头更近。其次,在举证能力上,行政机关代表国家行使公权力,与渺小的公民个人相比,其处于一种强势地位,举证能力远远强于公民个人。因此与行政机关相比,举报人要获得行政机关违法泄露其个人信息的证据难度极大,若仍然按照"谁主张,谁举证"的规则,举证能力的失衡最终将导致诉讼的实质不公。因此,在行政机关是否存在泄露举报人信息的事实认定上,举报人向人民法院诉称相关行政部门违反《食品安全法》第115条的规定,泄露向其举报有关食品药品安全问题的举报人信息的,被告行政机关应当举证证明信息泄露与该行政机关不存在因果关系。即举证证明其在接到举报人的举报后对举报人的个人信息、举报材料依照相关保密制度进行了保密管理;抑或举证证明相关举报信息系通过其他渠道泄露。若被告无法证明该信息泄露与其不存在因果关系,则应当承担举证不能的不利后果,即认定该行政机关未履行相关保密管理制度,泄露举报人信息。这样既能提高诉讼效率,又能促进诉讼的实质公平。

四、辅助信息

《食品安全法》

第115条 县级以上人民政府食品药品监督管理、质量监督等部门应当公布本部门的电子邮件地址或者电话,接受咨询、投诉、举报。接到咨询、投诉、举报,对属于本部门职责的,应当受理并在法定期限内及时答复、核实、处理;对不属于本部门职责的,应当移交有权处理的部门并书面通知咨询、投诉、举报人。有权处理的部门应当在法定期限内及时处理,不得推诿。对查证属实的举报,给予举报人奖励。

有关部门应当对举报人的信息予以保密,保护举报人的合法权益。举报人举报所在企业的,该企业不得以解除、变更劳动合同或者其他方式对举报人进行打击

报复。

《行政诉讼法》

第 74 条 行政行为有下列情形之一的，人民法院判决确认违法，但不撤销行政行为：

（一）行政行为依法应当撤销，但撤销会给国家利益、社会公共利益造成重大损害的；

（二）行政行为程序轻微违法，但对原告权利不产生实际影响的。

行政行为有下列情形之一，不需要撤销或者判决履行的，人民法院判决确认违法：

（一）行政行为违法，但不具有可撤销内容的；

（二）被告改变原违法行政行为，原告仍要求确认原行政行为违法的；

（三）被告不履行或者拖延履行法定职责，判决履行没有意义的。

《政府信息公开条例》

第 27 条 除行政机关主动公开的政府信息外，公民、法人或者其他组织可以向地方各级人民政府、对外以自己名义履行行政管理职能的县级以上地方人民政府部门（含本条例第十条第二款规定的派出机构、内设机构）申请获取相关政府信息。

第 33 条 行政机关收到政府信息公开申请，能够当场答复的，应当当场予以答复。

行政机关不能当场答复的，应当自收到申请之日起 20 个工作日内予以答复；需要延长答复期限的，应当经政府信息公开工作机构负责人同意并告知申请人，延长的期限最长不得超过 20 个工作日。

行政机关征求第三方和其他机关意见所需时间不计算在本条前款规定的期限内。

食品药品纠纷案件裁判规则第20条:

仅凭消费者持有的购物小票或不合格食品,不能当然认定食品经营者存在销售不合格食品的违法行为,除非经营者不能提供完整的食品进销记录

〔**规则描述**〕:近年来,同一投诉人持同种商品投诉多个商家的现象多见,有的经营者则表示其并未销售过涉案商品。对于上述现象,为正确引导市场行为,查清案件事实,合理分配各方的举证责任起至关重要的作用。投诉举报人提供了食品实物和购物小票,可以认定买卖合同关系存在,但不能当然认定被投诉人存在销售违法商品的行为。该食品实物显示的执行标准、生产批次等信息,与食品经营者提供的完整进销记录不一致的,行政机关应综合对比投诉人与被投诉人提供的证据。如果经营者提供的进销记录完整准确,且未发现涉案商品时,应认定经营者不存在销售不合格产品的行为。

一、类案检索大数据报告

截至2019年12月31日,以"购物小票""食品安全""进销记录"为关键词,通过Alpha案例库、法信平台、北大法宝、中国裁判文书网共检索到类案52件,剔除无关联案件和同一案件不同审级形成的多个文书,实际共查找到高度关联的45起案例裁判文书。整体情况如下:

如图20-1所示,从案件地域分布来看,涉案数最多的地域为北京市,共6件;其次为广东省和江苏省,各5件。

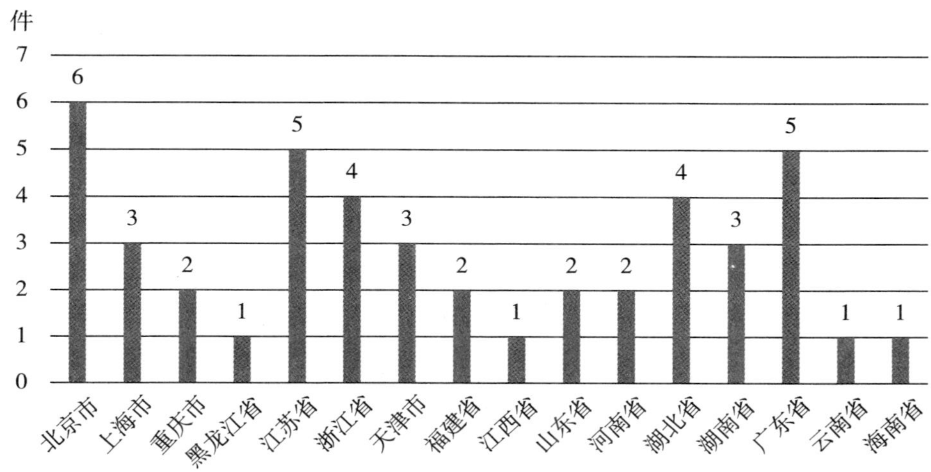

图 20－1　案件地域分布情况

如图 20－2 所示，从案件结案年份分布来看，最多的年份为 2018 年，共有 14 件；其次为 2017 年，共有 12 件。

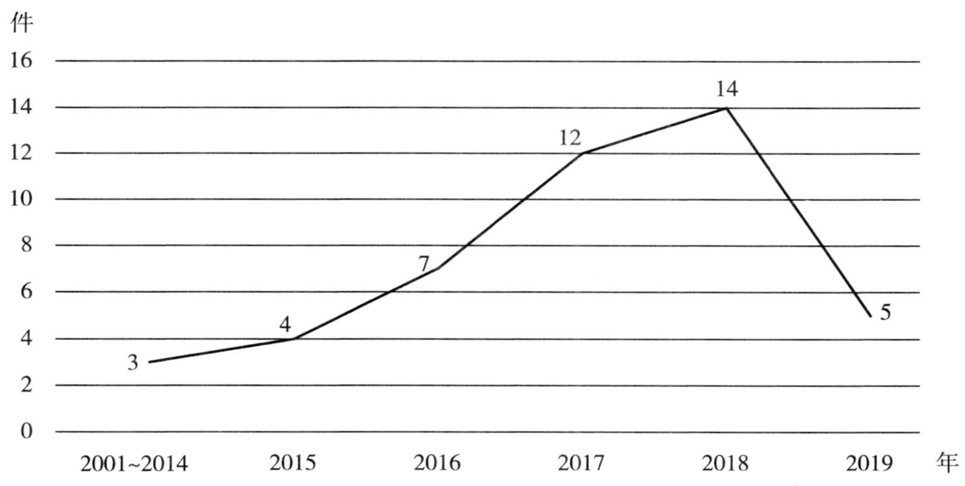

图 20－2　案件结案年份分布情况

如图 20－3 所示，从案件案由分类情况来看，行政复议最多，为 27 件。

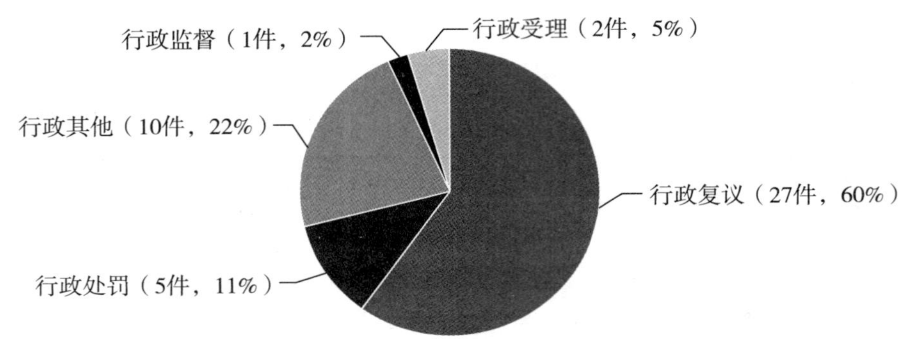

图 20－3　案件案由分类情况

如图 20－4 所示，从案件裁判结果来看，驳回原告诉求最多，为 20 件。

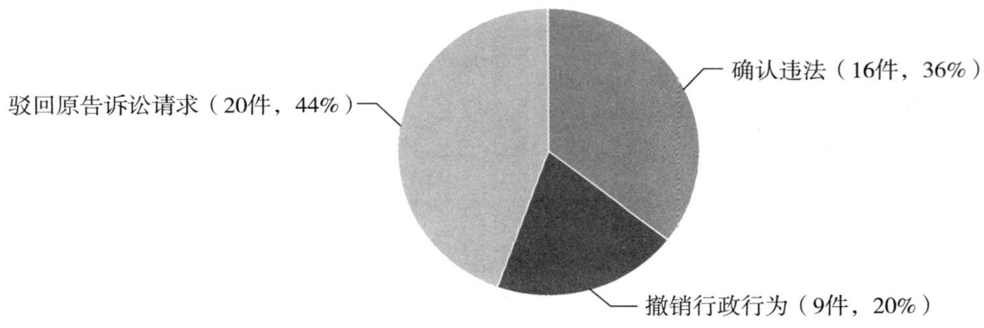

图 20－4　案件裁判结果分布

上述案例均支持了本裁判规则，投诉人对其投诉事实的成立应承担举证责任，经营者否认存在违法事实的应当提供完整的进销记录，不能提供的应当推定投诉人与经营者之间的买卖合同关系成立，需在双方举证证据的基础上衡量是否形成了完整的证据链并予以综合判定。

二、可供参考的例案

例案一 | 张某结与北京市通州区食品药品监督管理局行政处理纠纷

【法院】

北京市通州区人民法院

【案号】

(2018)京 0112 行初 61 号

【当事人】

原告：张某结

被告：北京市通州区食品药品监督管理局

法定代表人：冯某，局长

【基本案情】

2017年6月21日，原告张某结在物美购买"汇源葡萄汁300 ml"，并于同日向北京市通州区食品药品监督管理局（以下简称区食药局）举报其购买的"汇源葡萄汁300 ml"超过保质期。6月23日，区食药局对物美进行了现场检查和询问调查，调取了物美营业执照、食品经营许可证等资质、涉案产品的进销存台账和检验报告、供应商订货/收货单、说明和销售单，未发现物美存在销售过期产品的违法情况。7月4日，区食药局作出不予立案处理，并以手机短信息方式对原告张某结进行了回复。9月7日，按照原告张某结的要求，区食药局向原告张某结作出书面《不予立案回复》。原告张某结对此不服，提起本案诉讼。

【案件争点】

投诉人提供的实物及购买票据能否证明被投诉人存在销售不合格产品的行为。

【裁判要旨】

法院经审理认为，根据《食品安全法》（2015年）第6条的规定和《北京市食品药品监督管理局主要职责内设机构和人员编制规定》，区食药局作为区（县）食品安全监督管理部门负责本行政区域内的食品安全监督管理工作，具有对原告张某结的举报进行调查处理的法定职责。

本案首先需要解决的问题是原告张某结是否在物美超市购买了涉案的产品，对于该问题，应该由原告张某结向审理法院举证证明，但根据现有证据不足以证明原告张某结在物美超市购买了涉案的过期产品。理由如下：（1）从区食药局6月23日的现场检查情况来看，在售的"汇源葡萄汁300 ml"有12瓶，库存的"汇源葡萄汁300 ml"有24瓶，生产日期均为2017年6月18日，保质期为30日，均未超过保质期，在货架和仓库里也未发现同一批次被举报产品。另外，根据供货商订货/收货记录显示，物美从2017年5月1日到6月22日分批次购进过生产日期为2017年4月27日、30日、5月10日、14日、27日、28日、6月18日的"汇源葡萄汁300 ml"，与原告张某结举报的产品的生产日期并不一致。（2）从原告张某结向审理法院提交的购物小票、涉案产品图片及购物视频资料来看，一是购物小票并不能显示出消费者购买的产品批次，也就是说，购物小票上的产品无法证明就是原告张某结举报的过期产品,仅可以证明原告张某结购买了同样的产品。(3)原告张某结提交的图片中产品瓶盖上显示的批次是“05.14.02.D1”,而视频中购买的产品瓶盖上显示的批次是“05.13.51.D1”,张某结提供的证据自相矛盾,无法证明其购买的产品系物美销售的过期产品。(4)单纯从视频角度分析,原告张某结提供的视频存在不完整性和不连续性,无法直接证明被投诉人销售过期产品。(5)(2017)京0112民初20085号民事判决书和(2017)京03民终12110号民事判决书系法院根据民事诉讼规定对原告张某结和物美的买卖合同纠纷作出的认定,区食药局作出的《不予立案回复》系根据食品药品监管的相关法律规定结合现场检查和调查情况作出的决定;民事判决书未认可物美提供的相应订货/收货单据,系从民事案件角度认定证据规则,而本案为行政案件,对于区食药局依法核实的订货/收货单据审理法院予以认可。同时,民事诉讼和行政诉讼的审判规则也不一样,尤其是在适用法律、审理重点和举证责任方面,故本案不能直接根据民事诉讼结果认定原告张某结购买的产品系物美销售的过期产品。

根据《食品药品投诉举报管理办法》第20条等规定,投诉举报承办部门应当自投诉举报受理之日起60日内向投诉举报人反馈办理结果。本案中,区食药局于6月21日接到原告张某结的举报后,6月23日对物美进行了现场检查和询问调查,并调取了涉案产品、物美和供应商的相关材料,因未发现物美存在销售过期产品的违法情况,遂于7月4日作出了不予立案处理,并对原告张某结进行了手机短信答复。9月7日,按照原告张某结的要求,出具了书面《不予立案回复》。由此可知,区食药局针对原告张某结的举报,已经按照法律规定,在法定期限内履行了调查处理职责,并向原告张某结作出了针对性的回复,符合法定程序。

例案二 | 张某智与青岛市市北区食品药品监督管理局行政处理纠纷

【法院】

青岛市市北区人民法院

【案号】

(2016)鲁0203行初80号

【当事人】

原告:张某智

被告:青岛市市北区食品药品监督管理局

法定代表人：宁某某，局长

【基本案情】

2016 年 3 月 28 日，原告通过“12331”热线举报青岛美特好连锁超市有限公司辽宁路家家悦分公司出售超过保质期的商品，被告执法人员遂于当日进行现场检查，经原告电话提示信息，被告在被举报人奶制品货架最上面一层，最后一排发现一盒生产日期为 2015 年 9 月 26 日的新希望巧克力牛奶。被告于当日下午对该超市的工作人员进行了询问调查，并核实被举报人提交的相关证据，发现被举报人进货记录没有该生产日期的牛奶，青岛新希望琴牌乳业有限公司的送货记录上也没有该生产日期的牛奶。被举报人的巡检单中关于新希望巧克力牛奶的巡检信息与进货表、送货表的生产日期一致，且也没有生产日期为 2015 年 9 月 26 日的新希望巧克力牛奶的记录，结合被举报人反映的在 2016 年 3 月 27 日被电话索赔的情况，被告认定该盒生产日期为 2015 年 9 月 26 日的新希望巧克力牛奶，并非被举报人放置于货架。根据《山东省食品药品行政处罚程序规定实施细则》第 9 条的规定，因被举报人无违法事实，被告依法不予立案，并将该处理结果于 2016 年 4 月 13 日通过电话方式反馈原告。

【案件争点】

投诉人提供的实物及购买票据能否证明被投诉人存在销售不合格产品的行为。

【裁判要旨】

法院经审理认为，第一，出售超过保质期的商品危害的人员是不特定的，行政机关对该类违法行为的查处与每一个人都存在利害关系。所以投诉举报人无论是不是该商品的消费者，其都与投诉举报处理行为存在利害关系。被告认为其具体如何处理不会直接对原告造成合法权益的侵害，被告的行政行为与原告不具有法律上的利害关系，因此原告不具有主体资格的主张，审理法院不予支持。第二，被告接到原告投诉举报后，依法进行了调查，依据相关证据认定被举报人无违法事实并无不当。被告依据《食品药品投诉举报管理办法》第 20 条的规定，60 日内反馈原告处理结果，符合法定程序。因此，被告行政行为事实清楚，证据充分，程序符合法律规定，适用法律正确。原告起诉理由不成立，证据不足，审理法院不予支持。

例案三 任某仓、鹤山市食品药品监督管理局食品药品安全行政管理案

【法院】

广东省江门市中级人民法院

【案号】

(2017)粤07行终160号

【当事人】

上诉人(原审原告):任某仓

被上诉人(原审被告):鹤山市食品药品监督管理局

法定代表人:郭某某,局长

被上诉人(原审被告):鹤山市人民政府

法定代表人:林某某,市长

【基本案情】

2016年8月15日,任某仓向江门市食品药品监督管理局投诉举报,反映其于8月11日在“鹤山市沙坪镇越塘大道的鹤山市一家生活超市”购买的两包康师傅方便面(商品条形码为6900873022991),生产日期分别为2016年1月21日和2月3日,保质期为6个月,购买时已超过保质期,其要求主管部门依法查处,责令商家退货并赔偿其损失1000元,同时给予现金奖励和书面回复。8月18日,该投诉举报转交鹤山市食品药品监督管理局(以下简称鹤山市食药监局)办理,转交的材料包括:举报信、身份证复印件、购物小票复印件、购物视频光盘、两包康师傅卤香牛肉面实物及电子照片。8月22日,江门市食品药品监督管理局书面告知任某仓对其投诉举报予以受理,并已转交属地食品药品监管部门办理及回复。8月25日,鹤山市食药监局对该投诉举报予以立案。9月5日,鹤山市食药监局对鹤山市沙坪镇至尚一家商店进行现场检查,没有发现该商店有任某仓投诉举报的超过保质期的相同条形码康师傅方便面在售,在经营货架上在售的康师傅卤香牛肉面均在保质期内。鹤山市沙坪镇至尚一家商店提供了《营业执照》、《食品经营许可证》、《退面处理签收单》、康师傅鹤山总经销商出具的关于康师傅系列牛肉面换新包装以及旧包装下架回收的证明等资料。11月16日,鹤山市食药监局通过“鹤山市电子政务云平台”的“发送手机短信功能”向任某仓手机号码发送短信,告知其涉案投诉举报期限截至2016年11月16日,将达到60个工作日,由于情况复杂,决定延长办理期限30个工作日。11月18日,在询问调查中,该商店负责人麦某否认销

售超过保质期的康师傅方便面，其确认购物小票的真实性，但不确认任某仓所投诉举报、提供的商品为其商家所销售商品，认为任某仓提供的购物视频非原始视频，存在剪切加工的可能，不认可该视频的真实性。12 月 6 日，鹤山市食药监局向任某仓发出关于收到该函后 3 个工作日内提交相关材料原件、视频原始资料及其载体原件，要求其协助调查，否则承担逾期举证法律后果的告知函，任某仓未有提交相关材料，亦未有到该局接受调查。12 月 20 日，鹤山市食药监局向任某仓发出告知书，认为无法查明违法事实，拟作撤案处理。12 月 27 日，鹤山市食药监局作出鹤食药监投复[2016]38 号《关于"鹤山市沙坪镇至尚一家商店经营过期康师傅方便面"的投诉举报回复》，认为鹤山市沙坪镇至尚一家商店经营超过保质期康师傅卤香牛肉面的事实不清楚，证据不充分，经该局集体讨论决定，作撤案处理，对任某仓的奖励诉求不予支持，其要求退还购物款及赔偿损失诉求由于该局无消费调解职能，建议其可通过协商、民事诉讼、请求消费者协会组织调解等其他法定途径解决，并告知如不服该回复有申请行政复议及提起行政诉讼的权利，同日通过 EMS 快递方式向任某仓寄出该书面回复。任某仓对此不服，通过快递方式向鹤山市政府邮寄《行政复议申请书》，并提供身份证复印件、前述投诉举报回复复印件、购物视频光盘。鹤山市政府审查后认为符合受理条件，向任某仓发出受理通知书，于 2017 年 1 月 9 日向鹤山市食药监局发出《提出行政复议答复通知书》。在行政复议过程中，鹤山市食药监局向鹤山市政府提交了书面答复及相关证据、依据材料，鹤山市政府经调查核实后，于 2017 年 2 月 16 日作出鹤府行复[2017]5 号《行政复议决定书》并送达各方当事人，决定维持鹤山市食药监局前述投诉举报回复，告知任某仓如对该决定不服有向人民法院提起行政诉讼的权利。任某仓不服，遂提起本案行政诉讼。

法院另查明，任某仓提供的拟记录其购买涉案食品过程的视频未显示生产日期为 2016 年 1 月 21 日和 2 月 3 日的康师傅卤香牛肉面经鹤山市沙坪镇至尚一家商店"收银台扫描器"读取该商品条形码内容的影像。

【案件争点】

任某仓提供的购物凭证能否作为认定鹤山市沙坪镇至尚一家商店经营超过保质期食品的定案证据。

【裁判要旨】

法院经审理认为，对于鹤山市食药监局作出的鹤食药监投复[2016]38 号《关于"鹤山市沙坪镇至尚一家商店经营过期康师傅方便面"的投诉举报回复》是否合法的问题。首先,《食品药品行政处罚程序规定》第17条规定:“食品药品监督管理部门应当对下列事项及时调查处理……(二)公民、法人或者其他组织投诉、举报的……符合立案条件的,应当在7个工作日内立案。”《食品药品投诉举报管理办法》第20条规定:“投诉举报承办部门应当自投诉举报受理之日起60日内向投诉举报人反馈办理结果;情况复杂的,在60日期限届满前经批准可适当延长办理期限,并告知投诉举报人正在办理。办结后,应当告知投诉举报人办理结果。投诉举报延期办理的,延长期限一般不超过30日……”第38条规定:“本办法规定的投诉举报受理、办理等期限以工作日计算,不含法定节假日。”本案中,鹤山市食药监局收到江门市食品药品监督管理局转办的涉案投诉举报,于2016年8月25日予以立案。鹤山市食药监局经过调查核实,认为该举报事项情况复杂,决定延长审理期限30个工作日,并于2016年12月27日作出涉案举报回复并寄送给任某仓。鹤山市食药监局涉案回复行为的程序符合法律规定,审理法院予以确认。其次,《食品药品投诉举报管理办法》第11条规定:“投诉举报人应当提供客观真实的投诉举报材料及证据,说明事情的基本经过,提供被投诉举报对象的名称、地址、涉嫌违法的具体行为等详细信息……”第12条规定:“对符合本办法第二条规定的投诉举报,食品药品投诉举报机构或者管理部门应当依法予以受理。投诉举报具有下列情形之一的,不予受理并以适当方式告知投诉举报人:(一)无具体明确的被投诉举报对象和违法行为的……”《食品药品行政处罚程序规定》第38条规定:“拟作出的行政处罚决定应当报食品药品监督管理部门负责人审查。食品药品监督管理部门负责人根据不同情况,分别作出如下决定……(三)违法事实不能成立的,不得给予行政处罚……”本案中,鹤山市食药监局经调查取证,发现被举报的商店并无任某仓所称的超过保质期的相同商品条形码康师傅方便面在售,且根据现有的视频及购物小票等证据无法充分证实涉案商店在案发当天销售超过保质期的商品。鹤山市食药监局针对被举报商场的申辩意见,向任某仓发出《关于提交相关资料并协助调查的告知函》及《告知书》,目的亦在于进一步核实举报证据材料的客观真实性,而任某仓在接到鹤山市食药监局的《关于提交相关资料并协助调查的告知函》及《告知书》后,并未在规定期限内提供材料原件、视频原始载体及接受调查,理应承担未积极履行提供客观真实投诉举报材料及证据法定义务的法律后果。鉴于本案无充分证据证明任某仓于2016年8月11日在涉案商店购买的康师傅方便面就是涉案超过保质期的商品,鹤山市食药监局以任某仓投诉举报的违法事实不清楚,证据不充分为由,作出涉案投诉举报回复,决定作出撤案、不予支持任某仓的奖励诉求等处理,并无不当,审理法院予以确认。

三、裁判规则提要

随着市场经济的不断发展，消费者的维权意识也日趋强烈，其中职业打假人的队伍也日趋庞大。职业打假人投诉举报事项多数集中在商品标签不合格方面，不仅给基层食品药品监督管理部门造成巨大工作负担，也对小规模的生产经营者造成损害。在日常生活中，投诉人使用同一商品多次投诉的现象也经常发生。因此，明确类似涉案纠纷的举证责任，不仅可以提高执法效率，也有利于促进市场健康发展、维护消费者合法权益。

（一）举报人、投诉人对其投诉举报的事项负有举证责任

本规则中的投诉人与被投诉人的举证责任，与行政诉讼中的举证责任有所区别，本规则旨在说明行政调查中的举证责任。如果当事人没有在行政调查中尽到举证责任，则该当事人将在行政诉讼中承担败诉后果。实践中，行政机关在执法过程中常常"按照诉讼法的标准要求自己"。[①] 根据《食品药品投诉举报管理办法》第 11 条的规定，投诉举报人应当提供客观真实的投诉举报材料及证据。从民事争议的角度而言，最高人民法院《关于民事诉讼证据的若干规定》第 2 条规定："当事人对自己提出的诉讼请求所依据的事实或者反驳对方诉讼请求所依据的事实有责任提供证据加以证明。没有证据或者证据不足以证明当事人的事实主张的，由负有举证责任的当事人承担不利后果。"最高人民法院《关于适用〈中华人民共和国民事诉讼法〉的解释》第 91 条规定："人民法院应当依照下列原则确定举证证明责任的承担，但法律另有规定的除外：（一）主张法律关系存在的当事人，应当对产生该法律关系的基本事实承担举证证明责任；（二）主张法律关系变更、消灭或者权利受到妨害的当事人，应当对该法律关系变更、消灭或者权利受到妨害的基本事实承担举证证明责任。"根据以上规定及有关学者关于权利规范的主流观点，在对实体法规范分类的基础上，凡主张权利存在的当事人应当对权利发生的法律要件存在的事实负举证责任，否认权利存在的当事人应当就权利妨碍法律要件、权利消灭法律要件或者权利限制法律要件存在的事实负举证责任。投诉人向行政机关举证的材料通常应当包括明确的被投诉人名称、购物小票、商品实物复印件等，以此证明买卖合同关系发生，其作为利害关系人与行政机关的行政行为具有利害关系。根据

---

① 参见姬亚平：《论行政证据与行政诉讼证据关系之重构》，载《行政法学研究》2008 年第 4 期。

上述规则,当被投诉人无明显反证时行政机关可以认定买卖合同关系存在,投诉人举证的不合格产品系被投诉人销售。

(二)经营者否认销售不合格食品时应当提供充分的反证

在行政调查这种准司法行政行为中,当事人各自对其主张承担举证责任。[①] 根据《食品安全法》第53条的规定,经营者应当建立进货查验制度。在投诉举报人已提供证据证明双方之间买卖合同关系发生的情况下,被投诉人否认违法行为的,其应当提供充分反证。仅仅提供营业执照、许可证及供货商信息的,不能证明其合理履行了经营者的进货查验义务。被投诉人还应当举证完整的进销记录,包括与购物小票显示时间一致的销售商品的记录。若被投诉人举证的进货记录真实完整,且能够与其销售记录形成对应关系,投诉人举证的商品实物与被投诉人举证的进货记录属于不同批次,且与购物小票显示时间一致的销售商品也属于不同批次的,行政机关可以认定被投诉人不存在销售不合格产品的行为。

(三)如何处理消费者和经营者均无充分证据证明其主张的情形

当出现消费者和经营者提供的证据都不足以证明其主张时,如何处理就面临较多争议。有学者指出,当行政机关经过所有的努力仍然不能查明案件事实时,具有决定性意义的是实质的证明责任。就实质证明责任而言,关键的问题是在行政机关和参加人之间分配证明责任的标准是什么。主要的标准应当是有关的法律规范对谁有利,有待查明的事实属于谁的支配和责任领域(责任范围理论)。[②] 我国《食品安全法》规定了经营者的进货查验义务,关于是否销售过涉案商品,可以从销售者提供的进货和销售记录予以判断。因此,当投诉人举证的购物视频不能显示具体的产品批次、生产日期等信息,无法证明与其持有的商品实物具有对应关系,而经营者也无法提供完整的进销记录时,行政机关可根据民事争议中的"高度盖然性"规则进行衡量。同时,根据《行政处罚法》第30条的规定:"公民、法人或者其他组织违反行政管理秩序的行为,依法应当给予行政处罚的,行政机关必须查明事实;违法事实不清的,不得给予行政处罚。"行政机关在作出行政处罚时必须事实清楚,对于经营者无法提供完整的进销记录,客观上无法查明事实真相的,应当综合全案证据

---

① 参见章剑生:《现代行政法基本理论》,法律出版社2008年版,第441页。

② 参见[德]汉斯·J.沃尔夫等:《行政法》(第2卷),高家伟译,商务印书馆2002年版,第225~226页。

予以综合认定,并对经营者未全面履行进货查验义务的行为一并作出处理。

四、辅助信息

高频词条:

《食品药品投诉举报管理办法》

第 11 条 投诉举报人应当提供客观真实的投诉举报材料及证据,说明事情的基本经过,提供被投诉举报对象的名称、地址、涉嫌违法的具体行为等详细信息。

提倡实名投诉举报。投诉举报人不愿提供自己的姓名、身份、联系方式等个人信息或者不愿公开投诉举报行为的,应当予以尊重。

《行政诉讼证据若干问题的规定》

第 10 条 根据行政诉讼法第三十一条第一款第(一)项的规定,当事人向人民法院提供书证的,应当符合下列要求:

(一)提供书证的原件,原本、正本和副本均属于书证的原件。提供原件确有困难的,可以提供与原件核对无误的复印件、照片、节录本;

(二)提供由有关部门保管的书证原件的复制件、影印件或者抄录件的,应当注明出处,经该部门核对无异后加盖其印章;

(三)提供报表、图纸、会计帐册、专业技术资料、科技文献等书证的,应当附有说明材料;

(四)被告提供的被诉具体行政行为所依据的询问、陈述、谈话类笔录,应当有行政执法人员、被询问人、陈述人、谈话人签名或者盖章。

法律、法规、司法解释和规章对书证的制作形式另有规定的,从其规定。

第 11 条 根据行政诉讼法第三十一条第一款第(二)项的规定,当事人向人民法院提供物证的,应当符合下列要求:

(一)提供原物。提供原物确有困难的,可以提供与原物核对无误的复制件或者证明该物证的照片、录像等其他证据;

(二)原物为数量较多的种类物的,提供其中的一部分。

第 12 条 根据行政诉讼法第三十一条第一款第(三)项的规定,当事人向人民法院提供计算机数据或者录音、录像等视听资料的,应当符合下列要求:

(一)提供有关资料的原始载体。提供原始载体确有困难的,可以提供复制件;

(二)注明制作方法、制作时间、制作人和证明对象等;

(三)声音资料应当附有该声音内容的文字记录。

食品药品纠纷案件裁判规则第21条:

在没有制定国家标准的情形下,地方标准或企业标准可作为判断地方特色食品是否为合格食品的依据

〔**规则描述**〕:食品生产经营者应当按照食品安全国家标准生产食品和使用食品添加剂,食品的执行标准和食品添加剂的添加应当符合我国《食品安全法》的规定。根据《食品安全法》第29条的规定,对地方特色食品,没有食品安全国家标准的,省、自治区、直辖市人民政府卫生行政部门可以制定并公布食品安全地方标准,报国务院卫生行政部门备案。因此,依法备案的地方标准或企业标准,也是合法有效的食品安全标准,执行地方标准或企业标准的地方特色食品也符合《食品安全法》的规定。

一、类案检索大数据报告

截至2019年12月31日,以"地方特色食品""食品安全"为关键词,通过Alpha案例库、法信平台、北大法宝、中国裁判文书网共检索到类案32件,剔除无关联案件和同一案件不同审级形成的多个文书,实际共查找到高度关联的27起案例裁判文书。整体情况如下:

如图21-1所示,从案件地域分布来看,涉案数最多的地域为广东省,共4件;其次为北京市,共3件。

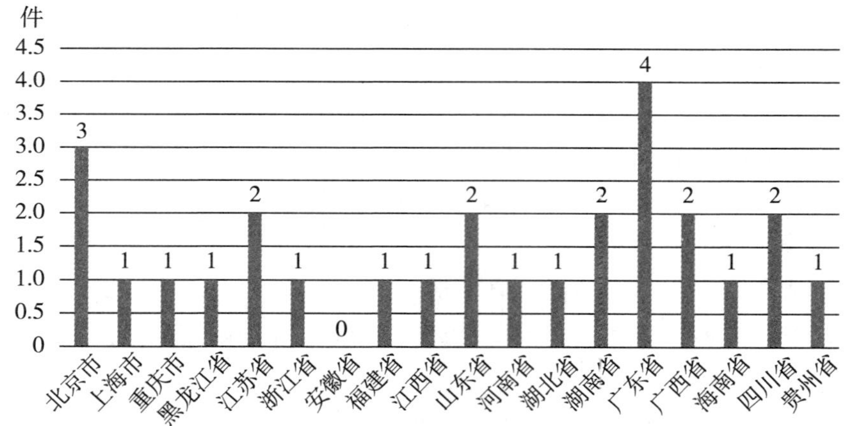

图21-1 案件地域分布情况

如图 21 －2 所示，从案件结案年份分布来看，最多的年份为 2018 年，共有 9 件；其次为 2017 年，共有 7 件。

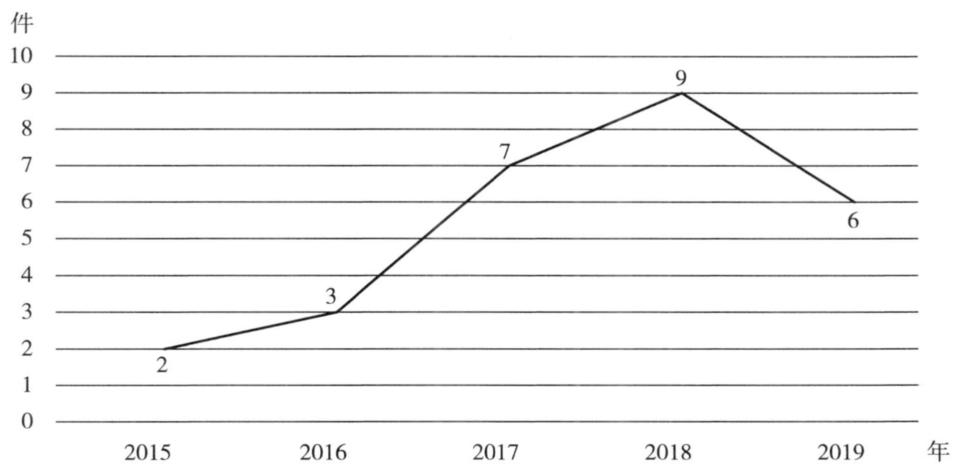

图 21 －2　案件结案年份分布情况

如图 21 －3 所示，从案件案由分类情况来看，行政其他最多，共 11 件；其次是行政复议，共 9 件。

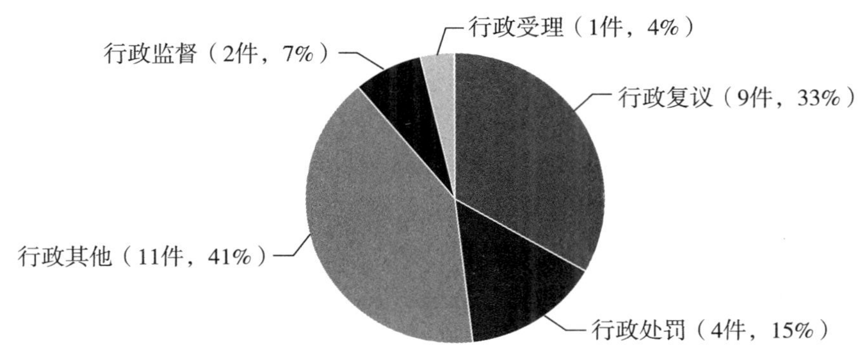

图 21 －3　案件案由分类情况

如图 21 －4 所示，从案件裁判结果分类情况来看，驳回原告诉讼请求最多，为 15 件。

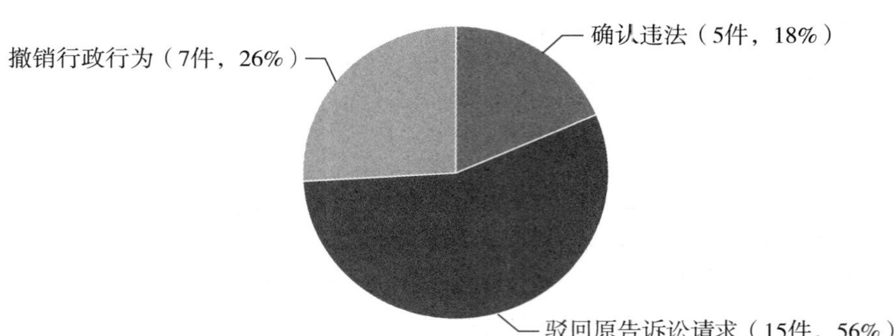

图21-4　案件裁判结果分类情况

上述案例均支持了本裁判规则,其中也充分反映出由于受中华传统饮食文化的影响,某些具有地方特色的食品中的部分成分可能不符合国家食品安全标准,需在传统饮食习惯、地方标准的基础上结合其他相关因素予以综合判定。

二、可供参考的例案

例案一　周某权与北京市石景山区食品药品监督管理局食品药品行政管理纠纷

【法院】

北京市第一中级人民法院

【案号】

(2016)京01行终1148号

【当事人】

上诉人(一审原告):周某权

被上诉人(一审被告):北京市石景山区食品药品监督管理局

法定代表人:高某某,局长

被上诉人(一审第三人):北京沃尔玛百货有限公司

法定代表人:柯某某,董事长

【基本案情】

北京市石景山区食品药品监督管理局(以下简称区食药监局)于2015年5月4日收到周某权提交的《举报信》。被举报人为"北京沃尔玛百货有限公司(石景山店)"。举报请求为"1.在法定期限将立案(或不予立案)的决定书面告知举报人;2.将处罚结果书面告知举报人并依法奖励举报人"。举报内容为被举报人销售的"科尔沁风干牛肉”属于“肉干”类，其配料中标注使用了食品添加剂“亚硝酸钠”，属于滥用食品添加剂，不符合《食品安全国家标准食品添加剂使用标准》(GB 2760—2011)。

区食药监局于2015年5月4日当日决定受理该举报。并于2015年5月5日对被举报单位沃尔玛公司进行了现场检查，发现了沃尔玛公司正在销售的被举报的食品“科尔沁风干牛肉”。区食药监局于2015年5月14日决定立案，并办理了立案审批手续。区食药监局于2015年5月14日向内蒙古自治区食品药品监督管理局（以下简称内蒙古自治区食药监局）邮寄了《协助调查函》，请求其协助调查相关问题，但未收到回函。区食药监局于2015年5月20日向周某权邮寄《举报信办理告知书》，将案件已被受理的情况向周某权告知。区食药监局于2015年5月27日又向内蒙古自治区通辽市食品药品监督管理局（以下简称通辽市食药监局）发出了《协助调查函》，请求其协助调查相关问题。区食药监局于2015年5月29日向周某权邮寄了《举报信办理告知书》，将案件已经立案的情况告知周某权。此后区食药监局收到了通辽市食药监局作出的答复书及相关附件。附件之一为内蒙古自治区食药监局食品药品稽查局出具的复函，其中载明：“……风干牛肉与肉干的生产工艺、属性均不同，风干牛肉中按规定量添加亚硝酸盐符合GB 2760—2014《食品安全国家标准食品添加剂使用标准》的相关规定。”

因案情复杂，区食药监局于2015年8月3日决定延长办案时限30个工作日。区食药监局2015年8月10日又向通辽市食药监局邮寄一份《协助调查函》，请求其继续对相关问题进行说明，但未收到回函。区食药监局于2015年9月8日又向内蒙古自治区食药监局邮寄一份《协助调查函》，请求其对相关问题进行说明。2015年9月14日，区食药监局又决定延长办案时限90个工作日。此后，区食药监局收到了内蒙古自治区食药监局出具的《关于协助调查风干牛肉有关问题的复函》，其中载明：“……风干牛肉执行标准为内蒙古自治区地方标准《风干牛肉》DB 15/432—2006；肉干执行标准有国家标准《肉干》GB/T 23969—2009和行业标准《肉干》SB/T 10282—2007……风干牛肉与肉干在制作工艺上存在明显不同。风干牛肉具有风干工艺，是先风干后熟制；肉干是先熟制后再干燥。2.风干牛肉是我区具有民族传统特色的肉制品。我区按照《肉制品生产许可证审查细则》(2006年版)酱卤肉单元对风干牛肉实施食品生产许可管理。3.亚硝酸钠的使用应符合GB 2760《食品安全国家标准食品添加剂使用标准》的相关规定。”2015年11月25日，区食药监局又对被举报单位进行了调查询问。

2015年11月27日，区食药监局就该案作出案件调查终结报告，建议对该案予以撤案。区食药监局于2015年12月8日完成了撤案审批手续,于2015年12月31日向周某权邮寄了本案被诉的(京石)食药举告[2015]03017号《举报信办理告知书》(以下简称被诉告知书),其中载明:"……你此次举报的涉案产品按规定量添加亚硝酸钠符合地方标准,我局对你举报当事人的行为不予立案处理。"在本案诉讼过程中,区食药监局于2016年5月4日决定撤销被诉告知书,并于当日重新作出一份(京石)食药举告[2015]03017-1号《举报信办理告知书》,其中载明:"……你此次举报的涉案产品按规定量添加亚硝酸钠符合地方标准,我局对你举报当事人的行为作出撤案处理的决定。"区食药监局于当日向周某权邮寄了该撤销决定和重新作出的告知书。周某权、区食药监局双方均明确向一审法院表示,认可区食药监局作出的被诉告知书中告知的案件处理结果"不予立案处理"的内容系笔误,实际情况应为"撤案处理"。

另查明:周某权举报的涉案食品"科尔沁风干牛肉"外包装载明:产品名称为"科尔沁风干牛肉(烘烤)"。配料:牛肉、食用盐、味精、香辛料、食品添加剂(乙基麦芽酚、食用香精、山梨酸钾、亚硝酸钠)。食品生产许可证编号:QS150504016545。产品标准代号:DB15/432。生产商:内蒙古科尔沁牛业股份有限公司肉制品分公司。厂址:通辽市经济技术开发区8号路西标准厂房。产地:内蒙古通辽市。《内蒙古自治区地方标准风干牛肉》(DB 15/432—2006)载明:"3.1 风干牛肉。用符合卫生要求的瘦牛肉为原料,经修割、切块、腌制、风干、炸制或烤制等工艺制成的具有民族传统特点的肉制品。"《中华人民共和国国家标准:肉干》(GB/T 23969—2009)载明:"3.1 肉干 dried meat dice 以畜禽瘦肉为原料,经修割、预煮、切丁(或片、条)、调味、复煮、收汤、干燥、斩碎、拌料、成型、烘干制成的熟肉制品。"

周某权不服被诉告知书,向一审法院提起行政诉讼。诉讼请求为:(1)撤销区食药监局于2015年12月29日对周某权作出的被诉告知书中告知的针对周某权举报的"科尔沁风干牛肉"违法一案,区食药监局已作出撤案处理决定的内容;(2)责令区食药监局对周某权举报沃尔玛公司销售的"科尔沁风干牛肉"违法一案重新作出处理;(3)本案诉讼费用由区食药监局承担。

【案件争点】

涉案食品添加亚硝酸钠是否违法。

【裁判要旨】

法院经审理认为:GB 2760—2014《食品安全国家标准食品添加剂使用标准》于2015年5月24日起实施,此前施行的系GB 2760—2011《食品安全国家标准食品添加剂使用标准》。GB 2760—2011《食品安全国家标准食品添加剂使用标准》规定，食品分类系统用于界定食品添加剂的适用范围，只适用于该标准；食品添加剂的使用应符合食品添加剂的使用规定。根据食品添加剂使用规定，亚硝酸钠系护色剂、防腐剂，可用于的食品分类有08.02.02腌腊肉制品类（如咸肉、腊肉、板鸭、中式火腿、腊肠）、08.03.01酱卤肉制品类等。涉案食品风干牛肉系内蒙古地方特色食品，生产工艺有其特殊性。内蒙古自治区食药监局2017年4月20日作出的《关于风干牛肉产品属性相关问题的批复》中载明，该区将风干牛肉纳入“肉质品（酱卤肉制品）”单元发证管理。故在无其他证据足以推翻上述产品属性认定的前提下，区食药监局作出被诉告知书，认为涉案产品按规定量添加亚硝酸钠符合地方标准，对上诉人的举报作出撤案处理决定并无不当。

例案二 | 周某武与中山市食品药品监督管理局行政管理纠纷

【法院】

广东省中山市中级人民法院

【案号】

（2017）粤20行终328号

【当事人】

上诉人（原审原告）：周某武

被上诉人（原审被告）：中山市食品药品监督管理局

法定代表人：周某某，局长

【基本案情】

2016年10月12日，周某武通过来访的形式向中山市食品药品监督管理局（以下简称市食药监局）进行举报投诉，称在大岑村成业大道信惠百货大岑店购买了由“四川省川乐食品有限公司”生产的“开味菜（酱腌菜）”“爽口菜（酱腌菜）”“娃娃菜（酱腌菜）（规格均为330克/瓶）”以及“广东美味鲜调味食品有限公司”生产的“桂林辣椒酱（210克/瓶）”，怀疑上述产品标签上标示的执行标准有误，要求查处。市食药监局于当日受理并于10月20日前往上述商场现场检查，并对三个产品中的“开味菜（酱腌菜）（330克/瓶）”进行了针对标签的抽检，同时委托广东产品质量监督检验研究所进行检验。11月8日，广东产品质量监督检验研究所作出“开味菜（酱腌菜）（330克/瓶）”的检验报告，检验依据为DB51/T 975—2009《四川泡菜》以及GB 7718—2011《预包装食品标签通则》,判定依据为《食品标识管理规定》,结果为符合要求。2017年1月4日,市食药监局作出中圃食药监稽投复函[2016]004号投诉举报答复函,告知周某武,未发现其来访举报的中山市黄圃镇信惠百货购物商场有销售标签(执行标准)不符合要求的食品的行为,周某武于次日签收涉案答复函。周某武不服涉案答复函,诉至原审法院,请求:(1)撤销市食药监局回复周某武投诉举报相关食品不符合食品安全的回复函中圃食药监稽投复函[2016]004号,责令其重新检验后,将正确的结果告知于周某武;(2)全部诉讼费用由市食药监局承担。

原审法院另查明,中山市黄圃镇信惠百货购物商场,住所地为中山市黄圃镇大岑工业区成业大道北侧(大岑市场侧),投资人为林某春,经营范围为零售:日用百货、护肤品、家用电器、厨房用品、鞋类、皮革制品、服装、移动电话、水果、肉类、蔬菜、水产品、五谷杂粮;食品流通。食品药品经营许可证许可证编号:JY14420140006521,许可范围为食品经营:预包装食品销售(含冷藏冷冻食品)、散装食品销售(不含冷藏冷冻食品)、特殊食品销售(婴幼儿配方乳粉),有效期至2020年12月23日。

【案件争点】

涉诉商品执行地方标准是否合法。

【裁判要旨】

法院经审理认为,根据《食品质量安全市场准入28大类食品分类表》及《酱腌菜生产许可证审查细则》,盐渍、糖渍、酱渍等制作方式均属于酱腌菜,故四川泡菜属于酱腌菜的一种,根据《预包装食品标签通则问答》第60条的规定,产品标准可以是食品安全国家标准、食品安全地方标准、食品安全企业标准或其他国家标准、行业标准、地方标准和企业标准。《四川省现行有效省级地方标准目录》规定,四川泡菜(DB51/T 975—2009)为现行有效的标准。因此,周某武所举报的"开味菜(酱腌菜)""爽口菜(酱腌菜)""娃娃菜(酱腌菜)(规格均为330克/瓶)三个食品的产品标签上的执行标准为DB51/T 975—2009符合法律规定。

"开味菜(酱腌菜)""爽口菜(酱腌菜)""娃娃菜(酱腌菜)"的执行标准均为:DB51/T 975。四川泡菜的执行标准明确引用《中华人民共和国国家标准:酱腌菜》(GB 2714)的标准,且该四川泡菜的地方性标准为现行有效的食品安全标准,可以直接说明:"开味菜(酱腌菜)""爽口菜(酱腌菜)""娃娃菜(酱腌菜)"已经执行了GB 2714的国家标准和DB51/T 975的地方性标准;同时,市食药监局已经将上述食品委托广东产品质量监督检验研究院进行检验,检验结果表明,上述食品符合

DB51/T 975—2009 四川泡菜的标准和符合 GB 7718—2001《预包装食品标签通则》,因《四川省地方标准:四川泡菜》(DB51/T 975—2009)已经引用《中华人民共和国国家标准:酱腌菜》(GB 2714)的标准条款,即可认定该检验结果,确认上述食品符合《中华人民共和国国家标准:酱腌菜》(GB 2714)的标准。因此,足以认定开味菜(酱腌菜)""爽口菜(酱腌菜)""娃娃菜(酱腌菜)"的食品安全执行标准合法。

例案三 哈尔滨市一哈食品公司有限责任公司、哈尔滨市食品药品监督管理局食品药品安全行政管理案

【法院】

黑龙江省哈尔滨市中级人民法院

【案号】

(2017)黑01行终324号

【当事人】

上诉人(一审原告):哈尔滨市一哈食品公司有限责任公司

法定代表人:宋某某,董事长

被上诉人(一审被告):哈尔滨市食品药品监督管理局

法定代表人:姜某,局长

【基本案情】

2015年3月13日,哈尔滨市食品药品监督管理局(以下简称市食药监局)对哈尔滨市一哈食品公司有限责任公司(以下简称一哈食品公司)生产车间、原辅料库、冷库进行检查,发现存在擅自改变获证时生产条件、生产车间布局不能保证获证时条件、天棚破损、有霉斑、灯具无防护、洗衣更衣设备缺失、卫生条件差、管理混乱等19项不合格事项。3月19日,市食药监局对一哈食品公司作出《责令改正通知书》,要求一哈食品公司对不合格事项于7月8日前整改完毕。2016年1月22日,市食药监局对一哈食品公司进行检查,发现一哈食品公司擅自改变生产车间布局,将洗手更衣间拆除;缓化间与熟制车间未有效隔离;生产车间卫生环境差;生熟料未予隔离;没有出场检验记录等不符合法定生产条件的情况,还发现一哈食品公司生产车间内存放有正在缓化的散放过期鸡大胸肉180公斤、生产车间内有已使用过的过期鸡大胸肉原料袋6个、生产车间有正在缓化的袋装过期鸡大胸肉80袋(1.6吨)、生产车间内有搅好的馅料75公斤,一哈食品公司库存314袋(6.28吨)

过期鸡大胸肉、在一哈食品公司库房中发现其生产的干肠1035公斤。同日,市食药监局对一哈食品公司的394袋(7.88吨)过期鸡大胸肉、干肠1035公斤予以查封,并对一哈食品公司下达《责令改正通知书》,要求一哈食品公司立即对11项不合格内容进行整改。经检验,一哈食品公司生产的红肠、干肠均为合格产品,干肠内含有鸡肉。此后,市食药监局分别于同年1月28日、30日,4月7日,对一哈食品公司进行检查,一哈食品公司始终未予整改完毕。5月3日,市食药监局作出(哈)食药监食罚告〔2016〕1001号行政处罚事先告知书及(哈)食药监食听告〔2016〕1001号听证告知书,列明一哈食品公司存在的违法事实、处罚的理由及法律依据,并告知其有申请陈述、申辩及听证的权利,及拟作出的如下处罚:(1)吊销一哈食品公司全国工业产品生产许可证(证书编号:QS230104019012),并在当地主要媒体上公告被吊销许可证照的生产者名单;(2)一哈食品公司法定代表人宋某君、直接负责的主管人员王某英自处罚决定作出5年内不得申请食品生产许可,或者从事食品生产经营管理工作,担任食品生产经营企业食品安全管理人员;(3)解除扣押的394袋鸡大胸肉原料,解除扣押的1035公斤干肠,由企业进行无害化处理,执法人员予以监督。

5月6日,一哈食品公司提出听证申请。市食药监局于5月10日向一哈食品公司下达哈食药监法听字〔2016〕1号听证及补正材料通知书,通知一哈食品公司于同年5月18日9时召开听证会。5月17日,市食药监局作出〔2016〕1001号撤回通知书,决定撤回(哈)食药监食罚告〔2016〕1001号行政处罚事先告知书及(哈)食药监食听告〔2016〕1001号听证告知书,并于5月19日送达一哈食品公司。5月20日,市食药监局作出(哈)食药监食罚告〔2016〕1002号行政处罚事先告知书及(哈)食药监食听告〔2016〕1002号听证告知书,列明一哈食品公司存在的违法事实、处罚的理由及法律依据,并告知其有申请陈述、申辩及听证的权利,及拟作出的如下处罚:(1)吊销一哈食品公司全国工业产品生产许可证(证书编号:QS230104019012),并在当地主要媒体上公告被吊销许可证照的生产者名单;(2)一哈食品公司法定代表人宋某君、直接负责的主管人员王某英自处罚决定作出5年内不得申请食品生产许可,或者从事食品生产经营管理工作,担任食品生产经营企业食品安全管理人员;(3)没收394袋(7.88吨)过期冻去皮鸡大胸原料;(4)对食品类别发生变化、未按规定申请变更的行为,给予警告;(5)无标准生产干肠案,交有管辖权的哈尔滨市松北区市场监督管理局另案处理。扣押的1035公斤干肠,移交哈尔滨市松北区市场监督管理局。一哈食品公司于同日收到前述两份文书。5月23日,市食药监局作出哈食药监法听字〔2016〕2号听证通知书，通知一哈食品公司于6月2日9时举行听证会，并于5月23日将该通知书送达一哈食品公司。6月2日，一哈食品公司到场参加听证会。6月3日，市食药监局对一哈食品公司作出（哈）食药监食罚〔2016〕1001号行政处罚决定书。另查明，干肠与红肠两者在工艺、配料和理化指标上有明显区别，是两种不同的食品品种，熏煮香肠标准不适用于干肠产品。一哈食品公司于2013年12月27日取得《全国工业产品生产许可证》（证书编号：QS230104019012），产品名称为熏煮香肠火腿制品，一哈食品公司未对其干肠企业标准进行过备案。一哈食品公司的红肠工艺流程中包含缓化这一生产环节，红肠原料中含有鸡肉。

【案件争点】

一哈食品公司生产干肠产品是否属于无标准生产。

【裁判要旨】

法院经审理认为，根据《食品安全法》的规定，食品安全标准是强制性标准，对地方特色食品，没有国家标准的，省级人民政府卫生行政部门可制定并公布地方标准。且根据《标准化法》（1988年）第6条之规定，需要制定国家标准的，制定国家标准；没有国家标准的，制定行业标准；没有国家标准和行业标准的，可以制定地方标准；企业生产的产品没有国家标准和行业标准的，应当制定企业标准，企业的产品标准须报当地政府标准化行政主管部门和有关行政主管部门备案。一哈食品公司生产的干肠与其全国工业产品生产许可证中的产品类别即熏煮香肠，两者在工艺、配料和理化指标上有明显区别，是两种不同的食品品种，熏煮香肠标准不适用于干肠产品。我省的产品标准备案部门为黑龙江省卫生和计划生育委员会，而一哈食品公司亦未在该部门对其干肠标准进行备案，故一哈食品公司构成无标准生产干肠。

三、裁判规则提要

食品安全国家标准，是保障食品安全最重要的基础性制度。但我国幅员辽阔，各地风俗习惯、地理环境各不相同，因此形成了各具特色的地方特色食品，食品安全国家标准不可能将其全部函括，因此相关产品的地方标准和企业标准对保障地方特色食品的安全起到了积极作用，可以作为认定产品是否合格的依据。

（一）食品生产经营者对其生产经营的食品首先应当执行食品安全国家标准

对于“食品安全国家标准”法律性质，学者认为其并不属于部门规章，并没有给当事人设定具体的权利义务。虽然其制定主体是国务院卫生行政部门,但其在制定程序和外在表现形式上都与规章不同。规章的制定在《中华人民共和国立法法》中有明确规定,应当经过立项、起草、审查、决定和公布几个环节;而食品安全标准的制定通常是经过计划、准备、起草、审查和报批等环节。规章通常由行政首长签署命令公布;而食品安全标准只是以卫生部公告的形式来发布。规章正文部分,一般就是规章的具体内容。食品安全标准公告的正文部分,只是载明标准的编号、名称,没有标准的具体内容,其具体内容则载于其他文件中。虽然食品安全标准有别于法律规范的外观,但不符合食品安全标准,可能面临得不到行政许可,或者因违反标准而受到行政处罚。① 根据《标准化法》第 2 条的规定,标准包括国家标准、行业标准、地方标准和团体标准、企业标准。国家标准分为强制性标准、推荐性标准,行业标准、地方标准是推荐性标准。强制性标准必须执行。国家鼓励采用推荐性标准。《预包装食品标签通则问答》第 60 条规定:产品标准可以是食品安全国家标准、食品安全地方标准、食品安全企业标准或其他国家标准、行业标准、地方标准和企业标准。根据上述规定可知,目前我国的食品安全标准体系主要分为国家标准、行业标准、地方标准和企业标准四大类,其中国家标准属于强制性标准,其他标准为推荐性标准。

目前,我国食品的生产和销售已不限于满足本地乃至本国市场的需要;同时,食品安全标准作为专业化色彩较强、地方化色彩较淡的一类专业技术规范,食品安全国家标准在其间应该发挥最为重要的作用。② 根据《食品安全法》第 27 条的规定,食品安全国家标准由国务院卫生行政部门会同国务院食品安全监督管理部门制定、公布,国务院标准化行政部门提供国家标准编号。食品安全国家标准通行全国,其效力高于地方标准,地方标准中与食品安全国家标准相冲突的地方应当首先执行食品安全国家标准。根据《食品安全法》第 25 条第 2 款的规定,即使某种食品存在相应的国家标准或地方标准,但国家仍鼓励企业制定严于食品安全国家标准或地方标准的企业标准并在该企业内部适用。这是因为由行政机关设定的食品安全国家标准和地方标准,往往是出于公共利益的考虑,是对被监管者设定的下限,是来自外部的"他律";而企业可以设定严于国家标准、地方标准的企业标准,这是来自内部的"自律"。③ 这对于食品安全的保障,规范食品企业在市场中规范有序

---

① 参见厉珊珊:《浅析食品安全标准的法律性质》,载《现代商业》2015 年第 6 期。

② 参见宋华琳:《中国食品安全标准法律制度研究》,载《公共行政评论》2011 年第 2 期。

③ 参见詹镇荣:《德国法中"社会自我管制"机制初探》,载《政大法学评论》2004 年第 4 期。

的竞争及促进食品行业的技术转型和技术进步是极为有利的。

（二）地方特色食品没有食品安全国家标准的，可以执行食品安全地方标准

《标准化法》第13条规定："为满足地方自然条件、风俗习惯等特殊技术要求，可以制定地方标准。地方标准由省、自治区、直辖市人民政府标准化行政主管部门制定；设区的市级人民政府标准化行政主管部门根据本行政区域的特殊需要，经所在地省、自治区、直辖市人民政府标准化行政主管部门批准，可以制定本行政区域的地方标准。地方标准由省、自治区、直辖市人民政府标准化行政主管部门报国务院标准化行政主管部门备案，由国务院标准化行政主管部门通报国务院有关行政主管部门。"根据上述规定和《食品安全法》第24条的规定可知，依据法定程序制定并报卫生部备案的地方标准也是法定的食品安全标准之一。《标准化法》第21条规定："推荐性国家标准、行业标准、地方标准、团体标准、企业标准的技术要求不得低于强制性国家标准的相关技术要求……"强制性国家标准是最低标准，地方标准的要求只能严于国家标准。因此，在地方标准的适用上有严格的要求，只有当地方标准符合上述条件，没有国家标准可供执行时才能执行地方标准。

地方特色食品有其特殊性，不同于普通食品，其是在特殊的地域环境下逐渐形成的，且经过长期检验，已经形成一种传统特色的食品。地方标准在制定过程中一定程度上也会参考传统工艺。而且由于一些地方特色食品的生产、流通、食用限制在一定区域范围内，因此无制定国家标准的必要性。① 根据《食品安全法》第29条的规定，地方标准也属于我国食品安全标准之一。对地方特色食品，没有食品安全国家标准的，可以执行食品安全地方标准。食品安全国家标准制定后，该地方标准即行废止。对于地方特色食品，在国家标准颁布前已经生产的，应按照"法不溯及既往"的原则，按照原标准进行认定。鉴于食品安全标准并非规章，其公布的途径有限，市场主体难以及时作出调整，在一定时间段的过渡期内，曾经符合食品安全标准的产品虽不符合现行标准，但不会因为标准的变化就产生影响人体健康的问题。因此，在合理的过渡期内，对于符合地方标准但不符合最新国家标准的食品，可以按照较轻的处理原则，不一定予以行政处罚。

---

① 参见宋华琳：《中国食品安全标准法律制度研究》，载《公共行政评论》2011年第2期。

四、辅助信息

高频词条:

《食品安全法》

第6条 县级以上地方人民政府对本行政区域的食品安全监督管理工作负责,统一领导、组织、协调本行政区域的食品安全监督管理工作以及食品安全突发事件应对工作,建立健全食品安全全程监督管理工作机制和信息共享机制。

县级以上地方人民政府依照本法和国务院的规定,确定本级食品安全监督管理、卫生行政部门和其他有关部门的职责。有关部门在各自职责范围内负责本行政区域的食品安全监督管理工作。

县级人民政府食品安全监督管理部门可以在乡镇或者特定区域设立派出机构。

第29条 对地方特色食品,没有食品安全国家标准的,省、自治区、直辖市人民政府卫生行政部门可以制定并公布食品安全地方标准,报国务院卫生行政部门备案。食品安全国家标准制定后,该地方标准即行废止。

第31条 省级以上人民政府卫生行政部门应当在其网站上公布制定和备案的食品安全国家标准、地方标准和企业标准,供公众免费查阅、下载。

对食品安全标准执行过程中的问题,县级以上人民政府卫生行政部门应当会同有关部门及时给予指导、解答。

第32条 省级以上人民政府卫生行政部门应当会同同级食品安全监督管理、农业行政等部门,分别对食品安全国家标准和地方标准的执行情况进行跟踪评价,并根据评价结果及时修订食品安全标准。

省级以上人民政府食品安全监督管理、农业行政等部门应当对食品安全标准执行中存在的问题进行收集、汇总,并及时向同级卫生行政部门通报。

食品生产经营者、食品行业协会发现食品安全标准在执行中存在问题的,应当立即向卫生行政部门报告。

第67条 预包装食品的包装上应当有标签。标签应当标明下列事项:

……

(七)所使用的食品添加剂在国家标准中的通用名称……

第70条 食品添加剂应当有标签、说明书和包装。标签、说明书应当载明本法第六十七条第一款第一项至第六项、第八项、第九项规定的事项,以及食品添加剂的使用范围、用量、使用方法，并在标签上载明“食品添加剂”字样。

第71条 食品和食品添加剂的标签、说明书，不得含有虚假内容，不得涉及疾病预防、治疗功能。生产经营者对其提供的标签、说明书的内容负责。

食品和食品添加剂的标签、说明书应当清楚、明显，生产日期、保质期等事项应当显著标注，容易辨识。

食品和食品添加剂与其标签、说明书的内容不符的，不得上市销售。

食品药品纠纷案件裁判规则第22条:
生产经营的食品中添加了按照传统既是食品又是中药材的物质的,可纳入普通食品生产许可范围

〔**规则描述**〕:实践中,针对使用既是药品又是普通食品的物质进行生产产品的情形,一部分产品被认定为药品,一部分产品被认定为普通食品,另一部分产品被认定为保健品。如果被认定为药品,则需要遵守药品相关监管规定;如果被认定为保健品,则应遵守保健品相关监管规定;如果被认定为普通食品的,则可纳入普通食品生产许可范围。因此,对于生产经营的食品中添加了按照传统既是食品又是中药材的物质后如何定性,对其监管要求存在重大影响。按照现行法律规定,如果生产经营的食品中仅添加了按照传统既是食品又是中药材的物质,可纳入普通食品生产许可范围,不需要对其加以特殊监管。

一、类案检索大数据报告

截至2019年12月31日,以“保健食品”“食品安全”为关键词,通过Alpha案例库、法信平台、北大法宝、中国裁判文书网共检索到类案43件,剔除无关联案件和同一案件不同审级形成的多个文书,实际共查找到高度关联的37起案例裁判文书。整体情况如下:

如图22-1所示,从案件地域分布来看,涉案数最多的地域为北京市,共6件;其次为广东省,共5件。

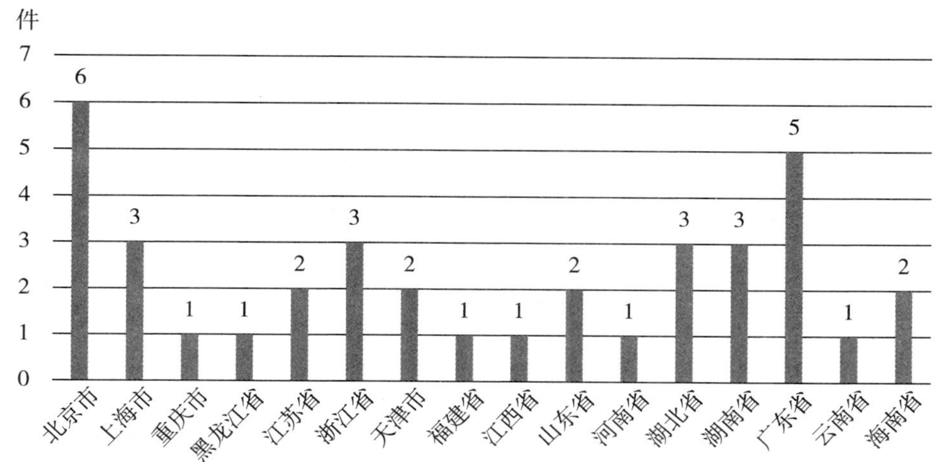

图 22－1　案件地域分布情况

如图 22－2 所示，从案件结案年份分布来看，最多的年份为 2018 年，共有 12 件；其次为 2017 年，共有 9 件。

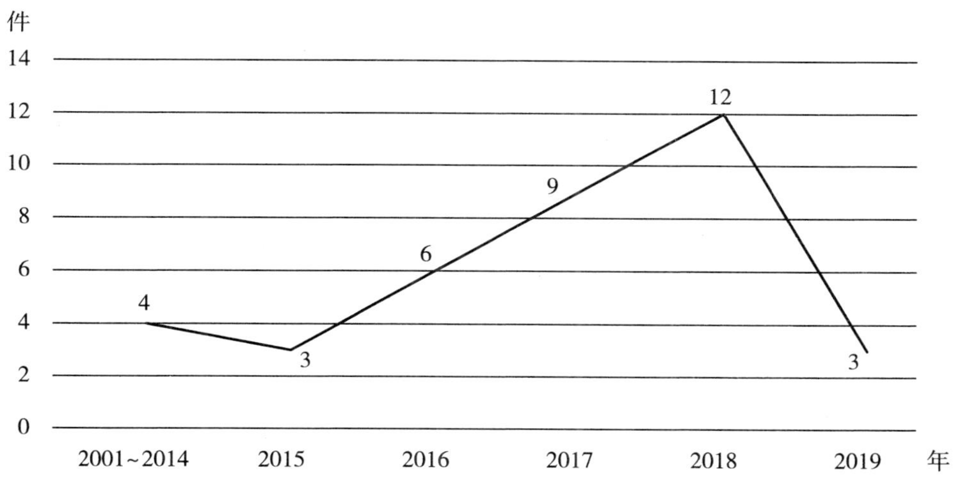

图 22－2　案件结案年份分布情况

如图 22－3 所示，从案件案由分类情况来看，行政复议最多，共 17 件。

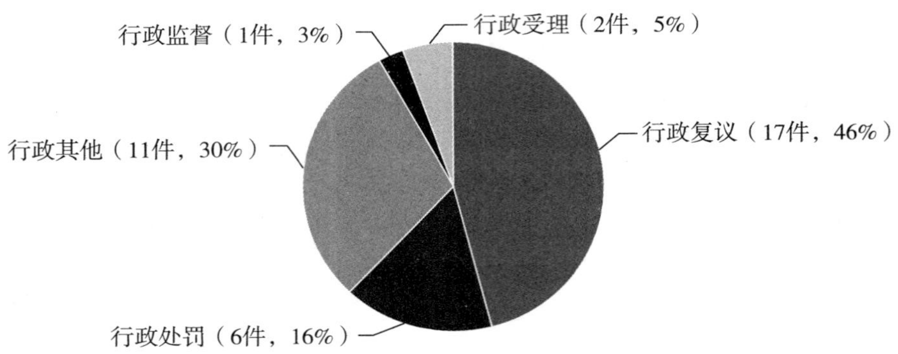

图 22－3　案件案由分类情况

如图 22－4 所示,从案件裁判结果来看,驳回原告诉讼请求最多,为 24 件。

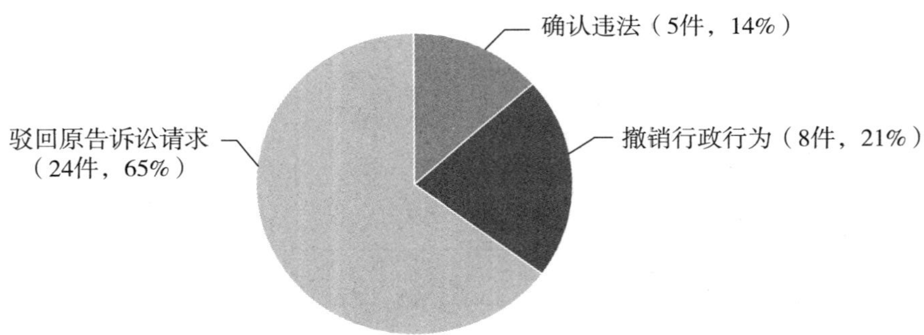

图 22－4　案件裁判结果分布

上述案例中,除极个别案例与本规则存在不同认识外,其他案例均支持了本裁判规则思路。我国购买保健食品的数量较大,涉及保健食品的问题种类较多,司法实践中应区分是产品本身安全问题、包装问题还是广告问题等,需针对不同的问题采取不同的考量标准予以判定。

二、可供参考的例案

例案一 ｜ 赵某文与广州市天河区食品药品监督管理局行政管理案

【法院】

广州铁路运输中级法院

【案号】

(2016)粤 71 行终 574 号

【当事人】

上诉人（原审原告）：赵某文

被上诉人（原审被告）：广州市天河区食品药品监督管理局

法定代表人：苏某，局长

【基本案情】

2015年5月9日，赵某文在广州友谊集团有限公司（以下简称广州友谊公司）正佳商店购买2盒“东流水阿胶”［名称：食用阿胶，食品卫生许可证：鲁卫食证字（2008）第370181－013984号，执行标准为Q/01SHJT001－2008，生产日期为2011年12月17日］。2015年11月17日，赵某文以前述阿胶产品包装上没有标注QS食品生产许可证，没有标注保健食品标志，没有取得保健食品认证，没有取得食品生产许可等为由向广州市食品药品监督管理局（以下简称天河食品药品监管局）举报。天河食品药品监管局于2015年11月19日受理后，于2015年12月1日到广州友谊公司正佳商店现场进行检查。天河食品药品监管局依法查验了广州友谊公司正佳商店及山东宏济堂阿胶有限公司的经营主体资格和从事食品生产、流通环节资格的相关法定许可文件。该店提供了《食品流通许可证》《药品经营许可证》，“东流水阿胶”生产商山东宏济堂阿胶有限公司的《营业执照》《食品卫生许可证》（许可范围：生产加工阿胶制品，有效期自2008年8月8日至2011年12月31日）、《检验报告》。2015年12月14日，天河食品药品监管局作出穗天食药监函（2015）992号《关于对201523521号投诉举报调查处理情况的复函》，回复内容为：“经我局调查，您投诉的广州友谊集团股份有限公司正佳商店，持有效的《营业执照》《食品流通许可证》《药品经营许可证》正常经营。销售单位能提供所经营的‘山东宏济堂阿胶有限公司东流水阿胶’的购销存单据，能提供该产品生产企业的相关资质证明文件、产品检验报告等资料备查。销售单位已经依照《食品安全法》履行进货查验等义务，通过正当合法途径购销上述食品，同时上述产品质量合格。您所购买的‘山东宏济堂阿胶有限公司东流水阿胶’生产日期为2011年12月17日，上述产品的生产单位山东宏济堂阿胶有限公司具有《食品卫生许可证》［鲁卫食证字（2008）第370181－013984号］，有效期为2008年8月8日至2011年12月31日，生产企业已经获得上述食品的生产许可，且该食品是在许可证有效期范围内生产的合法品种。根据《关于进一步规范保健食品原料管理的通知》（卫法监发［2002］51号），阿胶属于既是食品又是药品的物品。另根据《关于普通食品、保健食品和新资源食品原料有关问题的说明》，既是食品又是药品的物品可用于生产普通食品,即阿胶可以用于生产普通食品。综上所述,我局未发现'山东宏济堂阿胶有限公司东流水阿胶'产品存在不符合食品安全标准的问题。"2016年1月4日,天河食品药品监管局送达给赵某文。赵某文对该回复不服,诉至原审法院。

赵某文就涉案同批次商品是以食品标准生产的普通食品且无保健食品标准为由向广州市越秀区人民法院提起民事诉讼,要求广州友谊公司退款及支持10倍赔偿。

【案件争点】

阿胶属于既是食品又是药品的物品,可否纳入普通食品生产许可范围。

【裁判要旨】

法院经审理认为,根据卫生部政务公开办公室2010年11月9日发布的《关于普通食品、保健食品和新资源食品原料有关问题的说明》,可知《既是食品又是药品的物品名单》(卫法监发[2002]51号)当中的物品可用于生产普通食品,而涉案阿胶在该名单之内,可以作为普通食品生产。同时,广州市中级人民法院作出的(2015)穗中法民一终字第4842号生效判决中亦已确认山东宏济堂阿胶有限公司的《食品卫生许可证》真实有效,涉案产品是在许可证有效期范围内生产的合法品种。天河食品药品监管局作出被诉《复函》,答复赵某文称其未发现山东宏济堂阿胶有限公司东流水阿胶产品存在不符合食品安全标准的问题,并不予奖励举报,于法有据。原审判决认定事实清楚,适用法律正确,程序合法,审理法院予以维持。

例案二 江某龙与佛山市南海区食品药品监督管理局、佛山市南海区人民政府投诉举报答复案

【法院】

佛山市顺德区人民法院

【案号】

(2016)粤0606行初670号

【当事人】

原告:江某龙

被告:佛山市南海区食品药品监督管理局

法定代表人:范某某,局长

被告:佛山市南海区人民政府

法定代表人：郑某某，区长

第三人：广东华南通商贸发展有限公司佛山南海怡丰城分公司

负责人：李某某，负责人

【基本案情】

2015年12月31日，原告在第三人处购买了12盒菊皇茶（6盒65克装，6盒130克装），后发现该产品的配料中有“莲子心”成分，原告认为该菊皇茶不符合食品安全标准，于2016年1月29日向广东省食品药品监督管理局举报第三人销售不安全食品菊皇茶。2月3日，广东省食品药品监督管理局作出粤食药监投转201600000260号《投诉举报转办单》：“我局受理了信息编号为201600000260号的投诉举报。现转你局依法调查处理，请按以下要求办理：一、重大问题请及时上报省局办公室；二、请于2016年3月21日前将相关办理结果反馈投诉举报人，并将办理结果通过投诉举报系统回复省局；三、做好举报人个人信息保密工作；四、若无法按时办结，请通过系统申请延期，并写明理由，报送省局。”该案层层转给被告佛山市南海区食品药品监督管理局（以下简称南海药监局）处理。被告南海药监局于2016年2月16日收到该投诉举报材料后，进行了调查核实，后因案情复杂，于同年5月3日作出《投诉举报延期通知书》并送达给原告。后经调查，被告南海药监局于同年6月14日作出南食药监（举）复〔2016〕第55号《佛山市南海区食品药品监督管理局投诉举报答复意见书》，认为无充分证据证明第三人存在相关违法行为，因此对原告的诉求及奖励等问题不予支持。原告不服，于2016年6月19日向被告佛山市南海区人民政府（以下简称南海区政府）申请行政复议，被告南海区政府经审查后作出南海府行复〔2016〕274号《行政复议决定书》，决定维持被告南海药监局作出的南食药监（举）复〔2016〕第55号《佛山市南海区食品药品监督管理局投诉举报答复意见书》。原告不服，向审理法院提起行政诉讼。

【案件争点】

莲子心可否纳入普通食品许可范围。

【裁判要旨】

根据《中华人民共和国药典》的记载，莲子为睡莲科植物莲NelumbonuciferaGaertn的干燥成熟种子。对莲子心的记载为：本品为睡莲科植物莲NelumbonuciferaGaertn的干燥成熟种子中的干燥幼叶及胚根，可知，莲子心为莲子的一部分。《食品安全法》（2015年）第38条规定，生产经营的食品中不得添加药品，但是可以添加按照传统既是食品又是中药材的物质。根据卫生部2012年发布的卫法监发

[2002]51 号《关于进一步规范保健食品原料管理的通知》,既是食品又是药品的物品名单中包括莲子。又根据农业部行业标准(NY/T 21402012 绿色食品代用茶)第 3.1 条的规定,果实类代用茶配料包括莲子心等。因此,根据上述规定可知,莲子心是莲子的一部分,莲子可以作为普通食品使用,莲子心可以作为果实代用茶。而根据证据《全国工业产品生产许可证》可知,第三人销售的菊皇茶的性质属于代用茶,被告南海药监局适用农业部的行业标准具有相应依据,并无不妥。被告南海药监局据此作出被诉答复意见回复原告事实清楚,适用法规正确。原告要求撤销被告南海药监局作出的南食药监(举)复〔2016〕第 55 号《佛山市南海区食品药品监督管理局投诉举报答复意见书》和被告南海区政府作出的南海府行复〔2016〕274 号《行政复议决定书》,没有事实和法律依据,审理法院不予支持,依法应予以驳回。

例案三 | 广州市天河区食品药品监督管理局与赵某文食品药品安全行政管理案

【法院】

广州铁路运输中级法院

【案号】

(2017)粤 71 行终 384 号

【当事人】

上诉人(原审原告):广州市天河区食品药品监督管理局

法定代表人:苏某,局长

被上诉人(原审被告):赵某文

【基本案情】

2015 年 2 月 10 日,广州市天河区食品药品监督管理局(以下简称天河区食药监管局)接到赵某文的举报投诉,称其于 2015 年 2 月 1 日在广东天河城百货有限公司购买的“北京同仁堂食用阿胶”所标注的生产许可证为方便食品生产许可证,根据质检食监函[2009]229 号《关于食用阿胶食品生产许可有关问题的请示的复函》的规定,阿胶不属于食品生产许可范围,该产品的标准属于企业标准,且没有标注备案年份,该产品属于不符合食品安全标准的假冒伪劣产品,要求天河区食药监管局查处并书面反馈处理结果,广东天河城百货有限公司退回货款,并以 10 倍货值赔偿,奖励举报人。天河区食药监管局于 2015 年 2 月 10 日当日受理赵某文的举报投诉，于2015年3月16日对广东天河城百货有限公司进行了现场检查，并提取了“北京同仁堂食用阿胶”的购销存单据、生产企业资质、全国工业产品生产许可证（食品生产许可证，产品名称为方便食品）以及生产企业的产品生产执行标准、北京市食品药品监督管理局作出的京食药监申[2015]第63号－答《政府信息公开申请答复书》、药品生产许可证、药品GMP证书（记载该厂家药品生产范围为中药饮片）等相关材料。“北京同仁堂食用阿胶”的配料表显示该产品成分为：驴皮、冰糖、豆油、黄酒。天河区食药监管局认为根据现场检查结果，并经审查相关材料，未发现“北京同仁堂食用阿胶”产品存在违法违规问题。2015年5月5日，天河区食药监管局作出穗天食药监函[2015]332号《关于对举报广东天河城百货有限公司销售违法食品调查情况的复函》，内容为：“赵某文：您好，首先感谢您对食品药品安全的关注。您来信反映广东天河城百货有限公司销售的‘北京同仁堂食用阿胶’疑为不符合食品安全标准的食品，我局现将调查情况回复如下：经我局调查，您投诉的广东天河城百货有限公司，持有效的《营业执照》《食品流通许可证》《药品经营许可证》正常经营。该公司能提供所经营的‘北京同仁堂食用阿胶’的购销存单据，能提供该产品生产企业‘北京同仁堂通科药业有限责任公司’的相关生产资质许可证明，包括处于有效期内的《全国工业产品生产许可证QS111207010049》。经调查核实，上述生产企业按照《北京同仁堂通科药业有限责任公司企业标准Q/TXTRT0001－2013》（于2013年3月28日在通州区质量技术监督局备案）生产‘食用阿胶’产品。与上述产品相应的《国家食品质量安全监督检验中心检验报告（NO.国WTS1409280－01）》判定该产品检测合格，该生产企业亦有进行产品出厂检验，产品具有相应的出厂检验报告。由北京市食品药品监督管理局出具的《政府信息公开申请答复书（京食药监申[2015]第63号一答）》显示，北京同仁堂通科药业有限责任公司具有证号为QS111207010049的全国工业产品生产许可证，相应获证产品名称为‘方便食品（其他方便食品）’，其产品包含‘食用阿胶、阿胶粉、阿胶膏’等。我局暂未发现上述产品存在违法违规问题。关于您提出要求我局责令商家退款、赔偿的诉求，目前法律法规并未赋予我局责令商家退款、赔偿的职责，建议您通过向消费者委员会投诉或申请仲裁、提起诉讼等途径解决纠纷。如不服本复函的处理意见，可在接到本复函之日起60日内依法向广州市食品药品监督管理局或者天河区人民政府申请行政复议，也可以于6个月内依法向天河区人民法院起诉。特此函复。”天河区食药监管局称于2015年5月7日和赵某文通过电话，将答复结果告知赵某文，但天河区食药监管局未举证证明通话内容，赵某文对此未予确认。天河区食药监管局2015年5月15日才将复函邮寄给赵某文。赵某文于2015年5月12日向广州市天河区人民政府(以下简称天河区政府)提起行政复议,要求复议机关确认天河区食药监管局未在法定期限内处理其投诉举报违法,并责令天河区食药监管局限期对其投诉举报作出处理。天河区政府于2015年7月9日作出天河府行复[2015]26号行政复议决定,指出天河区食药监管局应当于2015年5月12日前将案件办理情况反馈赵某文,但天河区食药监管局总体上已履行其法定职责,不存在行政不作为情形,决定驳回赵某文的行政复议申请。赵某文不服天河区食药监管局作出的穗天食药监函[2015]332号《关于对举报广东天河城百货有限公司销售违法食品调查情况的复函》,向原审法院提起诉讼。

【案件争点】

涉案阿胶属于药品还是保健品,是否可以纳入食品生产许可范围。

【裁判要旨】

法院经审理认为,案涉产品的名称为食用阿胶,配料表显示其产品成分为:驴皮、冰糖、豆油、黄酒。根据《中华人民共和国药典》的记载:阿胶别名驴皮胶,为马科动物驴的皮经煎煮、浓缩制成的固体胶。因此,阿胶是案涉产品的成分。《食品安全法》(2009年)第50条规定:生产经营的食品中不得添加药品,但是可以添加按照传统既是食品又是中药材的物质。按照传统既是食品又是中药材的物质的目录由国务院卫生行政部门制定、公布。质检食监函[2009]229号《关于食用阿胶食品生产许可有关问题的请示的复函》已明确,根据卫生部《关于进一步规范保健食品原料管理的通知》的规定,阿胶属于卫生部公布的既是食品又是药品的物品名单,应按保健食品的相关管理规定执行,不能纳入食品生产许可范围。因此,阿胶作为应按保健食品的相关管理规定执行,不能纳入食品生产许可范围的物质,其可以添加入食品中,但是添加入食品的阿胶必须按保健食品的相关管理规定管理,案涉产品在阿胶的基础上加入冰糖、豆油、黄酒等物质后,没有改变阿胶既是食品又是药品的性质,也不可能改变阿胶必须按保健食品管理的规定,一种需要按保健品管理的物质,不可能在添加了冰糖、豆油、黄酒等物质后,就不需要按保健品管理。

《保健食品管理办法》第3条规定:"国务院卫生行政部门(以下简称卫生部)对保健食品、保健食品说明书实行审批制度。"同时,国家质量监督检验检疫总局的质检食监函[2009]229号《关于食用阿胶食品生产许可有关问题的请示的复函》已明确,根据卫生部《关于进一步规范保健食品原料管理的通知》的规定,阿胶属于卫生部公布的既是食品又是药品的物品名单,应按保健食品的相关管理规定执行,不能纳入食品生产许可范围。本案中,赵某文举报涉案产品的名称为食用阿胶,且该产品配料表中列明产品成分含有驴皮等,而阿胶别名驴皮胶,即阿胶是涉案产品的成分之一。综合上述规定,涉案产品应按保健食品的相关管理规定执行,不能纳入食品生产许可范围的物质。但天河区食药监管局未对涉案产品的保健食品管理许可进行审查,即作出穗天食药监函[2015]332 号《关于对举报广东天河城百货有限公司销售违法食品调查情况的复函》中认定涉案产品未存在违法违规问题,缺乏相应的事实和法律依据。

三、裁判规则提要

我国是中医药大国,很多会加入食品。由于添加中药的食品具有相应药用价值,也属于传统意义上的中药材,并纳入中药材管理范畴。因此,实践中对于既属于食品又是中药材的物质,应根据其使用用途,判断其是应该纳入普通食品的生产许可范围,还是保健食品的特殊监管范围之内。

(一)对传统上既是食品又是中药材的物品,可纳入普通食品的生产许可范围

根据《食品安全法》第 38 条的规定,生产经营的食品中不得添加药品,但是可以添加按照传统既是食品又是中药材的物质。按照传统既是食品又是中药材的物质目录由国务院卫生行政部门会同国务院食品安全监督管理部门制定、公布。对于传统上既是食品又是中药材的物质,可以作为普通食品进行生产。国家卫生计生委政务公开办《关于新食品原料、普通食品和保健食品有关问题的说明》也明确,《既是食品又是药品的物品名单》中的物品,可用于生产普通食品。实践中,认定传统上既是食品又是中药材的物质范围显得尤为关键。

2011 年以来,国家卫计委食品司(原卫生部食品安全综合协调与卫生监督局)委托中国中医科学院中药资源中心承担了《既是食品又是药品的物品名单》修订工作。2012 年至 2014 年,由国家卫生和计划生育委员会食品安全标准与监测评估司委托继续进行修订工作。① 2012 年国家卫生行政部门公布的既是食品又是中药材的物品共计 86 种,之后逐年增加,截至 2014 年共计新增了 15 种既是食品又是

① 参见阙灵等:《既是食品又是药品的物品名单》,载《中国药学杂志》2017 年第 7 期。

中药材的物品。由此可见，随着人们认识水平的提升，对该类物质的认定也在持续发生变化。同时随着名单的不断完善，对于我国"药食"理论的丰富以及中医药文化的传承和创新具有重要意义。实践中出现使用既是食品又是中药材的物品进行生产时，行政部门应当结合产品的生产工艺、外包装、食用方式等因素进行具体分析，若符合普通食品生产许可要求，行政机关可以认定涉案产品为合格商品。

(二)对不能作为普通食品生产的保健食品应按照保健食品的特殊规定进行监管

目前，国际、国内对保健食品的概念尚无统一的定论。我国曾在部门规章中对保健食品有过定义:《保健食品注册管理办法》(已失效)明确规定，保健食品是指声称具有特定保健功能或者以补充维生素、矿物质为目的的食品。即保健食品是适宜于特定人群食用、具有调节机体功能、不以治疗疾病为目的，并且对人体不产生任何急性、亚急性或者慢性危害的食品。关于保健食品，还有功能食品、健康食品、营养食品、疗效食品、营养保健品等多种提法。① 鉴于保健食品并非适合任何人随意食用，且其价格、功能、宣传上与普通食品也存在较大差别，我国对保健食品这类特殊食品实行严格监督管理，与保健食品有关的法规体系有法律、法规和规章 3 个层次，②如《食品安全法》第 74 条至第 83 条对保健食品进行了专门规定。

根据相关规定，可作为保健食品的原料辅料包括:(1)普通食品;(2)既是食品又是药品的物品;(3)可用于保健食品的物品;(4)真菌和益生菌;(5)食品添加剂和营养素补充剂;(6)赋形剂、填充剂。除已公布可用于普通食品的物品外，《可用于保健食品的物品名单》中的物品不得作为普通食品原料生产经营。如需开发《可用于保健食品的物品名单》中的物品用于普通食品生产，应当按照《新食品原料安全性审查管理办法》规定的程序申报批准。由于国家卫生行政部门关于上述物品的规范一直处于完善之中，实践中关于各项物品分类中也存在部分交叉有争议的地方，如何区分普通食品与保健食品，对被投诉人是否进行行政处罚具有重大意义，因此保健食品问题中包含产品本身质量安全问题、产品标签问题等，应当对具体问题进行具体分析。

---

① 参见李敏:《保健食品现状及前景》，载《农产品加工》2006 年第 12 期。

② 参见李江华、李丹:《我国保健食品法律法规体系与标准体系现状》，载《食品科学》2011 年第 21 期。

四、辅助信息

高频词条：

《食品安全法》

第 75 条 保健食品声称保健功能，应当具有科学依据，不得对人体产生急性、亚急性或者慢性危害。

保健食品原料目录和允许保健食品声称的保健功能目录，由国务院食品安全监督管理部门会同国务院卫生行政部门、国家中医药管理部门制定、调整并公布。

保健食品原料目录应当包括原料名称、用量及其对应的功效；列入保健食品原料目录的原料只能用于保健食品生产，不得用于其他食品生产。

第 76 条 使用保健食品原料目录以外原料的保健食品和首次进口的保健食品应当经国务院食品安全监督管理部门注册。但是，首次进口的保健食品中属于补充维生素、矿物质等营养物质的，应当报国务院食品安全监督管理部门备案。其他保健食品应当报省、自治区、直辖市人民政府食品安全监督管理部门备案。

进口的保健食品应当是出口国（地区）主管部门准许上市销售的产品。

第 78 条 保健食品的标签、说明书不得涉及疾病预防、治疗功能，内容应当真实，与注册或者备案的内容相一致，载明适宜人群、不适宜人群、功效成分或者标志性成分及其含量等，并声明“本品不能代替药物”。保健食品的功能和成分应当与标签、说明书相一致。

食品药品纠纷案件裁判规则第 23 条:

进口食品的出入境检验检疫卫生证书,原则上可作为认定该种食品符合我国相关食品安全标准的依据,但有相反证据的情形除外

〔**规则描述**〕:出入境检验检疫机构出具的合格证明材料属于法定的认定食品安全的证明材料。进口食品应当符合我国食品安全国家标准,没有国家标准的应向国务院卫生行政部门提交执行国的标准或国际标准,经审查符合食品安全要求的方可销售。利用新的食品原料生产食品,或者生产食品添加剂新品种、食品相关产品新品种,应当向国务院卫生行政部门提交相关产品的安全性评估材料。对符合食品安全要求的,方可销售。对于进口食品,即使有出入境检验检疫部门的卫生证书,但如果该进口产品实际上不符合我国食品安全国家标准,应坚持实质审查标准,认定其为不合格产品。

一、类案检索大数据报告

截至 2019 年 12 月 31 日,以“进口食品”“食品安全”“卫生证书”为关键词,通过 Alpha 案例库、法信平台、北大法宝、中国裁判文书网共检索到类案 62 件,剔除无关联案件和同一案件不同审级形成的多个文书,实际共查找到高度关联的 50 件案例的裁判文书。整体情况如下:

如图 23 - 1 所示,从案件地域分布来看,涉案数最多的地域为广东省,共 7 件;其次为北京市,共 6 件。

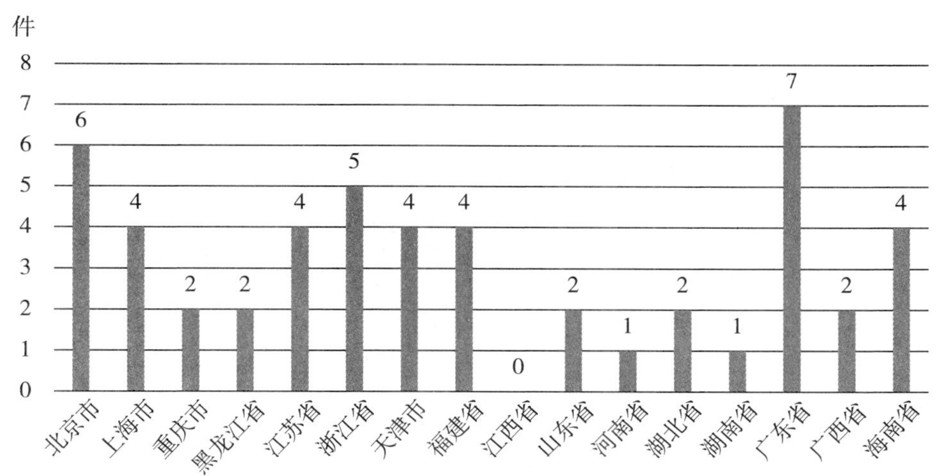

图 23－1　案件地域分布情况

如图 23－2 所示，从案件结案年份分布来看，最多的年份为 2017 年，共有 15 件；其次为 2018 年，共有 13 件。

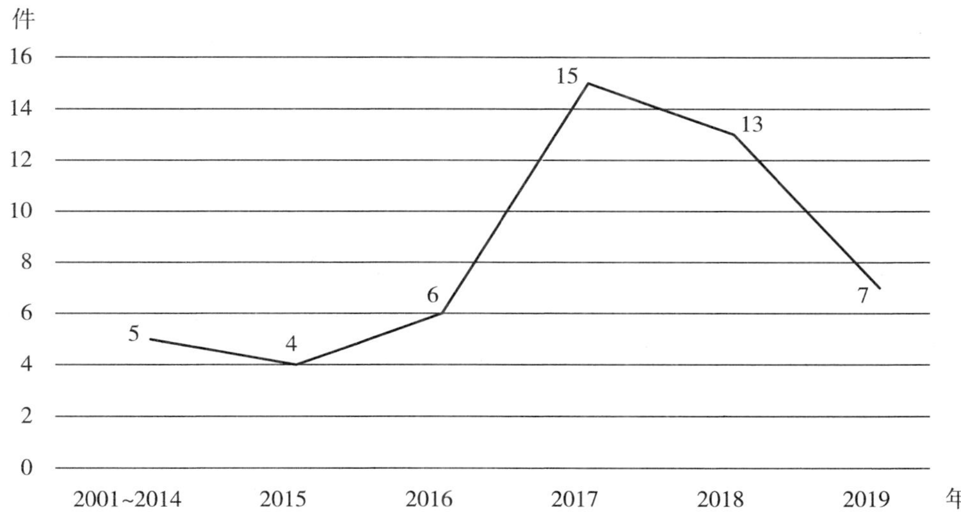

图 23－2　案件结案年份分布情况

如图 23－3 所示，从案件案由分类情况来看，行政复议最多，为 17 件。

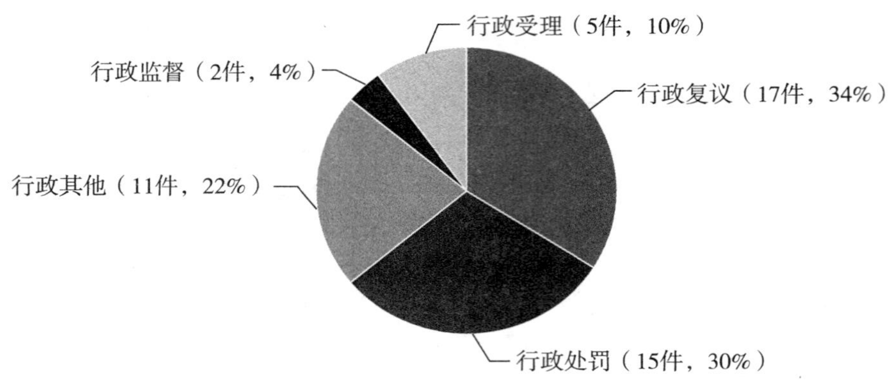

图 23 -3　案件案由分类情况

如图 23 -4 所示,从案件裁判结果来看,驳回原告诉讼请求最多,为 24 件。

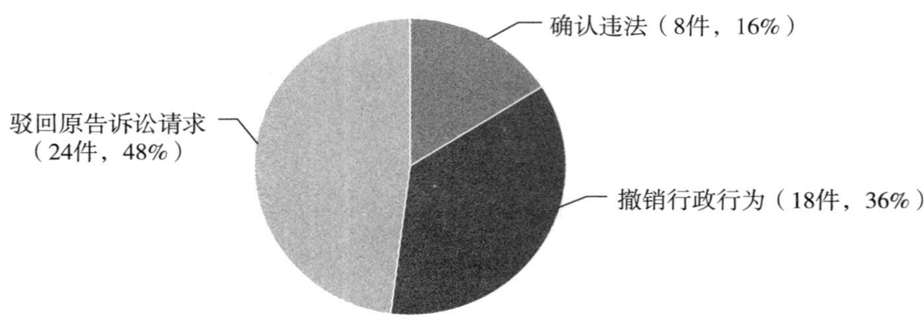

图 23 -4　案件裁判结果分布

上述案例均支持了本裁判规则,原则上有出入境检验检疫部门的卫生证书可作为认定产品是否合格的依据,但如果该产品实际上并不符合我国食品安全标准的,相关检测报告可以作为否定卫生证书证据效力的依据。

二、可供参考的例案

例案一 | 王某莎与郑州市食品药品监督管理局经开分局行政处理纠纷

【法院】

河南省郑州市中级人民法院

【案号】

(2016)豫 01 行终 929 号

【当事人】

上诉人（原审被告）：郑州市食品药品监督管理局经开分局

法定代表人：程某某，局长

上诉人（原审第三人）：河南省中大门网络科技有限公司

法定代表人：徐某，董事长

被上诉人（原审原告）：王某莎

【基本案情】

2015年5月13日，王某莎在第三人处购买了三瓶"善美萃固之元营养片"（以下简称涉案产品），该产品原产地美国，中国总经销为永安康健药业（武汉）有限公司。次日，原告向河南省食品药品监督管理局举报称，第三人处销售的涉案产品作为普通食品，违规加入"氨基葡萄糖、硫酸软骨素、羟丙甲基纤维素"化学物质，涉嫌违反《食品安全法》（2015年）第46条之规定，要求对第三人销售进口食品的违法行为作出处理，并告知处理结果，按照有关规定对举报人进行行政奖励。

郑州市食品药品监督管理局经开分局（以下简称经开食药分局）于2015年10月12日收到上级移交的该举报案件，10月19日对该案立案调查，调取了第三人的营业执照、食品流通许可证、入库台账及销货台账、涉案食品中华人民共和国出入境检验检疫卫生证书及海关报关单等材料。2015年11月6日，被告经合议、审批后，以涉案食品从美国进口并经天津出入境检验检疫局检验，符合我国食品安全要求为由，认为本案违法事实不成立，并作出撤案决定。2015年11月10日，被告将该销案决定书面告知原告，该告知书称："认定被举报人违法缺少依据，违法事实不成立，我局依法予以销案。另您要求给予的奖励不符合《郑州市举报安全违法案件有功人员奖励办法》的相关规定。"王某莎收到该告知书后不服，提起诉讼，请求法院判决撤销经开食药分局对第三人销售萃固之元营养片违法行为一案作出的销案决定，并判令被告重新作出行政行为。

另查明，王某莎在本案立案前，曾向涉案食品的进口检验单位天津出入境检验检疫局举报涉案食品涉嫌违法的问题，该局于2016年4月20日，作出《天津检验检疫局关于回复王某莎投诉举报事项的函》，该函称，目前未发现有国家卫生计生委批准氨基葡萄糖和硫酸软骨素可以作为食品原料在相关产品中使用的相关规定。按照《新食品原料安全性审查管理办法》，涉案食品中文标签配料标注添加了氨基葡萄糖和硫酸软骨素，违反上述规定。目前未发现国家卫生计生委批准硬脂酸镁可以作为食品添加剂在相关产品中使用的食品安全国家标准和规定。经查，涉案食品中文标签标注添加了硬脂酸镁,违反《食品添加剂使用标准》规定。综上所述,原告举报的事项查证属实,应当给予举报人奖励。

【案件争点】

进口食品中添加新食品原料的,出入境检验检疫局的卫生证书能否认定为合格产品。

【裁判要旨】

法院经审理认为,本案被上诉人王某莎举报上诉人大中门公司的涉案违法行为发生在2015年5月13日,依据当时的《食品安全法》(2009年)第62条规定,“进口的食品、食品添加剂以及食品相关产品应当符合我国食品安全国家标准。进口的食品应当经出入境检验检疫部门检验合格后,海关凭出入境检验检疫部门签发的通关证明放行。又根据其第4条第3款的规定,国务院质量监督、工商行政管理和国家食品药品监督管理部门依照本法和国务院规定的职责,分别对食品生产、食品流通、餐饮服务活动实施监督管理。但王某莎的举报经转办后2015年10月19日才立案调查,此时《食品安全法》(2015年)已经开始施行。该法第5条第2款规定:“国务院食品药品监督管理部门依照本法和国务院规定的职责,对食品生产经营活动实施监督管理。”第92条第1款规定:“进口的食品、食品添加剂、食品相关产品应当符合我国食品安全国家标准。”第95条第2款规定:“县级以上人民政府食品药品监督管理部门对国内市场上销售的进口食品、食品添加剂实施监督管理。发现存在严重食品安全问题的,国务院食品药品监督管理部门应当及时向国家出入境检验检疫部门通报。国家出入境检验检疫部门应当及时采取相应措施。”可见,无论是新法还是旧法的规定,进口的食品应当符合我国食品安全国家标准;原来的工商行政管理部门、现在的食品药品监督管理部门应当对国内市场上销售的进口食品实施监督管理。而本案中,经查询《新食品原料安全性审查管理办法》《食品添加剂使用标准》(GB 2760—2011)及国家卫生和计划生育委员会制定的相关食品安全国家标准和规定,都暂未规定氨基葡萄糖、硫酸软骨素和硬脂酸镁可以作为新食品原料添加在普通食品中;王某莎在一审诉讼过程中提交的《天津检验检疫局关于回复王某莎投诉举报事项的函》也充分印证了该结论。因此,虽然上诉人大中门公司销售的被举报“善美萃固之元营养片”食品获得了中华人民共和国天津出入境检验检疫局的卫生证书,记载检验结果为“符合我国食品安全要求”,但事实上其并不符合目前我国食品安全国家标准和规定的要求;该违法事实不能因天津出入境检验检疫局审查不严、错误颁发卫生证书而改变。《天津检验检疫局关于回复王某莎投诉举报事项的函》中记载,该局已通知被举报人立即对相关产品停止经营并主动召回,且被举报人已主动召回相关产品,也充分印证了这一点。但一审法院直接以被诉销案决定作出后、一审诉讼中王某莎提交的《天津检验检疫局关于回复王某莎投诉举报事项的函》作出其认定被诉销案决定违法的裁判理由不当,审理法院予以纠正。综上所述,上诉人经开食药分局作出的本案被诉销案决定,认定事实不清,证据不足;一审判决撤销被诉销案决定,并责令经开食药分局重新作出处理结果正确,审理法院依法予以维持。

例案二 | 汪某与广州市海珠区食品药品监督管理局食品药品投诉举报答复案

【法院】

广州铁路运输中级法院

【案号】

(2016)粤 71 行终 1762 号

【当事人】

上诉人(原审原告):汪某

被上诉人(原审被告):广州市海珠区食品药品监督管理局

法定代表人:罗某,局长

原审第三人:广东华润太平洋餐饮有限公司广州塔分店

负责人:胡某某,经理

【基本案情】

2015 年 7 月 27 日,原告汪某向广州市食品药品监督管理局举报第三人广东华润太平洋餐饮有限公司广州塔分店(以下简称太平洋餐饮广州塔分店)涉嫌未经许可销售违反标签标识相关规定的食品“太平洋咖玛素娜咖啡豆 250 克”有关情况,并要求组织调解、作出行政处罚和依法向原告发放举报奖金等事项。广州市食品药品监督管理局于次日将该投诉举报材料转交被告广州市海珠区食品药品监督管理局(以下简称海珠区食品药品监督局)办理。被告收到上述转交材料后,向原告发出《受理通知书》。被告于 2015 年 8 月 12 日到第三人太平洋餐饮广州塔分店,对第三人所持的《营业执照》和《食品流通许可证》等相关证件材料及现场经营情况进行调查,并于同年 9 月 6 日作出《关于投诉举报回复函》,内容如下:“一、我局执法人员于 2015 年 8 月 12 日到广东华润太平洋餐饮有限公司广州塔分店进行现场检查,该店持有《营业执照》和《食品流通许可证》。二、现场未发现投诉所称进口预包装食品"太平洋咖玛素娜咖啡豆250克",我局无法对你投诉的情况进行核实。三、根据卫生部发布的《预包装食品营养标签通则》(GB 28050—2011)第3.2条规定:"预包装食品营养标签应使用中文。如同时使用外文标示的,其内容应当与中文相对应,外文字号不得大于中文字号。"《〈预包装食品营养标签通则〉(GB 28050—2011)问答》(修订版)第8条规定,关于豁免强制标示营养标签的预包装食品其中,食用量小、对机体营养素的摄入贡献较小的,如饮料酒类、包装饮用水、每日食用量≤10克或10毫升。第15条规定:关于每日食用量≤10克或10毫升的预包装食品,指食用量少、对机体营养素的摄入贡献较小,或者单一成分调味品的食品,具体包括可食用比例较小的食品:茶叶(包括袋泡茶)、胶基糖果、咖啡豆、研磨咖啡粉等。特此回复。"原告对该回复不服,遂诉至该院,请求:(1)撤销被告作出的《关于投诉举报回复函》;(2)判令被告对原告提出的投诉举报依法重新作出处理;(3)本案的诉讼费由被告全部承担。

【案件争点】

第三人提供的被投诉产品的出入境检验检疫卫生证书等证据,可否作为认定产品合格的依据。

【裁判要旨】

法院经审理认为,《食品安全法》(2009年)第66条规定:"进口的预包装食品应当有中文标签、中文说明书。标签、说明书应当符合本法以及我国其他有关法律、行政法规的规定和食品安全国家标准的要求,载明食品的原产地以及境内代理商的名称、地址、联系方式。预包装食品没有中文标签、中文说明书或者标签、说明书不符合本条规定的,不得进口。"本案中,被上诉人海珠区食品药品监督局2015年7月28日受理上诉人汪某的投诉后,于8月12日对第三人所持的《营业执照》和《餐饮业务许可证》等相关证件材料及现场经营情况进行调查,制作了《现场检查笔录》。经查实原告投诉举报的"太平洋咖玛素娜咖啡豆250克"是可食用比例较小的食品,属于可以豁免强制标示营养标签的预包装食品,认为该标签标识的问题并未违反有关法律、法规、食品安全标准规定,随后作出涉案《关于投诉举报回复函》并送达上诉人。原审第三人提供的被投诉产品的《中华人民共和国出入境检验检疫卫生证书》和《海关标签审核证明书》证明被投诉产品经过食品检验检疫,符合国家食品安全标准,标签经检验合格。综前所述,涉案《关于投诉举报回复函》认定的基本事实清楚,认为被投诉产品标签标识的问题并未违反有关法律、法规、食品安全标准规定，符合相关规定，一审法院予以认可，并无不当。被上诉人海珠区食品药品监督局已履行了对食品投诉的查处和反馈职责，履职行为基本符合前述规定。关于涉案被投诉产品是否经入境检验检疫、原审第三人有无销售涉案被投诉产品等问题，《行政诉讼法》(2014年)第34条第2款规定："……被诉行政行为涉及第三人合法权益，第三人提供证据的除外。"经查，虽然被上诉人未对此进一步调查获取相关证据，但是原审第三人在一审中已提供了相关证据证明了涉案产品经有关国家机关入境检验，符合国家食品安全标准，标签经检验合格等相关事实。

例案三 丁某建与中国(福建)自由贸易试验区福州片区管理委员会综合监管和执法局食品药品安全行政管理行政处理告知书案

【法院】

福州市台江区人民法院

【案号】

(2017)闽0103行初51号

【当事人】

原告：丁某建

被告：中国(福建)自由贸易试验区福州片区管理委员会综合监管和执法局

负责人：刘某某，局长

第三人：福建省侨盟环球购电子商务有限公司

法定代表人：董某某，董事长

【基本案情】

原告丁某建于2016年4月，在第三人福建省侨盟环球购电子商务有限公司(以下简称侨盟公司)处购买了进口艾娜佳酿干红葡萄酒5箱30瓶，共计19,810元，原告购买后认为所购红酒未张贴中文标签，于2016年5月12日，通过"12315"举报第三人侨盟公司销售的艾娜佳酿干红葡萄酒没有中文标签，要求查处；5月13日，原告第二次通过"12315"投诉，要求对其在第三人侨盟公司购买的奶粉及葡萄酒予以退货及赔偿；8月5日，原告第三次通过"12315"举报第三人侨盟公司未取得食品流通许可证及酒类流通备案登记证，要求查处。从2016年5月16日起，被告中国(福建)自由贸易试验区福州片区管理委员会综合监管和执法局(以下简称自贸区执法局)对本案展开多次调查,调查过程未发现有直接证据证明当事人销售的涉案葡萄酒未贴中文标签。第三人侨盟公司在原告8月5日举报前,已经办理《食品流通许可证》(于2016年6月6日办理)及《酒类流通备案登记表》(于2016年6月13日办理),被告自贸区执法局依法于2016年9月27日作出榕自贸处告字(2016)2号《行政处理告知书》,告知原告丁某建,第三人侨盟公司涉嫌销售无中文标签进口葡萄酒一事证据不足、跨境电商形式销售进口的无中文标签的进口婴幼儿配方奶粉不违反《食品安全法》(2015年)第97条规定,该案作销案处理。第三人侨盟公司未办理《食品流通许可证》及酒类流通备案登记,因在举报前已主动改正违法行为,情节显著轻微,不予行政处罚。原告丁某建不服,向审理法院提起行政诉讼。

另查,原告丁某建于2016年6月15日就与被告侨盟公司之间产品销售者责任纠纷一案,向福州市马尾区人民法院提起民事诉讼。请求法院依法判决被告退还购物款19,810.4元,依法判处赔偿原告10倍购物款198,104元等。福州市马尾区人民法院经审理,作出(2016)闽0105民初933号民事判决书,生效的判决书中对被告销售给原告的红葡萄酒没有粘贴中文标签予以确认,但认为属于标签粘贴存在瑕疵行为,客观上亦具有救济性。检验检疫部门认定该产品合格可销售饮用。说明该批红酒不存在影响食品安全情形及对消费者造成误导。依照《食品安全法》及《进出口预包装食品标签检验监督管理规定》的相关法律法规,判决驳回原告丁某建的诉讼请求。

【案件争点】

被投诉产品的出入境检验检疫卫生证书等证据可否作为认定产品符合我国有关食品安全标准的依据。

【裁判要旨】

依据《进出口预包装食品标签检验监督管理规定》第3条第1款的规定,进口预包装食品标签应当符合我国相关法律法规和食品安全国家标准的要求。第9条规定,经检验,进口预包装食品有以下情形之一的,应判定标签不合格:(1)进口预包装食品无中文标签的;(2)进口预包装食品的格式版面检验结果不符合我国法律、行政法规、规章及食品安全标准要求的;(3)符合性检测结果与标签标注内容不符的。根据被告自贸区执法局提供的相关证据,可以认定第三人侨盟公司两次销售给原告丁某建的进口葡萄酒系购自福州三城进出口贸易有限公司,该批进口葡萄酒已经报关和经检验检疫通过,且卫生证书载明:“该批进口食品所检项目符合我国对有关食品安全标准要求”，入境货物检验检疫证明载明：“上述货物业经检验检疫，准予销售/使用”。说明该批红酒符合国家食品安全标准可以入境销售，且不存在前述第9条规定的情形。虽生效的福州市马尾区人民法院(2016)闽0105民初933号民事判决书确认被告销售给原告的红葡萄酒没粘贴中文标签，但不存在影响食品安全情形及对消费者造成误导，驳回原告丁某建的诉讼请求。该事实认定与被告自贸区执法局告知书中认定第三人侨盟公司涉嫌销售无中文标签进口葡萄酒一案证据不足相矛盾。鉴于人民法院判决认定具有法律效力，应认为第三人侨盟公司销售给原告丁某建该批红葡萄酒未粘贴中文标签。但本案证据表明第三人侨盟公司销售的该批红葡萄酒进货渠道是经报关和检验检疫通过的，仅是在销售该批红酒时未粘贴中文标签，属于标签粘贴存在瑕疵行为，被告对该案作销案处理并无不妥。

三、裁判规则提要

随着进口食品种类和数量不断增加，与人民群众生活联系日益紧密，对进口食品的监管成为人民群众关注的重要领域。进口食品由于其特殊性，在认定其是否符合我国食品国家安全标准时，应严格落实相关法律法规的具体规定，建立严格的检验检疫制度。目前，我国与进出口食品监管相关的法律法规体系缺乏系统性和完整性，实践中存在部分不符合我国食品安全标准的进口产品，被错误颁发卫生证书等合格证明文件的情形，对此应坚持实质审查标准，依法认定其为不合格产品。

（一）进口食品取得出入境检验检疫部门的检验证明是其被允许销售的必要条件

对于食品进出口，《食品安全法》第六章有专章规定。我国进出口食品安全的检验检疫工作之前由国家质检总局管理，2018年根据国务院机构改革方案，国家质量监督检验检疫总局的出入境检验检疫管理职责和队伍划入了海关总署。根据《进出口商品检验法》第2条的规定，海关总署主管进出口商品检验工作。海关总署设在省、自治区、直辖市以及进出口商品的口岸、集散地的出入境检验检疫机构及其分支机构（以下简称出入境检验检疫机构），管理所负责地区的进出口商品检验工作。可见海关总署及其下设的出入境检验检疫机构是具有检验进口商品法定职责的行政机关。进出口商备案、申请报检、检验检疫实施和监管结果处置四部分构成了我国进出口食品监管流程。海关总署通常以发布公告的形式公告检验食品的要求和标准。进出口食品监督管理将检验结果作为通关放行的主要依据。根据

《进出口商品检验法》第33条的规定,对检验合格的进出口商品加施商检标志。根据最高人民法院《关于民事诉讼证据的若干规定》第77条第1款规定,国家机关、社会团体依职权制作的公文书证的证明力一般大于其他书证。在行政调查中,具有法定职责的出入境检验检疫机构出具的卫生证书等合格证明文件可以视为证明食品安全的法定证明文件。

（二）进口食品除取得出入境检验检疫部门的检验证明外还应当提供随附合格证明材料,属于特殊食品或利用新的食品原料生产食品等情况,应当通过国务院卫生行政等部门的安全性评估

出入境检验检疫机构出具的卫生证书是证明食品安全的法定文件之一,但我国的食品安全标准是由卫生部门发布的。两个部门之间在专业人员的构成、检验标准的角度等方面会存在一定的差异。因此,有其他标准的还应当提供符合其他标准的证明文件。根据《食品安全法》第92条的规定,进口食品应当符合我国食品安全国家标准,经出入境检验检疫部门依照进出口商品检验相关法律、行政法规的规定检验合格。进口食品应当按照国家出入境检验检疫部门的要求随附合格证明材料。关于随附合格证明材料,应当符合《食品安全法》第53条关于经营者进货查验制度的规定,且应当不限于《食品安全法实施条例》第24条规定的“进货查验记录制度”“食品出厂检验记录制度”的要求。我国《食品安全法》规定,进口的食品、食品添加剂应当按照国家出入境检验检疫部门的要求随附合格证明材料。合格证明材料包括必要的乳制品证书、原产地证书、植检证书等。乳制品、植物源性食品等进口前还应获得相应的准入。[①] 因此取得出入境检验检疫部门的合格证明只是证明食品安全的必要条件,并非充分条件,对于添加了新食品原料或者使用了食品添加剂新品种的进口食品,根据《食品安全法》第37条的规定,必须取得国务院卫生行政部门的安全性评估。因此,对食品生产有特殊规定的,进口食品也应符合特殊规定的要求,依法取得相应的合格证明材料。当其他部门依据特殊规定经检验出具的检验报告与出入境检验检疫部门的合格证明的认定不一致时,或经营者无法提供符合特殊规定的证明文件时,行政机关不能直接以出入境检验检疫部门的合格证明为依据作出行政行为。人民法院在审理时也不能简单地直接认定行政机关出具的公文证书的证明效力高于第三方检验机构的检验证明,而应当具体分析

① 参见马钟鸣等:《进口食品安全的现状与查验风险探讨》,载《检验检疫学刊》2017年第5期。

两者依据的标准、检验项目、拥有的资质等条件并予以判断。

（三）有证据证明进口食品属于不合格产品的应当重新检验

食品安全问题与每一个公民息息相关，不仅关系每个公民的身体健康和生命安全，还会影响社会的和谐稳定。根据相关法律的规定，对符合我国国家标准的进口食品、食品添加剂和食品相关产品发放检验检疫合格证书，对进口时尚无食品安全国家标准的食品经国家卫生行政部门审查后认为符合标准的，检验检疫部门方可发放检验检疫合格证书，允许通关。而通过保税区和直邮方式进口的网络食品，实际操作过程中，口岸监管方面主要涉及商品检疫和部分商品检验。直邮主要以个人物品方式申报，根据相关法律法规只需进行商品检疫，无须检验，因此是否有中文标签等事项，检验检疫部门并不要求。① 对于添加新原料、属于特殊食品等情形的，仅有出入境检验检疫部门的合格证明并不符合我国《食品安全法》的规定，不能想当然地推定为安全食品，仍应取得其他机构的检验证明材料。此外，对有其他证据证明涉案商品存在不合格情形的，食品监督管理部门不能直接以出入境检验检疫机构的合格证明作为认定依据，仍应当具体调查，必要时进行现场抽检再进行认定。目前，食品安全的监督仍然以企业自觉遵守相关规定为主，以食品监督机构及第三方检验机构的监督为辅。市场中仍有企业为了牟取暴利不惜偷工减料、使用劣质原材料，为规范市场行为，发挥政府监管作用，必要时食品监督管理部门仍应进行审慎的现场抽检。当抽检结果与出入境检验检疫的合格证明不一致时，应根据抽检结果进行认定。

四、辅助信息

高频词条：

《食品安全法》

第37条　利用新的食品原料生产食品，或者生产食品添加剂新品种、食品相关产品新品种，应当向国务院卫生行政部门提交相关产品的安全性评估材料。国务院卫生行政部门应当自收到申请之日起六十日内组织审查；对符合食品安全要求的，准予许可并公布；对不符合食品安全要求的，不予许可并书面说明理由。

第92条　进口的食品、食品添加剂、食品相关产品应当符合我国食品安全国

① 参见钟筱红、周建云：《网络进口食品安全监管法律问题研究》，载《江西社会科学》2018年第5期。

家标准。

进口的食品、食品添加剂应当经出入境检验检疫机构依照进出口商品检验相关法律、行政法规的规定检验合格。

进口的食品、食品添加剂应当按照国家出入境检验检疫部门的要求随附合格证明材料。

第93条 进口尚无食品安全国家标准的食品,由境外出口商、境外生产企业或者其委托的进口商向国务院卫生行政部门提交所执行的相关国家(地区)标准或者国际标准。国务院卫生行政部门对相关标准进行审查,认为符合食品安全要求的,决定暂予适用,并及时制定相应的食品安全国家标准。进口利用新的食品原料生产的食品或者进口食品添加剂新品种、食品相关产品新品种,依照本法第三十七条的规定办理。

出入境检验检疫机构按照国务院卫生行政部门的要求,对前款规定的食品、食品添加剂、食品相关产品进行检验。检验结果应当公开。

第94条 境外出口商、境外生产企业应当保证向我国出口的食品、食品添加剂、食品相关产品符合本法以及我国其他有关法律、行政法规的规定和食品安全国家标准的要求,并对标签、说明书的内容负责。

进口商应当建立境外出口商、境外生产企业审核制度,重点审核前款规定的内容;审核不合格的,不得进口。

发现进口食品不符合我国食品安全国家标准或者有证据证明可能危害人体健康的,进口商应当立即停止进口,并依照本法第六十三条的规定召回。

第98条 进口商应当建立食品、食品添加剂进口和销售记录制度,如实记录食品、食品添加剂的名称、规格、数量、生产日期、生产或者进口批号、保质期、境外出口商和购货者名称、地址及联系方式、交货日期等内容,并保存相关凭证。记录和凭证保存期限应当符合本法第五十条第二款的规定。

第129条 违反本法规定,有下列情形之一的,由出入境检验检疫机构依照本法第一百二十四条的规定给予处罚:

(一)提供虚假材料,进口不符合我国食品安全国家标准的食品、食品添加剂、食品相关产品;

(二)进口尚无食品安全国家标准的食品,未提交所执行的标准并经国务院卫生行政部门审查,或者进口利用新的食品原料生产的食品或者进口食品添加剂新品种、食品相关产品新品种,未通过安全性评估;

（三）未遵守本法的规定出口食品；

（四）进口商在有关主管部门责令其依照本法规定召回进口的食品后，仍拒不召回。

违反本法规定，进口商未建立并遵守食品、食品添加剂进口和销售记录制度、境外出口商或者生产企业审核制度的，由出入境检验检疫部门依照本法第一百二十六条的规定给予处罚。

《进出口食品安全管理办法》

第18条 进口食品经检验检疫合格的，由检验检疫机构出具合格证明，准予销售、使用。检验检疫机构出具的合格证明应当逐一列明货物品名、品牌、原产国（地区）、规格、数/重量、生产日期（批号），没有品牌、规格的，应当标明“无”。

进口食品经检验检疫不合格的，由检验检疫机构出具不合格证明。涉及安全、健康、环境保护项目不合格的，由检验检疫机构责令当事人销毁，或者出具退货处理通知单，由进口商办理退运手续。其它项目不合格的，可以在检验检疫机构的监督下进行技术处理，经重新检验合格后，方可销售、使用。

后　记

面对司法责任制和司法公开的双重挑战，如何实现法律的统一适用，如何提升司法公信力，是人民法院推进审判体系和审判能力现代化必须解决的问题。唯有解决这个问题，才能实现人民法院事业的高质量发展，才能为世界法治文明提供更多的“中国经验”。

本书作为中国法院类案检索与裁判规则专项研究成果之一，在选题、撰写、修改的过程中，得到了各方面的大力支持和帮助。湖北省高级人民法院行政审判庭和武汉市中级人民法院行政审判庭的多名资深法官为裁判规则的修改提供了支持和帮助，武汉大学法学院林莉红教授和武汉理工大学文法学院李牧教授等均对本书的修改提出宝贵意见，中南财经政法大学法学院和武汉市洪山区人民法院为本书的编写提供了诸多便利条件和支持，在此表示衷心的感谢。

本书由最高人民法院中国应用法学研究所刑事行政审判研究部主任韩德强研究员担任主编，武汉市洪山区人民法院党组副书记、副院长、二级高级法官李薇和中南财经政法大学律师与公证学院执行院长王永强教授担任副主编，并邀请法官、高校教师和律师共同组成专家组，为该书的编写提供了多视角的工作思路，为本书的编写提供了有力的人力保障。专家组成员的具体分工为：韩德强主任负责统筹课题研究进展，制订研究计划，指导编写组成员开展类案检索和裁判规则的提炼，并负责对全书进行通稿和审定，卜素副教授协助韩德强主任开展相关工作；副主编李薇副院长、王永强教授协助主编组织本书的编写工作，统筹管理编写团队各项工作；熊刚和张婵负责撰写了裁判规则第 1 条至第 5 条，余翠兰负责撰写了裁判规则第 6 条至第 9 条，程红霞负责撰写了裁判规则第 10 条至第 13 条，王永强负责撰写了裁判规则第 14 条至第 19 条，李薇和冉超负责撰写了裁判规则第 20 条至第 23 条。

本书主要聚焦在食品药品监管领域的行政纠纷案件，在检索案件和生成大数据报告的过程中，针对具体裁判规则相关案件的检索主要是根据关键词进行，因此或多或少会存在检索结果与裁判规则匹配度还不高、大数据报告对类似案件处理的指导性参考性还不够强的问题，对此希望读者朋友们能够理解和宽容。同时，通过对大数据的分析和比较，该类案件数量相对较少、类型较为集中，未能全面反映涉食品药品领域的诸多问题，特别是未涉及民事纠纷方面的问题，如10倍赔偿的法律适用、职业打假人的司法认定等热点话题，也没有涉及食品药品安全刑事审判领域，这可能会使该书的涵盖领域不能完全回应人民群众对食品药品安全的高度关注。不过，"中国法院类案检索与裁判规则专项研究计划"刚刚起步，未来还要开展更多的专项研究计划，我们将对食品药品领域问题继续进行研究，争取明年出版第2册，促进食品药品安全管理相关法律法规制度的完善，进一步提升涉食品药品安全领域的司法审判能力，努力为人民群众的生命健康安全贡献微薄之力。

本书专家组的成员多来自武汉市，2020年年初新冠肺炎疫情在武汉暴发，多位专家组成员投身社区疫情防控一线。为保证本专项研究能够按期完成，大家克服三个月没有休息日的实际困难，利用晚上的时间阅读案例、修改书稿，终于在此次"战疫"取得决定性成果的时刻完成了书稿，我们有理由为此感到庆幸，我们有理由为身在如此伟大的国家感到无比自豪。

编者

2020年10月

图书在版编目(CIP)数据

食品药品纠纷案件裁判规则．一／韩德强主编．--北京：法律出版社，2021
ISBN 978－7－5197－5193－7

Ⅰ．①食…　Ⅱ．①韩…　Ⅲ．①食品卫生法－审判－案例－中国②药品管理法－审判－案例－中国　Ⅳ．①D922．165

中国版本图书馆CIP数据核字(2020)第242832号

食品药品纠纷案件裁判规则(一)
SHIPIN YAOPIN JIUFEN ANJIAN CAIPAN GUIZE(YI)

韩德强 主编

责任编辑 程　岳　林　蕊
装帧设计 李　瞻

出版 法律出版社
总发行 中国法律图书有限公司
经销 新华书店
印刷 固安华明印业有限公司
责任校对 王晓萍
责任印制 胡晓雅

编辑统筹 司法实务出版分社
开本 710毫米×1000毫米　1/16
印张 20.75
字数 360千
版本 2021年2月第1版
印次 2021年2月第1次印刷

法律出版社／北京市丰台区莲花池西里7号(100073)
网址／www.lawpress.com.cn
投稿邮箱／info@lawpress.com.cn
举报维权邮箱／jbwq@lawpress.com.cn
销售热线／400－660－8393
咨询电话／010－63939796

中国法律图书有限公司／北京市丰台区莲花池西里7号(100073)
全国各地中法图分、子公司销售电话：
统一销售客服／400－660－8393/6393
第一法律书店／010－83938432/8433　西安分公司／029－85330678　重庆分公司／023－67453036
上海分公司／021－62071639/1636　深圳分公司／0755－83072995

书号：ISBN 978－7－5197－5193－7　**定价**：55.00元
(如有缺页或倒装，中国法律图书有限公司负责退换)